짱워 북경관광명소
북경시 북단의 금산령장성에서 남단의 십도풍경구까지

이 수 헌 편저

中友

목 차

Ⅰ 북경의 지리와 교통 | 004

Ⅱ 알면 더 많이 보이는 지식 | 010
   천안문이 자금성의 정문이다? | 012
   그 남경(南京)이 그 남경(南京)? | 016
   중국의 원림(园林) | 018
   만리장성의 역사 | 021

Ⅲ 볼 곳 고르기 | 032
   볼 곳 총집합 | 034
   권역별 주요 볼거리와 교통편 | 035

Ⅳ 미리보기 | 040
   자금성(紫金城) | 042
   사직단(社稷坛) | 072
   북해(北海)와 단성(团城) | 076
   중남해(中南海) | 084
   경산공원(景山公园) | 086
   태묘(太庙) | 088
   천안문광장(天安门广场) | 091
   공왕부(恭王府) | 094
   고루(鼓楼)와 종루(钟楼) | 097
   옹와궁(雍和宫) | 099
   공묘(孔庙) | 104
   국자감(国子监) | 107
   천단(天坛) | 109

Contents

대종사(大钟寺)	122
서산팔대처(西山八大处)	124
향산공원(香山公园)	129
벽운사(碧云寺)	132
서산와불사(西山卧佛寺)	135
이화원(颐和园)	138
원명원(圆明园)	158
명13릉(明十三陵)	173
북경의 장성(长城)	184
노구교(卢沟桥)	189
석화동(石花洞)	191
주구점(周口店)	192
십도(十渡)	195

V 부록 | 202

북경시 버스노선	204
입체교차교 약도	234
북경시 지하철노선	236
북경시 권역도	238
경점의 위치와 개요	244
옛황성권역 교통도	254
옛북경성권역 교통도	256
북경시 서북근교 교통도	272
북경의 숙박업소	282
중국의 음식메뉴 뜯어보기	284
중국화폐	286

I. 북경의 지리와 교통

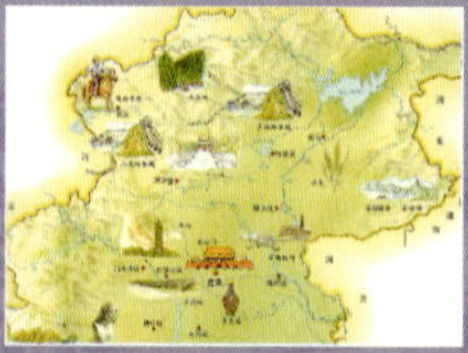

BEIJING

지형과 기후
교통
북경시의 행정구역

I. 북경의 지리와 교통

중화인민공화국의 수도인 북경시(北京市, Beijing Shi)는 화북평원(華北平原, 황하유역을 중심으로 하는 퇴적평야)의 북쪽에 자리 잡고 있다. 1만 6,800㎢의 넓이에 인구는 1,300만 명으로 추산된다.

🌿 지형과 기후

서쪽과 북쪽은 산으로 막히고, 동쪽과 남쪽은 천진(天津)이 있는 발해 쪽으로 트여있다. 서북고(西北高), 동남저(東南低)의 지형인 것이다. 태행(太行, Taihang)산맥과 연산(燕山, Yanshan)산맥 사이의 물이 영정하(永定河, Yongdinghe)를 이뤄 북경시의 남부를 동남쪽으로 흐르고, 북부의 산간지역에는 밀운댐(密云水庫) 등이 있다.

위도(緯度)상으로 압록강 하구의 신의주와 맞먹는 북경은 전형적인 대륙성반건조계절풍(大陸性半乾燥季節風) 기후대에 놓여있어 여름철은 덥고 습하며, 겨울철은 춥고 건조하다. 여름과 겨울은 길고, 봄과 가을은 짧다.

연간 강우량은 500~1,000mm이고, 연평균 기온은 섭씨 10~12도이다. 대체로 본 월별 평균기온은 1월이 -4.5도(-10~-5)이고, 2월 -2.4도, 3월 4.3도, 4월 13.1도, 5월 20.4도, 6월 24.1도, 7월 26.1도, 8월 24.5도, 9월 19.6도, 10월 12.4도, 11월 4.1도, 12월 -2.7도 이다.

교통

북경의 주요 교통수단은 다른 어느 도시에서처럼 버스, 지하철, 택시 등이다.

❶ 버스(公共汽车, Gonggongqiche, 공공치쳐)

북경의 버스정류소마다에는 노선별 진행방향과 경유 정거장을 모두 표시한 안내판들이 서 있어서 어느 버스를 타면 어디로 가는지를 한눈에 알아볼 수 있다. 북경의 천안문광장 등 사람의 내왕이 많은 곳이나 거리의 가판대에서 북경교통유람도(北京交通游览图)를 살 수 있는데(정가는 4위안이나 1위안이면 됨), 이 지도에는 북경의 모든 버스노선과 정거장이 수록됨과 아울러 지도상의 시가지에 노선표시가 되어있어 목적지까지 쉽게 갈 수 있다. 현재위치의 노선(정거장)과 목적지에 이르는 노선이 교차하는 곳에서 버스를 갈아타면 되는 것이다. 900단위의 버스노선은 시외로 나가는 것이다(북경시의 버스노선: 부록 1).

버스요금은 기본이 1위안(특자가 붙는 2층버스는 2위안)이고, 기본구간을 넘어가면 1위안이 추가된다. 교통카드를 구입하여 사용하는 것이 경제적이고 간편하다. 교통카드로 버스를 타면 기본이 0.4위안(50원)이고, 기본구간을 넘어가는 버스를 탔다가 내릴 때는 다시 한번 카드를 접촉하도록 한다. 장거리 시외버스에서도 교통카드는 통용되며, 요금의 20%가 할인된다. 천안문 남쪽의 천교(天桥, Tianqiao)에서 3시간 정도 걸려 도착하는 장방(张坊, 하북성과의 서남쪽 경계)까지의 카드요금은 4.8위안(약 600원, 2008. 03 현재)이다.

❷ 지하철(地铁, Ditie, 디티에)

2008년 3월 현재로 4개 노선이 운행되고 있다. ㅁ자 모양의 옛 북경내성(北京内城) 주위를 순환하는 2호선(18역, 40분소요), 2호선을 남쪽에서 동서로 횡단하는 1호선(35역, 90분소요), 2호선 환상(环状)의 북부 양쪽역인 서직문역(西直门站)과 동직문역(东直门

站)의 북부지역을 감싸면서 두 역을 연결하는 13호선(16역, 54분 소요), 2호선을 동쪽에서 남북으로 종단하는 5호선의 일부가 운행되고 있으며, 2호선의 동직문역에서 수도공항까지 가는 전철 등 4개 노선이 건설 중에 있다(북경시지하철노선: 부록 2).

승차요금은 교통카드를 쓸 때 2위안이며, 추가요금 없이 환승하여 목적지에 갈 수 있다.

❸ 택시(出租汽车, Chuzuqiche, 츄주치쳐)

북경의 택시요금은 거리·시간 병산제이다. 기본요금은 10위안(소형차 4km까지, 중대형차 3km까지)이며, 초과 시에는 km당 1.2위안(중형 1.6위안, 대형 2위안)이다. 안전을 고려하여 택시면허가 있는 차(택시 표시가 돼있는 차)만을 타도록 한다.

북경시 개략도

Ⅰ. 북경의 지리와 교통

🔸 북경시의 행정구역

북경시는 표에서 보는 바와 같이 16구(区), 2현(县)의 18개 권역으로 나뉘어 있다(북경시 권역도: 부록 3).

북경시의 구와 현

중국어 명칭		병음 표기	
중국어 표기	한글 발음	병음 표기	한글 발음
东城区	동성구	Dongcheng Qu	동청 취
西城区	서성구	Xicheng Qu	시청 취
崇文区	숭문구	Chongwen Qu	총원 취
宣武区	선무구	Xuanwu Qu	쉬앤우 취
朝阳区	조양구	Chaoyang Qu	챠오양 취
丰台区	풍태구	Fengtai Qu	펑타이 취
石景山区	석경산구	Shijingshan Qu	쉬징샨 취
海淀区	해정구	Haidian Qu	하이디앤 취
门头沟区	문두구구	Mentouguo Qu	먼토우고우 취
房山区	방산구	Fangshan Qu	팡샨 취
通州区	통주구	Tongzhou Qu	통쩌우 취
顺义区	순의구	Shunyi Qu	쉰이 취
昌平区	창평구	Changping Qu	챵핑 취
大兴区	대흥구	Daxing Qu	따싱 취
怀柔区	회유구	Huairou Qu	화이로우 취
平谷区	평곡구	Pinggu Qu	핑구 취
密云县	밀운현	Miyun Xian	미윈 시앤
延庆县	연경현	Yanqing Xian	앤칭 시앤

주 : 병음은 중국어 발음을 로마자로 표기한 것이며, 한글발음은 가급적 원음에 가깝도록 표기한 것임.

II. 알면 더 많이 보이는 지식

BEIJING

천안문이 자금성의 정문이다?
그 남경(南京)이 그 남경(南京)?
중국의 원림(園林)
만리장성의 역사

II. 알면 더 많이 보이는 지식

청나라 때의 북경내성

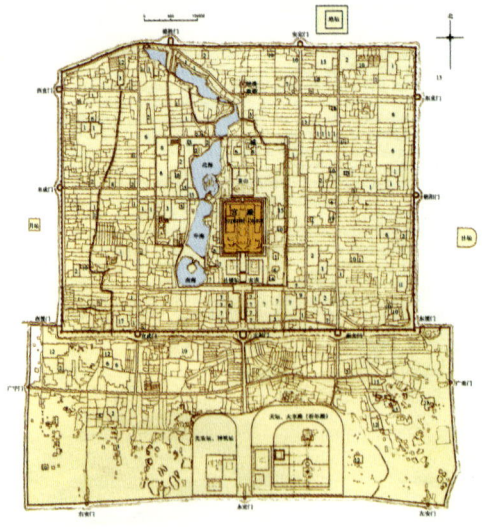

청나라 때의 북경성 평면도

▶ 천안문이 자금성의 정문이다?

천안문(天安門)에는 그 남쪽 앞으로 13만 3천여 평 크기의 광장이 있다. 중국의 얼굴이기도 한 이 천안문광장은 일년 사시사철 관광 나온 사람들로 붐비고 있으며, 그 수많은 사람들이 천안문으로 들어가 자금성(紫禁城)을 관람하고 있으니 자금성의 정문은 천안문이라고 할만도 하다. 하지만, 천안문은 자금성이 아니라 옛황성(皇城)의 정문이었다. 오늘날 자금성은 고궁(古宮) 또는 고궁박물원으로 불리고 있다.

황성은 자금성을 에워싸고 있던 성이었다. 황성에는 동서남북의 네 곳에 문이 나 있었는데 동쪽의 동안문(東安門), 서쪽의 서안문(西安門), 북쪽의 지안문(地安門)과 남쪽의 천안문(天安門)이 그것이었다. 이들 문 가운데 오직 천안문만은 세 겹의 문으로 되어있었는데, 가장 바깥 것이 대청문(大淸門)이었으며, 가운데 것이 천안문이고, 가장 안쪽 것이 단문(端門)인 것이다. 이 단문을 지나야 비로소 자금성의 정문인 오문(午門) 앞에 서게 되었다. 자금성은 명나라와 청나라의 황제들이 기거하면서 봉건중국을 통치하던 궁궐이다.

황성은 다시 둘레 20km의 북경내성(北京內城)에 둘려 싸여 있었다. 내성에는 봉건왕조의 통치기구들이 자리 잡고 있었으며, 사농공상(士農工商)의 사람들이 출입증을 지참하고 들어와 생업을 영위하였는데, 늘 붐비고 시끄러웠다고 한다. 이 내성에도 동서남북의 4대문이 있었다. 남쪽 대문이 정양문(正阳门)으로 천안문광장의 남쪽에 자리 잡고 있으며, 북쪽 대문이 안정문(安定门), 동쪽 대문이 조양문(朝阳门), 서쪽 대문이 부성문(阜城门)이었다. 내성에는 옹화궁(雍和宮), 국자감(国子监), 공묘(孔庙), 종루(钟楼), 고루(鼓楼) 등과 같은 교육문화 기구가 자리 잡고 있었다.

북경내성의 남쪽으로 북경외성(北京外城)이 맞닿아 있었다. 내성의 남쪽 성벽이 곧 외성의 북쪽 성벽이었다. 외성의 남쪽 정문이 영정문(永定门)이고, 동쪽 대문이 광거문(广渠门), 서쪽 대문이 광안문(广安门)이었다. 외성에는 황제들이 풍년기원제를 올리던 천단(天坛)과 더불어 농사철이 시작될 때 황제가 직접 밭갈이시범을 보이던 선농단(先农坛) 등이 자리 잡고 있었다.

북경외성의 영정문

영정문에서 북쪽으로 본 경치

북경내성과 북경외성을 통틀어 북경성(北京城)이라고 하였다. 청나라의 6대 황제 건륭(乾隆, 재위 1735~1796) 때 완성된 이러한 모습의 북경성은 총체적인 계획에 따라 축성된 것으로 평가되고 있다. 예컨대 외성의 영정문, 내성의 조양문, 대청문, 천안문, 단문, 오문, 자금성의 대전들, 자금성의 북문인 신무문, 지안문, 종루와 고루 등이 남북을 잇는 8km의 중추선 상에 좌우가 대칭이 되도록 자리를 잡고 있었던 것이다.

오늘날 북경이 하루가 다르게 변한다고들 한다. 그 중심에 옛 자금성인 고궁이 묵묵히 자리 잡고 있다. 북경교통도로의 특징 중에 하나가 물결처럼 번져나간 순환도로인데, 황성의 주위를 따라서 도는 제1순환도로(第一循環道路, 一環路), 북경성 주위를 따라서 도는 2환로, 그리고 그 밖으로 3환, 4환, 5환, 6환로가 있다. 또한 시내의 도로 이름도 옛 유적의 이름을 따다 붙임으로써 현대의 북경 속에 옛 자취들이 그대로 살아 숨쉬고 있는 것이다.

紫禁城宫殿鸟瞰图
Bird's-eye View of the Forbidden City

II. 알면 더 많이 보이는 지식

오늘날의 옛 황성모습_ 천안문 바로 뒤가 단문이고, 단문 뒤에 있는 것이 자금성의 남쪽 정문인 오문이다. 오문 안쪽으로 자금성의 중심건물 등이 자리 잡고 있으며, 자금성 밖으로 경산 만춘정 넘어에 고루가 보인다. 단문과 오문 사이의 왼쪽에 보이는 것이 사직단(중산공원)이고, 오른쪽에 자리잡고 있는 것이 태묘이다. 자금성의 왼쪽 위에 있는 것이 북해공원이다.

🔸 그 남경(南京)이 그 남경(南京)?

북경의 수도공항(首都机场, shoudujichang)을 이륙하여 인천으로 항로를 잡을 때 창 밖을 내다보면 깎아지른 듯한 산들이 병풍처럼 둘려있는 것이 내려다보인다. 북경의 서쪽을 가로막고 있는 태행산맥(太行山脉)이다. 또한 북경의 북쪽으로는 연산산맥(燕山山脉)이 놓여 있다. 따라서 북경은 서북쪽으로는 닫혀있고, 남동쪽으로는 열려있는데, 그 곳이 망망대해처럼 펼쳐지는 화북평원(华北平原)의 시작인 것이다. 그래서 지리학자들은 이곳을 북경만(北京湾)이라고도 하고, 역사에서는 이곳을 계성(蓟城)이라고 하였다. 중원(中原)의 북쪽 끝인 것이다.

이러한 계성의 지리적 이점을 활용하여 한족(汉族)의 봉건왕조들은 북방 이민족의 침략을 효율적으로 방어할 수 있었는데, 북방민족의 세력이 강해지면서 거란(契丹)족의 요(辽, 926~1125)나라가 공격해 내려와 계성을 함락시키고, 이곳이 자기나라의 남쪽에 있다하여 남경(南京)이라 명명하면서 제2수도로 삼았다. 이러한 연유로 내용에 있어서는 북경이면서 남경으로 지칭되는 경우가 있다.

이후에 또 다른 북방민족인 여진(如真)이 금(金, 1115~1234)나라를 세우고, 요나라를 멸망시킨 다음 그 도읍을 요나라의 제2수도였던 남경으로 정하면서 중도(中都)로 개명하였다. 이후에 또 다른 북방민족인 몽고의 쿠빌라이칸이 내려와 금나라를 개봉(开封)으로 밀어내고 원(元, 1271~1368)나라를 세우면서 중도를 대도(大都)라고 바꿔 불렀다. 이름만 대도가 아니라 축성(筑城)도 크게 하여 이를 보고 간 마르코폴로가 동서고금에 그만큼 큰 도시가 있을까 모르겠다고 서양에 소개했던 것이다.

요나라 이후 450년간에 걸쳐 북방민족의 봉건왕조가 중원을 계속 지배하였는데, 이를 못 마땅히 여긴 남방의 한족백성들은 북방민족의 원나라를 몰아낼 계획을 키우고 있었다. 이때 홍건군(红巾军)이 일어나고 농민군이 합세함으로써 주원장이 명(明, 1368~1644)나라를 세우는 계기를 맞게 된다. 명나라의 태조 주원장은

II. 알면 더 많이 보이는 지식

(표)중국역사 년표

왕조(국)명		연 대	특 징	시대구분
하(夏)		BC.2070 ~ BC.1600	노예 사회	고대사
상(商)		1600 ~ 1046		
주(周)		1046 ~ 221		
	서주(西周)	1046 ~ 771		
	동주(東周)	770 ~ 256		
	춘추(春秋)	770 ~ 476		
	전국(戰國)	475 ~ 221		
진(秦)		221 ~ 206	초기 봉건사회	
한(漢)		202 ~ AD.220		
	서한(西漢)	202 ~ AD.8		
	동한(東漢)	AD.25 ~ AD.220		
삼국(三國)		220 ~ 280	봉건국가분열 및 민족 대융합 304 ~ 439	
	위(魏)	220 ~ 265		
	촉(蜀)	221 ~ 263		
	오(吳)	222 ~ 280		
진(晋)		265 ~ 420		
	서진(西晋)	265 ~ 316		
	동진(東晋)	317 ~ 420		
16국(十六國)				
남북조(南北朝)		386 ~ 589		
	북조(北朝)	386 ~ 581		
	남조(南朝)	420 ~ 589		
수(隨)		581 ~ 618	봉건사회 번영	
당(唐)		618 ~ 907		
5대10국(五代十國)			907~ 979	
송(宋)		960 ~ 1276	민족 융합 및 봉건경제 발전 1038 ~ 1227	
	북송(北宋)	960 ~ 1127		
	남송(南宋)	1127 ~ 1276		
요(療)		916 ~ 1125		
서하(西夏)				
금(金)		1115 ~ 1234		
원(元)		1271 ~ 1368		
명(明)		1368~ 1644	봉건제도 퇴락 및 다민족통일국가 기반 강화	
청(淸)		1644 ~ 1911		
중화민국(中華民國)		1912 ~ 1949		근대사
중화인민공화국(中華人民共和國)		1949년 10월 1일 설립		현대사

도읍을 지금의 남경(南京)으로 정하였지만 3대 황제 영락(永乐, 재위 1402~1424)이 북경으로 천도하였는데, 이 때부터 북경은 청(清, 1644~1911)나라가 멸망할 때까지 봉건왕조의 도읍지로 이어져 내려왔다.

1911년 10월 10일, 중국에서는 자산계급민주주의 혁명이 일어나고 청나라 왕조에 이어 중화민국(1912~1949)이 세워졌으나 군벌(军阀)간의 전쟁이 끊일 날이 없었다. 일본군의 침략만행(1937~1945)으로부터 벗어난 후에 국민당 정부가 북경을 접수하였지만 백성들의 생활은 고난과 핍박에 찌들어가고 원성은 높아만 갔다. 이에 인민해방군이 나서서 국민당 정부를 몰아내고 1949년 10월 1일에 중화인민공화국을 성립시켰다. 이로써 북경은 새로운 공화국의 수도가 된 것이다.

중국의 원림(园林)

원림의 의미를 사전에서는 조경풍치림(造景风致林)이라고 한다. 중국의 북경관광에서 빼놓을 수 없는 이화원(颐和园)도 원림인데, 그러한 사전적 의미만으로는 이화원의 일반적인 이미지가 그려지지 않는다. 그래서 가급적 실제에 부합되도록 원림의 의미를 부여해 본다면 "산과 숲과 물과 건물들이 함께 어우러져 있는, 규모가 한참 큰 정원"이라 할 수 있지 않을까 싶다.

중국 원림의 특징은 어디에도 구애받지 않는 융통성에 있다. 그것이 위치하고 있는 여건이 어떤 것이든, 그리고 거기에 세우는 조형물이나 건물이 어떤 것이든 간에 그곳에 있는 것들 상호간에 잘 어울리도록 배치되어 있다는 것이다.

원림을 조성하는 형식에는 대체로 두 가지가 있다. 하나는 풍경식(风景式)이고, 또 하나는 건축식(建筑式)이다. 원림조성의 형식에 관련된 이야기가 〈세계통사〉에 나온다. 즉, 1747년에 북경에 온 프랑스 선교사 왕치성(王致诚)은 고국의 친구에게 원명원(圆明园) 관람소감을 적어 보냈다. 원명원의 하나하나는 아름답지 않은 것이 없고, 그 조성 형식의 다양함과 변화무쌍함은 그것을 만든 사

Ⅱ. 알면 더 많이 보이는 지식

람들의 천재성에 대하여 감탄하지 않을 수 없게 한다고 하면서, 프랑스를 비롯한 서방(西方)원림의 경직성은 개선돼야 한다고 하였던 것이다. 그의 편지는 프랑스에서 화제가 되었다. 그 영향으로 영국의 건축사인 전박자증(钱柏兹曾)이 중국에 와서 원림들을 돌아보고 〈동방원림(东方园林)〉이란 책을 썼으며, 자신은 당시에 유행하던 기하학적 도안의 원림설계를 지양하고, 자연환경에 순응하는 모양새를 바탕으로 그 위에 정자와 아치형 다리 등을 도입하는 기법을 활용하였다. 당시 영국에서는 이런 기법을 일컬어 중영식(中英式)이라고 하였다. 이러한 사실에 비추어 볼 때 중국의 원림은 서양에도 영향을 미쳤으며, 동서간의 문화교류에도 기여한 바가 있다고 중국의 관련학자들은 자부한다.

국토면적이 넓은 나라에서는 지역에 따라 자연환경이 다르기 때문에 원림의 형식에도 차이가 생긴다. 중국의 원림은 황하(黃河)유역의 북방형과 양자강(扬子江)유역의 남방형으로 크게 나뉜다. 북방형 원림은 북경, 서안(西安; 长安), 낙양(洛阳), 개봉(开封) 등의 고도(古都)를 중심으로 분포돼 있고, 남방형은 남경(南京), 항주(杭州), 소주(苏州), 양주(扬州) 등지에서 주로 볼 수 있다. 이 두 유형은 구조에 있어서 서로 같은 점도 많지만 형식상으로는 각각의 특징을 지니고 있다.

여건상으로 화북지방을 흐르는 황하의 유역은 남방에 비해 지형이 평탄하다. 따라서 양자강 유역만큼 호수와 구릉이 흔치않고, 원림을 조성하는 데 필요로 하는 자재도 남방에서는 현지조달이 가능했지만 북방에서는 남방으로부터 가져다 써야 했다. 또한 남방에는 늘푸른 활엽수가 있어 원림의 식생을 다양하게 꾸밀 수 있었으나 북방에는 소나무와 측백 등의 침엽수 밖에 없다. 이렇듯 여건상으로는 북방이 남방에 비해 좋지 않았지만 북방에는 불리한 여건을 인위적으로 극복할 수 있는 권력과 재력이 있었기에 자연의 제약을 아랑곳하지 않고 남방의 정취를 담아내려 하였다. 그 결과가 원명원에서 보듯이 땅을 파서 호수를 만들고, 흙을 쌓아 구릉을 만들었으며, 규모면에서도 남방형에 비해 크고 웅장하였다.

중국의 궁원(宮苑) 안에 있는 건축물들은 일반적으로 전전(前

殿), 중전(中殿), 후전(后殿)의 배치이고, 필요에 따라 그 좌우에 배전(配殿)을 두는 짜임새였다. 이러한 조성은 중국에 특유한 것으로, 원림조성에 있어서의 풍경식과 건물식을 혼합한 형식으로 볼 수 있고, 그런 점에서 건축식을 위주로 하는 서양식과 풍경식을 위주로 하는 일본식과 차별된다.

중국의 원림은 또한 그 꾸밈새에 따라 세 가지 유형으로 나뉜다. 첫 번째 유형은 전설상의 신선을 소재로 하여 공상의 경지를 구현한다. 예컨대, 큰 호수에 작은 섬을 만들고 봉래(蓬萊, 신선이 산다는 봉래산), 영주(瀛洲, 옛날 신선이 살았다는 동해 속의 신산) 따위의 이름을 붙이는 것이다. 이런 유형은 기원전 1세기의 한(汉)나라 때부터 나타나 청나라 때까지 이어져 왔으며, 중국에서 가장 많이 눈에 띄는 원림이다.

두 번째 유형은 중국의 산수화를 소재로 하여 꾸민 것이다. 공상 속의 산수(山水)를 예술적인 수법으로 현실에 구현한 것인데, 소주(苏洲)의 사자림명원(狮子林名园)이 대표적인 것이다. 이 원림은 원나라 때의 대화가인 예찬(兒瓚)의 작품을 구현한 것이라고 한다.

세 번째 유형은 이름난 풍경을 모방하는 것인데, 그 모방의 대상이 되는 것은 주로 항주의 서호(西湖) 풍경이다. 원명원의 평호추월(平湖秋月)과 뇌봉석조(雷峰夕照), 이화원의 소주경색(苏洲景色) 등이 이에 해당된다.

전반적으로 볼 때, 북방의 원림이 재료나 내용 면에서 상당부분 남방원림의 소재를 빌려오기는 하였으나 그대로 판박이를 해서 쓴 것은 아니다. 오히려 자연여건의 제약을 극복하면서 자기 나름대로 각색함으로써 어느 면에서는 자연 보다 나은 원림을 조성하게 된 것이다. 그 결정판이 원명삼원이었던 것이다.

Ⅱ. 알면 더 많이 보이는 지식

🡆 만리장성(万里长城)의 역사

❶ 장성의 의미

중국의 장성은 세계에 널리 알려져 있다. 장성이 중국에 있는 것은 잘 알려져 있지만, 장성이 무엇인가에 관하여 만족할만한 답을 듣기란 그리 쉬운 일이 아니다.

외관상으로만 놓고 본다면 장성은 그저 고대의 건축물이거나 군사 방위체계에 불과하다. 그러나 장성이 지니고 있는 내용과 의미는 군사뿐만 아니라 정치, 역사, 문화, 지리, 건축, 민족, 경제 등에 걸쳐있어 이를 보는 사

람의 수만큼이나 그 이해하는 각도가 무수하고 다양하다. 중국 사람이라면 진시황이 장성을 쌓은 고사를 알고 있다. 진시황 이전에도 누군가가 이미 장성을 쌓은 바가 있지만, 진시황이 쌓은 장성의 길이가 워낙 길기 때문에 사람들은 진시황 이전의 장성에 대하여는 크게 의미를 두고 있지 않다. 장성에 관하여 연구를 해 온 어느 학자는 말하기를 "2천여 년의 세월에 종횡으로 10만여 리(里)"라고 했다. 말 그대로 2천여 년에 걸쳐 쌓은 장성의 길이가 10만여 리나 됐다는 의미일 것이다.

❷ 장성 쌓기의 시작

장성 쌓기의 시작은 춘추시대(BC 770-BC 485)부터였다. 당시 각 제후국들은 자신들의 영지를 보호하기 위하여 방어진지 공사를 한 것이다. 〈좌전(左传)〉이라는 책에 적혀있기를 노(鲁)나라의 희공(僖公) 4년인 BC 656년에 700~800리의 방성(方城, 사면체의 성)을 쌓았다고 하였다. 이것이 장성에 관한 가장 앞선 기록이다. 그로부터 수백 년이 지난 다음 유명한 역사학자 사마천(四므

迁)이 그의 책 〈사기(史记)〉에 적기를 BC 369년에 전국시대의 작은 제후국 중산(中山, 지금의 하북성 중부 일대)이 그의 영지를 지키기 위해 장성을 쌓았다고 하였다. 사마천이 언급은 안했지만 이웃의 조(赵)나라를 경계하기 위한 것으로 추정되고 있다. 훗날 중산은 조나라에 의하여 패망하지만, 이때부터 장성은 고유명사화 되어 전해내려 온다. 장성은 이밖에도 여러 명칭으로 불렸는데 방성(方城), 색(塞), 참(堑), 변(边) 등이 그것이다.

③ 전국장성(战国长城)

BC 221년에 진시황은 중국을 통일하여 중앙집권의 봉건왕조를 세우고 일련의 강력한 시책을 펼친다. 그 중의 하나가 대규모로 장성을 쌓는 것이었다. 진시황은 무슨 생각에서 장성을 쌓고자 했던 것일까?

널리 알려져 있듯이 중국은 예로부터 여러 민족으로 이루어진 나라이다. 진나라가 중국을 통일하기 전에는 중국의 북방에는 방목을 위주로 생활하는 몇몇 민족이 있었다. 중국의 역사책에서는 이들 유목민을 호인(胡人)이라고 불렀다. BC 4~3세기에 흉노족(匈奴族)이 발흥하면서 호인을 대표함과 아울러 끊임없이 남침을 해왔다. 흉노족은 말을 타고 움직였기 때문에 거동이 신속하여 그들의 움직임을 가늠할 수가 없었다. 이에 비해 당시 중원(中原) 여러 나라의 군사체제는 보병과 전차를 기본으로 하고 있었기 때문에 방어와 공격 면에서 매우 불리하였다. 그래서 흉노와 인접하고 있던 연(燕), 조(赵), 진(秦) 등의 제후국들은 흉노족의 침략을 저지하기 위해 성벽을 쌓았다. 이때 쌓은 성벽을 오늘날에는 전국장성(战国长城)이라고 칭한다.

④ 진장성(秦长城)

진나라가 중국을 통일하고 제후국들의 할거(割据)가 종식됨에 따라 중화민족이 주체가 되는 국가의 틀이 갖춰졌으며, 군사(军事)의 중심철학도 제후국 시절의 중원통일에서 흉노족 등 이민족의 남침에 대응하는 것으로 바뀌었다.

II. 알면 더 많이 보이는 지식

BC 215년에 진시황은 몽념(蒙恬)장군으로 하여금 30만 대군을 이끌고 흉노족을 물리치게 함으로써 하투(河套) 이남지역을 수복하였을 뿐만 아니라 하투이북 음산(阴山)이남의 광활한 지역을 차지하였다. 그리고 전국장성(战国长城)을 기초로 하여 새로운 장성을 쌓았는데, 오늘날 이것을 진장성(秦长城)이라고 한다. 진장성은 서쪽으로 감숙(甘肃)의 임조(临洮)에서 시작하여 황하의 북쪽 하투를 경유한 다음 내몽고 서부의 음산, 하북성 북부, 내몽고 동부, 요령성 북부 그리고 마지막으로 요동에 이르며, 전체 길이는 1만여 리(里, 중국의 1리는 500m)가 된다. 만리장성이라는 이름이 생겨난 것은 이때부터였다.

내몽고 고양의 진장성. 진시황이 중국을 통일한 후 새 영토를 지키기 위해 쌓은 장성으로 보존상태가 가장 양호한 곳이다.

감숙성의 현벽장성등 장성들은 일반적으로 황토와 돌로 축조되었다. 800여년 동안 비바람에 씻겼어도 제모습의 일단을 보여주고 있다.

진장성이 만 리라고 말들은 하지만 그 외형은 우리가 오늘날 보는 팔달령장성이나 이리저리 상상해 보는 장성과는 크게 달랐다. 현재 남아있는 몇 군데 진장성의 유적으로 보건대, 기본적으로는 황토를 돋우거나 돌을 쌓아 올린 것이었다. 그렇다 하더라도 당시의 역사적 환경에서는 그러한 장성을 쌓는다는 것이 결코 쉬운 일이 아니었다. 더군다나 여러 해에 걸친 정벌전쟁이 이제 막 끝난 상황에서 백성들은 다만 얼마간의 편안한 생활조차 맛보지도 못한 채 또다시 장성 쌓기의 고달픈 노역에 투입되다보니 그들의 원성은 이만저만이 아니었다. 장성 쌓기가 비록 진시황이 창안하여 추진하는 막중한 사업이라고는 하지만 너무 조급하게 밀어붙임으로써 나라 안의 여러 분야에 혼란이 초

진나라의 영토

감숙성의 현벽장성, 감숙성의 장성은 일반적으로 황토와 돌로 축조되었다. 800여년 동안 비바람에 씻겼어도 제모습의 일단을 보여주고 있다.

래되었고 종국에 가서는 진나라 왕조가 무너지는 화근이 되었다. 진나라가 멸망한 후 유방의 한(漢)나라와 항우의 초(楚)나라가 여러 해에 걸쳐 중원을 제패하려는 전쟁에 몰입 하였다. 이 시기에 흉노는 모두단우(冒頓单于)가 통솔하고 있었는데, 그는 30만 명의 활 쏘는 기마병을 보유하고 있었으며, 서쪽으로는 곤륜산, 북쪽으로는 바이칼호, 남쪽으로는 하투, 동쪽으로는 요하에 이르는 광대한 영토를 확보하고, 그것도 모자라서 수시로 남하하여 중원을 휘저었다.

❺ 한장성(汉长城)

BC 202년, 한나라와 초나라 간의 5년에 걸친 격전 끝에 연전연패하던 평민출신의 유방이 귀족출신의 항우를 물리치고 통일왕조로서의 한(汉)나라를 세웠다. 이후 유방은 이미 패망한 항우의 여세를 빌어 손수 32만의 대군을 거느리고 북방의 흉노정벌에 나선다. 처음에는 싸움에 이기기도 하였지만 평성(平成, 지금의 산서성 대동)의 백등산에서 흉노의 모두단위가 이끄는 10만 기병에 포위되어 7일 동안 빠져나올 수가 없었다. 역사의 기록에 의하면 당시 유방을 포위하고 있던 기병의 말은 방향에 따라 청룡마(동쪽), 백마(서쪽), 흑마(북쪽), 황마(남쪽) 등 색깔을 달리하고 있어 보기에도 장관인 데다가 덮쳐오는 위력 또한 대단하였다. 유방은 하는 수 없이 작전참모 진평(陈平)의 건의대로 흉노에게 후한 예를 치루고 나서야 몸을 뺄 수가 있었다. 유방으로서는 한 때 역발산기개세(力拔山气盖世)의 초패왕 항우도 물리쳤지만 흉노에게는 처참하게 패하고 말았다. 그만큼 흉노는 용맹하였던 것이다. 이후 수십 년 동안 한나라는 흉노에 대하여 일관되게 화친정책을 유지하였고, 서로 형제라고 부르면서 흉노를 함부로 대하지 못했다. 그러했음에도 흉노는 자주 장성근처까지 접근하여 무력을 과시하면서 트집을 잡았다.

II. 알면 더 많이 보이는 지식

한나라의 고제(高帝)인 유방이 나라를 세운 지 65년이 지나고 유철이 6대째인 무제(武帝, 재위 BC 141~ BC 87)로 즉위할 때쯤에는 그간에 백성들의 부담을 줄이고 생활을 안정시켜 왔기 때문에 경제가 발전하고 사회는 평온해졌다. 나라의 재정이 풍족하고, 식량도 먹고 남을 정도가 되자 위청(卫青)과 확거병(霍去病) 등을 비롯한 많은 청년장수들은 전방에 나아가 적을 무찔러 공을 세울 수 있기를 갈망하고 있었다. 뛰어난 재능과 원대한 계획을 품고 있는 한무제는 기회가 왔음을 알고 주전파 대신들의 건의를 받아들여 흉노에 대한 반격전에 시동을 걸었다. BC127년에 한무제는 위청이 통솔하는 대군을 파견하여 흉노에게 빼앗겼던 하투 이남 지역을 수복토록 하였으며 그곳에 삭방군(朔方郡)을 설치함과 아울러 몽념이 쌓았던 진장성(秦长城)을 보수하였다. 이로써 흉노가 수도 장안(长安, 지금의 西安 일대)을 직접 위협하는 취약성을 제거함과 아울러 이후의 전략을 새롭게 수립할 수 있는 국면을 마련하였다.

옥문관, 감숙성의 돈황 부근에 있으며 한나라 때 서역의 특산물이 이곳을 통해 조공으로 받쳐졌다.

BC 121년에 한무제는 확거병이 통솔하는 기마병을 감숙성으로 보내 하서회랑(河西回廊, 황하의 서쪽에서 시작하여 감숙성 서북부를 지나 신강(新疆)과 중앙아시아로 나아가는 교통요충지로 동서간의 길이가 1,000km 남북간 폭 100~200km 임)을 확보하도록 하였다. 수년 간의 격전 끝에 한나라 군대는 흉노를 격퇴하고 삭방(朔方), 주천(酒泉), 옥문관(玉门關)에 이르는 장성을 쌓았다.

양관, 옥문관 남쪽 150 리 되는 곳에 있으며 이 문을 통해 실크로드가 한장성을 통과하였다. 옥문관과 양관은 본래 성벽으로 연결되어 있었으나 현재는 일부 흔적만 남아있다.

BC 119년에 한무제는 위청과 확거병이 이끄는 기마병 5만 기(騎)와 보병 수십만 명을 두 갈래로 나누어 막북(漠北)에 있던 흉노족의 주력부대를 공격하도록 하였으며, 이들은 사막 깊숙이까지

25

한나라의 영토

쫓아 들어가 흉노에게 막심한 타격을 가하였다. 이로써 흉노는 재기불능이 되었고, 한무제는 두 방면의 장성 즉, 옥문관에서 서역(西域, 신강과 천산남로 지방)에 이르는 장성과 오원(五原)-장액(張掖) 이북의 장성을 쌓았다. 이 장성을 일컬어 한장성(汉长城)이라고 한다.

❻ 장성의 침체기

한나라 이후 원나라에 이르기까지 1,000여 년간은 때에 따라 장성의 보수공사가 있기는 하였지만 진나라 한나라에 미칠 바가 못 되었다. 그러나 주의해 볼 것이 있으니 그것은 중원에 있던 본래의 한족정권 보다 북방의 호인 출신으로 중원에 들어와 자리를 잡은 비한족정권이 장성의 보수에 더욱 열정적이었다는 사실이다.

흉노가 한나라에 패퇴한 후 내부적으로 세력다툼이 심각하다가 끝내는 4분5열되었다. 그중 일부는 한나라에 귀순했고, 일부는 사막의 북쪽에 남았다가 후에 유연족(柔然族)에 복속되었으며, 일부는 서쪽으로 이동해 유럽으로 들어갔다. 그리고 나머지는 선비족(鮮卑族)에 포함되었다. 선비족은 그 기원이 대흥안령산맥에서 말을 타고 활을 쏘아 수렵을 하며 사는 민족이며, 발원지는 오늘날 내몽고의 어룬춘 이다. 서기 398년에 선비족의 투워바 씨족은 한고조가 흉노의 모두단우에게 포위당했던 평성에서 정권을 세웠는데 역사에서는 이를 북위(北魏)라고 부르며, 당시 북방정권의 대표적인 존재가 되었다. 북위는 유연족을 막기 위해 여러 차례에 걸쳐 장성을 보수하였다. 이후에 동위(东魏), 북제(北齐), 북주(北周) 등 북방정권은 모두 장성을 쌓고 보수하였는데, 이 시기의 한족정권인 진(晋), 송(宋), 제(齐), 양(梁), 진(陈) 등의 왕조가 장성을 보수하였다는 기록은 없다.

수(隋) 나라가 중국을 통일한 후에 여러 차례에 걸쳐 장성을 보수하였으나 새로 쌓은 부분은 많지 않았다. 수나라의 양제(炀帝)는 두 차례 장성을 보수하면서 백만 명 이상의 농민들을 동원하였으

II. 알면 더 많이 보이는 지식

며, 많은 수가 죽거나 다쳤다. 양제의 그러한 장성보수가 외침으로부터의 영토보호이기 보다는 자신이 국경요새를 둘러봄에 있어서 발생할지도 모를 위험을 방지하기 위함이었다는 점에서 역사에서는 그를 혼군(昏君, 아둔한 군주)이라고 했다. 당(唐)나라는 중국의 역사상 상당히 번성했던 왕조이다. 그렇지만 장성보수에는 소극적이었는데, 그것은 아마도 장성을 적극적으로 보수하고자 했을 때 드는 비용이 막대하고 얻는 것보다 잃는 것이 많다는 판단에서 이었을 것이다.

정변장성, 수나라 때 축조되었으며 명나라 때 몽고족의 침략에 대비하여 보강하였다.

송나라의 영토는 당나라나 진나라에 비할 바가 못 되었으므로 대규모의 장성보수는 여건상으로 한계가 있었다. 요(遼)와 서하(西夏)의 침략을 막기 위해 장성의 일부와 관문을 보수하였지만 소규모에 불과하였다. 남송 때는 나라 중심이 물의 고향이라 할 강남에 치우쳐 있어서 장성과는 거리가 멀었다. 이에 반하여 송나라와 같은 시기의 요나라나 금나라는 장성을 일부 새로 쌓고 보수하였다. 국경 부근인 만주리에 동서로 달리는, 높이 1m 남짓 폭 2~3m의 요나라가 쌓은 장성의 유적이 있다. 중국영토 내의 요장성(辽长城) 길이는 수십 km 이상으로서 동쪽으로는 러시아로, 서쪽은 몽고로 뻗쳐있다. 금나라가 쌓은 장성은 그 길이가 3,000여리에 이르는데, 동쪽 끝은 대흥안령산맥 남쪽의 누강이고, 서쪽은 황하강변의 포두(包头)이다. 동쪽의 금장성(金长城)은 벽채가 높고 크며, 위에는 관목이 우거져있으나, 서쪽으로 가면서 벽채는 왜소해진다. 원나라가 중국을 통일하면서 그 강역이 남으로는 대해(大海), 북으로는 북극권으로 확충되었다. 이로써 원나라는 북방으로부터의 이민족 침략위협이 근본적으로 사라지면서 장성을 손 볼 필요가 없어졌다. 하지만 남쪽에서는 백성들이 원나라를 몰아낼 계획을 키우고 있었는데, 1351년에 유복통(刘福通)이 홍건군(红巾军)을 일으키자 각지의 농민군들이 이에 호응함으로써 천하가 혼란에 빠지고 군웅이 할거하게 되었다. 이는 주원장(朱元璋)이 명나라를 세우는 계기가 된다.

❼ 명장성(明长城)

주원장은 본래 구름을 벗 삼는 스님이었다. 1352년에 그의 절이 불에 타버리자 마땅한 거처가 없는 그는 곽자흥(郭子兴)이 이끄는 농민군의 소두목이 되었다. 훗날 곽자흥이 병들어 죽자 주원장은 그 뒤를 이어 수령이 되고, 병마(兵馬)를 키우는 등 천하를 통일할 준비를 한다. 행군을 하고 적과 싸우는 와중에서도 학식이 있는 사람에게 배움을 청하고는 하였는데, 주승(朱升)이라는 사람이 그에게 이르기를 성벽을 높이 쌓으라(머물 곳을 지켜라), 양식을 널리 축적하라(생산을 발전시켜라), 왕으로 불리는 것을 최대한 미뤄라(뭇사람의 비난을 받지 않게 하라)라고 하였다. 주원장은 이를 새기고 힘껏 노력한 끝에 새로운 봉건한족정권(封建汉族政权)인 명(明)나라를 세우고 개국황제가 되었다.

명장성 서쪽 끝의 가욕관, 1372년에 세워졌다. 남쪽으로는 치리앤산이 북쪽으로는 드넓은 사막이 펼쳐져 있다.

산해관의 천하제일문, 하북성 진황도시의 동북쪽에 있다. 명나라가 중국을 통일한 후 1381년에 축조한 것이다.

원나라는 멸망했지만 그 잔여세력인 북원(北元)은 수시로 남침을 하면서 다시 일어날 기회를 노리고 있었다. 이러한 북원의 침략을 방어하기 위해 주원장은 천하통일에 성과가 있었던 주승의 "성 높이 쌓기"를 기본전략으로 삼아 대대적인 장성 쌓기에 들어간다. 이것이 중국의 역사상 진장성(秦长城), 한장성(汉长城)에 이은 세 번째의 대규모 장성 쌓기이고, 이때 만들어진 것이 명장성(明长城)이다. 역사기록에 의하면 명나라 통치 200여 년 동안 열대여섯 차례에 걸쳐 장성을 쌓았는데, 그 규모가 이전 것은 비교가 안될 만큼 매우 컸다. 게다가 기술도 발전하여 구조가 견고하고 빈틈이 없었다. 우리가 오늘날 역사유적의 명승지로 즐겨 찾는 산해관(山海關), 금산령(金山岭), 모전욕(慕田峪), 팔달령(八达岭), 가욕관(嘉玉關) 등은 명장성의 대표적인 것들이다.

명나라 때 축조된 장성은 벽채가 높고 크며 견고할 뿐만 아니라

II. 알면 더 많이 보이는 지식

공격과 수비 구조도 아주 잘 갖춰져 있다. 몇몇 중요한 지역에서는 장성이 여러 갈래로 나뉘는데 이는 일단 적군이 들어오면 깊이 끌어들여 방어하면서 공격하기 위함이었다. 이 외에도 장성 전체에 걸쳐 방수체계(防守体系)를 갖춘 9개의 기본진지를 조성하였는데, 동쪽으로부터 요동진(辽东镇), 계주진(蓟州镇), 선부진(宣府镇), 대동진(大同镇), 연환진(延缓镇), 녕하진(宁夏镇), 고원진(固原镇), 감숙진(甘肃镇) 등이 그것이다.

명장성은 중국역사에 있어서 세 번째의 만리장성이다. 이 장성의 지리적 위치는 진장성이나 한장성에 비하여 남쪽으로 내려와 있다. 명장성은 압록강변의 호산(虎山)에서 시작하여 서쪽을 향해 1만2천600여리를 뻗어나가는데 요녕, 하북, 천진, 북경, 산서, 내몽고, 섬서, 녕하를 경유하여 마지막으로 감숙의 가욕관에 이르는 것이다.

명장성의 동쪽 끝에 관하여 중국에서는 두 가지 설이 있다. 그 하나는 압록강 하류의 호산(신의주를 마주보고 있는 단동의 위쪽에 있음)이 동쪽 끝이라는 설이고, 다른 하나는 산해관(발해만의 하북성과 요녕성 간의 경계에 있는 관문으로 요동반도 아래쪽에 있음)이 만리장성의 동쪽 끝이라는 설이다. 양 지점의 거리 차는 1,700여 리이다. 명장성의 동쪽 끝을 압록강변의 호산으로 보는 견해는 이른바 중국역사의 동북공정과 관계가 있는 것인지도 모른다.

산해관장성의 노룡두. 산해관의 남쪽에 위치하며 바다와 맞닿아 있다. 당초의 것은 8국연합군에 의하여 소실되었고 지금의 것은 1980년 이후에 새로 축조된 것이다.

명장성의 당초 방어방향은 사막북쪽에 본거지를 두고 있는 북원(北元)세력이었다. 후에 북원이 쇠망하면서 뒤를 이어 일어난 것이 여진족이 세운 후금(后金)이었고, 명나라에 대적하는 북방정권으로 자리를 잡아갔다. 후금은 몇 차례의 전략적 의미가 있는 전투에서 명나라를 물리치고 중국의 동북부를 차지하게 되는데, 이때 후금의 수령이었던 황태극(皇太极)은 종족의 이름을 여진에서 만주(满洲)로 바꿈과 아울러 나라이름을 대청(大清)이라 하였다. 이

때부터 명나라와 청나라는 산해관을 사이에 두고 대치하게 되는데, 산해관 동쪽지역 대부분을 청나라가 평정함으로써 요동장성(辽东长城)은 쓸모가 없어지고 사람들에게서도 잊혀져 갔다.

　1644년에 청나라 군사가 산해관을 함락시키고 중원으로 들어와 중국을 통일하였다. 그리고 산해관 동쪽지역을 청나라의 발상지라 하여 백성들이 산해관 밖으로 나가는 것을 금하였다. 이 시절에 산해관에 "천하제일문(天下第一門)"이라는 편액을 내걸었고, 서쪽 끝의 가욕관에는 "천하제일웅관(天下第一雄關)"이란 편액을 걸어 상호 멀리 떨어져 있지만 서로 호응하는 의미를 부여하였다. 이러한 연유가 세월이 지나면서 사람들로 하여금 만리장성의 동쪽 끝은 산해관이라는 잘못된 인식을 갖게 한 것이라고, 압록강이 만리장성의 동쪽 끝이라고 주장하는 사람들은 이야기 하고 있다.

　청나라 군사가 산해관을 지나 북경성을 점령은 하였지만 남방을 평정함에 있어서는 수도 없는 좌절을 겪어야 했다. 명나라 조정의 옛 신하들이 이끄는 농민군은 청나라에 항거하는 강력한 역량을 갖추고 있었기 때문에 청나라 조정은 이를 진압하는데 있는 힘을 다 쏟아야만 했다. 이 틈을 타서 고비사막 서쪽의 천산 일대에서 활동하던 몽고는 세력을 확장했으며 몇몇 부족들은 중원을 탈취할 야심도 갖고 있었다. 청나라의 4대 황제 강희(康熙, 재위 1661~1722) 년간인 1690년에 사막서쪽의 몽고부족인 준가얼(准噶尔)의 가얼단(噶尔丹)이 사막의 대부분을 점령하자 중원의 청나라는 위협을 느끼게 되었다. 이에 강희는 대군을 거느리고 북으로 나아가 가얼단을 하북의 위장(围场)에서 대파한 다음 몽고의 각 부족장들을 내몽고의 다륜(多伦)에 불러 모아 조공을 받치도록 조치하였다. 이것을 역사에서는 다륜회맹(多伦会盟)이라고 한다.

　강희황제는 재위기간 중에 몇 차례 북벌에 나섰는데, 한 때 신하들이 장성보수를 주청하였다가 꾸지람을 들었다. 강희는 말하기를 "황제가 천하를 다스림에 있어서 험한 장애물에만 의존해서는 안 된다. 진장성 이후 한나라, 당나라, 송나라가 늘 장성을 보수하였지만 변방에서는 환란이 끊이지 않았지 않느냐. 명나라가 대대적으로 장성을 쌓았지만 결국에는 우리 청나라에게 망하지 않았더냐." 라고 하였다. 이로써 2000여 년간 지속되어오던 장성 쌓기의 역사는 마감되었던 것이다. 이후에도 몽고족은 여러 차례에 걸쳐 반란을 일으키지만 강희는 대군을 보내 정벌했으며, 강희 이후의 황제들도 장성보수에는 별로 관심을 갖지 않았다.

　청나라는 장성을 보수하지 않고서도 사막 서쪽의 여러 몽고 부족들을 복속시켰다. 이와 같은 성과는 회유정책에 힘입은 것인데, 그 핵심은 건륭(乾隆, 6대 황제, 재위1735~1796)의 말에 잘 나타나 있다. 그는 말하기를 그들의 종교를 이용하고, 그들의 생활습속을 바꾸려들지 말라고 하였다. 청나라의 황제들은 이렇게 변방종족을 감싸 안으면서 통일국면을 조성하였다. 현재 북경의 옹화궁(雍和宮)에 ≪라마말씀(喇嘛说)≫이라는 비(碑)가 있다. 이 비문은 건륭황제가 직접 쓴 것으로 청나라 왕조의 유화정책이 잘 나타나 있다. 그는 비문에 적기를 "몽고사람들은 다라이라마(达赖喇嘛)와 반선라마(班禅喇嘛)가 이끄는 황교(黃教, 라마교의 최대종파로 승려들의 복색은 황색임)를 신봉하고 있다. 황교는 몽고사람들의 안식처이고, 이는 국가의 안위와 크게 관계가 있다. 그러하니 반드시 황교를 보호하라."고 하였다.

　황교는 티베트 불교의 한 종파이다. 티베트 불교에는 몇 개의 종파가 있는데, 라마(喇嘛, 라마교의 승려)의 모자색깔에 따라 황교, 홍교(紅教), 흑교(黑教), 화교(花教), 백교(白教) 등으로 불렸다. 청나라 왕조에서는 황교를 부흥시키면서 절을 많이 지었다. 그러한 연유로 장성자락에 사는 백성들 사이에 주원장은 장성을 쌓았고, 강희는 도처에 절을 지었다는 말이 전해 내려오고 있다.

　영국과 청나라 사이의 아편전쟁이 끝난 후 북방의 농민군인 염군(捻军)과 남방의 농민군인 태평군(太平军)이 서로 호응하며 청나라 왕조를 공격하자 청나라 왕조는 이를 막기 위해 산동과 산서지역에 임시방편의 방어진지를 구축하였는데 일부는 새로 쌓고 일부는 기존의 장성을 활용하였다. 이를 일컬어 청장성(淸长城)이라고도 하지만 이전의 장성에 포함시켜 논할 바가 못 된다.

III. 볼 곳 고르기

BEIJING

볼 곳 총집합
권역별 주요 볼거리와 교통편

III. 볼 곳 고르기

▶ 볼 곳 총집합

북경관광, 무엇을 볼 것인가?

다녀 온 사람들의 경험을 통해서, 또는 현지인들의 조언을 들어서 그 대상을 짚어 볼 수도 있을 것이다. 하지만, 이런 경우에 접할 수 있는 정보도 제한적일 뿐만 아니라 다른 사람의 주관에 영향을 받기 십상이다. 이러한 취약점을 극복하고, 객관적인 정보를 되도록이면 많이 훑어보고자 사람들은 인터넷 검색도 하고 여행관련 책을 구입하기도 한다.

관광지에 관하여 비교적 많은 정보를 담고 있는 중국경점목록(中国景点目录, 인민교통출판사)을 보면 북경의 경점(景点, 명승지)으로 229 곳을 목록화 해 놓고 있다. 여행전문들의 체험을 바탕으로 중요도에 따라 5등급으로 분류해 놓고 있는데, 1등급은 세계문화유산으로 등록돼 있는 7곳, 2등급은 아주 중요하다고 보는 12곳, 3등급은 중요시 되는 것으로 26곳, 4등급은 관심을 가져 볼만한 것으로 39곳, 5등급은 일반적인 것으로 145곳이다.

1등급으로는 고궁(자금성), 이화원, 명13릉, 천단, 팔달령장성, 사마대장성, 주구점유적지 등이고, 2등급에는 거용관장성, 전구장성, 천안문광장, 운거사, 석화동, 왕부정거리, 인민대회당, 중국국가박물관, 중국지질박물관, 중국자단(紫檀)박물관, 중화민족원 등이 있다. 3등급에는 모전욕, 금산령장성, 황화성장성, 고북구장성, 천안문성루, 원명원, 서산8대처, 공왕부, 북해공원, 옹화궁, 와불사, 벽운사, 대혜사, 각생사, 향산공원, 은산탑림, 천저하촌, 북경세계공원, 북경동물원, 서한묘, 중국과학기술관, 중국인민항전기념조각관, 북경석각예술박물관(만수사), 중국인민혁명군사박물관, 북경예술박물관, 태평양해저세계박물관 등이 있다. 이들 경점에 대한 관광가치의 평가는 각자의 견해에 따라 달라질 수 있는 것이지만 위의 목록으로 보건대, 봉건중국의 황제들이 어떤 모습의 삶을 살았고, 황권에의 도전에 어떻게 대응하고자 했으며, 죽고 난 다음에는 어떤 모습으로 남아있는지에 대하여 관광하는 사람들의 관심이 보다 집중되는 것이 아닌가 여겨진다(경점의 위치와 개요: 부록 4).

Ⅲ. 볼 곳 고르기

권역별 주요 볼거리와 교통편

관광에 나선 이상 계획된 예산과 기간 범위 내에서 최대한의 만족을 거둬야 한다.

이러한 필요성에 부응할 수 있도록 북경지역을 10개의 권역 즉, 고궁, 황성, 북경내성, 북경외성의 4개 권역과 고궁을 기점으로 한 서북방향 시내권역, 서북방향 근교권역, 서북방향 원교권역, 북동방향권역, 남서방향 근교권역, 남서방향 원교권역으로 나누어 주요 볼거리를 개관해보기로 한다. 아울러 주요 관광지에 대하여는 가능한 한 교통에 관한 정보도 덧붙였다.

❶ 고궁(故宮)

고궁은 북경관광에서의 0순위에 해당하는 곳이다. 고궁관람은 남쪽 정문인 오문(午門)으로부터 시작하는 것이 바람직하다. 이곳에 이르는 대중교통으로는 지하철과 버스가 있다. 지하철로는 2호선의 전문역(前門站, Qianmen Zhan, 치앤먼짠)이나 1호선의 천안문서역(天安門西站, Tiananmenxi Zhan, 티앤안먼씨짠) 또는 천안문동역(天安門東站, Tiananmendong Zhan, 티앤안먼동짠)에서 내린다. 버스로는 천안문광장 주변의 정거장(천안문광장 서, 천안문광장 동, 전문)을 통과하는 2, 5, 8, 20, 22, 48, 59, 66, 69, 71, 120, 126, 203, 210, 301, 646, 690, 692, 723, 729, 803, 826, 특(2층버스)4, 특7 등의 노선이 있다(2008년 1월 현재, 이하 같음).

❷ 황성(皇城)권역

황성권역에는 천안문 기점의 시계방향으로 사직단(社稷坛, 현재는 中山公园), 중남해(中南海), 북해(北海), 경산공원(景山公园), 태묘(太庙, 현재는 北京市人民文化宫) 등의 볼거리가 있다. 이 중에서 일반관광의 으뜸순위는 북해가 되겠는데, 나머지들도 안보면 아쉬움이 남을 곳이다. 다만, 중남해만은 국무원과 중공중앙(中共中央) 등 정치의 핵심기구들이 자리를 잡고 있어 일반에게는 공개되지 않고 있다.

　북해 관람에 있어서는 남쪽 정문과 다리 하나를 사이에 두고 있는 서문으로 들어가 북해의 서쪽기슭 → 북쪽기슭 → 동쪽기슭 → 단성(团城) → 경화도 → 동문 의 순으로 돌면 시간을 절약할 수 있다. 북해의 동문을 나서면 바로 경산공원의 서문으로 연결된다.

　사직단과 태묘는 각각 천안문의 좌우에 자리 잡고 있다.

　북해공원을 통과하는 버스로는 남문 쪽으로 5, 101, 103, 109, 124, 202, 211, 685, 814, 846 등의 노선이 있고, 북문 쪽으로는 13, 42, 107, 111, 118, 204, 701, 810, 823, 850 등의 노선이 있다 (황성권역 교통도: 부록5).

❸ 내성(内城)권역

　이 권역에는 남쪽으로 천안문광장, 조양문(朝阳门)과 전문(箭门)이 있고, 서북쪽으로는 공왕부(恭王府), 지안문(地安门), 안정문(安定门) 그리고 고루(鼓楼)와 종루(钟楼)가 있으며, 동북방향으로 옹화궁(雍和宫), 공묘(孔庙), 국자감(国子监) 등이 있다. 이 권역에서의 관람으뜸순위는 천안문광장과 옹화궁이다. 옹화궁과 공묘 및 국자감은 인접해 있으며, 옹화궁은 지하철 2호선의 옹화궁역(雍和宫站, Yonghegong Zhan, 용허궁짠)에 맞닿아 있다.

　버스로는 고루 정류소를 지나는 것으로 5, 60, 107, 124, 204, 210, 815, 819 등의 노선이 있고, 공왕부는 55번 버스의 류해호동(刘海胡同)에서 내려서 찾아간다. 13, 116, 684번 버스는 옹화궁과 국자감 앞을 지난다 (북경성권역 교통도: 부록6).

❹ 외성(外城)권역

　이 권역에는 천단(天坛), 선농단(先农坛), 영정문(永定门), 용담공원(龙潭公园), 도연정공원(陶然亭公园) 등이 있다. 이곳에서는 우선 천단을 관람하고, 영정문을 본다. 천단과 동서문을 마주하고 있는 선농단은 아직 개방되지 않고 있다.

　천단으로 통하는 버스는 남문 쪽으로 36, 53, 120, 122, 208, 525, 610, 800, 803, 814, 958, 특3, 운통102 등의 노선이 있고,

Ⅲ. 볼 곳 고르기

북문 쪽으로 6, 34, 34, 35, 36, 106, 110, 717, 743, 687 등의 노선이 있다. 지하철 2호선의 전문역(前门站, Qianmen Zhan)에서 내려 조양문을 등진 오른쪽 큰길을 건너가면 천단으로 가는 버스를 쉽게 탈 수 있다(북경성권역 교통도: 부록6).

❺ 서북방향시내(西北方向市内)권역

이 권역에는 옥연담공원(玉渊潭公园), 북경동물원(北京动物园), 대종사(大钟寺) 등이 있다. 동물원을 통과하는 버스로는 632, 634, 697, 714, 732, 808, 814, 운통104, 운통105, 운통106, 운통205, 특4 등의 노선이 있다. 지하철 2호선의 서직문역(西直门站, Xizhimen Zhan, 씨쯔먼짠)에서 내리는 경우에는 출구를 나와 서쪽방향으로 가는 632, 634번 버스를 타고 세 정거장 째에서 내린다. 대종사는 지하철 13호선의 대종사역(大钟寺站, Dazhongsi Zhan, 다종쓰짠)에서 내려 역사를 나온 방향으로 큰길 따라 10여 분 걸어가다 보면 길 건너에 절 문이 보인다(북경성권역 교통도: 부록6).

❻ 서북방향근교(西北方向近郊)권역

이 권역에는 서산팔대처(西山八大处), 향산(香山), 벽운사(碧云寺), 북경식물원(北京植物园), 와불사(卧佛寺), 옥천산(玉泉山), 이화원(颐和园), 원명원(圆明园) 등이 자리 잡고 있다. 모두 사람들의 발길이 잦은 곳이다. 서산팔대처를 제외하고는 모두 교통흐름이 같은 방향이다. 향산공원과 벽운사는 바로 인접해 있고, 식물원과 와불사도 서로 맞닿아 있다. 이화원과 옥천산은 얼마간의 거리를 두고 서로 마주보고 있다.

원명원으로 통하는 버스는 원명원남문(만춘원 궁문) 쪽으로 319, 320, 331, 432, 438, 498, 628, 664, 690, 696, 697, 801, 826, 834, 특6 등의 노선이 있고, 동문(장춘원 궁문) 쪽으로는 205, 365, 432, 656, 664, 681, 717, 743, 811, 814, 963, 982, 특4, 운통105, 운통 205 등의 노선이 있다. 이화원(颐和园)을 지나가나 이곳이 종점인 버스로는 209, 330, 331, 332, 346, 394,

683, 690, 696, 718, 732, 801, 808, 817, 826, 운통106, 303, 375, 384, 393, 498, 634, 697, 737, 특5, 834 등의 노선이 있다. 북경식물원과 와불사 및 향산에 닿는 버스로는 331, 505, 630, 634, 696, 운통112, 318, 360, 698, 714 등의 노선이 있고, 서산 팔대처에 이르는 버스로는 347, 389, 489, 622, 958, 972 등의 노선이 있다(북경시서북근교권역 교통도: 부록7).

❼ 서북방향원교(西北方向远郊)권역

이 권역에는 창평현(昌平县)의 거용관(居庸關)과 명13릉(明十三陵), 그리고 연경현(延庆县)의 팔달령장성(八达岭长城)과 용경협(龙庆峡) 등의 명소가 있다. 모두 유명한 곳이다. 천안문광장 등에 자리를 잡고 있는 버스표 예약판매소에서 예매를 하여 전용버스로 다녀오는 방법도 있고, 시내버스로 덕승문(得胜门)까지 가서 장거리시외버스를 타고 다녀올 수도 있다. 덕승문을 통과하는 시내버스로는 27, 44, 55, 206, 210, 305, 315, 380, 409 등의 노선이 있다.

덕승문에서 창평으로 가려면 949번 시외버스를, 연경으로 가려면 919번 시외버스를 타며, 버스에서 내린 후 목적지까지는 현지 차량을 이용한다(북경시서북원교 교통도: 부록3).

❽ 북동방향원교(北东方向远郊)권역

이 권역에는 회유구(怀柔区)의 모전욕장성(慕田峪长城)이 있고, 밀운현(密云县)의 밀운댐(密云水库), 고북구(古北口, Gubeikou)장성, 금산령(金山岭, Jinshanling)장성, 사마대(四马台, Simatai)장성 등이 있다. 북경에서 가장 큰 밀운댐과 고산준령의 고북구장성을 차로 이동하면서 감상한 다음, 북경 오지의 금산령과 사마대 장성을 네댓 시간에 걸쳐 직접 걸어서 넘어보는 것도 두고두고 추억에 남을 일이 될 것이다.

회유구와 밀운현으로 가는 시외버스 정류소는 동직문(东直门, Dongzhimen, 동쯔먼)에 있다. 동직문역은 전철 13호선과 전철 2호선의 호환역인데, 13호선의 출구로 나와 왼쪽으로 큰길을 따라

III. 볼 곳 고르기

한 블럭을 돌면 시외버스 정류장에 이르게 된다. 916번 버스가 회유구로 가며, 980번 버스는 밀운으로 간다. 종점에 내려서 목적지까지는 현지교통을 이용한다. 예컨대, 밀운정류소에서 밀운댐을 거쳐 고북구를 비롯한 장성을 답사하고 되돌아오는 거리가 120km 정도가 되는데, 이곳에는 대중교통이 없다. 따라서 차를 대절할 수밖에 없는 상황이고, 200위안(元, 1위안은 대체로 125원) 정도 소요된다. 대절한 차는 장성을 걷는 동안 하산할 지점에서 대기하게 된다(북경시북동원교 교통도: 부록3).

⑨ 남서방향근교(南西方向近郊)권역

이 권역에는 노구교(卢沟桥), 계태사(戒太寺), 담자사(潭柘寺) 등이 있다. 노구교에 이르는 버스로는 309, 329, 339, 456, 459, 661, 662 등의 노선이 있고, 계태사와 담자사로 갈 경우에는 지하철 1호선의 서쪽 종점인 평과원역(苹果园站, Pingguoyuan Zhan, 핑궈위앤짠)까지 가서 931번 버스를 탄다(북경시남서근교 교통도: 부록3).

⑩ 남서방향원교(南西方向远郊)권역

이 권역에는 석화동(石花洞), 은호동(银狐洞), 주구점(周口店), 십도(十渡) 등이 있다. 전철 1호선의 평과원역에서 내려 948번 버스를 타면 은호동에 갈 수 있고, 천안문광장 조양문 밖의 천교(天桥, Tianqiao, 티앤챠오) 시외버스정류소(长途汽车站, 챵투치쳐짠)에서 917-5번(917路支5)버스를 타면 석화동에 갈 수 있다. 또한 천교시외정류소에서 타는 917번 버스는 주구점을 지나 십도가 있는 장방(张坊)까지 가는데, 장방에서 십도까지는 20여 km를 더 들어가야 하지만 버스운행이 드물다. 따라서 현지에서 차를 대절하는 것이 편리하다. 100위안정도 소요되며, 도보로 관람하는 동안에 차는 대기하고 있게 된다(북경시남부권역 교통도: 부록3).

IV. 미리보기

BEIJING

자금성(紫金城)
사직단(社稷坛)
북해(北海)와 단성(团城)
중남해(中南海)
경산공원(景山公园)
태묘(太庙)
천안문광장(天安门广场)
공왕부(恭王府)
고루(鼓楼)와 종루(钟楼)
옹와궁(雍和宫)
공묘(孔庙)
국자감(国子监)
천단(天坛)
대종사(大钟寺)
서산팔대처(西山八大处)
향산공원(香山公园)
벽운사(碧云寺)
서산와불사(西山卧佛寺)
이화원(颐和园)
원명원(圆明园)
명13릉(明十三陵)
북경의 장성(长城)
노구교(卢沟桥)
석화동(石花洞)
주구점(周口店)
십도(十渡)

자금성
(紫禁城)

자금성은 북경시의 최 중심에 자리 잡고 있으며, 오늘날의 이름은 고궁박물원(故宮博物院)이다. 흔히들 줄여서 고궁이라고 한다.

자금성은 중국의 후기 봉건왕조였던 명(明)나라와 청(淸)나라의 왕궁으로서 명나라 3대 황제 영락(永樂, 재위 1402~1424) 년간인 1406년에 착공되어 1420년에 완공되었으며, 청나라의 마지막 황제 부의(溥儀)가 퇴위할 때까지 24명의 황제가 491년간 이곳에 기거하면서 중국을 통치하였다. 이 기간에 자금성의 경계는 삼엄했으며, 평민에게는 다가서거나 엿보는 것이 허용되지 않았기 때문에 백성들에게 있어서 자금성은 신비로운 존재였다.

자금성의 내력과 주변 구도

중국의 고대 천문학자들은 자미성원(紫微星垣, 북극성의 동북쪽에 있는 15개의 별무리)이 하늘의 한가운데에 있으며, 그 자리가 변하지 않는 것으로 보아 그 곳을 천제(天帝)의 거소(居所)로 추정하고, 부르기를 자궁(紫宮)이라 하였다. 한편, 봉건왕조의 왕들은 자신들이 천제의 자식이라 여겼으며, 그래서 자신들의 거처도 하늘위의 자궁처럼 나라의 한가운데에 자리 잡아야 하고, 주변국들은 응당 자신의 왕조를 에워싸고 순응해야 하는 것으로 인식하였다. 뿐만 아니라 자신들은 지극히 귀하고 엄한 존재이므로 왕궁의 담을 높이 쌓고 경계를 빈 틈없이 하여 외적은 물론 일반 백성도 범접할 수 없어야 한다고 하였다. 이러한 연유로 하여 자금성이라는 이름이 생겨난 것이다.

자금성의 자리배치는 《주례고공기(周礼考工记)》를 근거로 하고 있다. 기원전 13세기에 주나라 사람이 쓴 책에 궁궐조영(宮闕造營)에 관한 것이 있다. 즉, 조상을 왼쪽에 모시고 신에 대한 제사는 오른쪽에서 지낸다(左祖右社), 나라살림을 하는 곳은 앞쪽에 짓고 사는 곳은 뒤쪽에 조성한다(前朝后市), 천자를 보려면 문 다섯을 거쳐야 한다(天子五門), 북두칠성의 일곱 수 등이 언급되어 있는데, 자금성과 그 주변의 전반적인 배열이 이에 부합되는 것이다. 즉, 자금성은 남북직선의 8km 축(軸) 가운데에 자리 잡고 있는데, 자금성의 남문 밖 왼쪽(동쪽, 지금의 인민문화궁 자리)에 조상을 제사지내는 태묘(太廟)가 있었고, 이에 대칭되는 오른쪽(서쪽, 지금의 중산공원)에는 지신과 곡물신에게 제사를 지내는 사직단(社稷坛)을 둔 것이다. 그리고 외성의 사람들이 궁궐에 들어오려면 북경

자금성 전경

내성의 정문인 정양문으로부터 대청문, 천안문, 단문, 오문(午門, 자금성의 정문) 등 다섯 개의 문을 거쳐야 했고 입궁 후에도 태화문과 건청문을 거쳐야 황제와 대면할 수 있었다.

자금성의 성벽과 호성하(護城河)

① 성벽과 성루(城樓)

자금성의 성벽은 고대의 전통적인 방어시설 모습을 그대로 하고 있다. 높이 10m에 아래폭 8.62m 위폭 6.66m이며, 성의 벽채 위에는 凹자 형의 총 쏘는 구멍(垛口)이 나있고, 그 아래에는 20m쯤의 간격으로 빗물이 빠질 수 있는 구멍이 나있다.

자금성의 성벽과 성루

벽채는 벽돌을 양쪽에 쌓고 그 사이에 흙을 다져 넣은 것인데, 들어간 벽돌의 수는 1,200여만 장에 이르렀다. 이 벽돌은 산동(山东)의 임청(临清)에서 구웠으며, 그 크기는 가로 48cm, 세로 24cm, 높이 12cm에 무게는 24kg 이었다.

자금성의 네 귀퉁이에는 성루가 우뚝 서 있다. 성루는 3중 처마로서 장방형의 세 칸짜리 방이 있고, 각 면에는 곁채가 달려있는 형식이다. 십자형 대들보 위의 여유로운 지붕에는 구리에 금빛도금을 한 둥근 모양의 장식물이 얹혀 있다.

② 호성하(護城河)

호성하는 글자 그대로 성을 방호하는 하천이다. 자금성의 성곽바깥에 폭 52m, 깊이 6m의 호성하가 에둘러 있다. 하천 기슭은 벽돌을 수직으로 쌓아 올렸으며, 그래서 통자하(筒子河)라고도 불린다. 호성하에 흐르는 물의 발원지는 북경성 서쪽에 있는 옥천산(玉泉山)이며, 이곳의 물이 이화원(頤和園), 서직문(西直門), 지안문(地安門)을 지나 경산(景山) 서문의 지하갱도를 통해 호성하로 들어오는 것이다.

호성하의 음력 7월에 피는 연꽃은 장관이었는데, 이 연꽃은 청나라의 4대 황제 강희(康熙, 재위 1662~1722) 때 심은 것이다. 수확한 연뿌리 중 궁중에서 식용으로 쓰고 남는 것은 시장에 내다 팔아 경비로 쓰다가 7대 황제 가경(嘉慶, 재위 1796~1820) 때에 이르러 임대하여 세를 받았다고 한다.

자금성 관람코스

자금성은 터 면적이 23만6,000 평이고, 둘레가 3,428m이다. 이 안에 980채의 건물이 들어 서있으며, 건축 면적만도 4만7,000여 평에 이른다. 이와 같이 방대한 관람대상을 효율적으로 감상할 수 있도록 고궁박물원(故宮博物院)은 관람중로(故宮中路游), 관람서로(故宮西路游), 관람동로(故宮東路游)의 세 갈래 길을 안내하고 있다.

관람중로는 자금성의 남쪽 정문인 오문(午門)과 북쪽 정문인 신무문(神武門)을 잇는 남북 중추선 상의 건물 군을 관람하는 코스이다. 자금성 관람의 핵심대상이 이 곳에 위치하고 있는데, 굵직한 것으로는 태화문광장, 태화문, 전3전(前三殿; 태화전, 중화전, 보화전), 건청문광장, 후3궁(后三宮; 건청궁, 교태전, 곤녕궁), 어화원, 흠안정 등이 그 것이다.

관람서로는 관람중로와 같이 진행하다가 건청문광장에서 서쪽으로 벗어나서 양심전(養心殿;황제가 일상생활을 하면서 정무를 처리하

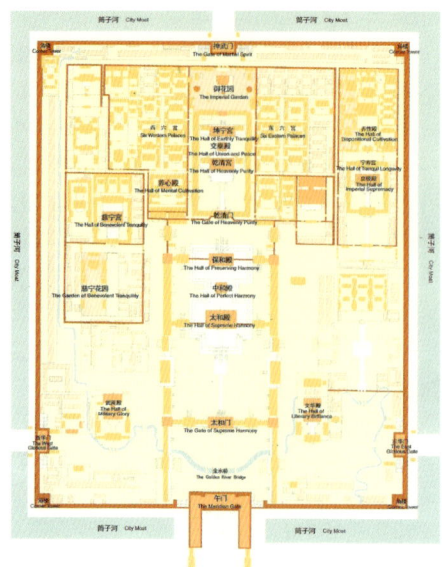

고궁전도

자금성 밖에서 본 오문

문을 세우고 오문이라 이름 지은 것이다. 오문이 다섯 자리의 누각으로 연결되어 이루어졌다고 해서 오봉루(五鳳樓)라고도 한다.

오문에는 모두 다섯 개의 문동(門洞, 윗부분이 무지개처럼 휘어있는 동굴모양의 문)이 있는데, 세 개의 문동은 정면에 있어서 눈에 잘 뜨이고 두개의 액문(掖門, 곁문)은 좌우 가장자리에 있어서 잘 보이지 않았다. 이러한 정황을 일컬어 명삼암오(明三暗五)라고 하였다. 오문의 문동 출입에는 엄격한 규정이 있었다. 한가운데의 문동은 황제의 전용통로로 다른 사람은 통행이 금지되었으나 두 가지의 예외가 있었다. 그 하나는 여자가 황제에게 시집올 때이고, 다른 하나는 과거시험에 우수한 성적으로 합격한 3인에게 주어지는 특수 은총으로서 벼슬길에 오를 때 이 문을 통과하게 한 것이다. 세 개의 정면 문동 중 좌문(동쪽)으로는 문무대신이, 우문(서쪽)으로는 종실왕공이 각각 출입을 하였다. 액문은 주로 전체 조회 때 조신들이 출입하였다.

오문 앞에는 3,000평 크기의 광장이 있다. 이 곳은 문무백관이 황제로부터 하사품을 받거나 임금이 백성들을 위해 행사를 벌였던 곳이다. 황제는 신하들에게 입춘에는 춘병(春餠), 단오절에 쫑즈(粽子), 한가위에 월병(月餠) 등 계절 음식을 내려주고, 정월보름에는 오문 앞에 등을 걸고 연회를 베풀어 조신들과 백성이 함께 즐기도록 하였다.

던 곳)과 서6궁(西六宮; 황제의 가솔들이 생활하던 영수궁, 태극전, 장춘궁, 익곤궁, 저수궁, 함복궁 등 여섯 궁)을 돌아 관람중로의 어화원으로 합쳐지는 코스이다.

관람동로도 관람중로와 같이 진행하다가 건청문광장에서 동쪽으로 벗어나서 서6궁과 같은 성격의 동6궁을 보고, 봉선전, 구룡벽, 황극전, 녕수궁, 양성전, 낙수당, 이화헌 등을 감상한 다음 정순문(貞順門)으로 나가는 코스이다.

이상의 관람로를 통해 돌아볼 수 있는 면적은 전체 면적의 절반 정도이고, 나머지는 아직 미 개방 상태에 있는데, 그 주된 사유는 보존상태 등이 일반에게 공개할 조건을 갖추지 못했거나 국가적으로 특별한 용도가 있어서라고 한다.

자금성의 중로(中路)관람

① 오문(午門)

오문은 자금성의 정문이다. 풍수상의 24개 방위(方位)에서 정남방향인 오자리(午位)에 정성루에는 남북으로 36개의 대홍문(大紅門)이 있으며 좌우 낭하에는 종과 북을 설치해 놓았다. 황제가 사직단에 제사 지내러 나갈 때는 종을 울리고, 천단과 지단에 제사 지내러 나갈 때는 북을 울렸으며, 나라의 큰 의례를 행할 때에는 북과 종을 함께 울렸다.

② **태화문광장(太和門廣場)**

자금성의 정문인 오문을 들어서면 맞은편에 태화문이 있고, 두 문 사이에 있는 공간이 태화문 광장이다. 태화문은 자금성에서 가장 웅장한 대문으로 명나라 때에는 봉천문(奉天門)에 이어 황극문(皇極門)으로 불렸다. 지금의 태화문은 청나라 말기인 1894년에 지은 것으로 역사가 가장 일천한 것이기도 하다. 태화문광장의 한복판에는 내금수하(內金水河)가 흐른다.

자금성에는 외금수하(外金水河)와 내금수화(內金水河)라고 불리는 두개의 물 흐름이 있다. 금수하의 물은 호성하에서 공급되는데, 외금수하는 자금성 밖에 있고 천안문 앞을 지난다. 내금수하는 자금성 안에 있고 태화문광장을 지난다. 내금수하는 그 길이가 2km 남짓 되며, 빗물의 배수와 소방용 물의 공급기능 뿐만 아니라 주변의 경치를 돋보이게 하는 면에서도 무시 못 할 요소가 되고 있다.

태화문광장에 흐르는 내금수하 위에는 다섯 개의 돌다리가 무지개처럼 놓여 있다. 이 다섯 개의 다리는 봉건왕조의 등급 제도를 여실히 나타내고 있는데, 한가운데 있는 것은 길이 23.5m, 폭 6m의 어로교(御路橋)로서 황제만이 다녔고, 그 양쪽의 다리는 왕공교(王公橋)로서 종실왕공(宗室王公)들이 다녔으며, 바깥 양쪽의 다리는 품급교(品級橋)로서 3품 이상의 문무대신이 다녔다.

③ **태화전 광장(太和殿廣場)**

태화문광장을 지나 태화문을 들어서면 9천여 평 남짓의 광장이 한눈에 들어온다. 자금성에서 가장 넓다는 태화전광장 이다. 멀리 정면으로는 한백옥(漢白玉, 하북성 방산현에서 나오는 흰 돌) 벽돌을 3단으로 쌓아 올린 3대(높이 8.13m의 집터)위의 태화전이 보이고, 광장의 좌우로 각각 홍문각(弘門閣)과 체인각(体仁閣)이 있다.

3대의 각 단에는 18개의 솥모양향로(鼎式香爐)가 배열되어 있고, 맨 위단의 동서 양쪽에는 일구(日晷, 해시계)와 가량(嘉量, 일종의 표준 측정기기)이 설치되어 있다. 또한 장수(长寿)를 상징하는 구리거북(銅龜)과 구리학(銅鶴)도 놓여 있다. 3대 위에는 자금성의 중심건물인 태화전(太和殿), 중화전(中和殿), 보화전(保和殿)이 웅장한 모습으로 자리 잡고 있다. 이들 궁전은 명나라와 청나라 때 의전과 예식을 거행하던 곳

오문과 호성하, 그리고 태화문 광장. 그 너머로 중남해가 보인다.

3대위의 태화전과 그 앞의 광장

이다. 예컨대, 3대절(三大節 정월 초하루, 동지, 황제의 생일)예식, 전시의 출정의식, 황제의 결혼과 황후책봉, 어전의 과거시험 등이 그것이다. 규모가 큰 행사 때는 광장에 구리로 된 동제품급산(銅製品級山, 품급을 나타내는 산모양의 표지물)을 배열해 놓았고, 대신들은 자신들의 품급에 상응하는 자리를 찾아서 섰다.

태화전광장의 의장돈

3대 위에서 온통 벽돌이 깔린 태화전광장의 바닥을 내려다보면 앞쪽은 폭이 좁고, 태화문 방향으로는 폭이 넓게 벌어지는 흰 선이 드러난다. 이것은 북쪽으로의 폭은 좁게, 남쪽으로의 폭은 넓게 잡아 매 1m마다 네모난 흰 돌을 박아놓았기 때문에 생긴 것으로 한 줄에 박힌 흰 돌의 수는 100개 정도이다. 이 돌을 의장돈(儀仗墩)이라 하고, 이 돌이 박힌 자리를 따라 의장대가 정렬을 하였다.

④ 체인각(体仁閣)과 홍의각(弘儀閣)

태화전 광장의 동편과 서편에는 건축양식과 생김새가 똑 같은 체인각과 홍의각이 자리 잡고 있다. 체인각은 명나라 때 문루(文樓)에 이어 문소각(文昭閣)으로 불렸다. 이곳은 과거시

태화전 광장 서쪽의 홍의각

험을 통해 유능한 인재를 선발하던 곳이다. 홍의각(弘儀閣)은 황가(皇家)의 재물 창고로서 진귀한 물건과 금화 등을 보관하였다.

⑤ 태화전(太和殿)

태화전은 자금성의 정전(正殿)이며 황권(皇權)의 상징이었다. 태화전은 자금성에서 뿐만 아니라 전국적으로도 현존하는 궁전 중 가장 높고 가장 크며 가장 존귀한 자리에 있다. 그래서 사람들은 태화전을 금란보전(金鑾宝殿)이라고 불렀다.

태화전은 황제의 등극이나 칙서의 반포 등 중요한 의식과 행사를 치르던 곳이다. 3대의 각 단에 놓인 향로에서 아련하게 피어오르는 향연(香烟)사이로 황제의 모습이 나타나면 태화전 아래에서는 울려 퍼지는 아악의 음률 속에 문무백관이 오체투지하며 만세를 외쳤는데, 그 분위기가 자못 엄숙하고 위엄이 있었다고 한다.

태화전의 크기는 앞면 60.0m(11칸), 옆면 33.3m(5칸), 높이 26.9m에 면적은 720 평이다. 모두 72개의 거대한 기둥들이 2중 처마로 된 무거운 지붕을 받치고 있는데, 지붕의 그러한 형식은 고대 건축에서 최상으로 꼽히는 것이다.

궁전의 내부는 처마 안쪽 부분과 문틀 위의 부분에 금박을 입혀 놓아 휘황찬란하다. 정중앙에는 두 사람이 팔을 벌려 마주해야 껴안을 수 있을 굵기의 금빛기둥이 여섯 개가 서 있다. 이 기둥은 높이가 13m이며 몸을 서리고 있는 용의 모습이 새겨져 있다. 그러한 기둥을 좌우에 두고 그 사이에 금칠을 한 녹나무로 일곱 계단을 쌓은 다음 그 뒤편에 일곱 폭의 금빛 병풍을 쳤다. 그리고 병풍 앞에 수미좌(须弥座, 부처의 좌대) 형식의 좌대를 바탕으로 하는 어좌(御座)를 앉혔다. 백성들은 이 어좌를 일컬어 금란보좌(金鑾宝座)라 하였다.

어좌는 바닥에서 등받이까지 4척(尺)남짓인데, 큼지막한 병풍에 의하여 돋보일 뿐만 아니라 어좌와 병풍에는 온갖 모양의 용들이 새겨져 있어 매우 신성하고 위엄이 있어 보인다. 어좌에 오르는 계단은 세 갈래이고, 그 사이와 가장자리에는 황제가 오르내릴 때 향을 피우기 위한 향로가 높은 받침대에 올려져 있다. 어좌 양편으로는 코끼리, 사슴, 학 등이 마주보고 있으며, 천정의 한가운데는 금빛의 용을 새겨 넣은 조정(藻井, 무늬로 장식한 천정)이 있다.

태화전의 동쪽 벽과 서쪽 벽에는 자단목(紫檀木)으로 짠 궤(앞면 2.18m, 옆면 0.8m, 높이 3.7m)가 놓여 있는데, 궤의 문은 내려오는 용, 오르는 용, 여의주를 희롱하는 용 등의 문양으로 장식되어 있다. 치밀한 재질, 은은한 색채, 반듯한 문양, 세심한 솜씨 등은 민간공예에서 볼 수없는 것들이다.

태화전의 뜰에는 일구(日晷), 가량(嘉量), 동항(銅缸), 그리고 장수를 상징하는 학과 거북이 진설되어 있다. 일구, 즉 해시계는 돌 바탕 위에 청석질(靑石質)의 둥근 돌 시계판을 45도 각도로 고정시켜 놓고 그 중심에 구리로 만든 바늘대를 수직으로 꽂아 만든 것이다. 바늘대의 주위에는 시간표시금이 그어져 있고, 해가 움직임에 따라 바늘대가 시간표시금에 그림자를 드리움으로써 시각을 나타내도록 설계되어 있다. 황제는 정확한 시간을 세상에 알려야 할 책무를 지고 있었기 때문에 해시계는 국가가 관리하는 중요한 기기 중의 하나였다.

가량(嘉量)은 용량 단위를 표시하는 기구로서 휘(斛, 10말), 두(斗, 말), 승(升, 되), 합(合, 홉), 약(龠, 반홉) 등 고대의 표준량기(標準量器)인 다섯 등급의 용량 단위를 새겨 놓고 있

태화전의 금란보좌

태화전뜰의 일구

태화전 뜰의 가량

태화전 뜰의 동학(銅鶴)

태화전 뜰의 동귀(銅龜)

다. 이 기구가 의미하는 것은 도량형의 통일이며, 이는 국가의 통일과 강성(强盛)을 상징한다.

동항(銅缸, 구리항아리)은 옛날 명나라와 청나라 때부터 궁전밖에 진설(陳設)해 놓은 것으로 소방(消防)과 장식의 용도를 겸한 것이다. 평상시에는 맑은 물을 담아 놓고, 소설(小雪) 절기를 맞으면 뚜껑을 덮고 솜옷을 입혔으며, 동항이 놓인 돌바닥 밑에 석탄불을 넣음으로써 물이 얼지 않게 하였다. 경칩에 불을 뺐다.

중화전 외양

태화전의 동항

중화전 내부

태화전의 향로

⑥ 중화전(中和殿)

중화전은 종횡으로 3칸(三間)씩 이다. 그리고 황색의 오지기와를 입힌 지붕은 네 면에서 위로 모아져 올라간 찬두식(攢頭式)이고, 그 꼭대기에 금빛의 둥근 장식물을 올려놓았다. 안에는 보좌(寶座)와 세 발 달린 황금빛 솥, 그리고 향로 등이 놓여 있다.

중화전은 예컨대 태화전에 큰 행사가 있을 때 황제가 사전에 신하 등을 접견하거나 치하를 받는 등 태화전의 부속기능을 하기도 하고, 규모가 작은 행사를 개최하기도 한 곳이었다. 황제는 친왕(親王, 청나라 때의 최상급 작위) 등을 이곳에 초청하여 연회를 베풀기도 하고, 황태후에게 휘호(徽號)를 내리는 행사도 이 곳에서 했으며, 중춘(仲春, 봄의 두 번째 달인 음력 2월)에 농사시범을 보일 농기구의 사전점검 등 준비절차도 이곳에서 진행되었다.

⑦ 보화전(保和殿)

보화전은 앞면 9칸(九間) 옆면 3칸 크기이며, 금빛 오지기와의 2중 처마 지붕으로 되어 있다. 보화전은 황제가 태화전 전례에 나가기 전에 곤룡포를 갈아입고 면류관을 바꿔 쓰던 곳이다. 청나라의 3대 황제 순치(順治, 재위 1644~1661)와 4대 황제 강희(康熙, 재위 1662~1722)는 이곳을 침궁(寢宮)으로 쓰면서 국사에 전념하기도 하였다.

보화전의 외양

보화전의 내부

 청나라 때는 각종 연회를 이곳에서 베풀었다. 매년 음력 섣달그믐부터 정월 보름까지 열리는 연회에는 몽고의 왕, 친왕, 패륵(貝勒, 주로 종실사람에게 내린 작위) 및 문무대신이 초청되었다. 또한 공주가 시집가기 전에 부마(駙馬)가 될 사람과 그의 부모 및 관직에 있는 친척을 이곳에 불러 연회를 베풀었으며, 이때 조정에서는 3품 이상의 대신이 참석하였다.

 그리고 청나라의 6대 황제 건륭(乾隆, 재위 1736~1795)때부터 어전의 과거시험을 이곳에서 개최하였다. 과거시험 중에서도 최상급인 이 전시(殿試)는 일반적으로 4월 21일에 열렸고, 당일 일몰과 더불어 답안지를 거두었다. 채점관은 이틀간에 걸쳐 채점을 하고, 득점 순으로 10개 답안지를 황제에게 올리면 황제는 친히 3등까지 낙점을 하였다. 1등이 장원(狀元), 2등은 방안(榜眼), 3등이 탐화(探花)였는데, 이들에 대하여는 5월 25일에 태화문광장에서 의식을 갖춰 벼슬을 내리고 오문의 어도(御道)를 걸어 나갈 수 있는 영광을 베풀었다.

⑧ 단지(丹墀)와 운룡석계(雲龍石階)

 보화전의 앞쪽으로는 그림이 조각된, 단지(丹墀)라고 불리는 섬돌이 길게 깔려있다. 섬돌에 새겨진 문양에 관하여는 그것이 우순풍조(雨順風調)하여 풍년이 들었을 때의 "오곡"을 의미하는 것인지, 또

보화전의 단지

는 우주만물의 기초가 되는 금목수화토의 "5색토"를 의미하는 것인지, 아니면 이 둘을 모두 의미하는 것인지 보다 심도 있는 고찰이 필요한 것으로 되어 있다.

 보화전은 터전을 높여쌓은 3대(三台)의 가장 뒤편에 자리 잡고 있다. 따라서 보화전 뒤쪽에는 평지인 건청문광장으로 내려가는 돌계단이 있는데, 그 돌계단에 길이 16.57m, 폭 3.07m, 두께 1.7m, 무게 200톤의 판돌(板石)이 계단과 같은 경사로 비스듬히 놓여있다. 그리고 그 위에는 구름 속에 노니는 용이 새겨져 있다. 이

운룡석계

것이 운룡석계(云龙石阶)이다. 현존하는 용의 무늬는 청나라의 건륭황제가 명나라 시절에 새겨 놓은 문양이 마음에 들지 않는다 하여 0.38cm를 깎아내고 새로 조각한 것이라 하는데, 이 때 깎아낸 돌의 무게까지 합치면 돌 전체의 무게는 300톤이 넘었을 것으로 보고 있다.

이와 같이 엄청나게 큰 돌이 자금성으로 옮겨지기까지의 경위가 명나라 역사에 기록되어 있다. 이 돌은 북경성 서쪽의 방산(房山)석굴에서 나온 것으로 석굴 밖으로 끌어내기까지 1만여 명의 민공(民工)과 6천여명의 군졸이 투입되었다. 이 돌을 다시 자금성까지 옮기기 위하여 길을 닦고, 매 1리(里. 중국의 1리는 500m) 마다 우물을 팠으며, 겨울이 오기를 기다렸다가 물을 퍼 올려 얼음길을 만들었는데, 이에 동원된 민공이 수만을 헤아렸다. 이 얼음길을 통해 돌을 끌어오는 데는 또다시 5만여 명의 민공과 1천여마리의 노새가 소요됨으로써 운룡석계 하나를 완성하는데 모두 10만 명을 헤아리는 인력에 백은(白銀) 11만 냥의 비용이 들어갔다고 한다.

⑨ 3대전의 부속전(附屬殿)

태화문광장과 태화전 광장의 서쪽 담장 너머에 무영전(武英殿)과 남훈각(南薰閣)이 있고, 동쪽 담장 너머에는 문화전(文華殿)과 문연각

위에서 본 태화전(좌) 중화전(중) 보화전(우)

(文淵閣)이 있다. 무영전 구역은 황실의 출판관련 기구가 들어서 있었으며, 이곳에서 발간된 서적은 전판(殿版)이라 하여 귀하게 여겼다.

문화전은 명나라의 황태자들이 공부하던 곳이다. 명 · 청 황제들은 봄 · 가을에 이곳에서 강관(講官)으로부터 사서(四書)강의를 듣고 손수 강의하는 어경연(御經筵)을 베풀었다. 문연각은 청나라 황제들의 도서관이었다.

3대전(태화전, 중화전, 보화전)과 그 좌우에서 3대전을 보필하고 있는 무영전 및 문화전을 함께 일컬어 외조(外朝)라고 하였다.

문연각(文淵閣)

무영전 구역

⑩ 건청문광장(乾淸門廣場)

건청문광장은 황제가 국사를 보는 외조(外朝)와 인간으로서의 삶을 사는 후3궁 간의 경계가 되는 공간으로 명 · 청 시대를 통틀어 경계가 가장 삼엄했던 곳이다. 당직을 서는 대신과 황제가 부른 사람 이외에는 제아무리 왕공대신이라 할지라도 출입이 금지되었다.

건청문은 후3궁(后三宮)구역의 남쪽 문이며,

운룡석계 위에서 본 건청문과 그 광장

건청문 안의 후3궁(사진중앙) 조감도

그 좌(동편)·우(서편)에 내좌문(內左門)과 내우문(內右門)으로 불리는 옆문과 더불어 12칸 크기의 판방(板房)이 있었다. 내좌문에 연결돼 있는 판방은 왕공대신들이 궁에 들어가기 전에 대기하던 곳이고, 내우문의 판방은 후3궁 관리대신의 사무실, 숙직실, 군기처 등이었다.

건청문 광장의 동·서 양쪽으로도 문이 나 있다. 동쪽의 것이 경운문(景運門)이고, 서쪽의 것이 융종문(隆宗門)으로 호위병과 검사원이 들락거리는 사람과 물건을 엄하게 감시하였다.

군기처(軍機處)는 청나라의 5대 황제인 옹정(雍正, 재위 1723~1738)이 군사에 관한 일을 적시에 신속하게 처결하고자 침궁(寢宮) 근처인 이곳에 설치한 것으로 황권을 강화하는 데 크게 기여하였다. 융종문과 경운문은 외조(外朝)로부터 내정(內廷; 후3궁)으로 통하는 첫 번째 문으로서 출입증을 내주고 확인하였다. 황제의 부름을 받고 입궐하는 왕공대신의 시종들은 문밖 계단아래로부터 20보 밖에 서서 기다렸다.

자금성 안에는 명나라 때 가로등을 설치했으나 그 후기에는 불을 밝히지 못하게 했고, 이러한 방침은 청나라 때도 마찬가지였다. 밤이 되면 관공서와 궁문 이외의 모든 곳은 깜깜했다. 당상관과 친왕들에게 허용됐던 등롱도 융종문과 경운문부터는 불을 꺼야 했다.

⑪ 후3궁 구역

후3궁 구역은 건청문을 남쪽 정문으로 하고 있으며, 남북 방향으로 긴 직사각형 모양을 하고 있다. 이 구역 안에 남쪽을 향한 흙토(土)자 모양의 돌움터를 만들고 "土"자의 머리 부분에 건청궁을, 가운데에 교태전을, 그리고 아래 부분에 곤녕궁을 앉힌 것이다(후3궁 조감도 참조). 돌움터의 크기는 남북길이 220m, 동서폭 120m, 높이 2.9m이며, 이를 둘러싸고 있는 후3궁구역의 사방주위는 행랑으로 둘러 있다. 후3궁 구역의 북쪽 정문은 곤녕문(坤寧門)이고, 동편행랑과 서편행랑에는 각각 다섯 개 씩의 문이 나 있다. 동편 행랑문은 북쪽 방향으로 일정문(日精門), 용광문(龍光門), 경화문(景和門), 영상문(永祥門), 기화문(基化門) 순이고, 서편행랑으로는 월화문(月華門), 봉채문(鳳彩門), 융복문(隆福門), 증서문(增瑞門), 단측문(端側門) 순이다.

건청궁은 황제의 침궁(寢宮)이자 사무실이었기 때문에 건청궁 주변에는 중추적인 국가기관들이 자리 잡고 있었다.

⑫ 건청궁

건청궁은 후3궁 가운데 가장 큰 궁전으로 황제들이 기거하며 국사를 돌보던 곳이다. 이 곳에서 기거한 황제는 명·청조의 28명 황제(명

건청궁

16, 청 12) 중 16명이었다.

건청궁의 주위에는 외조의 태화전에서와 같은 의미로 동구(銅龜), 동학(銅鶴), 일구(日晷), 가량(嘉量), 보정(寶鼎), 철솥)이 배열되어 있다.

건청궁 내부 중앙에는 용을 새겨 넣은 어좌(御座)가 4각형의 단 위에 놓여 있고, 어좌 뒤로는 다섯 폭 병풍이 둘려 있다. 병풍에는 강희황제가 주역·시경 등에서 뽑은 명귀(名句)가 새겨져 있다. 어좌 위로는 순치 황제가 직접 썼다는 "정대광명(正大光明)"의 네 글자 편액이 걸려있다.

명나라 때 건청궁의 후반부는 황제가 잠을 자는 난각(暖閣, 따뜻한 방)이었다. 동편의 난각에는 억재(抑齋)라는 편액이, 서편의 난각에는 온실(溫室)이라는 편액이 각각 걸려 있는데,

건청궁의 어좌

이는 모두 건륭황제의 친필로 알려져 있다. 동난각에는 청나라 황제들의 실록이 비치되어 있고, 당대의 황제는 매일 아침 일어나서 선대 황제들의 실록을 읽는 것으로 하루를 시작하였다. 서난각에는 황제들이 쓰던 진귀한 인장(印章)들이 보관되어 있다. 옹정황제는 아버지인 강희황제의 경천근민(敬天勤民, 하늘을 공경하고 백성을 부지런히 보살피다)이라고 새긴 옥새를 특히 좋아하여 애용하였으며, 뒤를 이은 건륭황제는 두 분 선황이 아끼던 이 옥새를 서난각에 모셨다. 훗날 자신이 "고희천자(古稀天子)"라고 새긴 보인(寶印)을 더불어 이곳에 두고 후손에게 이르기를 자기보다 더 장수하는 사람만이 이 보인을 사용할 수 있노라고 하였다.

건청궁에서 있었던 일

○ 피비린내 나는 사건들

명나라 때 건청궁은 황제의 공식적인 침궁(寢宮)이었다. 황제들은 보편적으로 동난각과 서난각에서 살았고, 건청궁의 양 옆에 있는 소인전(昭仁殿)과 홍덕전(弘德殿)에서 지내기도 하였다. 몇몇 황제는 이곳에서 숨을 거두었으며, 황제의 영구는 통상 27일간을 이곳에서 머물다가 밖으로 옮겨졌다.

명나라의 13대 황제 만력(萬歷, 재위 1573~1619)은 10세 때 즉위하였으며, 친히 정무를 보기 전까지는 어머니인 자성태후(慈聖太后)와 함께 이곳에서 생활하였다. 만력이 죽고 태창이 뒤를 이음에 따라 그가 총애하던 여인 정씨는 다른 곳으로 거처를 옮겨야 함에도 태창의 사람 이선시(李選侍)와 결탁하여 건청궁을 떠나려 하지 않았다. 이에 대신들이 들고 일어나 정씨 여인을 쫓아냈는데, 이것이 소위 세상을 떠들썩하게 했던 "이궁사건(移宮案)"이다.

태창황제(泰昌皇帝)는 즉위한지 40일 만에 죽었다. 원래 몸이 약하기도 했지만, 낮에는 정

무에 시달리고, 밤에는 무절제하게 여체를 탐하다가 병이 깊어졌다. 이에 백방으로 약을 구하던 중에 한 신하가 홍환선약(紅丸仙藥)을 바쳤는데, 황제는 이 약을 먹고 즉사하였다. 이 일로 대신들은 의심을 사게 되었고, 책임을 뒤집어 써야 했다. 이것이 유명한 "홍환사건(紅丸案)"이다.

명나라의 마지막 황제 숭정(崇禎, 재위 1628~1644)은 의병군에게 성이 함락되고 피신할 방법이 없자 건청궁으로 되돌아와 아들과 손자들로 하여금 흩어져 도망하도록 하고 공주는 목을 베어 죽인 다음 자신은 자금성 북문 밖의 경산(景山)으로 올라가 목매달아 죽었다.

○ 청나라 황제들 건청궁에서 정무 처리

건청궁은 황제들의 침전이었으므로 당초에는 정무를 처리하는 데 필요한 격식을 갖추고 있지 않았다. 이러한 환경에서 청나라의 순치와 강희 두 황제는 이 곳에서 보좌(寶座)가 아닌 평대(平臺)에 앉아 정무를 처리하고 외국사신을 접견하며 궁중 전례를 거행하였다. 강희 다음의 5대 황제인 옹정이 침전을 양심전으로 옮기고 나서 이 곳을 공식적인 국정 수행의 장소로 치장하였다.

그러나 궁중예법 상으로는 여전히 황제의 정침(正寢)이었기 때문에 황제는 매일 아침 이 곳에 들어 실록을 통해 선황들의 가르침을 받았으며, 출타할 때도 그 출발점을 건청궁으로 하였다. 또한 황제가 어느 곳에서 숨을 거두었거나 간에 시신은 이 곳으로 옮기도록 함으로써 수종정침(壽終正寢, 마지막 숨은 정침에서 거둔다)의 의미를 지키도록 하였다.

○ "正大光明"(정대광명) 편액(扁額)

건청궁 어좌 위편에 "正大光明"네 글자를 담은 가로 액자가 걸려있다. 이 글씨는 원래 3대 황제 순치(順治)가 쓴 것이다. 아버지의 서법을 흠모해 온 강희황제는 세월과 더불어 퇴색해가는 아버지의 글씨를 애석하게 여겨 그 본을 떠서 돌에 새기도록 하였다. 지금의 것은 강희의 손자황제인 건륭이 1790년에 다시 새긴 것이다.

강희 다음의 5대 황제였던 옹정(雍正, 재위 1723~1735)은 황제의 밀지(密旨)를 안전하게 보관하는 방안으로 이 편액을 활용하였다. 옹정 원년인 1723년 8월 옹정황제는 건청궁 서난각에 총리사무대신과 문무대신을 불러 자신이 심사숙고한 세자책봉 비밀 유지 방안을 제시하였다. 구체적으로는 책봉한 황자(皇子)의 이름을 황제가 손수 써서 밀봉한 다음 두개의 작은 상자에 담아 하나는 "정대광명"액자 뒤에 넣어두고, 다른 하나는 황제의 신변 가까이에 놓아둔다는 것이었다. 이러한 방안에 대하여 모두가 찬동함에 옹정은 총리사무대신을 제외한 모두를 나가게 한 후, 그가 보는 앞에서 자신이 결정한 황태자의 이름을 써서 이미 제시한 방안대로 보관하였다. 이러한 밀지 보관 방법이 관례화되면서 황가 내부에서의 형제간 황권 다툼이 사라지고 황권이 강화되었다.

○ 천수연(千叟宴)

청나라 황제들은 홍은(洪恩)이 드넓음을 표시하기 위해 정월 초하루를 비롯한 명절과 황제의 생일이 되면 건청궁 뜰에 왕공대신들을 초대하여 향연을 베풀었다.

강희 61년(1722) 봄, 세는 나이 70에 이른 황제는 북경성에 사는 60세 이상의 관원과 백성을 초대하여 성대한 향연을 베풀고 그 이름을 천수연이라고 하였다. 건륭 50년(1785)에는 전국 각지의 장수하는 노인 3,000여명을 초대했고, 건륭이 85세가 되던 해에는 태상왕의 신분으로 향연을 베풀었는데, 이 때 참석자가 8,000을 넘었다고 한다.

○ 천등(天燈)을 밝히고 새해를 맞다

한 해를 보내고 새해를 맞을 때 건청궁에서는 천등(天燈)과 만수등(萬壽燈)을 밝혔다. 청나라의 규정으로는 매년 12월 24일에 건청궁 뜰 좌우에 각각 하나씩 두개의 만수등을 설치하였고, 계단 아래에도 또한 두개의 천등을 설치하였다. 만수등의 높이는 10.5m로 궁전의 담과 높이가 같았고, 천등은 이 보다 더 높은 13.7m였다. 천등과 만수등은 음력 2월 3일에 거둬들였다.

천등이 세워져 있는 기간에는 궁전 내의 분위기가 경사롭고 생동감이 넘쳤다. 특히 자금성의 원소절(元宵節, 정월대보름)은 황가의 기품이 한껏 돋보이는 날이었다. 많은 등이 내걸리고, 제후 비빈들이 건청궁 안팎을 돌며 이를 감상하면서 불꽃놀이를 즐겼다. 이날 황제는 오곡풍년을 기원하는 의미의 의상을 차려 입었다.

⑬ 소인전(昭仁殿)과 홍덕전(弘德殿)

건청궁의 동편(좌측)에 소인전이 있고, 서편(우측)에 홍덕전이 있다. 청나라 초기의 건청궁은 사실상 황제가 일상적으로 정무를 처리하던 곳이고, 진정한 의미에서의 침궁은 이 곳 소인전이었다.

제4대 황제 강희는 8살에 건청궁에 들어와 세상을 뜨기까지 53년을 그곳에서 지냈는데, 건륭황제는 할아버지를 존경한 나머지 이 곳을 더럽힐 수 없다하여 소인전으로 잠자리를 옮기고 그곳에 5개 왕조(송, 요, 금, 원, 명)의 귀한 책들을 모아 도서실을 차렸다. 그리고 그곳에 천록임랑(天祿琳琅, 하늘이 주신 아름답고 귀한 물건)이란 편액을 걸었다.

청나라의 황제들은 새해 첫날 홍덕전에 나와 그해 첫 식사로 교자(餃子, 만두)를 들었다. 홍덕전은 주로 황제가 석학들로부터 강의를 듣고, 그들과 토론을 하던 곳인데, 강희 황제가 특히 열심이었다. 강희가 젊었을 때는 강학관(講學官)과 정무를 논하기도 하였다.

⑭ 상서방(上書房)과 남서방(南書房)

건청문의 동편(좌측)에 상서방이 있고, 서편(우측)에 남서방이 있었다. 상서방은 황손과 왕공의 자제들이 입학하여 공부하던 곳으로 교수는 사전(師傅)과 암달(諳達)로 불리는 두 부류가 있었다. 사전은 학문이 높은 대신(大臣)출신으로 중국어문을 주로 가르쳤고, 암달은 몽고족의 군대출신으로 궁마(弓馬)와 몽고말을 가르쳤다.

남서방은 황제 직속의 비서팀이 일하던 곳이다. 원래는 순치와 강희 두 황제가 어렸을 때 공부도 하고 활동하던 곳이었다. 강희황제는 이 곳에서 권신(權臣)이었던 오배(鰲拜)를 제거하고 친정(親政)을 하였다. 오배는 청나라 초기의 맹장이었는데, 순치황제가 세상을 뜨자 셋째 아들 현엽(玄燁)이 여덟 살의 나이에 황제자리에 오르면서 보정대신(補政大臣)이 되었다.

소인전 내부의 황제 개인 서재

한림(翰林)근무처인 남서방

그런데 오배는 본분을 잊고 어린 황제 강희를 능멸하며 자기 세력을 확충해 나갔다. 이에 강희는 젊은 호위병 대여섯 명과 함께 공중잡이로 상대를 제압하는 기술을 익혀 오배를 붙잡아 형부(刑部)로 보내고 금위군(禁衛軍)을 풀어 그 일당을 일망타진하였다. 이 일로 하여 강희는 모친의 섭정을 종식시키고 청나라의 명군(明君)으로 친정을 시작한 것이다.

강희는 지식이 많고 글 솜씨가 훌륭한 두 신하 장영(張英)과 고사기(高士奇)를 발탁하여 남서방에 주재하며 자신을 보좌토록 하였을 뿐만 아니라 남서방에서 일할 한림(翰林)을 뽑을 때도 손수 꼼꼼하게 살펴보았다. 이들은 황제의 일상사를 거들어 처리하고, 칙서를 기초하며, 신하와 백성들에게 내리는 글을 대필하였다. 남서방은 황제의 비서실과 같은 기능을 한 것이다.

⑮ 경사방(敬事房)

건청문 안 우측 남쪽 (남서방의 동편) 행랑체에 강희황제가 친히 쓴 경사방이란 편액이 걸려 있다. 경사방은 궁내의 태감(太監, 환관)을 관리하는 기구로 내무부(內務府)소속이었다. 명나라 시절 태감의 수가 한창 많을 때는 10만 명이 넘었고, 궁녀는 9,000명에 달했다고 한다. 청나라가 들어서면서 태감의 폐해를 바로 잡아가기 시작하는데, 강희는 태감의 수를 3,300여 명으로 하고, 내무부에 경사방을 두어 이들을 전문적으로 관리하도록 하였다. 경사방에서는 태감의 심사선발 및 충원과 상벌 업무를 관장하였다. 아울러 궁 안에서 행하는 의례와 각종 문(門)의 열고 닫는 일도 주관하였다.

경사방에서는 또한 황태후, 황후, 황귀비, 귀비, 비, 빈에 대하여 그 부모의 성명과 관직 등을 등기함으로써 옥첩(玉牒)편수에 대비하였다. 궁 안에서 황제의 아들이 출생하면 경사방에서는 그 출생의 연월일시와 생모의 성씨 및 관위(官位)를 기록하였다. 공주, 황손, 증손의 경우에도 같았다.

⑯ 내주사처(內奏事處)

내주사처는 황제가 신하와 백성들에게 내리는 명령을 전달하고, 황제가 부르는 신하를 데려오며, 어전에서 어명을 대기하는 일을 하는 곳으로, 건청궁의 월화문(月華門) 남쪽 편에 자리 잡고 있었으며, 황제와 가장 가까운 근무처였다. 내주사처의 태감들은 황제에게 올리는 문서를 취급하는 일을 하는 연유로 권력을 휘두르고, 뇌물을 받으며, 사람을 속이기 쉬웠는데, 실제로 명나라 시절의 태감이었던 위충현과 왕인 등은 그러한 일에 탐닉한 전형적인 인물이었다. 청나라 황제들은 그러한 폐해의 핵심이 내주사처에서 붓을 쥐고 글을 쓰는 태감들의 방자함에 있음을 간파하고, 이들의 관리 감독을 엄하게 하였다.

⑰ 무근전(懋勤殿)

무근이란 이름은 무학근정(懋學勤政, 학문에 힘쓰고 열심히 일함)의 의미이며, 무근전은 황제가 쓰던 서재의 이름이었다. 무근전에는 황제가 쓰던 문방4보(文房四寶)와 도서한묵(圖書翰墨)이 보관되어 있으며, 그 분위기도 학문적이고 그윽하다. 무근전에는 건륭황제가 친필로 쓴 "基命宥密"(기명유밀, 매사 일을 함에 있어 주도면밀할 지어다) 넉자의 편액이 걸려있다.

황제들은 늘 유신들과 이곳에서 고금을 논하고, 시문을 지으며, 먹을 갈았다. 또한 역대의 귀한 책들을 모아 놓기도 하였다. 매년 가을이 되면 황제는 사법관련 대신들을 이곳에 불러 극악무도하고 회개하지 않는 범죄자 명단을 제시하고, 논의를 통해 가부를 가린 다음 사형할 자에 대하여는 꺽쇠표시를 해 형부(刑部)로 보냈다. 이러한 일련의 활동을 구도의(勾到儀, 꺽쇠치는 의식)라고 하였다.

⑱ 교태전(交泰殿)

건곤교태천하태평을 상징하는 교태전

교태전은 건청궁(乾淸宮, 乾은 팔괘의 하나로 하늘을 의미함)과 곤녕궁(坤寧宮, 坤은 팔괘의 하나로 땅을 상징함)사이에 있으며, 천지교합(天地交合)과 강태미만(康泰美滿)의 의미를 지니고 있다.

교태전 안에는 보좌(寶座)가 있고, 그 위편에는 강희황제가 쓴 "無爲"(무위) 두 글자의 편액이 걸려있다. 무위의 원래 의미는 자연에 맡기고 인위적으로 어떻게 하지 않으려는 도가의 처세 또는 정치사상인데, 강희는 이 의미를 빌어 두 가지를 일깨우고자 했다. 그 하나는 신하들이 하는 일에 과도하게 간섭하지 않는다는 것이고, 다른 하나는 황후비빈들은 조정의 일에 간여해서는 안 된다는 것이었다.

교태전 내부

교태전 내의 동호적루(銅壺滴漏)

교태전 안의 좌측(동편)에는 건륭 때 만들어진 동호적루(銅壺滴漏, 구리 물시계)가 놓여 있고, 우측에는 가경황제 때 만들어진 자명종시계가 놓여 있다.

교태전은 명나라와 청나라 시절에 황후가 명절이나 생일을 맞아 황제의 첩실과 자손들로부터 인사를 받던 곳이다. 그리고 황후는 이곳에서 매년 봄 길일을 잡아 누에신에게 제사를 지냈다.

교태전에는 또한 건륭황제가 명하여 만든 25방보새(二十五方寶壐)가 보관되어 있다. 보좌 주위에 있는 25개의 보갑(寶匣, 귀한 것을 넣어두는 상자)속에 들어 있는데, 이 국새 하나하나는 그 사용범위(용도)가 명확하게 규정되어 있다. 어떤 것은 황제의 칙서에 찍는 것이고, 어떤 것은 군사용이며, 또 어떤 것은 문교용이었다. 25방보새는 그 구체적인 사용목적에 따라 그 재질도 황금, 옥, 단향목 등 다양했으며 규격 또한 여러 가지였다.

⑲ 곤녕궁(坤寧宮)

곤녕궁은 명나라 때 황후가 살던 곳이다. 청나라가 들어서면서 만주족의 풍속에 따라 곤녕궁의 서쪽 방은 제사 지내는 곳으로, 동쪽 방은 동방(洞房, 신방)으로 꾸며졌다. 황제가 결혼을 하게 되면 이곳에서 3일간 신방을 차렸으며, 이후에 황후는 별도의 처소로 옮겨갔다.

동방의 현재 꾸밈새는 청나라의 11대 황제 광서(光緒, 재위1875~1908)가 이곳에서 결혼

곤녕궁

식을 올렸을 때의 것으로, 사방의 벽은 홍색이고, 윗면은 대신들이 그린 축복의 그림이 걸려 있다. 바닥에는 용과 봉황이 서로 희롱하는 5색의 화문카펫이 깔려 있고, 천정에는 쌍희자(双喜字) 대궁등이 걸림으로써 실내의 분위기는 기쁨이 충만하도록 하였다.

곤녕궁의 동방(洞房)

신방침실에는 일승월항(日升月恒, 시경 등에 나오는 문구로 해돋이와 초승달처럼 세력이

곤녕궁 동방의 침실커튼

더욱 강해짐을 의미함)이라고 쓴 편액이 걸려 있고, 침실의 커튼에는 백자장(百子帳)이라 하여 100명의 놀고 있는 아이들을 수놓았다.

⑳ 어화원(御花園)구역

자금성에는 네 곳의 화원이 있다. 어화원, 자녕궁화원(慈寧宮花園), 건복궁화원(建福宮花園), 녕수궁화원(寧壽宮花園)이 그것인데, 그 중에서도 어화원이 3,600여 평(동서 길이 130m, 남북폭 90m)으로 가장 크고 꾸밈새가 다양하다.

어화원은 황제의 가솔들이 바람을 쐬며 노닐기도 하고, 명절 때 야외행사를 열기도 한 곳이다. 어화원에서 가장 재미있게 벌였던 행사는 칠석날의 걸교(乞巧)였다. 이날 여인네들은 견우와 직녀에게 향을 올리고 바느질을 잘하게 해 달라고 빌었던 것이다.

어화원의 중심건물은 흠안전(欽安殿)이다. 흠안전의 왼쪽 뒤편에 태호석(太湖石)을 쌓아올린 퇴수산(堆秀山)과 어경정(御景亭)이 있고, 이와 대칭이 되는 오른쪽 뒤편에는 연휘각(延輝閣)이 있다. 흠안전의 동쪽으로 부벽정(浮碧亭), 만춘정(萬春亭), 강설헌(絳雪軒) 등이 있고, 서쪽으로는 이와 대칭되는 곳에 징서정(澄瑞亭), 천추정(千秋亭), 양성재(養性齋) 등이 있다.

○ 흠안전

흠안전은 명나라의 4대 황제 영락(永樂, 재위 1403~1424)시절에 지은 것으로 도교(道敎)에서의 북방신(北方神)인 현천황제(玄天皇帝, 眞武皇帝라고도 함)를 모신 곳이다. 전설에 의하면 진무(眞武)는 물을 관장하고 있으며, 따라서 자금성이 화마로부터 보호되기를 기원하는 뜻이 거기에 담겨져 있다는 것이다.

영락황제는 자신을 진무(眞武, 도교에서 신봉하는 북방신)의 화신이라고 했으며, 흠안전에 봉안되어 있는 진무대제를 각별히 숭앙하도

흠안전

송백나무와 어울려 돋보이는 연휘각

록 하였다. 명나라 11대 황제 가정(嘉靖, 재위 1522~1566)은 자기 스스로가 도교신자가 되었으며, 흠안전을 대대적으로 확창보수하고 담장 정문에 "天一之門"이란 넉자의 편액을 걸었다. 이는 역경(易經)에서의 "天一生水"(하늘이 물을 내린다)라는 의미를 담고 있다.

청나라의 황제들은 라마교(喇嘛敎)를 신봉하였지만 도교를 배척하지는 않았다. 강희와 옹정 두 황제는 이 곳에 나와 어머니의 복수안강(福壽安康)을 기구하였다.

○ 퇴수산과 어경정

쌓아 만든 산이기는 하지만 퇴수산은 자금성에서 제일 높은 곳으로 황제들은 황후 비빈들을 거느리고 이 곳의 어경정에 올라 주변을 내려다보면서 복을 빌었다.

퇴수산과 어경정

○ 연휘각

연휘각은 다락식 전각으로 우뚝 솟은 모습이 보기 좋다. 원래 이곳은 황제가 쓰는 지필묵이 보관되어 있었으며, 건륭·가경·도광·함풍 등의 황제가 들려 시문을 짓고 읊었던 곳이다. 이곳에서는 또한 궁녀를 선발하기도 했다. 청나라 황제의 후궁 비빈은 8기(八旗, 만주족의 군대조직과 호구편제로서 각 기는 고유의 빛깔을 가지고 있었음. 후에 몽고 8기와 한군 8기가 추가됨) 출신의 수녀(秀女, 궁녀)중에서 선발하는데, 순치황제는 수녀를 뽑는 데 관하여 다음과 같은 규정을 두었다. 즉, 8기 관원은 그 딸이 13세가 되면 수녀 선발행사에 반드시 참가시키고, 수녀로 등록이 되면 5년간 사사로운 혼사를 금지시켰다. 이를 어기면 그 딸은 평생 시집을 갈 수가 없었다.

연휘각 문앞에 늘어선 궁녀선발 대상 소녀들

○ 양성재와 강설헌

양성재는 평면도 상으로 요(凹)자형 건축물이고, 맞은편에 있는 강설헌의 철(凸)자형 건축물과 조화를 이룬다. 7대 황제 가경(嘉慶, 재위 1796~1820)과 8대 황제 도광(道光, 재위 1821~1850)이 이곳에서 휴식을 취하며 책을 읽었고, 마지막 황제 부의(溥儀)의 영어선생도 이곳에서 지냈다.

어원누각인 양성재

강설헌은 건륭황제가 애지중지하던 서재이며, 앞뜰에 있던 다섯 그루의 해당(海棠)에서 그 이름을 딴 것이다. 해마다 봄이면 모란과 함께 주위를 온통 붉게 물들였으며, 해당의 꽃이 지면 그 잎을 모아 나무뿌리 가까이에 묻어 주었다. 황제의 화원만이 가질 수 있는 부귀태평의 분위기를 한껏 자랑하였던 곳이다.

○ 도화석자로(圖畵石子路)

어화원 안에는 900여 폭의 그림이 새겨져 있는 길이 있다. 이 그림들의 소재는 역사, 인물, 건축, 박고(博古, 옛이야기), 꽃, 새, 물고기, 벌레, 날짐승 등 다방면에 걸쳤있다. 이 그림들은 각양각색의 조약돌을 촘촘히 박아 구성한 것으로 실물처럼 보여 감탄을 자아낸다.

도화석자로 도안중의 하나인 "關黃大刀"

○ 어원3기석(御園三奇石)

어화원에는 태호석(太湖石, 강소성 태호에서 나는 돌로서 주름과 구멍이 많아 정원을 꾸미는데 흔히 쓰임)을 주재료로 한 분재 모양의 작은 경치가 40여 군데 있다. 그 중에서도 특히 기이한 것으로 해삼석(海參石), 배두석(拜斗石), 목변석(木變石)을 꼽는데, 이를 일컬어 어화원의 3기석이라고 한다.

해삼석은 길이 78cm, 높이 66cm, 두께 14cm의 돌인데, 표면에 해삼모양의 작은 돌이 붙어 있다. 보기에는 매끄럽고 유연하지만, 만져 보면 상당히 단단하다.

해삼석

배두석은 길이 50cm, 높이 42cm, 두께 29cm의 어딘가 상아처럼 보이는 돌이다. 한쪽은 연한 갈색이고, 다른 한쪽에는 폭이 넓은 짙은 회갈색의 띠가 내려뜨려져 있는데 그 모양새가 마치 제갈량이 북두칠성을 향해 절을 올리는 것 같다 하여 제갈배두석(諸葛拜斗石)이라고도 부른다.

배두석

강설헌 앞에는 썩은 나무 모양의 목변석이 놓여 있다. 길이 130cm, 폭 27cm, 두께 10cm의 돌이 연꽃을 조각한 한백옥 좌대에 서 있는데, 얼핏 보면 썩은 나무판 같기도 하고, 갈색 표면을 들여다보면 나무 무늬 같은 것도 있다. 이 돌은 흑룡강에서 출토된 것으로 건륭황제가 애지중지하였으며 목변석을 노래하는 그의 시 ≪咏木變石(영목변석)≫이 새겨져 있다.

목변석

○ 송백연리지(松栢連理枝)

어화원 안에는 오래된 측백나무(古栢)가 많은데, 그 대부분은 명나라 때 심은 것이다. 소나무(松)와 측백나무(栢)는 화원의 숲을 이루는

어화원의 연리지와 향로

어화원의 북문인 순정문

자금성의 북문인 신무문(神武門)에 이른다.

자금성 서로(西路) 관람

서로(西路)관람의 대상은 양심전과 서6궁(西六宮)이다. 영수궁(永壽宮), 태극전(太極殿), 익곤궁(翊坤宮), 저수궁(儲秀宮), 함복궁(咸福宮) 등 서육궁은 황제의 가솔들이 살던 곳인데, 청나라 말기의 서태후(西太后)라고 지칭되던 자희(慈禧)태후가 이곳에서 오래 살았기 때문에 관람객이 많은 편이다. 양심전(養心殿)은 5대 황제 옹정(雍正, 재위 1772~1735)때부터 황제의 일상생활과 국정수행이 이루어지던 곳이다. 서태후의 수렴청정과 마지막 황제 부의의 퇴위도 이곳에서 있었다.

① 양심전

양심전은 건청궁 앞의 우측 행랑 너머에 자리 잡고 있다.

데 빼놓을 수 없는 요소이기는 하지만 측백나무의 중국식 발음 baizi(빠이즈)가 백자(百子, 100명의 아들, 중국식 발음 baizi)의 발음과 같은 데서 왕실의 번성함을 기원한다는 취지도 담겨 있다.

취지도 그러하려니와 사람들의 시선을 끄는 것은 연리지 형상(形狀)이다. 연리지는 가지가 한 데로 이어진 두 나무를 일컫는 것으로, 화목하고 금실이 좋은 부부를 상징한다. 어화원에는 이러한 연리지가 도처에 있고, 그중에서도 흠안전의 것은 특히 유명하다. 연리지는 두 나뭇가지를 꼬아 묶어 놓은 것이 세월이 가면서 하나로 동화된 것이다.

○ 어화원의 문들

어화원의 남쪽문은 곤녕문이며 후3궁으로 통한다. 어화원의 서남쪽 모퉁이에 낭원우문(閬苑右門)이 있어 서육궁(西六宮)으로 드나들고, 동남쪽 모퉁이에는 낭원좌문이 있어 동육궁과 통한다. 이렇듯 어화원은 후3궁과 동·서6궁이 한 데로 모일 수 있는 공간이다. 어화원의 북문은 순정문(順貞門)이며, 이 문을 나서면

양심전, 행랑너머로 후3궁의 처마가 보인다.

양심전은 명나라 때만 하더라도 별로 눈에 띄는 이름이 아니었다. 그러던 것이 청나라의 4대 황제 강희(康熙, 재위 1662~1722)때부터 "양심전조반처(養心殿造辦處)"라는 이름으로 기록에 자주 등장한다. 5대 황제 옹정(雍正, 재위 1723~1735) 때부터는 황제의 정식 거소이자 집무실로 자리 잡았다.

자희가 수렴첨정을 하던 동난각

양심전의 평면은 "공(工)"자 형이다. 남쪽(앞쪽)에 황제가 정무를 보던 궁전이 있고, 뒤쪽이 침전이며, 가운데는 앞·뒤 궁전을 잇는 복도이다. 앞의 궁전은 크게 세부분으로 나뉜다. 정 중앙이 명간(明間)으로 공식적인 집무실이고, 명간 중앙에 옹정 황제가 손수 쓴 편액 "중정인화(中正仁和)"가 걸려 있다. 명간의 왼쪽이

양심전 내부 모습

동난각(東暖閣)이고, 오른쪽이 서난각(西暖閣)이다.

황제는 매년 정월 초하루 자시(子時, 23:00 ~01:00)에 동난각에서 남쪽 창을 향해 앉아 그 해의 길상어(吉祥語, 덕담)를 쓰는 "명창개필(明窓開筆)" 의식을 거행하였다.

청나라의 9대 황제 함풍(咸豊, 재위 1851~ 1861)이 죽고 나서 10대 황제가 된 동치(同治)는 여섯 살에 불과 했으므로 그 모후인 자희(慈禧, 서태후)가 수렴청정을 하였는데, 그곳이 양심전의 동난각이었다. 또한 1912년 2월 12일에는 동난각의 명창에서 융유(隆裕)황태후가 여섯 살인 마지막 황제 부의(溥儀, 宣統皇帝, 재위 1909~1911)를 대신해서 청나라를 폐한다는 칙서를 내리기도 하였다.

서난각(西暖閣)은 1차적으로 남쪽 부분과 북쪽 부분으로 나뉘고, 남쪽 부분은 다시 세 부분으로 나뉜다. 비교적 공간이 넓은 가운데의 방은 황제가 군기대신과 더불어 보안을 요하는 정무를 논하던 기밀실이고, 서쪽의 작은 방은 삼희당(三希堂)이었으며, 동쪽의 작은 방은 통로로 쓰였다. 기밀실의 북쪽 벽에는 "근정친현"(勤政親賢)이라는 편액이 가로로 걸려 있고 편액의 좌우 양쪽으로 "유이일인치천하(唯以 一人治天下, 오직 한 사람만이 천하를 다스린다)"와 "개위천하봉일인(豈爲天下奉一人, 천하가 기꺼이 한 사람을 받든다)"이라는 글귀가 내려 걸려 있다. 또한 밀실의 서쪽 벽에는 전국

양심전 후전(后殿)에 있는 황제의 침궁(寢宮)

각 성의 고위 관원과 장군의 직위표가 걸려있고, 황제로 하여금 현직의 인적사항과 결원상황을 한 눈에 알아 볼 수 있도록 정리하였다.

양심전의 후궁전은 황제의 침실로 다섯 칸이다. 녹나무(楠木)의 꽃을 금빛으로 조각해 넣은 가리개를 사용하여 방을 화려하게 치장하였다. 황제의 침상은 두개이다. 동쪽 방과 서쪽 방에 하나씩으로 북쪽 벽에 붙여 만든 온돌이다. 동쪽 방의 것은 황후가 시침(侍寢)들 때 쓰는 것이고, 서쪽방의 것은 황귀비, 비, 빈, 귀인 등이 시침들 때 쓰는 것이다. 동쪽방에는 체순당(體順堂)이란 곁방이, 그리고 서쪽방에는 연희당(燕禧堂)이란 곁방이 달려 있는데, 이들 방은 시침 드는 사람이 머무르는 곳이었다. 그날 그날의 시침 들 여인은 황제가 결정하였고, 담당 태감이 전갈하였다.

○ 삼희당(三希堂)

건륭황제는 그가 아끼는 희대의 진품 세 가지를 이곳에 보관하고 손수 "三希堂"(삼희당)이라고 쓴 편액을 방 안에 걸었다. 세 가지 진품은 진(晉)나라 때의 서예가 왕희지(王羲之)가 쓴 "快雪時晴帖"(쾌설시정첩), 그의 아들 왕헌지(王獻之)가 쓴 "中秋帖"(중추첩), 그리고 그의 손자 왕순(王珣)이 쓴 "佰遠帖"(백원첩)이었다.

1924년 부의가 궁에서 축출 당할 때 쾌설시정첩을 숨겨서나오다가 빼앗긴 바 있으며, 지금은 대만의 대북고궁박물관에 보관되어 있다. 나머지 두 권은 궁중에서 유출되어 홍콩의 어느 은행에 저당 잡혀 있었는데, 주은래 총리의 지시로 비싼 값을 지불하고 찾아다가 북경고궁박물원으로 하여금 소장토록 하였다.

○ 수렴청정

양심전의 동난각은 수렴청정을 하던 곳으로 이름이 나 있다. 9대 황제 함풍(咸豊, 재위 1851~1861)이 30세의 나이에 피서 갔던 산장에서 병으로 죽자 함풍의 외아들인 여섯 살짜리 동치가 뒤를 이으면서 그를 낳은 첩실은 자희태후(일명 서태후)로 봉해졌다. 자희태후는 함풍의 정비였던 자안태후와 연합하여 반대파를 물리치고 장장 48년에 걸쳐 실질적으로 나라를 통치한다. 동치황제가 즉위 12년 만에 죽자 자희태후는 다시 네 살짜리 자기 조카를 11대 광서황제로 앉히고 재차 수렴청정에 들어가고, 광서가 친정에 들어간 다음에도 훈정(訓政)이란 명목을 달아 대권을 놓지 않았다. 이러한 수렴청정은 청나라가 쇠망하게 된 원인이기도 하였다.

② 서육궁(西六宮)

○ 저수궁(儲秀宮)

명나라 초기에는 수창궁(壽昌宮)으로 불렸으며, 명나라 11대 황제인 가정(嘉靖)때 저수궁으로 개칭되었다. 청나라 말기에 권세를 잡았

양심전의 삼희당(三希堂)

저수궁 정전(正殿)

던 자희(慈禧)의 처소로도 유명하다.

자라서 자희가 되는 만주족의 18세 소녀 난(蘭)은 9대 황제 함풍(咸豊, 재위 1851~1861) 2년 2월에 있었던 황가의 수녀(秀女) 뽑기 행사에서 선발되어 난귀인의 명호를 받고 저수궁에 들어왔다. 후에 난귀인은 함풍황제의 환심을 사 의빈(懿嬪)이 되고, 황제의 외아들인 재순(載淳)을 낳으면서 의비(懿妃)가 되었다. 그리고 그 지위에 걸맞게 처소를 저수궁의 본채인 여경헌(麗景軒)으로 옮기면서 저수궁은 그녀의 씨족의 궁전이 되었다. 1년 후에 의비는 황후의 바로 아래 서열인 의귀비(懿貴妃)가 되고, 함풍황제가 세상을 뜨면서 그녀의 아들 재순이 10대 황제 동치(同治, 재위 1862~1874)가 됨에 의귀비는 성모(聖母)황태후가 되고 휘호를 자희라고 하였다. 자희는 함풍황제의 황후인 자안(慈安)과 함께 수렴청정을 하였다.

저수궁의 체화전(體和殿)은 서태후(西太后, 황태후인 자희의 별칭으로 그가 서궁에 기거한데서 유래됨)가 식당으로 사용하던 곳이다. 체화전의 계단 아래에는 한 쌍의 동(銅)으로 만든 금봉황(金鳳凰)이 있고, 체화전의 편액에 상봉위림(翔鳳爲林, 나는 봉황이 숲을 이룬다)이라 쓰고 있다. 11대 황제 광서(光緖, 재위 1875~1908)는 이곳에서 황후비빈을 간택하였다. 현재 체화전 안에 걸린 편액의 체일포원(体一苞元) 네 글자는 자희가 쓴 것이다.

○ 익곤궁(翊坤宮)

익곤궁의 원래 이름은 만안궁(萬安宮)이었는데, 명나라의 11대 황제 가정(嘉靖, 재위 1522~1566)이 익곤궁으로 바꿨다. 13대 황제 만력(萬歷)은 이곳에서 그의 귀비(貴妃) 정씨(鄭氏)와 40년이 넘게 피맺힌 사랑을 이어갔다.

귀비 정씨는 평범한 궁녀였는데, 만력 황제가 사랑을 하여 아들을 낳았다. 만력은 전통적인 봉건예제(禮制)에도 불구하고 귀비 정씨의

익곤궁

소생을 태자로 삼으려고 하였다. 그러나 황실에는 이미 황태자가 있었기 때문에 군신(君臣) 간에 갈등이 일어났고 종당에는 귀비 정씨의 소생은 비참한 말로를 맞아야 했다.

○ 영수궁(永壽宮)

당초의 이름은 장락궁(長樂宮)이었는데 명나라 가정황제 때 영수궁으로 바꿔 불렀다. 9대 황제 홍치(弘治, 재위 1488~1505)의 모친 기씨(紀氏)가 이곳에서 잠시 살다가 급사(急死)했는데, 명나라 시절에는 그것이 의문사로 여겨졌다. 13대 황제 만력(萬歷, 재위 1573~1619)시절에는 건청궁에 화재가 나서 황제가 영수궁에서 지냈으며, 명나라의 마지막 황제 숭정(崇禎, 재위 1628~1644)은 재난을 피해 이곳에 숨어 있기도 하였다.

청나라 때는 영수궁이 황제의 거처인 양심전(養心殿)에 가까이 있었기 때문에 향연장소로 활용되었다. 이곳에서 건륭은 향을 살라놓고 현악기를 타고는 했다. 건륭은 함복궁 동실(東室)에 이름도 귀한 옛 악기들을 보관했는데, 그 중에는 송나라 때 만든 "명봉(鳴鳳)"과 명나라 때의 "동천선뢰(洞天仙籟, 籟는

영수궁편액

고대퉁소의 일종)"도 있다. 이곳에는 건륭의 친필 편액 "금덕이"(琴德簃, 簃는 누각의 곁채를 의미함)가 걸려 있다. 이 곳은 또한 가경황제와 도광황제 때 시신을 담은 관(棺)을 안치하고, 친지들이 밤샘을 하던 곳이기도 했다.

○ 장춘궁(長春宮)

장춘궁 역시 황제의 여인들이 살던 곳이다. 명나라 15대 황제 천계(天啓, 재위 1621~1627)의 비 이씨(李氏)가 이곳에서 살았고, 청나라의 건륭황제가 깊이 사랑했던 효현황후(孝賢皇后)도 이곳에서 기거하다가 요절하였다. 효현황후는 37세로 생을 마쳤는데, 건륭황제는 황후를 못 잊어 그녀가 생활하던 분위기를 그대로 보존토록 했으며, 그 누구도 출입을 못하게 하였다. 건륭은 나이가 들어 죽을 때가 되어서야 후세 비빈들의 입주를 윤허하였다. 청나라 말기인 10대 황제 동치(同治, 재위 1862~1874)때는 자안태후와 자희태후가 이곳에서 함께 지냈으며, 11대 황제 광서(光緖, 재위 1875~1908)의 비와 마지막 황제인 부의(溥儀, 재위 1909~1911)의 숙비인 문수(文綉)가 이곳에서 살았다.

장춘궁의 정원을 에둘러 싸고 있는 회랑(回廊)의 벽에는 소설 홍루몽(紅樓夢)을 소재로 한 벽화 십수 점이 그려져 있다. 당시에는 그 소설의 내용이 외설로 인식돼 있었는데, 광서황제의 두 비(妃)인 근(瑾)과 진(珍)이 제안하여 그려진 것이다. 이 벽화들은 서양의 투시학 원리

와 중국 고대회화의 수법을 동원해서 그린 것으로 전체적인 짜임새와 붓질의 고르기가 훌륭하여 보는 이로 하여금 감탄하게 한다.

○ 태극전(太極殿)

태극전은 시원하고 정결하며 그윽한, 아주 품위 있는 궁전이다. 지으면서 붙여진 이름은 미앙궁(未央宮)이었는데, 11대 황제 가정(嘉靖) 때 계상궁(啓祥宮)으로 개명하였다. 가정이 변방 제후국의 왕으로 있다가 황제자리에 오르면서 신하들의 극렬한 반대를 무릅쓰고 자신의 생부에 대하여 황제를 추서함과 아울러 생부가 출생한 미앙궁을 계상궁으로 바꿔 부른 것이다.

태극전

또한 명나라의 만력황제가 이곳을 침궁으로 삼은 적이 있으며, 명나라의 마지막 황제 숭정(崇禎, 재위 1628~1644)의 귀비 전씨(田氏)가 이곳에 침거하기도 하였다.

자금성 동로(東路) 관람

동로관람의 주요 대상은 동6궁(東六宮)과 봉선전(奉先殿), 구룡벽(九龍壁), 황극전(皇極殿),

반듯하고 아름답게 정리되어 있는 장춘궁 내부

자금성 동로 관람대상 조감

양성전(養性殿), 낙수당(樂壽堂), 이화헌(頤和軒) 등이다.

① 동육궁
○ 종수궁(鍾粹宮)
종수궁은 현재 자금성 내에 얼마 남지 않은, 명나라 시절의 건축물 중 그 시절의 모습을 그대로 많이 지니고 있는 건축물이다. 궁전 내부에는 아직도 명나라 때 처음 칠했던 채화(彩畫)가 남아 있다.

종수궁은 명나라 시절부터 황태자의 거소였다. 청나라의 9대 황제인 함풍(咸豊)은 황제에 오르기 전 17년을 이곳에서 지냈다.

종수궁의 앞 모습

○ 경양궁(景陽宮)
명나라 시절에는 왕의 여자들이 살았다. 청나라 시절에는 진귀한 도서들을 이곳에 보관하고 "어수방(御書房)"이라 했다. 6대 황제 건륭은 "학사당(學詩堂)"이란 친필 편액을 걸었으며, 황제들은 시간이 있을 때 종종 이곳에 나와 책을 읽었다.

터를 높여서 앉힌 경양궁

○ 승건궁(承乾宮)
청나라 시절, 이 궁에 제일 먼저 기거한 사람은, 3대 황제 순치(順治)가 어렸을 때부터 알고 지내던 만주 출신 대신의 딸 동악비(棟鄂妃)였다. 이 여인은 순치황제의 동생과 결혼을 하였으나 순치황제와 사랑에 빠지게 되었는데, 이를 안 황제의 동생은 자살하고 순치는 이 여인을 비(妃)로 맞았다. 동악비가 자신이 낳은 아들의 요절에 상심하여 죽자 순치는 5일간 국사를 쉬고 동악비를 황후로 추봉(追封)하였다. 동악비를 잃은 순치는 출가하여 중이 되려는 생각도 했었다고 한다.

승건궁 정전

청나라의 8대 황제 도광(道光)시절에 승건궁에 들어와 살던 두 번째 황후이자 9대 황제 함풍(咸豊)의 생모인 효전(孝全)황후가 이곳에서 급사하였다.

○ 영화궁
이 곳은 별 볼일 없는 비빈들이 지내던 곳이다. 하지만 4대 황제 강희의 덕비(德妃)인 오아(烏雅)는 예외로 친다. 그녀는 강희의 넷째 아들 윤진(胤禛, 훗날 5대 황제인 옹정)과 열네째 아들 윤제를 낳는데, 옹정이 윤제를 구박하자 이에 불만을 품고 황태후 책봉도 거절하고 대신들의 하례도 물리쳤으며 황태후로서 생활하는 자녕궁으로도 옮겨가지 않았다. 이곳에서 생을 마감한 것이다.

○ 경인궁(景仁宮)

백옥석의 돌병풍(원나라 시절의 유물로 알려짐)

경인궁 정전

4대황제 강희의 출생지이며, 11대 황제 광서(光緖)의 진비(珍妃)가 입주해 살던 곳이다. 문 앞에는 아득히 운해봉림(雲海峰林)을 보는 듯한 백옥석 돌병풍이 놓여 있는데, 이 궁전의 역사를 증명해 주는 듯 하다.

○ 연희궁

이곳에서는 명호(名號)가 높지 않은 황제의 여자들이 살았다. 기록에 따르면 념빈(恬嬪), 성귀인(成貴人), 임상재(琳常在)라는 명호의 여인들이 이곳에서 살았는데, 그 중에서도 임상재가 최하위급이었다. 어느 날 임상재는 도광(道光, 청의 8대 황제)의 총애를 받아 훗날 11대 황제 광서(光緖)의 아버지가 되는, 일곱 번째 황태자 혁현(奕譞)을 낳고부터 신분 상승이 일어나 임빈(琳嬪)이 되고 임비(琳妃)를 거쳐 임귀비(琳貴妃)가 되었으며, 뒤이어 아들 둘을 더 낳으면서 승건궁(承乾宮)으로 옮겨 갔다.

연희궁에는 원인을 알 수 없는 불이 자주 일어났는데 도광 25년에 큰 불이 일어나 폐허가 되었다. 황제는 풍수가로 하여금 원인을 짚어 보도록 하였는데, 풍수가의 판단으로는 이곳이 자금성의 동북쪽이고, 동북쪽은 8괘의 "간(艮, 산을 의미함)"에 해당하며, 그래서 벼락을 자주 맞는다는 것이었다. 그래서 그는 황제에게 아뢰기를 이곳에는 궁을 다시 짓지 않는 것이 좋겠다고 하였다. 이를 받아들였음인지 도광과 그 다음 황제인 함풍은 이곳을 빈터로 놔두었다. 현재는 고궁고서화연구센터와 고도자기연구센터가 들어서 있다.

② 재궁(齋宮)

황제들이 천지신명에게 제사 지내기 전에 몸과 마음을 깨끗이 하던 곳으로 5대 황제 옹정(雍正)이 지었다. 그전에는 천단(天壇)과 지단(地壇)의 재궁에서 재계(齋戒)하였다.

황제가 재계의식을 올릴 때는 먼저 재궁의 뜰에 재계패(齋戒牌)를 놓고, 그 옆에 구리로 만든 작은 인형 세 개를 세운다. 당나라의 재상이었던 위징(魏徵), 명나라의 악관(樂官)이었던 냉겸(冷謙), 명나라의 태감이었던 강병(剛炳) 등의 인형인데, 이들의 공통점은 자신을 돋보이게 하고자 아부하는 것을 싫어했다는 것이

재궁

다. 이들 인형은 한 손에 계패를 들고 있는데, 황제와 대신들도 한손에 계패를 들고 예를 올렸다.

③ 봉선전(奉先殿)

봉선전은 황제가 조상에게 제사를 지내던 곳이다. 청나라의 3대 황제인 순치(順治, 재위 1643~1661)가 1656년에 지은 것으로 그 전에는 태묘(太廟)에서 지냈다.

봉선전의 전전(前殿)에는 위패가 안치되고 후전(后殿)에는 조상들이 지내는 침실, 상(床), 의자, 신감(神龕, 신을 모시는 작은 장) 등이 있고, 전담하는 사람이 있어서 하루 종일 향을 사르고 보살폈다. 나라에 대사가 있을 때에도 황제는 황후와 더불어 이곳에 나와 고하였다.

청나라의 무과시험장 - 전정

전정에서는 황제가 보는 앞에서 무과시험을 치뤘으며, 활쏘기 시합도 벌였다.

⑤ 구룡벽(九龍壁)

구룡벽은 높이 3.5m, 폭 2.94m, 벽면 길이 71.6m의 크기이며, 270개의 사기 벽돌에 문양을 새겨 넣은 다음 이를 구어 짜 맞춘 것이다. 푸른 파도가 넘실거리는 바다위에 아홉 마리의 용이 구름을 타고 안개를 희롱하는 모습에는 생기가 넘쳐흐른다. 특히 한가운데의 황룡은 마치 참배를 하는 듯, 호위를 하는 듯 어로(御路)를 따라 황극전(黃極殿)을 응시하고 있는데, 그 분위기가 자못 엄숙하다.

중국에는 구룡벽이 세 개가 있다. 자금성과 북해공원, 그리고 산서(山西)의 대동(大同)에

봉선전

④ 전정(箭亭)

청나라는 말 잘 타고 활 잘 쏘는 만주의 귀족이 세운 나라이다. 황실에서는 그 근본을 잊지 말라는 취지에서 건청문광장의 경운문(景運門)밖에 전정을 지었다. 앞면이 다섯 칸으로 남향이고 주위는 처마가 달린 행랑으로 둘려있다. 전정의 한가운데에 황제의 보좌가 놓여 있고, 그 양쪽으로 비각이 있는데 7대 황제인 가경(嘉慶, 재위 1796~1820)이 설치한 것으로 만주족의 상무정신을 잊지 말라는 당부의 글이 새겨져 있다.

자금성의 구룡벽

하나씩이다. 자금성의 것은 가장 정교하고, 북해공원의 것은 앞뒤에 용이 조각돼 있으며, 대동의 것은 가장 오래된 구룡벽이다.

⑥ 황극전(黃極殿)과 녕수궁(寧壽宮)

녕수궁은 청나라의 4대 황제 강희가 중건(重建)하고, 6대 황제인 건륭이 크게 고쳐지었으며, 그는 퇴위 후에도 이곳에서 지냈다. 녕수궁에는 1만4,000 평의 대지에 1,000여 칸의 방이 있었다. 전체적으로는 전조후침(前朝后寢)의 구도로서 황극전과 녕수궁이 전조에 해당하고, 후반부는 세 갈래 길로 구획되는데, 중로(中路)로는 녕수궁 바로 뒤부터 순차적으로 양성전(養性殿), 낙수당(樂壽堂), 이화헌(頤和軒), 경기각(景祺閣)이 있고, 동로(東路)로는 창음각(暢音閣)과 열시루(閱是樓)가 있으며, 서로(西路)로는 속칭 건륭화원(乾隆花園)이라고 부르는 녕수궁서화원(寧壽宮西花園)이 있다.

양성전

며, 서태후가 이곳에 입주하고부터는 식당으로 사용함과 아울러 각국의 외교관을 접견하였다.

○ 낙수당

청나라의 6대 황제 건륭은 당초에 태상황 옹정(雍正)의 침궁으로 삼고자 낙수당을 지었으나 정작 태상황은 하루도 살아보지 못했고, 훗날 서태후가 이곳의 서난각에 들어와 살았다.

낙수당 외경

낙수당 정전의 한복판에는 "수산(壽山)"과 "복해(福海)"로 불리는 청옥(靑玉) 조각품이 놓여있다. 이것들은 신강(新疆)과 전채(闐采)에서 출토되는 진귀한 옥으로 그 무게가 수천kg이나 된다. 한편 낙수당 후전에도 높이 224cm, 폭 96cm에 무게가 5,350kg인 옥조각품 "대우치수옥산자(大禹治水玉山子)"가 있다.

녕수궁

○ 양성전

양성전은 태상황(太上皇)이 소일할 수 있도록 꾸민 곳으로 그 구도가 양심전과 비슷하다. 궁전의 한가운데에 보좌가 있고 동난각(東暖閣)에는 "명창(明窗)"이라는 편액이 걸려 있다.

보좌의 뒤쪽은 수안실(隨安室), 서난각은 묵운실(墨雲室)이라 하였다. 건륭황제 이전에는 이곳에서 녕수궁 내의 각종 행사를 주관하였으

자금성에서 제일 큰 옥 조각품 대우치산옥산자

이들 옥 조각품의 원석은 같은 시기에 캔 것으로 북경까지 4,000km의 이정(里程)을 수송해 온 것이다.

북경으로 옮겨진 옥원석(玉原石)은 자금성의 장인(匠人)들이 같은 크기의 밀랍으로 만든 조각본과 함께 운하를 통해 소주(蘇州)로 보내지고, 그곳에서 밀랍본에 따라 조각된 다음 다시 자금성으로 돌아왔는데 옥원석을 캔 시점에서부터 조각되어 지금의 자리에 놓이기까지 10년의 세월이 걸렸다고 한다.

○ 창음각

창음각은 자금성의 연극무대이다. 가로와 세로가 모두 3칸씩이고, 높이가 21.9m (터 높이 1.2m 포함)로서 3층으로 되어 있다. 가장 위의 층은 "복대(福臺)", 가운데층은 "녹대(祿臺)", 아래층은 "수대(壽臺)"라고 불렸으며, 총체적으로는 "복록수(福祿壽)"라고 하였다. 기본이 되는 무대는 수대였는데, 위에는 천정(天井)이 있고, 바닥에는 지정(地井)이 있어 극중

에서 이를 통해 신선이 내려오기도 하고, 악귀들이 출몰하기도 하였다. 황제는 비빈들과 더불어 창음각 맞은편 10여m 쯤 되는 곳의 열시루(閱是樓)에 앉아 연극을 관람하였다.

○ 건륭화원

건륭화원의 연기문(衍祺門)을 들어서면 병풍 모양의 가산(假山, 쌓아서 만든 산)이 마주 서고, 구불구불 돌길을 따라 가산을 지나노라면 하늘을 찌르는 고목들 사이에 고화헌(古華軒)이 있다. 그리고 그 서편에 속칭 유배정(流杯亭)이라고 하는 계상정(禊賞亭)이 있다.

계상정

계상정은 왕휘지의 ≪난정서(蘭亭序)≫에 나오는 곡수류상(曲水流觴, 매년 음력 3월 3일 곡수에 둘러 앉아 술잔을 띄워놓고 술잔이 흐르다 멈추면 그 앞에 앉은 사람이 술을 마시는 놀이), 수계상락(修禊賞樂, 음력 상순 뱀날에 물가에서 목욕을 하면서 지난해의 궂은일들을 씻어버리고자 지냈던 제사)의 고사(故事)를 배경으로 하고 있다.

건륭황제의 오채벽라정(五彩碧螺亭)

궁중 최대의 무대 - 창음각

○ 진비정(珍妃亭)

청나라의 11대 황제 광서(光緖, 재위 1875~1908)는 네 살에 즉위하여 33년간을 황제자리에 있었는데, 이는 이름뿐이고 실권은 섭정을 하는 자희태후(일명 서태후, 9대황제 함풍의 모친)가 쥐고 있었다. 광서는 나이가 들면서 기존의 법제를 뜯어고쳐 새롭게 하자는 주장을 폄으로써 기존의 질서를 장악하고 있는 서태후와 극심한 마찰을 빚었다. 이러한 와중에 광서황제의 진비가 황제의 주장을 강하게 옹호하자 서태후는 진비를 냉기가 도는 북원(北院)에 가두고 황제와의 만남도 금지시켰다. 8군연합군이 북경성에 쳐들어오자 서태후는 광서황제를 대동하고 도망을 가면서 진비는 환관을 시켜 우물에 처넣어 죽이도록 하였다.

그로부터 한해가 지난 후에 진비의 아우 근비(槿妃)가 사람들에게 사정하여 시신을 건져 올렸는데, 그 얼굴이 살았을 때의 모습 그대로였다. 사람들은 진비를 추도하여 이 우물을 진비정이라 하고 진비정 남쪽의 작은 건물에 그녀의 사당을 차렸다.

진비정

미개방구역 지상관람

① 자녕궁(慈寧宮)

자녕궁은 명·청 시절에 태후(太后)와 태비(太妃)들이 기거하던 곳이다. 황제들은 수시로 이곳에 들러 문안을 했고, 태후 등은 이곳에서 제후(帝后), 비빈(妃嬪, 황제의 정실과 소실), 명부(命婦, 황제로부터 봉호를 받은 부인) 및 조정 대신들의 아침 인사를 받았다.

자녕궁은 이렇듯 황태후의 정궁(正宮)이면서 궁중의 경전(慶典)활동이 거행되는 중요한 장소이기도 하였다. 매년 정월 열엿새에 황태후는 친가의 일가친척을 모아 향연을 베풀기도 하고, 태후가 죽으면 황제는 이곳에서 왕공대신을 거느리고 장례 행사를 하였다.

자녕궁의 후전(后殿)은 태후들의 불당(佛堂)이고, 이 밖에도 임계정(臨溪亭), 보상루(宝相樓), 길운루(吉雲樓), 함야관(咸若館), 자음루(慈陰樓) 등 불당이 많았다.

② 영화전(英華殿)

이 또한 명·청 시절의 불당이다. 정원에 보리수나무가 있는데, 명나라의 14대 황제인 만력(萬歷, 재위 1572~1620)의 모친이 직접 심은 것으로 금빛의 열매를 맺는다. 사람들은 이를 귀하게 여겨 다보주(多宝珠)라 하였다.

③ 중정전(中正殿)

명나라 때는 도교(道敎)예식의 중요한 장소이었고, 청나라 때는 개국 초기의 첫 번째 불당이었다. 티벳과 몽고로부터 불상(佛像)과 불화(佛畵)가 전래되어 안치되었으며, 이를 직접 제조하고 그리는 예술활동

중정전의 구리로 만든 도모(度母) 입상

이 이 곳에서 전개되었다.

④ 우화각(雨華閣)

보화전(保和殿)의 뒤쪽 난간에서 서북쪽 담장 너머로 보이는 구리빛 기와지붕의 건물이 우화각이다. 4면의 처마로부터 위로 모아지는 지붕 꼭대기에 둥근 장식물이 올려져 있고, 네 개의 등마루는 금방이라도 하늘을 향해 힘차게 날아오를 듯한 용으로 장식되어 있다.

티벳 불교의 법당인 우화각

티벳의 유명한 옛절 탁림사(托林寺)를 본 떠 지은, 전형적인 티벳식의 건축물로서 외양은 3층이지만 내부는 4층 누각으로 되어 있다.

⑤ 중화궁(重華宮)

중화궁은 세 채의 전각(殿閣)으로 구성되는데, 앞전(殿)은 숭경전(崇敬殿)이고, 중전은 중화궁이며, 뒷전은 취운관(翠雲館)이다. 그리고 동쪽으로 수방재(漱芳齋, 별장 漱)가 있고 서쪽에는 건복궁화원(乾福宮花園)이 있다.

명나라 때 이곳은 황제의 아들들이 기거하던 건서5소(乾西五所)이었다. 청나라의 6대 황제 건륭이 황제에 오르기 전인 17세 때 이곳에서 결혼을 하였으며, 즉위한 후에 중화궁으로 이름을 바꾸고 크게 개조하였다. 숭경전은 중화궁의 객청(客廳)으로 낙선당(樂善堂)이란 편액이 걸려 있다. 중전은 침전이며, 후전인 취운관은 서재이다. 해마다 황제는 이곳에 나와 대신들에게 "복(福)"자를 써주는 문화 활동을 하였다. 수방재는 중화궁의 오락장이다. 건륭황제는 모친인 효성(孝聖)황태후를 이 곳에 모시고 나와 연극을 보며 음식 대접을 하곤 하였다. 황제들은 명절 때면 하례를 받은 후 이곳에 나와 여흥을 즐겼으며, 서태후는 연극을 좋아하여 여러 극단이 자주 들러 공연하였다.

⑥ 남삼소(南三所)

남삼소는 명·청 시대 황태자가 기거하던 동궁(東宮)과 황제의 아들들이 기거하던 청궁(靑宮)이었다. 세 개의 궁전이 각각 독립되어 있으면서도 서로 연결되어 있는 구도로서 가운데 있는 것이 힐방전(擷芳殿, 擷은 뜯거나 딴다는 의미를 지님)이란 이름의 동궁이다.

힐방전은 본래 여러 궁궐이 집합된, 자금성 내의 작은 황궁이었다. 이것을 건륭황제가 현재의 모습대로 3개의 궁전으로 분리시켜 남삼소로 격하시켰는데 그 사유는 이렇다. 4대 황제 강희 시절, 이 황궁에서 지내는 아들들이 걸핏하면 병에 걸려 요절하는가 하면 황태자 또한 역모를 꾀하는 일이 일어났다. 건륭황제에게 있어서도 그가 아끼는 태자가 이곳에서 요절하였다. 이 모든 것이 힐방전의 터에 문제가 있다고 본 건륭황제는 황궁으로서의 힐방전을 해체시킨 것이다.

중화궁 수방재의 작은 무대 – 풍아존(風雅存)

현재는 고궁관리사무소로 쓰이는 남삼소의 정문

사직단
(社稷坛)

사직단은 명나라와 청나라의 황제들이 사(社, 토지신)와 직(稷, 오곡신)에게 풍년들기를 기원하던 곳이다. 주례에 나와 있는 제왕도성(帝王都城)의 좌조우사(左祖右社) 원칙에 따라 궁궐인 자금성의 정면 오른쪽에 자리 잡고 있다.

사직단은 12세기 전후의 요금(辽金) 시대에 흥국사(兴国寺)라는 절 터였는데, 명나라의 3대 황제 영락(永乐, 재위1402~1424)이 자금성을 지을 때 이곳에 사직단을 앉혔던 것이다. 1914년, 중산공원으로 그 이름과 용도가 바뀐 이래로 원래의 문물유적을 보존하면서 나무와 꽃을 심고 새로운 건물을 짓는 등 환경을 가꿈으로써 대중이 즐겨 찾는 휴식장소가 되었다.

중산공원의 유구한 고적은 남단(南坛) 문 밖의 측백고목(古柏)들이다. 기둥직경 1.6 ~2m에 둘레가 6m 이상의 것도 있다. 이들은 요나라 시절의 절터에 있던 유물로서 1,000년이 넘는 것이다. 또한 공원에는 괴박합포(槐柏合抱)라 하여 회나무와 측백나무가 한 몸을 이루고 있는 나무가 있다. 이렇듯 진귀하고 괴상한 나무들이 있어 중산공원의 식물경관은 사람들의 사랑을 받고 있다.

공원의 중심이 되는 건축물은 오색토(五色土)로도 불리는 사직단 이다. 가로와 세로가 모두 17m씩인 정사각형의 터에 한백옥벽돌로 높이 1m정도의 단을 쌓아올리고 그 위에 전국각지에서 모아온 오색의 흙을 동·서·남·북·중의 다섯 방위로 나누어 깔았다. 사직단의 한가운데에 박혀있는 사주

사직단의 괴백합포

사직단 정문

사직단의 측백고목

청(東青), 서황(西黃), 남홍(南紅), 북흑(北黑)으로 되어 있다. 또한 동·서·남·북으로 영성문(欞星門)이 서 있어 전반적인 분위기가 더욱 엄숙해 보인다.

사직단의 북쪽에는 황색오지기와지붕의 다섯 칸짜리 목조건물이 단아한 모습으로 서 있다. 이 건물은 명·청 두 나라의 황제들이 제례 행차 때 휴식을 취하거나 비가 올 때 제례를 올리던 곳으로 당초의 이름은 배전(拜殿)이었다. 1925에 손중산(孫中山)이 타계하자 그의 영구를 이곳에 안치하고, 북경의 각계 인사들이 추도하였는데, 이후 그의 생전활동을 기념하는 취지에서 그 이름을 중산당(中山堂)으로 바꿨다.

중산당

석(社主石, 江山石이라고도 한다)은 강산영고(江山永固, 강산은 영원히 황제의 것)를 상징하고, 방위에 따라 동청(東青), 서백(西白), 남홍(南紅), 북흑(北黑), 중황(中黃)의 오색토는 "보천지하 막비왕토(普天之下 莫非王土, 천하의 땅은 모두 황제의 것이다)"를 의미한다. 사직단의 담장도 방위에 따라 빛깔을 달리하여 동

중산공원의 극문(戟門, 옛 병기인 미늘창을 진열한 문)은 명나라 때 세운 것이다. 당시 세 개의 문에는 크고 작은 철극(鐵戟) 24자루씩을 세웠는데, 머리부분은 금빛으로, 자루부분은 은빛으로 칠한 것이었다. 8국 연합군이 북경을 침략하였을 때, 그들은 그것이 진짜 금과 은인 줄 알고 모두 집어갔기 때문에 극문은 비어있었다. 그 후 1916년에 지금과 같은 모양의 문을 해 달았다.

공원에서 가장 아름다운 건물은 1914년 공원으로 바뀐 다음에 지은 당화오(唐花塢)이다. 난방이 되는 환경에서 꽃을 가꾸는 곳이라는 의미의 당화오는 이중처마의 팔각정이 중심을 이루며, 양쪽의 제비날개처럼 붙은 유리방(玻

사직단의 오색토

사직단의 당하오

은하다. 당하오와 수사(水榭, 물가의 정자) 사이의 호수에 작은 섬이 하나가 있고, 그 섬에 사의헌(四宜軒)이란 이름의 작은 집이 하나가 있다. 사의헌이란 봄에는 꽃이 좋고(春宜花), 여름에는 비가 좋으며(夏宜雨), 가을에는 바람이 좋고(秋宜风), 그리고 겨울에는 눈이 좋은(冬宜雪) 집이라는 의미이다.

건국 이래, 여러 지역의 역사유물이 이곳으로 옮겨와 공원의 분위기를 한결 좋게 하고 있다.

璃房)에서는 엄동의 눈 내리는 날씨에도 온갖 나무와 화초들이 제철 만난 듯 무성했다한다. 공원에는 당하오 외에도 난실(兰室)이 있다. 춘절(春节)이 되면 만개한 난의 향기가 사방에 은

남단문(南坛门) 앞에 놓인 한 쌍의 우람한 돌사자는 송나라의 유물인데, 대명현(大明县, 하북성에 있음)의 한 고찰에서 발굴되어 이곳으로 온 것이다.

사직단의 수사

남단문과 돌사자

사직단의 사의원

습례정(习礼亭)은 경향각지에서 북경에 들어와 황제를 알현할 문무관원과 외국사절에게 행동방식을 연습시키던 시설이었다. 당초에 있던 곳은 홍려사(鴻胪寺)였으나 8군 연합군 침략 때 예부(礼部)로 옮겨졌다가 1915년에 이곳으로 왔다.

난정팔주(兰亭八柱)와 난정비(兰亭碑)는 원명원(圆明园)에 있던 것이 옮겨진 것이다. 비의 뒷면에는 중국의 서예가이자 문학가인 왕희지의 수계(修禊)가 새겨져 있고, 정면에는 건륭황

중산공원의 습례정

제가 썼다는 난정(兰亭) 시가 새겨져 있다. 팔주(八柱)에 새겨진 글자들은 비바람에 깎여서 제대로 알아볼 수는 없지만 매우 귀한 석각(石刻)으로 평가되고 있다.

중산공원의 남문 안에 "보위화평(保卫和平)"이란 이름의 패방이 있다. 백색돌기둥에 청색 오지기와지붕을 하고 있는 이 패방은 1919년에 동단총포호동(东单总布胡同)에서 옮겨온 것으로 중국의 영욕의 역사가 담겨있다.

1900년 6월 20일, 독일공사 극림덕(克林德)이 순찰을 돌던 청나라 병사에게 총을 그어대고 트집을 잡자 이 병사는 극림덕을 쏘아 죽인다. 이에 독일은 청나라가 그 자리에 극림덕방(克林德坊)이란 비를 세우고, 다시는 그런 일이 일어나지 않도록 한다는 신축조약(辛丑条约)을 체결한다.

1918년 11월 11일, 독일이 연합국에 의해 패망하자 북경의 애국군중들은 극림덕방을 훼손시켰는데, 후에 이를 수선해서 공리전승방(公理战胜坊)으로 개명하고 중산공원으로 옮겼다.

1953년, 아시아·태평양지구 대표들이 북경에 모였을 때, 공리전승방을 보위화평방으로 개명키로 하였다. 이러한 일련의 과정은 중국의 국제적 지위가 높아짐을 보여주는 것이고, 이 보위화평비는 다시는 그러한 치욕의 역사가 재발되지 않도록 하기를 각성시키는 역사유물이기도 한 것이다.

중산공원의 문은 세군데로 나 있다. 인민대회당 쪽으로 나 있는 것이 남문이고, 들어서면 보위화평방과 마주하게 된다. 사직단의 동쪽으로는 자금성의 오문으로 이어지는 동문이 있고 그 반대편에 서문이 있다.

중산공원의 보위화평방

북해공원(北海公园)과 단성(团城)

북해공원과 단성은 고궁(故宫 자금성) 뒤의 서북쪽에 있으며, 중국 고대원림의 걸작으로 꼽힌다. 멀리 9세기 말, 요하(辽河)의 거란족이 중원을 함락시킨 후 북경을 일컬어 자신들의 남쪽에 있다하여 남경(南京)이라 하였는데, 그때의 남경이 지금의 북해공원 일대로서 자연환경이 빼어났다. 당시의 요나라 통치자들은 이곳을 요서(瑶屿 아름다운 섬)라 하였고, 놀이장소로 삼았다. 후에 요나라를 멸망시킨 금(金)나라는 남경을 중도(中都)라 하고, 이곳에 호수를 팜과 아울러 흙을 쌓아 경화도(琼华岛)를 만들었다. 그리고 이곳을 동물도 기르는 행궁으로 삼았다.

역사적 배경

13세기 초 몽고의 성길사한(成吉思汗)이 금나라를 멸망시킨 후에 원(元)나라를 세웠고, 그의 손자 홀필렬(忽必烈, 원 세조)이 도읍을 중도로 옮기면서 도성건설에 박차가 가해지는데, 이에 따라 북해는 새로 서는 도성의 중심에 위치하게 된다. 그러면서 경화도는 만수산(万寿山) 또는 만세산(万岁山)으로, 호수는 태액지(太液池)로 바뀌는 등 그 용어가 제왕어용(帝王御用)의 색채를 띠우기 시작 하였다.

명나라와 청나라는 보다 적극적으로 북해를 개축하였고, 그 결과로 오늘날의 북해공원의 기틀이 마련되었다. 청나라의 3대 황제인 순치(順治, 재위 1643~1661) 년간에 경화도의 산꼭대기에 거대한 라마탑(喇嘛塔: 白塔과 寺庙)을 짓고 만수산을 백탑산으로 개명하였다. 또한 6대 황제 건륭(乾隆, 재위 1735~1796)은 경화도의 북산(北山)과 동북기슭에 수많은 건물을 세웠다. 지금의 백탑산 남쪽 기슭에 있는 척애정(滌靄亭)에는 북해 개축에 관한 상세한 기록을 생동감 있게 새겨놓은 건륭황제의 어제비

북해공원 전경, 전체면적 22만평 중에 호수가 절반이다.

(御制碑)가 있다.

관람코스와 주요 볼거리

북해공원은 220만평으로 넓은데다가 볼거리들이 호수주위와 경화도에 산재해 있기 때문에 발품을 아껴 고루보기로 한다면 서쪽호반에서부터 시작하여 호수주위의 경점을 우선 살펴보고 경화도로 들어가는 것이 바람직하다. 그것은 동문이나 남문에서 시작할 경우 단성과 경화도를 관람하고 나서 자칫 북해의 북쪽기슭을 보지 않을 수가 있고, 북문에서 시작할 경우 서쪽으로 갔을 때 동쪽으로 되돌아와야 하는 수고가 있는가 하면, 동쪽으로 발길을 잡았을 때는 서쪽의 일부 경점을 못 보게 되는 아쉬움이 남기 때문이다.

서문(西门)을 들어서면 오른쪽 호수건너편에 경화도와 단성이 있고, 전방으로는 소서천(小西天)의 지붕과 오룡정(五龙亭)이 저만치에 보인다. 거기가 북해의 북쪽기슭이 시작되는 곳이고, 북쪽기슭의 호수 뒤로 천복사(阐福寺), 철영벽(铁影壁), 쾌설당(快雪堂), 구룡벽(九龙壁), 대자진여보전(大慈真如宝殿), 정심재(静心斋) 등이 있다.

소서천(小西天)은 청나라의 6대 황제 건륭(乾隆, 재위 1735~1796)이 모친인 효성(孝圣)황태후를 위해 364평의 건물 안에 구현해 놓은 극락세계이다. 산모양의 남해보타(南海普陀)를 흙으로 쌓아올리고, 그 위 곳곳에 226자리의 나한불상(罗汉佛像)을 안치했으며, 아래쪽으로는 바다를 형상화해 놓음으로써 극락의 평온함이 담기도록 하였다. 바깥으로는 동서남북 네 곳에 패루가 서 있고, 네 귀퉁이에는 작은 정자가 하나씩 들어서 있다.

오룡정(五龙亭)은 황제와 황후가 낚시를 하고 달맞이도 하던, 물가의 다섯 채 정자이다. 한가운데 있는 것이 용택정(龙泽亭)이고, 동쪽으로 있는 것이 징상정(澄祥亭)과 자향정(滋香亭)이며, 서쪽으로 있는 것이 용서정(涌瑞亭)과 부취정(浮翠亭)이다. 이들 다섯 정자는 돌다리로 연결되어 있으며, 그 모양은 마치 교룡(蛟龙)이 물위에 떠 있는 것 같다.

북해공원의 오룡정

천복사(阐福寺)는 건륭황제의 유지에 따라 명나라 때의 태소전(太素殿) 터에 세운 불전(佛殿)으로 하북성의 정정현(正定县)에 있는 융흥사(隆兴寺)를 본 딴 것이라고 한다. 경내에는 종루, 고루, 천왕전, 대불전이 있다. 대불전 안에는 천수천안불(千手千眼佛)이 안치되어 있는데, 금사남목(金丝楠木)을 조각한 후에 진귀한 보물들을 박아 만든 것이라고 한다. 1980년부터 이곳에서는 매년 북해경제식물원의 주관으로 국화, 월계꽃, 분재, 목조각, 연꽃 등의 전람회가 열리고 있다.

북해공원의 소서천

북해공원의 천복사 산문

철영벽(铁影壁)은 원나라(1206~1368) 시대의 유물이다. 높이 1.89m, 길이 3.56m의 크기이며, 색깔이나 성질 면에서 쇠와 비슷한 화산괴력암(火山块砾眼岩)으로 되어있어 마치 철벽인 것처럼 보인다. 이 돌 판의 양면에는 기이한 짐승이 소박하고 성실한 솜씨로 새겨져 있다. 이 철영벽은 원래 덕승문(德胜门) 밖 옛 절의 조벽(照壁)이었는데, 1947년에 방치됐던 벽신(壁身)을 북해공원으로 옮겨왔고 1986년에는 기좌(基座)를 찾음으로써 완전히 복원되었다.

북해공원의 철영벽

쾌설당(快雪堂)은 징관당(澄观堂), 욕란헌(浴兰轩)과 더불어 세 자리의 정원으로 이루어졌다. 건륭은 원나라의 서예가 조맹비(赵孟頫)가 모사한 왕희지의 쾌설시청첩(快雪时晴帖)을 구해보고는 쾌설당을 짓게 하고, 이곳에 진나라와 원나라의 유명한 서예가 20인의 80편 글씨를 48장의 돌판에 새겨 유랑(游廊) 벽에 박아놓도록 하였다. 쾌설당에는 또한 송나라 때의 어원석(御园石)이었던, 높이 5m의 구름모양을 한 태호석이 놓여 있다. 건륭은 이 돌의 남으로 향한 앞면에 "운치(云起)"라는 두 글자를, 그리고 뒷면에는 자신이 지은 "운치봉가(云起峰歌)"를 새겨 넣었다. 그래서 사람들은 이 돌을 운치석이라고 하였다.

쾌설당의 운치석

구룡벽(九龙壁)은 쾌설당을 지나 천왕전에 이르기 전의 안쪽으로 있다. 이 곳의 구룡벽(九龙壁)은 색채가 화려한 용들이 벽의 양면에 새겨져 있다.

구룡벽

대자진여보전(大慈真如宝殿)은 서천범경(西天梵境, 일명 大西天)의 중심이다. 구룡벽을 보고 되돌아 나와 동쪽으로 방향을 잡으면 앞면에 화장계(华藏界)라고 쓰인 서천범경의 패루가 반긴다. 남쪽으로 경화도의 백탑을 향하고 있는 이 패루를 지나 산문에 들면 양쪽으로 종루와 고루가 있고, 정중앙에 천왕전이 있다. 천왕전을 지나면 저만치 앞쪽에 대자진여보전이 장중한 모습으로 자리 잡고 있는 것을 보게 된다. 이 대자진여보전은 전체를 금사남목으로 지은 명나라 시대의 정품 건물이며, 그 안에는 3세제불과 18나한의 조각상이 안치되어 있다. 대자진여보전 뒤쪽의 돌계단을 오르면 서천범경의 후원으로 들어가는 화엄청계(华严清界)라는 이름의 문이 있고, 그 안쪽으로 8각의 칠불탑정(七佛塔亭)과 아름다운 유리각(琉璃阁)이 있다.

정심재(静心斋)는 청나라의 황제들이 여름에 피서하며 책을 읽던 곳으로 터의 면적은 2,800여 평이다. 이곳은 원래 명나라의 관리들이 쓰던 경청재(镜清斋)였는데, 청나라의 건륭이 개보수하면서 포소수옥(抱素书屋), 운금재(韵琴斋), 벽선정(碧鲜亭), 배차오(焙茶坞), 압화헌(罨画轩), 필천랑(泌泉廊), 침만정(枕峦亭), 석교(石桥) 등을 꾸미고, 그 이름을 정심재라고 하였다(1758년). 또한 정심재 안에는 정(亭), 사(榭), 랑(廊), 헌(轩), 석교(石桥), 연못(水池), 첩석(叠石), 가산(假山), 누대(楼台), 전각(殿阁) 등의 건축형식이 있다. 정심재는 북방 원림의 크고 아름다운 기백과 더불어 강남원림의 작고도 영롱한 정취를 함께 지니고 있는, 중국조원예술의 진품으로 평가되고 있다.

서천범경의 패루

서천범경의 천왕전

서천범경의 대자진여보전

북해의 정심재

정심재에서 나와 동쪽기슭으로 꺾어 돌아 걷다보면 선잠단(先蚕坛)과 화방재(画坊斋)를 지나 호복간(濠濮涧)에 이르고, 계속 걸어 나가면 왼쪽으로는 동문이 있고 오른쪽으로는 경화도로 건너가는 척산교(陟山桥)가 놓여 있다. 더 걸어서 남쪽으로 내려가면 오른쪽으로 꺾어 단성으로 가게 된다.

호복간(濠濮涧)은 세 칸으로 된 연못가의 정

자로 주위에는 궁문, 운수실(云岫室), 숭초실(崇椒室), 유랑(游廊), 연못, 곡교(曲桥), 석방(石坊) 등이 에워싸고 있다. 삼면이 나무가 무성한 토산이어서 전체적인 분위기가 참으로 아늑하다.

북해의 호복간

단성(团城)은 북해공원 남문 서쪽에 있으며, 역사가 오래된 명승지이다. 금나라 때 이곳에 신불(神佛)을 안치하는 전당(殿堂)을 지었고, 원나라 때는 이를 확장하여 의천전(仪天殿, 훗날 승광전이 됨)을 지음으로써 어느 정도 단성의 틀이 잡혔다. 이곳은 본래 태액지의 작은 섬으로 밖과는 다리로 연결되어 있었는데, 명나라 때 다리 밑을 메우고 섬 주위에 원형의 벽돌 성을 쌓았다.

오늘날의 단성은 원형에 가까운, 5m높이의 성대(城台)로서 성벽의 길이는 276m이고, 성벽에는 성가퀴(城堞)와 타구(垛口, 총 쏘는 구멍)가 있다. 1,300여 평의 성대 위에는 아름답고 그윽한 정원과 더불어 승광전(承光殿), 고뢰당(古籟堂), 여청재(余清斋), 경제당(敬跻堂), 옥옹정(玉翁亭) 등이 들어서 있다.

단성의 중심건물인 승광전에는 높이 1.6m의 옥불(玉佛)이 자리 잡고 있는데, 백옥석을 쪼아 만든 옥불은 티 없이 맑고 광택이 은은하다. 이 옥불은 청나라의 11대 황제 광서(光绪, 재위 1875~1908)년간인 1898년에 명관(明宽)이란 스님이 버마로부터 보시를 구하여 자희태후(慈禧太后, 일명 西太后)에게 바친 것이다.

승광전의 옥불

북해공원의 단성

승광전 동편에는 수백 년 수령의 괄자송(栝子松), 백피송(白皮松), 탐해송(探海松) 등이 있다. 괄자송은 800여 년 전 금나라 때 심겨진 것으로 나무 위에 덮개를 씌운 모양을 하고 있다. 청나라의 6대 황제 건륭은 이들 나무에 관작(官爵)을 내리는데, 괄자송은 차음후(遮陰矦)로, 백피송은 백포(白袍)장군으로, 탐해송은 탐해(探海)장군으로 하였다. 승광전 앞의 옥옹정(玉翁亭)에는 옥으로 된 항아리가 안치되어 있다. 옥옹은 타원형의 아가리를 하고 있으며, 높

단성의 차음후 괄자송

단성의 승광전

단성의 백포장군 백피송

단성의 옥옹정

이 0.7m, 직경1.5m의 크기에 무게는 3.5톤이다. 표면에는 거칠고 사나운 파도 속에 용과 바다짐승이 출몰하는 형상을 돋을새김으로 표현해 놓고 있다.

단성에서 영안교(永安桥)를 건너 경도(琼岛)로 들어간다. 높이 33m, 둘레 970여m의 경도는 나무와 건물들로 가득하다. 경도의 동서남북으로는 정상에 오르는 돌계단들이 놓여있고, 영안사(永安寺), 보안전(普安殿), 정계헌(静憩轩), 열심전(悦心殿), 열고루(阅古楼), 분량각(分凉阁), 동산승로반(东山承露盘), 백탑(白塔), 의명루(倚明楼), 춘음비(春阴碑) 등의 볼거리가 있다.

영안사(永安寺)는 종교문화가 반영된 여러 자리의 건물들로 구성되어 있다. 산세에 따라 건물들이 앉혀졌기 때문에 건물의 높낮이가 가지런하지 않지만 알록달록한 건물들의 색채가 조화를 이루고 있는 모습은 장관이다. 영안사는 청나라의 3대 황제 순치(顺治, 재위 1643~1661)가 티벳의 라마고승 나오무한의 청을 받아들여 지은 것으로 정각전(正觉殿), 보안전(普安殿), 백탑(白塔) 등 7개 건물이었고, 당시의 이름은 백탑사였다. 건물 때에 이르러 영안사로 이름이 바뀌며, 법륜전(法轮殿), 종루, 고루, 영안사 산문이 증축되고, 후에 또다시 선인전(善因殿), 척애정(涤霭亭) 등이 추가되었다.

백탑(白塔)은 티베트식 라마탑으로 불경과 탁발 등이 보관됐으며, 전체 높이는 35.9m이다. 탑신(塔身)은 보병(宝瓶, 옛날에 신부가 시집갈 때 가지고 가던 도기항아리)형태이며, 탑좌는 절각식수미좌(折角式须弥座, 수미좌는 부처의 좌대)이다. 탑좌는 벽돌을 높게 쌓아올린 터에 자리 잡고 있다. 탑의 맨 꼭대기에는 금빛의 둥근보주(宝珠)가 올려져 있고, 그 아래로 두 켜의 구리로 된 산개(伞盖, 햇빛가리개)가 있으며, 아래 켜의 산개에는 14개의 구리종이 달려있다. 탑 남쪽에는 선인전(善因殿)이란 이름의 자그마한 전각이 있는데, 이곳에 올라 남쪽을 바라보면 단성, 중남해(中南海), 인민대회당, 국가대극원(国家大剧院)이 한눈에 들어오고 동쪽과 동남쪽으로는 경산공원과 자금성이 건너다보인다.

영안사 법륜전

백탑사와 선인전

선인전에서 보는 남쪽풍경

열고루(阅古楼)는 백탑산 북쪽기슭에 있다. 그 내벽에는 3세기 중엽 위(魏)와 진(晋) 이래의 저명한 서체(书体)가 새겨져 있다. 백탑산의 북쪽 산허리에는 또한 동산승로반(铜山承露盘)이란 이름의 설치물이 하나가 있다. 한무제

(汉武帝)가 불로장생하기 위해 이슬을 받아 옥가루를 추겨서 먹었다는 전설의 일부를 건륭황제가 구현해 놓은 것이라 한다.

경도춘음(琼岛春阴)은 고목이 하늘을 찌르는 백탑산 동쪽기슭으로 금나라 시절부터 연경8경(燕京八景)의 하나로 전해 내려오는 곳이다. 지금도 건륭황제가 손수 썼다는 "琼岛春阴"의 비석이 서있고, 그 주위에는 한백옥(汉白玉)으로 만든 난간이 둘려있는데, 그 조각한 솜씨가 매우 정교하고 아름답다.

북해를 태액지(太液池)라고도 한다. 이 이름은 원나라 때 지어진 것이고, 명·청의 두 나라 때는 새로 만든 중해(中海)·남해(南海)와 구별되도록 북해(北海)라 하였다. 태액지의 수면은 넓어서 북해공원 전체넓이의 절반이상을 차지하고 있으며, 경화도는 이 호수의 남쪽에 자리잡고 있는 것인데, 물에 비친 그 모습은 아름답기로 소문이 나 있다. 경화도의 북쪽기슭 물가에는 길이 300m의 반원형 연루유랑(延楼游廊)이 있는데, 2층으로 되어 있으며 북해에서도 특색을 갖춘 건물이다.

경화도 춘음석비

북해의 의명루와 연루유랑

중남해
(中南海)

자금성 서북쪽의 북해공원으로부터 남쪽으로 이어지는 중해(中海)와 남해(南海)를 한 데 묶어 중남해(中南海)라고 부른다. 원래 늪지대였던 북해가 10세기 무렵의 요나라 때부터 개발된 후 금나라와 원나라로 이어지는 동안에 북해의 위상은 행궁에서 황실금원(皇室禁苑)으로 격상되었으며, 명나라와 청나라로 이어지는 동안에는 중남해를 개발하고 많은 건물을 축조하였다. 현재 남아있는 건물들은 대부분 청나라 때 지은 것이다.

이렇듯 중남해는 본래 봉건왕조의 황실원림이었는데, 민국(民國, 1912~1949)년간에는 군벌통치의 중심지로서 총통부(总统府), 대원수부(大元帅府) 등의 정치기구가 들어섬과 아울러 공원으로서 일반에 공개되었다. 신중국 성립 후에는 중공중앙(中共中央)과 국무원이 자리 잡음으로써 전국최고의 국가통치 중심지가 되었으며, 일반인의 출입을 금하고 있다.

중남해는 나무가 울창하고 푸른 물이 찰랑대는 가운데 누대전각이 여기저기 흩어져 있으나 전체적으로는 잘 조화가 되어 풍치가 있다. 영대(瀛台)는 남해의 한가운데에 있는 작은 섬이다. 빽빽하게 우거진 나무들과 그 사이에 놓인 건물들이 서로 조화되어 한 폭의 그림 같다. 북남 중추선 상의 북쪽에 영대의 정문인 상란각(翔鸾阁)이 북향(北向)으로 나있고, 상란각 남쪽의 함원문(涵元门)을 지나면 영대의 정전인 함원전(涵元殿)이 있다. 그 남쪽으로는 향의전(香扆殿)과 봉래각(逢莱阁)이 있으며, 남쪽 끝의 물가에는 영훈정(迎熏亭)이 있다. 또한 중추선 양쪽으로는 부상수옥(补相书屋)과 장춘수옥(长春书屋)이 자리 잡고 있다. 전체적으로 혼연일체의 조화를 이루고 있는 영대는 청나라 황실의 여름 피서지였다. 청나라 말기의 11대 황제 광서(光绪, 재위 1875~1908)가 정치개혁을 부르짖다가 서태후에게 제압당한 후 이화원에 이어 이곳에 유폐되었으며 종국에는 함원전에서 숨을 거뒀다.

중남해의 남쪽 대문은 신화문(新华门)이다. 남쪽으로는 장안가(长安街)를 굽어보고 있으며, 북쪽으로는 남해를 사이에 두고 영대와 마주한다. 원래는 남해의 남쪽 담장일 뿐이었는데, 건륭황제가 영대에서 바라다보며 단조롭다 하여 그곳에 앞면 7칸의 2층짜리 누각을 짓고 그 이름을 보월루(宝月楼)라 하였다. 민국 초기에 원세개가 강제로 중남부에 총독부를 설치하고 이곳을 신화문이라 한 것이다.

남해의 북쪽기슭에는 풍택원(丰泽园)이 있다. 이곳은 청나라의 4대 황제 강희(康熙, 재위 1661~1722) 년간에 만들어진 것으로 청나라의 황제들은 매년 봄 이곳에 나와 논밭갈이 의식을 행하였다. 풍택원의 건물들은 전반적으로

중남해의 신화문

화려하지 않다. 5칸짜리 대문 안에 중심건물인 이년전(頤年殿)이 있다. 1949년부터 1966년까지 중국공산당 지도부가 이곳에서 각종 회의를 개최하고 정책을 결정하였으며, 모택동도 이곳에서 정무를 보았다. 모택동은 이곳 풍택원의 부속건물인 국향수옥(菊香书屋)에서 기거하였으며, 지금도 당시의 모습이 그대로 보존되어 있다.

풍택원 북쪽에 정곡(静谷)이란 이름의 정원이 있다. 청신한 환경 속에 산석화목(山石花木)의 배열이 넉넉하고 풍격이 있어 원중지원(园中之园)이라고도 불린다. 정곡에는 순일재(纯一斋), 춘우재(春藕斋), 애취루(爱翠楼), 식수헌(植秀轩) 등의 청나라 때 유적이 비교적 온전하게 남아있다.

남해의 북쪽기슭 동편에 깊은 못(池)이 있고, 그 안에 유배정(流杯亭)이란 이름의 4각 정자가 있다. 청나라의 6대 황제 건륭(乾隆, 재위 1735~1796)은 몽고, 티베트 등 변방의 영주들을 불러 이곳에서 곡수유상(曲水流觞, 구불구불 돌아 흐르는 물에 술잔을 띄어 마시는 놀이)의 향연을 즐기곤 하였다. 강희(康熙)는 이 정자를 곡간부화(曲涧浮花)라 했고, 건륭은 유수음(流水音)이라고 하였다.

중해(中海)의 서쪽기슭에는 자광각(紫光阁)이 우뚝 서있다. 누런 마루바닥과 푸른 기와, 금빛 창틀에 붉은 기둥은 매우 화려하다. 앞 면적 다섯 칸의 2층 건물로 처마는 층별로 달려있으며, 양쪽으로 각각 15칸의 복도가 붙어있다. 청나라의 황제들은 변방의 영주들을 불러 이곳에서 향연을 베풀었으며, 오늘날에는 국가지도자가 외빈을 접견하거나 주요 행사를 개최하는 장소로 활용하고 있다.

중해의 동쪽기슭에는 3면이 물에 둘려 싸인 반도모양의 터에 만선전(万善殿)이 있다. 명나라 시절에 세워졌고, 청나라 건륭황제 때인 1770년에 보수한 것으로 5칸 크기 이다. 만선전의 서쪽으로 잇대어서는 물에 떠있는 듯한 수운사(水云榭)라는 이름의 정자가 있다. 이 정자는 네모반듯하게 쌓아올린 누대위에 세워졌으며, 정자 안에는 건륭황제가 손수 썼다는 "태액추풍(太液秋风)"의 돌비석이 있다.

신화문을 비롯한 중국의 주요기관에는 국가휘장이 걸려있다. 이 중국의 국휘는 국기, 천안문, 톱니바퀴, 벼이삭으로 구성되어 있는데 이는 신중국이 "5·4운

중국 국휘

동 아래의 신민주주의 혁명투쟁과 노동자농민연맹을 기반으로 하여 탄생하였음을 상징한다. 5·4운동이라 함은 1919년 5월 4일에 일어난 북경학생들의 반제국주의·반봉건주의 혁명운동으로 중국의 신민주주의 혁명의 출발점으로 보고 있다.

경산공원
(景山公园)

경산공원은 고궁박물원(故宫博物院, 옛 紫禁城)의 북쪽 정문인 신무문(神武门)과 마주하고 있다. 평지에 솟아오른 7만평 정도의 야산 주위에 붉은 담장을 둘렀으며, 오래된 소나무와 측백나무들이 들어서 있다. 산 정상에 오르면 남쪽으로 자금성이 한눈에 들어오고, 서쪽으로는 북해가 있다. 또한 북쪽으로는 일직선상에 있는 고루(鼓楼)와 종루(钟楼)가 건너다보인다.

경산공원의 남문인 만세문(萬歲門)

경산의 역사는 유구하다. 경산이 있는 곳은 원래 들판이었다. 금(金)나라 4대황제 세종(世宗, 재위 1161~1189)년간에 북해의 섬 경화도(琼华岛)를 중심으로 대녕궁(大宁宫)을 지으면서 서화담(西华潭, 북해)을 늘려 파고 그 흙을 이곳에 쌓아 놓았었다. 원나라에 이르러 황제들은 이곳에 연춘각(延春阁)을 짓는 등 궁전에 딸린 화원으로 삼았으며, 이곳에서 불교행사와 도교의식을 거행하기도 하였다. 또한 경산의 북쪽기슭을 비롯해서 두루 나무를 심고 꽃을 가꿈으로써 일년 사철에 걸쳐 푸르렀으므로 사람들은 청산(青山)이라고도 불렀다.

15세기 초에 명나라의 3대 황제 영락(永乐, 재위 1402~1424)이 도읍을 남경에서 북경으로 옮기기 위해 자금성을 지을 때 이곳을 궁전의 일부로 편입시켰다. 자금성의 북쪽인 이곳은 풍수상의 청룡(青龙), 백호(白虎), 주작(朱雀), 현무(玄武) 중 현무에 해당하므로 그에 걸맞는 산이 있어야 했다. 따라서 자금성의 성벽 밑으로 호성하(护城河)를 파면서 나온 흙을 이곳으로 옮겨다 기존의 산을 더욱 높이고 그 이름을 만세산(万岁山)이라고 하였다. 원나라의 기를 누른다는 의미에서 진산(镇山)이라고도 했으며, 폐성(闭城)시에 사용할 석탄을 쌓아두었다 하여 매산(煤山)이라고도 하였다. 만세산은 당시 북경성에서 가장 높았으며, 산기슭에 소나무와 측백나무를 심고, 산 아래에는 과일 나무와 꽃을 가꿨다. 아울러 이곳에 장수동물인 학과 사슴도 길렀다. 산 뒤쪽으로는 관득전(观得殿), 영수전(永寿殿), 관화전(观花殿) 등을 짓고 백과원(百果园), 또는 북과원(北果园)이라고 불렀다. 명나라의 14대 황제 만력(万历, 재위 1572~1620)은 9월 초아흐레인 중양절이면

비빈과 대신들을 거느리고 만세산에 올라 향연을 베풀었으며, 평소에도 자주 나와 유람하였다.

명나라의 마지막 황제는 숭정(崇禎, 재위 1627~1644)이다. 명나라를 망하게 한 이자성(李自成)의 농민의병군이 자금성을 넘어 들어오자 숭정은 대세가 기욺을 알고

명 숭정이 자결한 나무

경산공원의 수황전

경산으로 들어가 목매어 죽었다. 그 나무가 지금도 고목으로 남아있는데, 당시의 비애가 느껴지는 듯하다.

청나라의 3대 황제 순치(順治, 재위 1643~1661)는 높고 크다는 의미의 경(景)자가 기존의 만세(万岁) 보다 낫다하여 경산으로 개명하였다. 6대 황제 건륭(乾隆, 1735년부터 61년간 재위)은 경산의 동북 면에 태묘를 닮은 수황전(寿皇殿)을 짓고, 황실자손들이 이곳에 나와 제사를 지내도록 하였다. 수황전의 동북쪽에는 집상각(集祥阁)이, 그리고 서북쪽으로는 홍경각(兴庆阁)이 있으며, 수황전 동쪽의 영은문 안에는 영은전(永恩殿)이 있다. 이곳은 황제와 황후가 죽었을 때, 그 시신이 담긴 관을 잠시 안치했던 곳이다. 영은전 동쪽으로 관덕전(观德殿)이 있고, 그 동쪽에 호국충의묘(护国忠义庙)가 있다.

또한 건륭은 경산의 정상을 비롯하여 동쪽능선과 서쪽능선을 타고 내려오면서 동서대칭의 작은 봉우리를 만들고, 그 위에 모두 다섯 채의 정자를 세웠다. 그리고 5방불(五方佛)이라 하여 각 정자마다에 불상을 안치하였다. 맨 꼭대기에 있는 정자가 만춘정(萬春亭)으로 높이 17.4m에 넓이는 5.5평이다. 서쪽능선을 타고 내려오면서 있는 것이 부람정(富览亭)과 집방전(辑芳殿)이고, 동쪽능선으로 있는 것이 주상정(周赏亭)과 관묘정(观妙亭)이다. 부람정과 주상정은 모양이 같고 정자의 가로와 세로 폭은 10.4m이다. 집방전과 관묘정도 마찬가지이고, 가로와 세로의 폭은 10m이다. 5방불 중 만춘정의 비로차나불(毗卢遮那佛)만이 남아있고, 나머지는 1900년의 외침 때 유실되었다. 건륭은 또한 남문 안에 의망루(倚望楼)를 짓고, 공자신위를 안치하였다.

경산은 1928년에 공원으로 개방되었는데, 국민당통치 시절 이곳에 군부대가 주둔하면서 경내가 많이 훼손되었었다. 인민정부가 들어선 후 이를 정성들여 복구함으로써 이제는 국내외의 많은 관광객들이 즐겨 찾는 명소가 되었다.

의망루

태묘
(太庙)

태묘는 봉건제왕(封建帝王)들이 조상에게 제사를 지내던 곳이다. 명나라와 청나라의 태묘는 자금성의 정면 왼쪽에 있으며, 위치상으로는 천안문으로부터 자금성에 이르는 통로의 오른쪽이다. 태묘가 이곳에 자리를 잡은 것은 제왕도성(帝王都城)을 지을 때 주례에 나와 있는 좌조우사(左祖右社)의 원칙을 따랐기 때문이며, 현재는 노동인민문화궁(劳动人民文化宫)으로 일반에 공개되고 있다.

태묘는 명나라의 3대 황제인 영락(永乐, 재위 1402~1424)이 지은 것으로 남북방향의 터에 세 겹의 담장이 둘려있으며, 바깥담장 기준으로 폭 294m, 길이 475m의 4만 2,300여 평 넓이 이다. 두 번째 담장으로 둘려진 터는 폭 208m, 길이 272m의 1만 7,100여 평이며, 바깥담장과의 사이인 2만 5,000여 평에는 수령 500년 이상의 나무들이 들어서 있다.

태묘전경

두 번째 담장 안으로 들어가는 문은 남쪽 담장에 자리 잡은 유리전문(琉璃砖门, 오지벽돌로 장식한 문)으로 가운데 3개, 양쪽 가로 2개 등 모두 다섯 개의 문이 나 있다. 이 유리문을 들어서면 앞쪽으로 극문(戟门, 문 안팎으로 옛 병기인 극 120 자루를 진열했음)이 있고, 그 앞에는 극문교라 불리는 아치형돌다리 7개(중앙에 3, 동쪽과 서쪽에 각각 2개씩)가 놓여있다.

극문을 들어서면 널따란 뜰 너머에 웅장하게 자리 잡고 있는, 정면 11칸의 대전이 한눈에 들어온다. 이것이 태묘의 향전(享殿)으로 3대(三台, 3단으로 쌓아올린 터) 위에 자리 잡고 있으며, 주위는 한백옥으로 된 난간이 둘러있다. 정면계단 중앙의 섬돌에는 사자와 바다짐승의 모양이 살아있는 듯 생동감 있게 새겨져 있다.

태묘의 다섯 유리문 중 정중앙문, 안쪽으로 극문이 보인다.

태묘의 향전

극문교를 건너기 전의 동·서 두 귀퉁이에는 제사음식을 조리하는 신주(神厨)와 제사음식 및 그 재료를 보관하는 신고(神库)가 있고, 다리 건너편의 동서 두 귀퉁이에는 육각의 우물정자가 하나씩 있다. 극문은 한백옥으로 된 난간이 둘러있고, 정면계단 중앙의 단계(丹阶, 섬돌)에는 용과 사자의 무늬가 새겨져 있다.

향전에서의 제례는 4월·7월·10월의 초하루와 황제의 생일 및 기일, 그리고 섣달그믐에 행해졌는데, 이때는 침전(寝殿)과 조전(祧殿)에 안치된 신주들을 이곳으로 옮겨와 함께 제사지냈다.

현재 향전에는 중화화종(中华和钟)과 더불어 중국의 전통악기들이 전시되어 있다. 길이

태묘의 극문

중화화종과 전통악기

21m, 높이 3.8m, 무게 17톤의 3단으로 된 종틀에는 모두 108개의 종이 달려있다. 제일 위 단에는 중국의 직할시·성·자치구·특별행정구 등을 상징하는 34개의 뉴종(钮钟)이 걸려 있고, 가운데 단에는 56개 중화민족을 상징하는 56개의 용종(甬钟)이 걸려있으며, 아래 단에는 중국의 16편 역사시기와 평화·발전의 양대 세기를 주제로 하는 18개의 박종(고대의 악기인 큰 종)이 걸려있다.

중화화종의 18개 박종 중에서도 크기가 좀 더 큰 박종이 있는데, 이 종에는 강택민(江泽民) 주석이 손수 썼다는 "중화화종, 만년영보(中华和钟 万年永保)"의 여덟 글자가 새겨져 있다. 음역이 넓은 중화화종이 중화민족의 전통악기들과 어우러져 내는 화음의 소리는 새 시대의 중국이 지향하는 발전과 평화를 생동감 있는 소리로 잘 표현한다고 한다.

향전에는 15칸 크기의 두 배전(配殿)이 뜰을 사이에 두고 마주 서 있다. 동배전에는 공을 세운 황족들의 신위가, 그리고 서배전에는 공을 세운 신하들의 신위가 각각 안치되었다.

향전의 뒤에는 침궁(寝宫)으로 불리는 중전(中殿)이 있다. 마지막 황제 부의까지 포함된 청나라의 12황제 중 10대 목종까지의 신주가 이곳에 안치되었다. 침전에도 제사용 집기를 보관해 두는 동·서배전이 있다.

중전의 뒤에는 조묘(祧庙)라고 불리는 후전(后殿)이 있다. 청나라의 봉건영주가 아직 황제를 칭하기 전 4대까지의 선조에게 훗날 황제로 봉(封)했는데 이들 조조(肇祖), 흥조(兴祖), 경조(景祖), 현조(显祖)의 신주가 조묘에 안치되었다. 조묘에도 제사집기를 보관하는 좌우배전이 있다.

신해혁명이 일어난 후에도 10수년간은 청나라 황실이 태묘를 관리하다가 민국 13년(1924)에 화평공원(和平公园)이 됐으며, 1928년부터는 고궁박물관의 분원으로 있었다. 1950년, 국제노동절인 5월 1일을 기해 북경시노동인민문화궁으로 되었다.

만년영보 중화화종

태묘 향전의 배전

천안문 광장

천안문광장은 북경시의 중심에 자리 잡고 있다. 남북간 거리 880m, 동서 폭 550m 로서 그 면적은 13만3천여 평에 이른다. 100만의 군중을 수용할 수 있는 이 광장은 여러 차례에 걸쳐 개조되면서 오늘의 규모가 되었는데, 과거 봉건왕조 시대에는 백성들의 출입이 금지되었던 곳이다.

천안문광장 북쪽에는 천안문의 성루(城樓)와 국기게양대가 있으며, 광장 중앙에는 인민영웅기념비가 우뚝 서 있다. 광장 동쪽에는 중국국가박물관이, 그리고 광장 서쪽에는 인민대회당이 서로 마주보고 있다. 광장 남쪽에는 모주석기념당(毛主席纪念堂)과 정양문(正阳门)이 있다. 천안문광장은 북경16경(北京十六景)의 으뜸으로 수 많은 사람들이 다녀간다.

천안문은 북경시의 중심이자 눈동자와 같은 존재로서 중화인민공화국의 상징이며, 상전벽해의 온갖 격변을 묵묵히 지켜보아온 존재답게 그 위엄이 사방에 떨치고 있다.

인민영웅기념비는 1952년에 세워진 것으로 900여 평

천안문광장, 예전의 황궁광장을 확장한 것이다.

천안문 야경

인민대회당은 우리의 국회의사당에 해당하는 건물로 넓이는 5만1,500여 평이다. 앞면 336m, 옆면 206m에 높이는 46m 이다. 정면에는 25m 높이의 대리석기둥 12개가 서 있다. 중앙대청은 그 바닥이 연분홍색 대리석이며, 돌기둥들은 백옥석이고, 천정에는 수정유리로 된 등(灯)이 걸려있다. 대청 후면은 만인대례당(万人大礼堂)이고, 인민대회당의 북부는 5,000개의 자리가 있는 연회장이다. 인민대회당은 전반적으로 중국전통의 풍격을 취하면서 외국건축의 정수를 가미하고 있다.

의 터에 자리 잡고 있는 38m 높이의 화강암비석 이다. 이 비석에는 모택동이 손수 썼다는 인민영웅영수불후(人民英雄永垂不朽)의 여덟 글자가 새겨져 있으며, 중국의 현대사 진행과정을 표현한 여덟 폭의 대형 양각 그림도 자랑으로 삼고 있다.

중국국가박물관은 기존의 역사박물관(건물의 남쪽)과 중국혁명박물관(건물의 북쪽, 천안문 방향)을 합쳐 2003년에 개관한 것이다. 총 19,700평의 이 건물은 1956년에 세워진 것이다. 역사관에는 원시사회부터 현대사까지의 중요장면이 설명문과 함께 전시되어 있고, 혁명관에는 민주주의 혁명의 시작, 혁명의 승리와 사회주의 국가건설, 중화인민공화국의 역사 등이 전시되어 있다.

인민대회당

인민대회당 뒤편에 국가대극원(國家大劇院)이 있다. 인공호수 위에 돔형으로 지어진 5만 평 넓이(212m×144m)의 공연장이다. 2만 여 개의 티타늄판과 1만 2,000여 개의 유리판으로 덮여 있어 전체적인 모습이 물위에 떠 있는 우주선 같다. 내부에는 2,400석의 오페라하우스, 2,000여 석의 콘서트홀, 1,000여석의 트라마센터가 있다. 공연장으로서는 세계 최대라고 한다.

모주석기념당은 1977년 9월에 완성되었는데, 전체 건물은 대추색 화강암을 잘라 만든 기반위에 앉혀져 있다. 모주석기념당은 북청(北厅), 첨앙청(瞻仰

중국국가박물관

모주석기념당

아름답다. 내성의 맨 앞에 있는 문이라 하여 전문(前門)이라고도 한다. 정양문의 높이는 42m 이고, 문루의 앞 넓이는 11칸이며, 옆의 폭은 1칸이다. 정양문의 남쪽 앞으로 전루(箭樓 감시하거나 활을 쓸 수 있도록 구멍을 낸 성루)가 있다.

정양문에서부터 지금의 인민영웅비 자리에 있었던 대청문(大淸門)까지가 기반가(棋盤街)로서 동편과 서편에는 나라의 주요 기관들이 배치되어 마주보고 있었고, 거리에는 수많은 사람들과 우마차들로 붐볐다고 한다. 한편 정양문 밖으로는 일반백성들이 모여 살았는데, 원나라 시절에는 민가가 촘촘히 들어서 있었고, 명나라에 들어와서는 정양문 서쪽으로 여관과 상점이 번창하였다. 그 중에서도 낭방두조호동(廊房头条胡同, 호동은 몽고말로 골목을 의미함)의 상인들이 재력을 과시했다고 하는데, 그 명칭이 지금도 사용되고 있다.

廳, 배견하는 방), 남청(南廳)의 세 부분으로 나뉘어 있다. 모택동의 유체는 첨앙청 안의 수정으로 된 관에 안치돼 있으며, 그 주위에는 전국 각지에서 보내온 명귀화초(名貴花草)로 치장돼 있다. 북청의 위층에는 모택동, 주은래 등 개국원로들의 혁명을 이끄는 모습들이 진열되어 있다.

정양문(正阳門)은 북경내성(北京內城)의 9문(門) 중 남쪽중앙에 나있는 문이자 북경내성 전체의 정문으로 다른 문들에 비하여 웅장하고

정양문(좌)과 전루

공왕부(恭王府)와 화원(花园)

공왕부(Prince Gong's Mansion)는 북경시 서성구(西城區)에 있다. 현존하는 청나라의 왕부 중 보존상태가 가장 양호한 것으로 건륭 41년인 1776년에 지어졌다. 이곳에서 건륭황제의 총애를 받았던 권신 화신(和伸)이 살았고, 이후에는 8대 황제 도광(道光, 재위 1820~1850)의 여섯 째 아들 혁소(奕䜣)가 공충친왕(恭忠亲王)으로 책봉되면서 거주하였다.

공왕부는 그 면적이 모두 1만8,000여 평으로 부저와 화원의 두 부분으로 조성되어있다. 전체면적의 53%를 차지하고 있는 부저의 전반적인 건물 배치는 중로(中路), 동로(东路), 서로(西路)의 세 축(轴) 위에 각각 중국의 전통건축 양식인 사합원(四合院)을 앉힌 형식이다. 건물은 중후하고 지은솜씨가 정교하다.

공왕부의 두 개의 대문을 들어서면 먼저 맞닥뜨리는 것이 중로축(中路轴) 상에 놓인 사합원이다. 정전(正殿, 지금은 터만 남아있음)과 후전(后殿) 및 각 전의 배전(配殿)이 있으며, 중추선 상의 건물들은 왕부규제(王府规制)에 따라 그 지붕이 녹색으로 되어있다. 후전에는 가락당(嘉乐堂)이란 편액이 걸려있다. 후전의 뒤는 2층짜리 건물인 후조루(后罩楼)이다.

동로축(东路轴)으로는 공충친왕의 거처였던 다복헌(多福轩)과 낙도당(乐道堂)이 있고, 서로축(西路轴)에는 보광실(葆光室)과 석진재(锡晋斋)가 있다. 그리고 이들 3로(三路)의 뒤쪽으로 160여 m 길이의 2층 별채가 있는데, 동쪽으로는 첨제루(瞻霁楼)란 편액이, 서쪽으로는 보약루(宝约楼)란 편액이 각각 걸려있다. 부저의 가장 뒤쪽에 있는 이 건물이 후조루(后罩楼)이고 화원과의 경계를 이룬다. 부저는 현재 개방되지 않고 있다.

공왕부 화원 관람도

췌금원(萃錦園)이란 이름의 공왕부 화원은 3면이 구릉으로 둘러있으며 그 안에 40여 곳의 경관과 경점이 있다. 중로·동로·서로의 세 방면으로 관람한다.

췌금원의 서양문

중로는 서양식의 아치형 문을 들어서면서 시작된다. 좌우에 청석가산(青石假山)이 있고, 정면으로는 독락봉(独乐峰)이라 새겨져있는 태호석(太湖石)이 우뚝 서있다.

독락봉

독락봉 뒤쪽으로 복지(蝠池)가 있고 그 뒤로 다섯 칸짜리 정청(正厅)인 안선당(安善堂)이 있다. 복지의 좌우로는 안선당의 동배방(东配房)인 명도당(明道堂)과 서배방(西配房)인 체화헌(棣花軒)이 있다. 안선당의 뒤편으로는 태호석

을 쌓아 만든 가산(假山)이 있다. 그곳에는 적취암(滴翠岩)과 복자비(福字碑)가 있고, 산위에는 "요월(邀月)"이란 이름의 건물이 있다.

적취암은 태호석을 첩첩이 쌓아 만든 것으로 바위머리 부분은 두 마리의 용이 여의주를 희롱하는 모습이고, 그 아래로는 와룡(卧龙)이 물을 머금고 있는 모양으로 해 놓아 그 물이 조금씩 번져 내림으로써 겨울철을 제외하고는 항상 용의 푸르름이 배어있는 것처럼 이끼가 끼어 있다.

적취암

복지는 박쥐모양으로 생겼다고 해서 붙여진 이름이다. 못의 주위에는 느릅나무가 있어서 돈처럼 생긴 그 열매가 수면 위로 떨어질 때면 마치 복(福)이 차곡차곡 쌓여 담기는 듯한 느낌을 준다고 한다.

복지

복자비(福字碑)는 비운동(飞云洞) 안에 있다. "福"자는 서예에 조예가 깊은 강희 황제의 친필이라 하며, 그는 본래 이런 유의 기념비 글씨를 잘 안 썼기 때문에 매우 귀하게 취급되고 있다. 이 글자는 보기에 따라 다자(多子), 다재(多才), 다수(多寿)로도 보여서 강희의 서예 솜씨가 대단했음을 느끼게 한다.

묘향전

복자비가 있는 동굴

동로 쪽으로는 수청원(垂青园), 모란원(牡丹园), 대희루(大戏楼) 등이 있고, 서로 쪽으로는 묘향정(妙香亭), 호심정(湖心亭) 등이 있다. 서로(西路)에서는 릉도경(凌倒景)의 경치를 볼 수가 있다.

호심정이 있는 호수의 서쪽에는 크고 작은 천연석순(天然石笋)이 솟아나 있고 그 주위로는 나무가 무성하다. 바람이 없어 호수면이 거울같이 맑고 투명할 때 물위에 뜨는 주변경치는 선경을 방불케 한다. 이름하여 흥도경이라 한다.

호심정

천연석순

고루(鼓楼)와 종루(鼓楼)

고루와 종루는 지난 날 북경성의 사람들에게 시간을 알려주던 곳이다. 북경성은 청나라의 6대 황제 건륭(乾隆, 재위 1735~1786) 때에 이르러 완성된 모습을 보였는데, 궁성(宮城, 紫禁城)과 황성(皇城)을 안에 담고 있는 내성(內城)이 중심부가 되며, 남북방향의 8km 중추선을 기준으로 좌우대칭을 이룬다. 이 중추선의 남단에는 정양문(正阳门)이 있고, 그 뒤로 천안문, 자금성, 경산공원 등이 있으며, 북단에 고루와 종루가 있다.

경산에서 북쪽으로 건너다 보이는 고루

고루는 원(元)나라 세조(世祖, 재위 1260~1294) 년간에 제정루(齐政楼)라는 이름으로 세워졌으나 원나라 말기 무렵에 불탔고, 지금의 건물은 명나라의 3대 황제 영락(永乐)이 1420년에 새로 지은 것이다. 4m 높이의 벽돌누대에 누각이 올라앉은 구조로 전체 높이는 45.7m이다. 내부의 69계단을 오르면 지면으로부터 17m 높이의 누각에 서게 되는데, 누각은 앞면 5칸에 옆면 3칸 크기이다. 기록에 의하면 이곳에 송나라 때 만들어진 물시계와 징이 있었으나 명나라 말기 무렵에 유실되었다.

훗날에는 향을 피워 시간을 재고, 북을 쳐서 시간을 알렸는데, 북의 높이는 1.79m 직경 1.42m 이었다. 이 북은 일본군에 의해 난도질을 당하고, 이는 매우 부끄러운 일이라 하여 고루를 한때는 명치루(明耻楼)라 불렀으며, 찢어진 북을 전시하였다.

민국(民国, 1912~1949) 초기에는 백성들을 계몽하고 풍속을 개량한다는 목적으로 이곳에 경조통속교육관(京兆通俗教育馆)을 설치한 바 있으며, 해방 후에는 이곳에 동4구문화관(东四

북경고루

区文化馆)을 증설하는 등 문화단지를 조성하였다.

고루의 주위에는 높이가 낮은 담장이 둘려져 있는데, 이것은 원래의 담장을 새로 단장한 것이다.

종루는 고루의 북쪽으로 100여m 떨어진 곳에 있다. 명나라의 3대 황제 영락(永乐, 재위 1402~1424)이 원나라 때부터 있었던 만녕사(万宁寺)의 중심건물을 개조하여 종루를 만들었으나 불에 타 없어졌고, 후에 청나라의 6대 황제 건륭(乾隆, 재위 1735~1786)이 새로 지어 오늘에 이르고 있다.

북경종루

영락은 초년에 철로 종을 만들어 종루에 걸었다. 높이 3.5m, 머리부분의 직경 1m, 아래 직경1.5m의 덩치가 큰 종이었으나 소리가 시원치 않아 구리로 새 종을 만들어 걸고, 철종은 떼어 냈다. 그 종은 현재 대종사(大钟寺)에 보관되어 있다. 철종은 그 크기와 무게로 볼 때, 당시에 그것을 어떻게 만들었고 어떻게 그 높은 고루에 매달았으며 그것을 어떻게 떼 내었는지는 아직도 수수께끼로 남아있다.

지금 걸려있는 구리종에 관하여는 다음과 같은 전설이 있다. 황제의 명을 받은 장인(匠人)은 여러 차례에 걸쳐 구리종 만들기를 시도했지만 결과는 번번이 실패로 돌아갔다. 황제는 마지막으로 한번의 기회를 더 주되 이번에도 실패하면 장인의 목을 베겠다고 했다. 옛날에 종을 만들 때는 쇳물이 끓는 가마에 동물의 뼈를 넣었는데, 이는 뼈 속의 탄소가 구리의 녹는점을 낮추고 뼈의 인(磷)성분이 구리 녹은 물의 유동성을 높이는 효과를 거두기 위함이었다. 하지만 이러한 과학적 지식이 없었던 당시에는 이 모든 것을 주술적인 것으로 이해를 했고, 부친의 목숨을 구하기로 마음먹은 장인의 딸은 구리물이 끓는 가마로 뛰어들었다. 너무 급작스런 일이라서 딸아이를 잡지 못한 아비의 손에는 딸아이의 신발 한 짝만이 쥐어져 있을 뿐이었다. 천신만고 끝에 종은 만들어 졌지만 그 아비와 일꾼들은 아픈 가슴으로 장인의 효녀 딸을 추모하였는데, 이들의 귀에는 종이 울릴 때마다 그 효녀의 환상을 봄과 아울러 "내 신발~, 내 신발 줘~"하는 기이한 소리를 듣곤 하였다. 그래서 사람들은 그 아이를 위로하기 위하여 사당을 지어주고, 금종낭낭묘(金钟娘娘庙, 금종선녀사당)라고 불렀다. 이러한 전설은 북경토박이 노인들 사이에 지금도 회자되고 있다.

전해 내려오는 바에 의하면, 건륭황제 이전에는 종루에서 시간을 알렸는데 정오에 한 차례, 야간에 다섯 차례를 하였다. 건륭 이후에는 야간에만 두 차례 하였다. 첫 번째는 정경(定更)이라 하여 저녁 7시에 하였고, 두 번째는 양고(亮鼓)라 하여 자정에 하였다. 시간이 되면 야경꾼이 종루와 고루에 올라가 들고 있던 공명등(孔明灯)을 마주보고 흔들어 신호를 교환한 다음 고루와 종루로 들어가 정해진 규칙대로 북과 종을 울렸다.

옹화궁
(雍和宮)

옹화궁(雍和宮, Yonghegong)은 북경시 동북부의 안정문(安定门) 안에 있다. 옹화궁은 청나라의 4대 황제 강희(康熙, 재위 1661~1722)가 1694년에 지은 것으로 일찍이는 그의 넷째 아들 윤진(胤禛, 후에 5대 황제 옹정이 됨)의 부저(府邸)였다. 윤진의 아들 홍력(弘历, 후에 6대 황제 건륭이 됨)도 이곳에서 태어났다. 1723년 윤진이 옹정(雍正)황제가 되어 자금성으로 들어가면서 이곳 부저의 절반은 황교(黃教)사원으로, 나머지 반은 행궁으로 삼았다. 후에 행궁이 불타버리자 옹정은 그곳에 옹화궁을 지었다.

옹화궁 전경

옹정의 아들 홍력이 건륭황제(乾隆, 재위 1735~1796)가 되고나서 선왕들이 지냈던 이곳을 크게 보수하고, 이곳에서 친히 제사를 지내는 한편 라마교의 승려들이 이곳에서 경을 읽고 강의를 하도록 하였다. 후에 옹화궁은 라마교 활동의 중심이 되어 500 명 이상의 승려가 거주하였는데, 이들 대부분은 몽고와 티베트 등의 지역에서 왔다.

중국의 역사로 볼 때 몽고족(蒙古族)과 장족(藏族)은 매우 중요한 지위의 소수민족이었다. 이에 청나라 왕조는 정권의 기반을 굳건히 함과 아울러 변방강토의 안녕을 위해 몽고족과 장족을 회유하였는데, 그 수단의 하나가 그들의 종교인 라마교를 존중하는 것이었다. 이러한 맥락에서 옹화궁의 각종 편액과 비문은 한(汉)·만(满)·몽(蒙)·장(藏)의 4개 언어로 쓰여 있다.

옹화궁의 남북길이는 약 400m이고, 동서폭은 80~50m이며, 넓이는 8,000 평 가까이 된다. 앞의 정문에서 뒤로 갈수록 터가 좁아지는 가운데 건물은 높아져서 전반적인 모습은 용과

옹화궁편액, 건륭황제의 어필로서 4개 언어로 쓰여 있다.

이다. 지붕을 씌운 세 개의 문으로 되어 있으며, 이 문을 들어서면 좌우에 고루(鼓楼)와 종루(钟楼)가 있다. 종루에는 명나라의 9대 황제 성화(成化, 재위 1464~1487)년간에 주조된 구리종이 들어있으며, 고루의 북은 청나라의 것이다.

옹화궁의 종루

봉황이 쉬고 있는 형상을 하고 있다. 주요 건축물로는 정문 앞의 패루(牌楼) 세 자리를 비롯하여 중로(中路)를 따라 웅장하게 서 있는 소태문(昭泰门), 천왕전(天王殿), 정전(正殿), 영우전(永佑殿), 법륜전(法轮殿), 만복각(万福阁)이 있으며, 그 곁으로 동서배전, 사학전(四学殿 : 讲经殿 密宗殿 数学殿 药师殿), 계태루(戒台楼), 반선루(班禅楼) 등이 있다.

옹화궁의 패루는 건륭황제 때인 1744년에 세원진 것으로 엽청석 위에 붉은 빛을 띄는 녹나무 기둥으로 지었다. 엽청석은 일본군에 의해 도둑맞았고 지금의 것은 시멘트 기둥이다.

천왕전(天王殿)은 본래 옹화문이었다. 지금은 가운데에 미륵불이 안치되어 있고, 양쪽으로 4대천왕(四大天王)이 자리 잡고 있다. 4대천왕은 인도인의 형상에 중국전통의 복장을 하고 있는데, 이는 외래문화와의 융합을 의미한다.

옹화궁의 패루

소태문(昭泰门)은 패루가 서 있는, 옹화궁의 첫 번째 정원에서 두 번째 정원으로 넘어가는 문

천왕전(옹화문), 참배객들이 태우는 향의 연기가 끊이질 않는다.

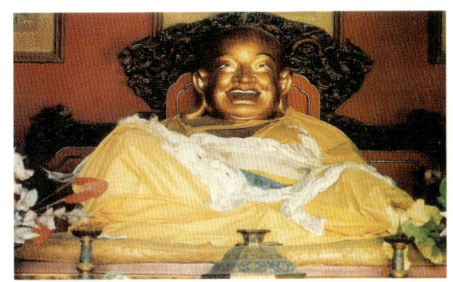

천왕전 미륵불

2m가량 되며, 250년의 세월이 경과한 옹화궁의 18나한상은 나무로 모양을 새기고 금칠을 한 다음에 염료를 입히는 기법으로 제작된 것이다. 이 기법이 전수되지 않아 오늘날에 되살리지 못한다고 한다.

옹화궁의 18나한상

천왕전의 뒤쪽에 정전인 옹화궁(雍和宮)이 있다. 옹화궁에는 구리로 된 석가모니불, 연등불, 미륵불 등 세 부처가 안치되어 있고, 그 양쪽으로 부처의 제자인 아난과 가섭이 자리 잡고 있다. 이들 부처는 자금성의 양심전조반처(养心殿造办处)에서 만든 것으로 예술적 가치가 매우 높다. 부처들의 양쪽으로는 불문의 제자들로서 수행을 통해 득도했다는 18나한이 있고, 동북귀퉁이에는 지장보살이, 그리고 서북귀퉁이에는 미륵불이 각각 자리 잡고 있다. 서쪽 면에 크게 걸린 것이 천수천안관세음보살상 이다. 옹화궁의 구리로 된 미륵불은 높이가

정전 뒤쪽에 영우전(永佑殿)이 있다. 이는 옹정황제가 되는 윤진의 침정(寢廷)이었는데, 후에 라마사원이 되면서 아미타불(阿彌陀佛), 약사불(葯師佛), 사후불(狮吼佛) 등이 안치되었다. 이들 3존불은 백단목을 조각하여 만든 것으로 높이는 2.35m이다.

옹화궁의 미륵불

영우전의 3존불상

법륜전(法轮殿)은 옹화궁에서 제일 큰 건물로 정면이 7칸이고, 앞뒤로 정면크기 5칸짜리

의 별채가 붙어있다. 영세불멸의 윤회사상을 지니고 있는 법륜전은 라마들이 법회를 열던 곳으로 건물의 기초와 몸통부분은 한족(汉族)의 전통기법으로 되어 있고, 지붕을 포함한 몸통위의 부분은 장족(藏族)의 건축기법으로 지어졌다.

됐으며, 나한산의 높이는 6.1m이고, 나한의 크기는 10cm이다.

오백나한산

옹화궁의 법륜전

법륜전 안에는 라마교를 개혁·중흥시켰다는 객파(喀巴)의 동상이 있다. 또한 자단목(紫檀木)을 조각하여 만든 5백나한산(五百罗汉山)이 있는데, 이는 폭 3m, 높이 5m, 두께 0.3m 크기의 나무로 선경을 만들고, 그곳에 금·은·동·철·주석 등으로 만든 여러 모습의 나한을 배열해 놓은 것이다. 옹화궁 3절(三绝)의 하나로 1924년에 제작

만복각(万福阁 万佛阁 또는 大佛阁 이라고도 함)은 옹화궁의 가장 북쪽에 있는 3층짜리 건물로서 동·서 양쪽으로 2층짜리 건물인 영강각(永康阁)과 연수각(延绥阁)이 있으며, 구름다리식 복도로 연결돼 있다. 요나라와 금나라의 건축풍격을 함께 지니고 있으며, 높이는 30m이다. 만복각 안에는 직경 3m, 높이 26m(지상 18m, 지하 8m)의 매달라불(迈达拉佛)이 우뚝 서 있다. 이는 티베트의 7세(世) 달라이라마가 건륭황제에게 진상한 백단향(白檀香)나무를 조각하여 만든 것으로 세계에서도 보기드문 목조불상(木雕佛像)이다. 옷을 만드

객파동상

옹화궁의 만복각

는 데 들어간 비단만도 1,800 평방미터이며, 제작에 들어간 경비는 백금 2,960kg어치라고 한다. 옹화궁 3절(三絶)의 하나이다.

여 불교경전을 공부하던 밀운전(密宗殿), 천문지리를 공부하던 수학전(數学殿), 의술을 공부하던 약사전(药师殿)이 있다. 법륜전에는 5대금강(五大金刚)을 안치한 동배전과 부처의 제자들을 안치한 서배전이 있으며, 두 배전 앞에는 건륭황제가 사냥에서 잡아왔다는 두 마리의 곰 모형이 놓여 있다. 조불루(照佛楼)의 금사남목불감(金丝楠木佛龛)은 99마리의 용이 기둥을 감싸고 있는 형상을 하고 있으며, 명나라 때 단향목을 깎아 만든 석가모니불 입상이 안치돼 있다. 양쪽의 것은 석가의 제자인 아난과 가섭이다. 옹화궁의 목조(木雕) 3절의 하나이다.

만복각과 그 좌우의 누각을 연결하는 구름다리식 복도

만복각의 매달라불

조불루(照佛楼)의 금사남목불감(金丝楠木佛龛)

남북 중추선 상의 건물 양쪽으로는 배전(配殿)들이 있다. 옹화궁 주위에는 라마승들이 불교철학을 공부하던 강경전(讲经殿)을 비롯하

옹화궁은 북경지역의 최대 라마사원일 뿐만 아니라 전국의 황교(黃教)활동의 중심지이기도 하다. 지금도 옹화궁 내에는 불교문물과 자료 및 그림들이 대량으로 보존되어 있으며, 세계 여러 나라의 종교단체가 방문하고 있을 뿐만 아니라 국내외의 승려교류·학술장소 및 대중의 관광명승지로 각광받고 있다.

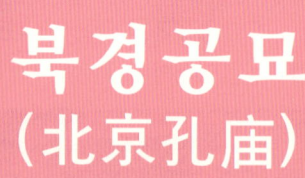

북경공묘
（北京孔庙）

북경공묘는 동성구(东城区) 국자감가(国子监街)에 있으며, 전국에서 두 번째로 큰 공자의 사당이다.

고대 중국의 사상가이자 교육자인 공자는 한나라의 무제(武帝) 이래로 역대제왕들의 숭앙을 받다보니 그 칭호도 세월이 가면서 점점 높아졌고, 이에 따라 공자사당의 명칭도 고상해졌다. 한나라이후 수나라 때는 중니묘(仲尼庙)라 했고, 당나라 때는 공성묘(孔圣庙) 또는 문선왕묘(文宣王庙)라고 했으며, 송나라 때는 선성묘(宣圣庙) 또는 부자묘(夫子庙)라고 했다. 그리고 원나라 때는 선사묘(先师庙)라고 했으며, 명나라와 청나라 때는 공묘라고 불렀다.

공묘의 선사문

공묘 대문 밖의 동서 양쪽으로 10m 떨어진 곳에 높이 4m, 폭 1m 크기의 하마비(下马碑)가 서있다. 하마비에는 "관원(官员)은 이곳에서 말을 내릴 것", "무관(武官)은 이곳에서 말을 내릴 것", "문관(文官)은 이곳에서 말을 내릴 것"이라는 비문이 6개 언어(满, 汉, 蒙, 回, 托特, 藏)로 새겨져 있다. 선사문(先师门)이라고 부르는 공묘대문 앞에는 꽃무늬 벽돌을 쌓아 만든 영벽(影壁, 건물 안쪽이 들여다보이지 않도록 막아 세운 가림 벽으로 照壁이라고도 한다)이 서 있다. 선사문은 원나라의 풍격을 지

공묘의 하마비

공묘의 영벽

니고 있는데, 현재 북경에서는 보기 드문 것이다.

선사문을 들어서면 세 칸 크기의 대성문(大成門)이 눈에 들어온다. 문 앞과 뒤쪽으로 오르내리는 계단이 있고, 좌우로 종과 북이 걸려있다. 또한 문 양쪽으로 10 개의 석고(石鼓)가 있고, 여기에 건륭황제가 썼다는 엽갈(獵碣)이란 옛시를 새겨 넣었는데, 이를 일컬어 석고문(石鼓文)이라고 하였다. 석고의 연대와 배열 순서에 관하여는 이론이 분분하다. 석고의 원품은 기원전 8세기인 주나라의 유물로서 중국에서는 진귀한 것으로 평가하고 있는데, 당나라 말년에 섬서(陝西) 지방에서 출토되었다. 이후 송나라 때는 남경으로 옮겨졌으며, 금나라 때는 연경으로 옮겨졌고, 원나라 인종 때인 1312년에 이곳 대성문 안으로 옮겨졌다. 지금은 고궁박물관에 보존되어 있다.

亭) 등이 있고, 서편에는 두 채의 비정, 신고(神庫)와 더불어 국자감으로 통하는 지경문(持敬門)과 치재소(致齋所) 및 복방(卜房) 등이 있다. 지경문 가까이에는 백상상(柏上桑)이란 이름의 나무 한 그루가 있다. 밑 둥은 측백이고, 위는 뽕나무라는 의미이다. 원나라(1206~1368) 때 심겨진 측백나무가 세월이 가면서 속이 빈 고목이 되었고, 흙먼지로 채워진 그 속에서 새들의 배설물에 섞여있던 뽕나무 씨앗이 뿌리를 내려 생겨난 것이다. 세월의 유구함이 느껴지는 나무이다. 또한 대성문 앞에는 원(元)·명(明)·청(淸)의 전시(殿試)에 합격한 진사들의 명비(名碑)가 줄지어 서있다.

공묘의 백상상

공묘의 대성문

선사문과 대성문 사이에는 청나라 시절의 돌비석인 동일비(東一碑)와 서일비(西一碑)가 서 있다. 동일비의 머리부분에는 전서체의 "어제(御制)"라고 쓴 두 글자가 새겨져 있고, 비문에는 건륭황제가 석고(石鼓)를 모조한 동기와 의미가 설명되어 있다. 서일비에는 한유(韓愈)의 석고가(石鼓歌)가 청나라 말기의 서예가 장조(張照)의 초서로 새겨져 있다.

대성문으로 다가가는 통로 동편에는 비정(碑亭)과 신주(神廚), 성성정(省牲亭), 정정(井

전시에 합격한 진사들의 명비들

대성문 안으로 들어서면 하늘 높이 솟은 고목들 사이에 대성전(大成殿)으로 통하는 길이 곧게 나 있고, 길 양편으로는 11개의 육중한 비정(碑亭) 안에 공자의 기공비(紀功碑)가 안치돼

공묘의 대성전

있다. 공자의 묵중한 위상을 느끼게 한다.

대성전은 황제들이 공자를 제사지내던 곳으로 명나라의 3대 황제 영락(永乐, 재위 1402~1424)으로부터 시작되었다. 대성전 앞의 한백옥 난간이 둘려진 월대(月台)에는 길이 7m, 폭 2m의 대청석(大青石) 섬돌이 있는데, 아래와 위로는 여의주를 희롱하는 비룡(飞龙)이 새겨져 있고, 중간에는 안개를 뿜어내는 용이 들어 있다. 대성전의 2중으로 된 처마는 날아갈 듯한 모습을 하고 있으며, 지붕은 눈이 부시는 황색오지기와로 덮여있고, 용마루의 양쪽은 용모양의 망새로 장식되어 있다. 대성전에는 "대성지성문선왕(大成至圣文宣王)"이라고 쓰인 목패(木牌)와 더불어 흙으로 빚어 만든 공자상(孔子像)이 놓여있다. 대성전 안의 정중앙에는 1917년 당시의 총통이었던 여원홍이 손수 썼다는 "도흡대동(道洽大同, 도리가 두루 통해 하나가 되다)"의 네 글자로 된 편액이 걸려있다. 전(殿) 내에는 또한 동서 양편으로 중국의 12 철인(哲人)의 나무위패와 더불어 편종(编钟), 거문고(琴) 등 옛 악기들이 놓여 있다.

대성전의 뜰에는 편백나무 고목들이 그득하다. 이중에는 간신을 혼내주었다는 촉간백(触奸柏)이 있다. 수령 700년의 이 나무는 대성전의 돌계단을 오르기 전 왼쪽으로 있는데, 황제를 대신하여 제례를 지내러 왔던 간신 엄숭(严崇)이 나무 밑을 지날 때 늘어져 있던 나뭇가지가 마침 일어나는 일진광풍을 타고 그의 모자를 후려쳐 떨어뜨렸다고 한다.

대성전의 동서 곁채는 원래 이름이 나있는 선현들의 위패를 안치했던 곳이었는데, 현재는 여러 주제의 전시장으로 활용되고 있다. 대성전의 서쪽 측문(侧门)을 들어서면 3칸의 숭성문(崇圣门)이 있고, 그 안에 공묘건축 중추선상의 마지막 건물인 숭성사(崇圣祠)가 있다. 이 곳은 공자의 선대에 대한 향전(飨殿, 술과 음식을 대접하는 곳)이었다.

공묘 안의 휘황찬란한 건물들과 떼 지어 늘어서 있는 비각 등은 중국의 값진 유물들로서 중국의 역사와 문화, 그리고 고대건축을 연구하는 데 있어서 아주 귀중한 자료가 되고 있다.

공묘의 촉간백

국자감
(国子监)

국자감은 원(元)·명(明)·청(青) 등 세 나라의 최고학부로서 그 위치는 지금의 안정문(安定门) 안의 국자감가로(国子监街路) 북쪽이다. 좌묘우학(左庙右学)의 전통규제에 따라 원나라의 성종 때인 1306년에 공묘(孔庙) 옆에 국자감을 지었다. 국자감은 조정에서 필요로 하는 인재를 육성하던 곳으로 몽고족 자제에 대하여 한어(汉语)를 익히게 하고, 한족(汉族) 자제를 선발하여 몽고어와 궁술을 가르쳤다. 원나라 인종 때인 1313년에 책을 보관하는 숭문각(崇文阁)이 세워지고, 명나라 5대 황제 선덕 때인 1429년에 채원(菜园)을 열어 서생들이 묵을 곳과 그들이 필요로 하는 푸성귀를 재배하여 자급토록 하였다.

국자감가의 동서골목입구(东西胡同口)에 패루가 하나씩 있고, 패루에는 "성현가(成贤街)"라고 쓴 편액이 걸려있다. 골목 안으로 들어가면 "국자감(国子监)"이란 편액을 달고 있는 패루가 있고, 다시 10여m 들어가면 동편의 공묘와 서편의 국자감이 나란히 있다.

유리패방

국자감 패루

아 세운 유리방(琉璃坊)이 있고, 그 뒤로 국자감의 주체건물인 벽옹(壁雍)이 있다. 벽옹이란 본래 서주(西周, BC11세기~BC8세기)시절에

국자감의 첫 번째 문인 집현문(集贤门)을 들어서면 양쪽으로 우물정자(井亭)가 있고, 두 번째 문인 태학문(太学门)을 들어서면 왼쪽으로 고정(鼓亭)이, 오른쪽으로 종정(钟亭)이 있다. 북(北)으로 향하는 통로 중간에 오지벽돌을 쌓

국자감의 벽옹 내부

107

천자(天子)가 교외에 설립한 대학으로 봉건시대에는 천자만이 이곳에서 학문을 강의할 수 있었다. 이곳의 벽옹은 청나라의 6대 황제 건륭(乾隆, 재위 735~1796)년간에 세워졌으며, 현존하는 유일의 황가 학궁(学宫)이다.

벽옹의 뒤쪽에 원나라 때의 숭문각이었던 이륜당(彝伦堂)이 있고, 이륜당 앞에는 황제가 도착할 때 서생들이 도열했던 영대(灵台)가 있다. 이륜당의 주변에는 전부청(典簿厅), 승건청(绳愆厅), 고방(鼓房), 전적청(典籍厅), 박사청(博士厅), 종방(钟房) 등이 있고, 벽옹의 양쪽으로는 솔성당(率性堂), 성심당(诚心堂), 숭지당(崇志堂), 수도당(修道堂), 정의당(正义堂), 광업당(广业堂) 등이 있다. 이들 육당(六堂)은 서생들이 공부하는 곳이었다.

벽옹 옆의 부소괴

공자상과 이륜당

벽옹이 있는 정원에는 오래된 나무들이 많은데, 그중에 라과괴(罗锅槐)와 부소괴(复苏槐)라는 이름의 나무가 있다. 라과괴는 건륭황제가 보고 나무모양이 꼽추같다하여 붙인 이름이고, 부소괴는 여러 해를 죽어 있다가 건륭의 모친이 환갑 잔칫상을 받을 때 싹을 틔웠다 해서 붙여진 이름이라고 한다.

이륜당 뒤쪽으로는 두터운 담장이 둘려진 경일정(敬一亭)이 있다. 이 경일정의 동쪽 칸은 교장 턱인 제주(祭酒)의 사무실이고, 서쪽 칸은 부 교장 턱인 사업(司业)의 방이었다. 청나라 때는 이 두 방을 터서 주역, 상서, 시경, 주례, 예기, 논어, 맹자 등 13경의 판석을 보관하였다. 청나라 5대 황제 옹정(雍正, 재위 1722~1735)은 국자감 남쪽에 남학(南学)을 세워 서생들이 공부하도록 하고, 이들의 숙소를 국자감 부근에 분포토록 하면서 그 이름 끝에 호(号)자를 붙였다. 예컨대 대동호(大东号) 40칸, 신남호(新南号) 34칸, 소북호(小北号) 80칸 등과 같았으며, 러시아로부터의 유학생을 위한 러시아관도 있었다고 한다.

육당 앞의 라과괴

천단 (天壇)

천단은 명나라와 청나라의 황제들이 하늘에 제사를 지냄과 아울러 풍년기원제와 기우제(祈雨祭)를 지내던 곳이다. 명나라의 3대 황제인 영락(永樂, 재위 1402~1424)이 북경성의 정남문(正南門)인 영정문(永定門) 동편에 자리를 잡아 제단을 지었으며, 오늘날의 모습을 이룬 것은 11대 황제 가정(嘉靖, 재위 1521~1566)때 였다.

82만 평의 부지위에 제단인 기년전(祈年殿)과 환구단(圜丘壇)이 있고, 환구단의 신전(神殿)인 황궁우(皇穹宇)가 있으며, 황제의 거처인 재궁(齋宮) 등이 있다.

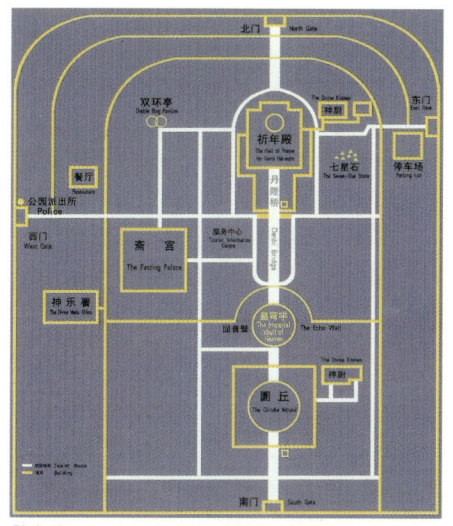

천단 전도

위에서 내려다 본 재궁

재계를 하는데, 비린내 나는 음식을 먹지 않고, 술을 안 마시며, 후비(后妃)를 가까이 하지 않을 뿐만 아니라 오락과 조문을 하지 않았다. 황제가 재계를 할 때는 혼자 지내기 때문에 재궁의 방어 시설은 엄중한 바가 있었다.

재궁의 가장 바깥은 재궁을 둘러싸고 있는 외호(外濠)이고, 외호 안쪽으로는 163칸의 회랑(回廊)이 재궁을 또 다시 에워싸고 있는데, 이 회랑의 이면은 벽돌을 쌓아 만든 담장이다. 이 담장을 외위장(外圍墻, 바깥 담장) 또는 명전성(名磚城)이라고 하였다. 바깥 담장의 동·

재궁(齋宮)

① 재궁의 방어체제

재궁은 황제가 제사 지내러 와서 묵는 곳이었다. 황제는 제사 3일 전에 이곳에 와서 목욕

남·북 3면에 다시 내호를 파고, 그 안쪽에 재궁을 에워싸는 또 하나의 담장을 쌓았다. 이 담장이 내위장(內圍墻, 안담장) 또는 명자성(名子城)이다. 내호와 외호에는 물을 채웠으며 동편(東便)에는 돌다리 세 개를, 남·북 편에는 돌다리 하나씩을 놓았다.

② 재궁종루(齋宮鍾樓)

재궁의 종루

재궁은 천단의 서쪽에 위치하며 동향이고, 터의 면적은 1만 2,100여 평으로 정사각형이다. 재궁의 첫 번째 동문을 들어서면 왼쪽으로 종루가 있다. 황제가 제사를 지내러 오면 모든 관원(官員)들은 정위치에서 대기하라는 의미로 종을 쳤다.

종루의 종은 명나라의 3대 황제 영락(永樂) 시절에 만들어진 것으로 소리가 우렁차다. 정원 길의 남쪽노천에도 종이 하나가 있다. 이것은 청나라의 6대 황제건륭(乾隆, 재위 1735~1796)시절에 주조된것으로 외형이 아름답다. 전설에 의하면 도둑이

청건륭대종(淸乾隆大鍾)

들어왔다가 종의 아름다움에 반해 가져가려고 종루에서 끌어내리기는 하였으나 너무 무거워서 풀밭에 놓아두고 갔다는 것이다. 풀밭에 묵묵히 서 있는 종을 바라보고 있노라면

명영락대종(明永樂大鍾)

세상의 온갖 풍상을 겪고 난 후의 노련함과 침착함이 전해오는 것 같다고들 한다.

③ 재궁의 정전(正殿)

재궁의 두 번째 동문을 들어서면 녹색 오지기와 지붕의 정전이 나온다. 지붕에 황금색이 아닌 녹색의 기와를 얹은 것은 황제가 비록 지상의 백성을 다스리고는 있지만 하늘에 대해서는 신하라는 것을 표시하기 위함이라고 한다. 정전은 다섯 칸이며, 전 안의 천정은 아치형으로 함으로써 대들보를 쓰지 않았는데, 이러한 연고로 재궁의 정전을 무량전(無樑殿)이라고도 했다.

무량전

정전(正殿)의 단지(丹墀, 섬돌)뜰 왼쪽으로는 돌기둥을 세우고 지붕을 얹은 동인정(銅人亭)이 있고, 그 안에는 좌대가 있다. 황제가 재

계를 할 때면 이곳에 높이 57cm의 동인이 안치되는데, 이 동인은 타협을 멀리하고 규율이 엄격했던 명나라 시절의 악관(樂官) 냉겸(冷謙)이라고 전해진다. 동인을 안치하는 것은 황제로 하여금 계율을 엄수하라는 의미를 띄고 있는 것이다.

예정시간을 적어 시진정에 올리면 수령태감(首領太監)이 이를 꺼내들고 황제에게 준비할 것을 주청하였다.

정전의 뒤편은 황제의 침궁(寢宮)이다. 재궁에는 정전 뿐만 아니라 황제를 보좌할 여러 기능의 건물들이 집합해 있었는데, 그래서 사람들은 재궁을 소황궁(小皇宮)이라 하였다.

동인정

동인

시진정

황제의 침실

단지뜰 오른쪽에는 시진정(時辰亭)이 있다. 제천(祭天)의식은 해뜨기 전인 7시에 거행되는데, 새벽 4시 15분에 관계 관원이 제천의식의

환구단(圜丘壇)

환구단은 둥글게 3층으로 쌓아 올린 제단(祭壇)이다. 이 제단의 윗층에서 제물을 벌려 놓고 하늘에 제사를 지냈던 것이다.

환구단은 방형(方形, 네모꼴)의 외부담장과 원형(圓形)의 내부담장 안에 자리 잡고 있으며, 각 담장의 4면에는 백석으로 만든 영성문(靈星門)이 세 개씩 모두 24개가 서 있다. 또한 외부

무량전 안의 모습

위에서 내려다 본 환구단

연기를 올려 하늘에 제사를 지내는 모습(禮祀圖)

담장과 내부담장 사이에는 번시로(燔柴爐), 예감(瘞坎), 요로(燎爐) 등의 고적(古跡)이 있다.

① 천심석(天心石)

환구(圜丘) 3단의 맨 윗단 한가운데에 박힌 돌이 천심석(天心石)이다. 태극석(太極石)이라고도 한다. 이 돌 위에서 내는 소리는 아주 강한 공명현상이 있어서 그 오묘함이 마치 자연과 대화하고 천신과 교류하는 것 같다 해서 천인합일(天人合一)의 경계로까지 회자되곤 한다. 이와 같은 현상이 일어나는 것은 높낮이와 모양새가 서로 다른, 수많은 난간의 벽에 부딪친 소리가 미세한 시차를 두고 되돌아 오기 때문인 것으로 판단되고 있다. 천심석을 벗어난 장소에서의 소리는 모두 흩어져 그러한 공명현상이 일어나지 않는 것이 그러한 판단의 옳음

환구단 맨 윗면의 천심석을 덮고 있는 보호석

을 뒷받침하고 있다.

천심석을 둘러싸고 있는 청석들은 테가 거듭되면서 그 수가 9의 배수로 늘어난다. 첫 테는 9개, 둘째 테는 18개, 셋째 테는 27개와 같은 식이다. 고대의 홀수는 양수(陽數)이고, 양수는 길한 수이며, 9는 양수 중에서 가장 큰 수이므로 9를 가장 길한 숫자로 여겼다. 이에 따라 환구 각단의 청석도 9의 배수로 깔렸으며 계단의 발판과 난간의 기둥들도 9의 배수로 구성했을 것으로 보고 있다.

② 번시로(燔柴爐)·예감(瘞坎)·요로(燎爐)·망등(望燈)

번시로는 옥박(玉帛, 옥과 비단)과 소·돼지·양 등의 제물을 불에 태워 천신에게 바치는 의식설비(儀式設備)이다. 녹색의 오지벽돌을 쌓아 원통(圓筒)을 만들고, 같은 벽돌로 동·서·남 3면에 발판이 9개인 계단을 쌓아 붙였다. 그리고 북쪽 면에는 땔감을 넣어 불을 계속 지필 수 있는 구멍을 뚫어 놓았다. 천신(天神)은 하늘에 살고 있으며, 인간이 바치는 제물은 그것을 태운 연기를 맡으며 즐기는 것으로 옛사람들은 생각했다. 그래서 제천(祭天) 의식의 첫 번째 단계는 소를 태워 그 냄새가 공중에 충만하도록 함으로써 제사지냄을 하늘에 알리는 "번시영제신(燔柴迎帝神)"이었다.

번시로

번시영제신은 제천의식에만 있는 의례였기 때문에 번시로는 천단에서만 볼 수 있다.

예감은 제천의식의 제물로 희생되는 소, 돼

지, 양 등의 털과 피를 묻는 곳으로 녹색 오지 벽돌을 원형으로 박아 만들었다. 직경은 채 1m가 안되고 깊이는 약 30cm 정도이다. 번시로의 동쪽에 있다.

예감

요로(燎爐)는 생철(生鐵)을 주조해서 만든, 시루 모양의 커다란 화덕으로 몸체는 안과 밖이 서로 통하도록 구멍이 숭숭 나 있고, 바닥에 받쳐 놓일 수 있도록 6개의 발이 달려있다. 이 요로는 신(神)에게 제물을 태워 올리는 제례용 도구로서 환구단에는 모두 12개가 있다. 번시로의 동북쪽에 나란히 8개가 배열되어 있고, 2개는 환구단 안쪽 담장의 동쪽 영성문과 서쪽 영성문 바깥쪽에 놓여 있으며, 나머지 2개는 용로(甬路)의 남쪽과 북쪽에 놓여 있다. 번시로 쪽의 8개는 청나라 제왕의 8대(代) 선조를 위한 것이었고, 나머지 4개는 일월성신(日月星辰)과 운우풍뢰(雲雨風雷)를 위한 것이었다.

모셨던 신을 떠나보내는 의식이 끝나면 모든 요로에 불을 지피고 지방, 축판, 제물 등 제사에 썼던 물건들을 요로에 넣어 태워버리는 "망료의(望燎儀)"를 올렸다. 이 때 번시로와 요로가 내뿜는 불길은 중천에 가득했으며, 이로써 제례는 모두 끝났다.

한번 천제를 지낼 때마다 불태우는 나무의 양은 번시로에 1톤, 요로 12개에 6톤 등 모두 7톤이었다고 한다.

환구단 서남쪽의 바깥벽 안으로 9장 9척(九丈九尺, 약 33m, 1丈은 10尺이고 1尺은 0.33m) 높이의 망등(望燈)을 거는 장대가 서 있다. 원래는 세 개까지 있었으나 지금은 그 받침대와 더불어 하나만이 복원되어 있다. 제천 기간 중에는 이 장대에 높이 2m가 넘는 등롱을 걸었는데 한냉한 겨울 밤 번시로에서 피어오르는 짙은 연기속의 망등은 보는 이로 하여금 천제에 대한 경건한 마음과 조종(祖宗)에 대한 존경의 마음을 불러일으키게 하였다고 한다.

요로

망등간(望燈杆)

황궁우(皇穹宇)

① 황궁우

환구단에서 북쪽으로 눈을 돌리면 황궁우가 한 눈에 들어온다. 황궁우는 환구단 제사의 신

113

위에서 내려다 본 황궁우 전경

황궁우 동배전의 내부 모습

주(神主)를 모신 곳으로 당초의 이름은 태신전(泰神殿)이었다.

전각의 높이는 19.2m이고, 직경은 15.6m이며, 내부에는 8개의 기둥이 원형으로 배열됨으로써 위로 모아져 올라가는 지붕의 처마를 떠받치고 있다. 대전의 한가운데는 9계단 위의 신주함에 "황천상제(皇天上帝)"의 신판(神板)이 안치되어 있고, 계단 아래 좌·우로는 조종(祖宗)의 신패가 놓여있다.

황궁우 안의 모습

② 동·서 배전(配殿)

황궁우 정원의 동쪽과 서쪽에 배전(配殿)이 하나씩 있다. 동배전에는 대명지신(大明之神, 태양신), 북두칠성신(北斗七星神), 목화금수지신(木火金水之神), 28숙지신(二十八宿之神),

주천성신지신(周天星辰之神) 등의 신패가 안치되어 있고, 서배전에는 야명지신(夜明之神, 월신), 운사지신(雲師之神), 우사지신(雨師之神), 뢰사지신(雷師之神) 등의 위패가 놓여 있다.

황궁우 정전과 양 배전에 안치되어 있는 여러 신들의 위패는 천제를 지낼 때 환구단으로 옮겨져서 규정에 따라 진설(陣設)된다.

③ 회음벽(回音壁)·삼음석(三音石)·대화석(對話石)

회음벽(메아리가 일어나 전달되는 벽)은 황궁우의 원형담장으로 전성장(傳聲墻, 소리를 전달하는 담장)이라고도 한다. 이 담장은 산동의 임청(臨清)에서 생산된 고품질의 벽돌을 전체적으로 원형이 되도록 이어 쌓은 것인데 사람이 북쪽을 향해 벽에 대고 말을 하면 그 소리가 담장의 매끄러운 면을 따라 연속 반향을 일으켜 퍼져나감으로써 건물에 가려보이지 않는, 60여m 떨어져 있는 곳에서도 그 말을 전화 통화에서처럼 또렷하게 알아들을 수 있다.

황궁우의 담장인 회음벽

삼음석(三音石) 지내는 모습(禮祀圖)

삼음석은 황궁우의 정전(正殿) 문 밖 외신도(外神道)에 깔린 석판(石板)을 일컫는다. 첫 번째 석판에 서서 손벽을 한 차례 치면 메아리 하나가 돌아온다. 그런데 두 번째 석판에서는 한 차례 친 손벽으로 두개의 메아리를 들을수 있으며, 세 번째 석판에서는 세 개의 메아리를 듣는다. 석판의 차례가 늘어나면 메아리의 수도 늘어난다. 그래서 사람들은 이 석판들을 일컬어 "人間私語, 天聞若雷"의 고적(古跡)이라고들 한다. 인간들이 말하고 행동하는 것을 하늘의 천신은 훤히 꿰뚫어 듣고 본다는 의미를 함축하고 있다. 삼음석의 원리는 삼음석으로부터 거리가 서로 다른 동·서 배전(配殿)과 회음벽의 메아리가 시차를 두고 삼음석으로 돌아오기 때문인 것으로 해석되고 있다.

대화석(對話石)

황궁우의 정전 문 밖 외신도에 깔린 석판 중 남쪽에서 세 번째 것에서도 성학(聲學)현상이 발견되었다. 이 석판 위의 사람과 동배전의 동북쪽 모서리에 있는 사람끼리는 동배전 건물에 가려서 서로 볼수도 없지만 서로 보통의 음량으로 대화를 할 수 있다. 서배전의 서북쪽 모서리에 있는 사람과도 같은 현상이 일어난다. 이와 같은 현상이 일어나는 것은 말하는 사람의 입을 떠난 소리가 여러 지점에서 반향을 일으키고, 이 소리들이 한꺼번에 듣는 이의 귀로 모아지기 때문인 것으로 해석되고 있다.

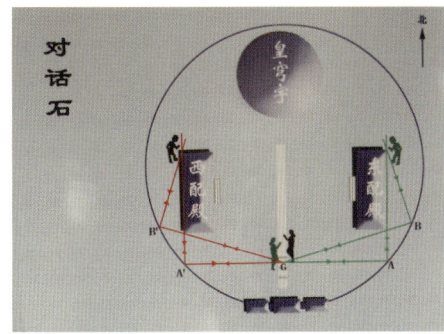

대화석의 성학원리

④ 환구(圜丘)의 부속 건축물

환구단에서 동쪽으로 보면 숲속에 묻힌 붉은 담장의 신주(神廚), 신고(神庫), 3고원(三庫院), 재성정(宰牲亭) 등이 있다. 신주는 제사 음식을 조리하는 곳이고, 신고는 제사용품을 보관하는 곳으로 다섯 칸 크기이며 지붕은 녹색의 오지기와로 이어졌다. 신주와 신고의 동쪽으로 악기고(樂器庫), 종천고(棕荐庫), 제기고(祭器庫) 등의 창고가 있다.

제사용 동물을 도살하는 재성정은 신주의 동쪽에 있으며, 세칸 크기에 2중 처마로 되어 있다.

환구단 재성정

⑤ 문천백(問天柏)과 구룡백(九龍柏)

기곡단 전경

천단에는 오래된 나무들이 많은데 어떤 것은 그 모양새가 기기묘묘해서 보는 이로 하여금 온갖 것을 연상케 하다. 회음벽 밖 서남쪽에 있는 문천백과 회음벽 밖 서북쪽에 있는 구룡백이 특히 그러하다.

구룡백

문이 3개이고 문을 나서면 환구단의 북문인 성정문(成貞門)까지 단폐교(丹陛橋)라는 이름의 넓디넓은 벽돌길이 나있다. 북문은 오지기와로 장식된 유리문(琉璃門)이며 황건전(皇乾殿)으로 통한다. 동문과 서문은 왕도(王道, 御路)를 사이에 두고 마주 보고 있는데 두 문을 오갈 때는 왕도를 넘을 수 없으므로 동·서 배전과 기년문을 돌아서 다녔다.

① 기년전(祈年殿)

기년전

문천백

기곡단(祈谷壇)

기곡단은 기년전(祈年殿, 하늘과 땅의 신을 안치한 신전)이 서있는, 4.5m 높이의 네모꼴 광장형 제단으로 벽돌담을 쌓고 그 내부를 메워 조성한 것이다.

기곡단의 담장위는 녹색 오지기와가 덮고 있으며, 동서남북의 4면에는 문이 하나씩 나 있다. 남문인 남전문(南磚門)은 행랑 형식으로

기년전의 내부 모습

기년전은 기곡단 위에 더 높이 올려 쌓은 3층의 원형 기단(基壇)위에 우뚝 서있다. 3층 원형 기단의 총 높이는 5.2m이고, 원형 기단의 직경은 아

기년전 섬돌의 용무늬

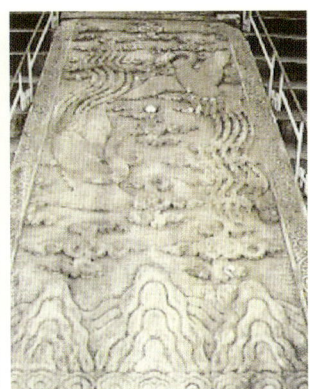
기년전 섬돌의 봉황무늬

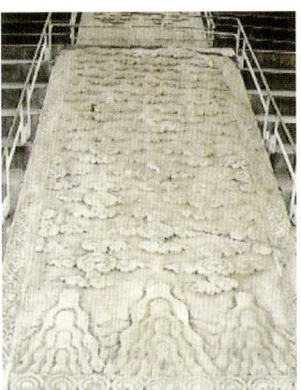
기년전 섬돌의 구름무늬

랫단이 91m, 가운데 단이 80m, 윗단이 68m이다. 각 단의 가장 자리는 한백옥(漢白玉)으로 치장돼 있으며, 계단은 앞·뒤 각 3열과 좌우 각 1열씩 모두 8열이 나 있다.

기년전 원형 기단의 난간과 앞뒤 계단에 놓인 백옥석판의 조각은 그 예술적 가치가 높이 평가되고 있는데, 맨 윗단의 조각 무늬는 용이고, 가운데 단은 봉황이며, 맨 아랫단은 구름이다.

기년전은 외견상으로 층마다 처마를 두른 3층짜리 원형 대전(大殿)이지만 내부는 층의 구분 없이 하나의 공간으로 통일돼 있다. 아래층 처마를 떠받치고 있는 기둥은 모두 12개로서 1일 12시진(時辰, 1시진은 2시간)을 상징하고, 가운데 층의 처마를 받치고 있는 기둥 12개는 1년 12개월을 상징하며, 맨 위층의 처마를 떠

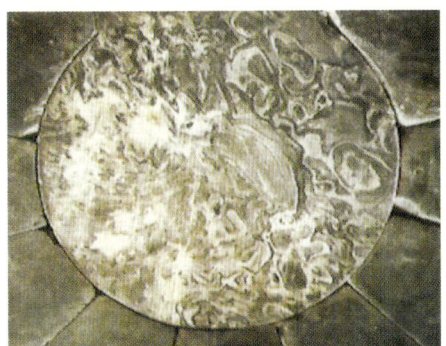
기년전의 용봉석

받치고 있는 기둥 4개는 1년 4계절을 상징한다. 중·외 양층의 24개 기둥은 24절기를, 그리고 기둥을 모두 합한 28은 28개의 별자리를 각각 상징한다.

기년전의 용봉천정

기년전의 황천상제 신주

기년전의 이와 같은 설계는 옛사람들의 중농(重農)사상을 반영한 것이라고 한다.

기년전의 천정 한가운데는 생동감 있는 용과 봉황의 그림이 있고, 기년전의 바닥에는 천연의 둥근 대리석이 박혀 있다. 자연 그대로의 돌이면서도 그 무늬가 마치 용과 봉황이 어우러져 있는 것 같다 하여 용봉석(龍鳳石)이라고 한다. 용봉석의 뒤쪽에 단을 만들어 제사를 지내는 신주들을 안치했다.

② 기년전의 동·서 배전(配殿)

기년전 원형기단 앞쪽 좌우에 남색 오지기와 지붕의 9칸짜리 배전이 하나씩 있다.

현재 동배전은 제천악무관(祭天樂舞館)으로 청나라 시절 제신을 맞아들일 때 사용하던 각종 악기와 무용에 관한 그림 자료를 전시하고 있으며, 서배전은 제천예의관(祭天禮儀館)으로 제사 지내는 전체과정을 각종 제사 용구와 더불어 전시하고 있다.

③ 황건전(皇乾殿)

황건전

황건전은 기년전에서 제사를 받는 신주들을 안치한 곳이다. 초하루와 보름날에 담당관원이 물청소를 하고 향을 사른다. 황건전은 다섯칸 크기이며 앞쪽에 단지(섬돌)뜰이 있고 한백옥으로 만든 난간이 둘러쳐져 있다. 계단은 앞쪽에 3열, 동·서 양쪽에 각각 1열씩 있으며 발

황건전 내부 모습

판은 8개이다. 황건전 내부의 정면에는 수미좌(須彌座, 부처의 좌대)가 있고, 그 위에 "황천상제(皇天上帝)"의 신위를 안치한 신감(神龕)이 놓여 있다.

이곳에 안치된 신주들은 기년전에서 제사가 있을 때면 그 곳으로 옮겨진다.

④ 화갑문(花甲門)과 고희문(古希門)

황제가 기년제를 올리려면 단폐교(丹陛橋) 길을 걸어서 기곡단의 남전문(南磚門)과 기년문(祈年門)을 지나 기년전으로 가야 했는데 나이 든 황제에게는 힘든 일이었다. 건륭황제는 화갑을 지나 62세가 되던 해에 기곡단의 남전문에 문을 하나 늘리고 이 문을 통해 기곡단으로 바로 들면서 이 문을 화갑문이라 하였으며, 후손에 이르기를 6순이 안된자는 이 문을 통하지 말라고 하였다. 건륭이 고희를 넘기고 나서

화갑문

고희문

는 황건전 서편 담장에 문을 내고 이리로 제단에 들면서 이 문을 고희문이라 하였다. 그리고 후손에게는 고희를 넘긴 자만이 이 문을 통하라고 일렀다. 건륭 이후에 이 문을 통한 황제는 하나도 없다.

⑤ 단폐교(丹陛橋)와 구복대(具服臺)

환구단의 북문인 성정문(成貞門)을 나서면 바로 기곡단의 남전문(南磚門)으로 통하는 길에 들어서게 된다. 벽돌을 깐 넓은 길을 걷노라면 마음이 활짝 트이면서 문득 하늘은 높고 땅은 넓다는 느낌이 밀려온다. 이 길이 속칭 "단폐교(丹陛橋)"이며 기년전과 환구단을 잇는 축선(軸線)으로 300여m가 된다. 이 길의 북쪽 끝은 남쪽 끝에 비해 2m 가량 높은데, 이러한

단폐교

구복대

구도는 기년전과 환구단의 고도차(高度差) 및 중간에 위치한 황궁우의 고도 부조화를 절묘하게 아우르는 효과를 내기 위한 것으로서 매우 독창적인 것으로 평가되고 있다.

단폐교의 기곡단 남전문(南磚門) 못 미쳐 동편으로 벽돌을 쌓아 만든 네모꼴의 단이 있다. 이것이 구복대이며, 북·동·남의 3면이 한백옥 돌난간으로 둘려 있다. 기곡제는 매년 정월 상신일(上辛日)에 치루는데, 절기상으로는 입춘이 지났지만 매우 추운 때인 데다가 제례시간이 동트기 전의 이른 7시이므로 불편함이 많았다. 따라서 황제가 제례복으로 갈아입는데 불편함이 없도록 이곳에 장막을 치고 난방·조명 설비, 온기가 도는 침상 등을 갖췄다. 황제는 이 곳에서 황권을 상징하는 황룡포로 갈아입고 위에 남색 제례복을 덧입은 다음 제례시간에 맞춰 기년전으로 향하였다.

⑥ 장랑(長廊)

기곡단의 동전문(東殿門)을 나서면 신주(神廚)와 재성정(宰牲亭)으로 통하는 장랑으로 들어가게 된다. 고대의 제례 규정에는 재성정은 제단으로부터 200보 밖에 있어야 한다고 했기에 제단과 제사 음식을 조리하는 신주는 상당히 떨어져 있었는데, 제례용 음식이나 자재가 운반과정에서 오염되지 않도록 관련 시설을 장랑으로 연결시켰던 것이다. 장랑은 72칸으로

당초에는 밀폐식이었으나 지금은 벽체를 개방하여 주위를 두루 볼 수 있게 하였다.

기곡단 동전문 밖의 장랑

⑦ 칠성석(七星石)과 백포괴(柏抱槐)

기년전 장랑의 7성석

기년전 장랑의 백포괴

장랑 남쪽의 풀밭에 소위 칠성석(七星石)이라고 불리는 돌들이 있다. 하늘에서 떨어진 운석(雲石)이라고도 하지만 인공으로 조각한 꽃무늬 등이 있는 것으로 보아 운석은 아니다. 전해내려오는 말로는 명나라의 11대 황제 가정(嘉靖, 재위 1521~1566)이 풍수에 능한 한 도사의 건의에 따라 이곳의 불길한 지세를 진압하고자 북두칠성의 모양대로 큰돌을 놓았던 것이고, 청나라가 들어서면서 돌 한개를 추가하여 현재의 8개가 되었다고 한다.

한편, 장랑 북쪽에는 수령 500여년의 실편백나무가 수령 100여년의 화나무(槐樹)를 껴안은 모양의, 한 그루로 된 두 나무가 있다. 해마다 봄이면 편백에 안긴 화나무가 나긋나긋한 녹색가지를 내미는데, 이것이 오래된 실백나무의 노련한 자태와 어울려 독특한 경관을 이룸으로써 사람들이 발걸음을 멈추게 한다.

⑧ 신고(神庫)·신주(神廚)·재성정(宰牲亭)

기곡단 동전문(東磚門)에서 장랑(長廊)으로 들어가 왼쪽으로 돌면 널따란 신주정원이 나온다. 이 정원의 북쪽에 남쪽을 향해 자리잡고 있는 정전이 있는데 이것이 신고이고, 신고의

기년전 신고

기년전 신주와 감천정

기년전의 재성정

신악서 응희전의 외관

신악서 응희전의 내부모습

황제 영락(永樂)이 북경으로 도읍을 옮기면서 천단에 자리 잡도록 하였다.

당시 황제들은 도교(道敎)를 숭상하였고, 신악관의 악무관(樂舞官)은 도사(道士)들이 전담하였기 때문에 신악관을 천단도원(天壇道院)이라고도 하였다. 건륭황제 때 신악관을 신악서로 개칭하여 오늘에 이르고 있다.

동·서쪽에 신주인 배전이 하나씩 있다. 신주는 제사음식을 만드는 주방이고, 만들어진 음식은 신고에 보관하였다. 신주정원에는 감천정(甘泉井)이란 우물이 있다.

신주정원에서 장랑을 따라 동쪽으로 가다가 다시 왼쪽으로 돌면 재성정 정원에 이른다. 이곳에 앞면 5칸 옆면 3칸의, 제사용 동물을 도살하는 재성정이 있다. 예전에는 제사용 동물을 도살할 때 칼을 쓰지 아니하고 몽둥이를 썼기 때문에 재성정을 다성정(打牲亭)이라고도 하였다.

신악서(神樂署)

신악서는 제사용 음악과 춤을 가르치는 곳으로 재궁(齋宮)의 뒤편 외단(外壇)에 자리잡고 있다. 명나라 태조 주원장이 남경(南京)에 도읍을 정했을 때 신악관(神樂觀)을 두었으며, 3대

신악서의 한가운데에 악무생들의 연습장소인 응희전(凝禧殿)이 있다. 문 앞에는 역할에 따른 자리가 표시되어 있다. 신악서는 당시 최고의 악무학부(樂舞學府)로서 조정에서는 제천악무생(祭天樂無生)에 대하여 수시로 교육 훈련을 시켰는데 상시 보유하고 있는 악무생이 600여명이었으며 11대 황제 가정(嘉靖)때는 2,200명에 달했다고 한다.

대종사
(大钟寺)

북경의 지하철 13호선은 서직문(西直门)과 동직문(东直门) 사이의 14개 역을 달린다. 이 13호선의 서직문 다음 역이 대종 사역인데, 이곳에 중국의 종왕(钟王)이라는 동종(铜钟)이 걸려있다. 북경에서 오래 동안 살아온 사람이라면 꽤 익숙한 이름으로 기억되고 있음직한 유명한 종이라고 한다. 이곳 절의 이름은 원래 각생사(觉生寺)였으나 언젠가부터 대종사로 불렸다한다.

대종(大钟)은 명나라 3대 황제 영락(永乐, 재위 1402~1424)년간에 만들어졌으므로 "영락대종(永乐大钟)"으로도 불린다. 종의 크기는 높이가 6.75m, 바깥지름 3.3m, 종의 벽두께 18.5cm이며 46.5ton의 무게이다. 종의 안팎에는 미타경(弥陀经), 묘법연화경(妙法莲花经), 금강반야경(金刚般若经) 등 모두 17가지 경문과 주문의 23여만 자(字)가 해서체로 새겨져 있다. 명나라 초기의 서예가 심도(沈度)의 글씨라고 한다.

종이 만들어진 전설은 이렇다. 태조 주원장(朱元璋)이 남경(南京)에서 명나라를 세워 황제가 된 후에 아들들을 봉건 제후국의 왕으로 삼았다. 북평(北平, 지금의 북경지역)의 반왕(藩王, 제후국의 왕)이된 주원장의 네 째 아들 주체(朱棣)는 용맹하여 북방을 평정하는 등 세력이 왕성하였다. 주원장이 죽은 다음 그의 장손인 주윤문(朱允文)이 2대 황제 건문(建元, 재위 1398~1402)이 되면서 그의 측근인 제태(齐泰), 황자징(黄子澄) 등의 황권강화 건의에 따라 반왕들의 왕권을 회수하려 하였다. 이에 주체(朱棣)는 정난지변(靖难之变)을 일으켜 주윤문의 측근과 그 일족을 주살하고, 영락(永乐)이란 년호로 3대 황제가 되었다. 정난지변이 한창일 때 주윤문은 행방불명이 되었는데, 싸우다 죽었다고도 하고 산 속으로 들어가 중이 되었다고도 한다. 영락이 즉위한 후에 주윤문의 원수를 갚겠다는 경청(景清)이란 자가 영락을 칼로 찔러 살해하려다가 실패하였는데, 이로 말미암아 경청은 물론 그가 살던 고장의 인척과 제자들이 차례로 연루되어 줄줄이 주살되었다. 역사에서는 이를 일러 과만초(瓜蔓抄, 죄지은 사람의 재산을 몰수할 때 무고한 사람이나 관계없는 대상에까지 확대하는 것이라고 사전에서는 풀이함)라고 하였다. 정난지변으로 죽은 자의 수가 수만에 이르렀다고 한다.

각생사의 영락대종

영락은 조카로부터 황권을 찬탈했다는 자책에 심신이 쇠락해지면서 백골더미 위의 보좌에 자신이 앉아있는 허상을 보기도 하고, 원혼들이 떼를 지어 몰려와 자신을 위협하는 환영을 보기도 하는 등 공포가 극에 달했다. 이에 영락은 정변지난은 물론 자신과 같이 싸우다 죽어간 병사들의 영혼까지도 위로함으로써 정신적 고통에서 벗어나고자 국사(国师)인 도연(道衍)선사로 하여금 대종(大钟)을 짓도록 한 것이다.

대종(大钟)은 덕승문(德胜门) 근처의 주종창(铸钟厂)에서 만들어졌으며, 13대 황제 만력(万历, 재위 1572~1620) 35년인 1607년까지 약 200년간 한경창(汉经厂)에 안치되었었다. 이후 만수사(万寿寺)의 새 종루로 종을 옮겼으나 명나라 말기의 관리부실로 지상에 방치되었다. 청나라 5대 황제 옹정(雍正, 재위 1722~1735)과 6대 건륭(乾隆, 재위 1735~1796)은 이 대종에 관심이 컸으며, 그래서 각생사를 짓고 방치됐던 종을 옮겨다 걸었다(1743년). 종루는 2층으로 되어있는데, 아래는 방형(方形)이고 위는 원형이다. 1층의 종루 안에 있는 나선형 계단을 타고 올라가 종을 볼 수 있게 되어있다.

대종의 종루

기중기도 없던 그 시대에 46.5 톤짜리 대종을 만들어 운반하기 위해서는 옮기고자 하는 곳으로의 길목 500m 마다에 우물을 파고, 겨울이 되기를 기다렸다가 그 물로 빙판길을 만들어 끌고 가야 했으며, 종을 높여달고 떼어내기 위해서는 흙을 쌓아올리고 파헤치는 역사를 수도 없이 반복해야 했다. 이러한 작업에 동원된 인력과 물력은 상상을 초월했을 것이다.

대종이 각생사로 옮겨지고 난 후 가뭄이 닥칠 때면 종을 울려 기우제를 지냈으며, 청나라 말기부터 민국(民国) 시절에는 정월 초하루부터 보름날까지 법회를 열었다. 이때 스님들은 종뉴(钟纽, 종을 매다는 고리)에 조그마한 구리종을 달아놓고 법회에 오는 사람들에게 말하기를 동전을 던져 그것을 맞추면 한 해가 순조롭다고 하였다. 생활이 고달픈 백성들은 그것이 허망한 일임을 알면서도 잠시나마 시름을 잊고자 그 조그만 구리종을 향해 동전을 던졌는데, 이를 일컬어 다금전안(打金钱眼)이라 하였다. 보름동안 종 밑에 쌓이는 동전이 두터운 켜를 이룰 정도로 많았으며, 이를 통해 대종사는 절의 운영경비를 충당하고도 남았다고 한다. 다금전안은 1930년대까지 계속되었다.

영락대종은 중국의 찬란한 문화유산이다. 세계의 여러 대종중에서도 시기적으로 가장 앞섰으며, 됨됨

여러 서체의 쇠북종(钟)자들

이의 정교함이나 음색과 음량의 아름다움에 있어서도 으뜸이다. 대종의 물리적 구성과 그 제조기술에 대한 연구에서 뿐만 아니라 불교의 연구에 있어서도 귀중한 자료가 되고 있다.

종(鍾)의 역사는 인류의 역사만큼이나 오래고, 종의 생김새는 종(鍾)자 글씨체의 다양성 이상으로 가지각색이다. 대종사는 종(鍾)의 이러한 역사성과 다양성을 한눈에 볼 수 있는 박물관으로 역할을 하고 있다. 고대종전시관, 외국종전시관, 전국편종(战国编鍾)전시관, 불도종(佛道鍾)전시관, 명청정품(明清精品)전시관 등의 전시물을 통해 종의 세계를 그려볼 수 있다.

서산팔대처
(西山八大处)

서산(西山)은 북경의 명승고적들이 집중되어있는 곳이다. 이 곳에는 우뚝 솟은 산봉우리들이 연이어 있고, 길 좌우에는 소나무와 측백나무들이 줄지어 서있는가 하면 기암괴석들이 겹겹이 담장을 이루기도 한다. 오래 전부터 스님들이 절을 짓고 신앙생활을 해오던 곳이기도 하다.

서산팔대처는 북경시 석경산구(石景山区)의 취미산(翠薇山), 평파산(平坡山), 로사산(卢师山) 등 세 개의 산 사이에 들어있는 여덟 절, 즉 장안사(长安寺), 영광사(灵光寺), 삼산암(三山庵), 대비사(大悲寺), 용왕당(龙王堂), 향계사(香界寺), 보주사(宝珠寺), 증과사(证果寺)를 가리킨다. 모두 역사적 의미와 예술적인 가치를 지니고 있는 사찰이었으나 100년 전의 8국 연합군에 의해 화를 당했고, 이어서 군벌이 각축하던 시절에 파괴되어 아주 오래 전의 건물들은 이제 거의 없다. 지금 남아있는 것은 대부분 이 청나라 시대의 것이다.

일처(一处)는 장안사(长安寺)이다. 명나라 홍치17년(1504)에 짓고, 청나라 강희10년(1671)에 중수하였으며, 취미사 또는 선응사라 불렀다. 석가전(释迦殿)과 낭낭전(娘娘殿)이 있으며, 자미(紫薇) 등의 희귀목이 있다.

이처(二处)는 영광사(灵光寺)이다. 당나라 대력년간(766~779)에 지었으며, 당시의 이름은 용천사(龙泉寺)였다. 금나라 대정2년(1162)에 중수(重修)하여 각산사(觉山寺)라 했고, 명나라 성화14년(1478)에 재차 중수하고 지금의 이름으로 바꿨다.

예전의 영광사는 요나라 때 쌓은 초선탑(招仙塔)과 천불탑(千佛塔) 등이 있어 유명하였으나 1900년에 8국의 연합군이 이를 멸실시켰고, 지금은 탑의 자리만이 남아있다.

해방 후 탑의 자리를 정리하던 중에 석가모니의 치아 한 개가 들어있는 사리석함(舍利石函)을 발견하였는데, 이것은 석가모니를 다비한 후 추려진 유골에서 나온 네 개의 치아 중에 하나로 초선탑의 지하궁에 보전돼 있던 것임이

서산팔대처입구

함께 들어있던 불교경전과 경인증(经印证)에 의해 확인되었다. 이에 따라 중국의 불교협회는 1959년에 영광사 북원(北院)에 51m높이의 8각13층 불탑을 조성하고, 이곳에 석가모니의 치아사리석함을 안치하였다.

영광사 서원(西院)의 벼랑 밑에는 맑은 연못이 있는데, 청나라의 함풍황제 때 이곳에 금붕어를 양식하면서부터 금어지(金鱼池)로 불렸다. 못 가운데에 수심정(水心亭)이 있고, 못의 뒤쪽으로는 원나라의 취미공주묘(翠薇公主墓), 관음동(观音洞), 석정(石井) 등이 있다.

눈에 두루 볼 수 있는 곳이라 하여 취미입화(翠薇入画, 취미산을 화폭에 담기에 아주 좋은 곳)라는 영예를 안고 있다. 사람들은 이곳을 기점으로 삼아 등산을 한다.

삼산암의 돌용

사처(四处)는 대비사(大悲寺)이다. 원나라 때 은적사(隐籍寺)란 이름으로 세워졌으며, 청나라 강희 51년(1712)에 중수되어 대비사라 하였다. 앞뒤로 나란히 놓인 세 채의 불전(佛殿)

영광사의 8각13층불탑

삼처(三处)는 삼산암(三山庵)이다. 취미, 평파, 로사의 3산 가운데에 들어있다 하여붙여진 이름이다. 정전(正殿)의 문을 들어서면 장방형의 한백옥석(汉白玉石) 돌판이 놓여있고, 그 윗면에는 자연적으로 형성된 구름과 짐승들, 그리고 산수인물의 무늬가 들어있어 사람들의 발길을 멈추게 한다.

정전의 동쪽에는 정자가 있다. 취미산을 한

수많은 소원이 걸린 대비사의 은행나무

이 있으며, 계단 양쪽의 취죽(翠竹)이 계절에 따라 다른 정취를 느끼게 한다. 석가모니를 모신 불전에는 원나라의 장인(匠人) 유원선(刘元选)이 단향목(檀香木)과 향사(香砂)로 만들었다는 18나한상이 다양한 자세와 옷차림으로 열지어 있다.

불전의 뒤쪽에는 수령 800여 년의 은행나무 두 그루가 우람하게 서있어 대비사의 묵중함을 더해준다. 절을 찾는 사람들은 단호박 모양의 빨간 등에 소원을 적어 이 은행나무에 던져 걸음으로써 그 성취를 기원하기도 한다.

오처(五处)는 용왕당(龙王堂)이다. 청나라 강희11년(1672)에 지은 것으로 대비사의 서북쪽에 자리 잡고 있다. 용왕당에는 석굴이 하나가 있는데, 물소리를 따라 들어가면 사시사철 끊임없이 물이 나오는 돌구멍이 있고, 여기서 나오는 물이 자그마한 못을 이룬다. 사람들은 이곳의 정자에서 차를 마시며 쉬어간다. 용왕당의 백석교 옆에는 커다란 바위가 우뚝 솟아 있고, 윗면에는 수십만 년 전의 빙하의 흔적이 남아있다. 중국의 유명한 지질학자 이사광(李四光)이 쓴 "빙천표력(冰川漂砾, 빙하에 흘러내려온 돌)"의 네 글자가 새겨져 있다.

(1425)에 중수하면서 대원통사(大圆通寺)라 하였다. 청나라 강희17년(1678)에 재차 중수하면서 성감사(圣感寺)라 하고, 건륭13년(1748)에

경불비의 대비보살상

이사광의 빙천표력

육처(六处)는 향계사(香界寺)이다. 당나라 때 세운 절로서 경사가 완만한 곳에 지었다 하여 평파사(平坡寺)라 하였고, 명나라 홍희 원년

경불비의 어필각자

다시 중수하면서 향계사라 개명하여 오늘에 이르고 있다. 향계사는 8대처의 으뜸이 되는 절이며, 황제가 산행을 하다가 날이 저물면 묵었던 곳이다. 산문 안쪽 좌우에 종루와 고루가 있고, 정면에 보이는 것이 천왕전(天王殿)이다.

천왕전에는 삼세불(三世佛)과 18나한이 안치되어 있다. 천왕전 뒤에는 돌비석 두 개가 있는데, 동쪽의 것은 건륭의 어제비(御制碑)로서 절에 관한 기록이 새겨져 있고, 서쪽의 것은 경불비(经佛碑)로서 전면에는 대비보살상(大悲菩萨像)이 아름답고 정교하게 새겨져 있고, 뒷면에는 강희황제가 썼다는 "经佛(경불)" 두 글자가 새겨져 있다. 천왕전 뒤에 있는 것이 대웅보전이고, 그 뒤에 장경루(藏经楼)가 있다.

칠처(七处)는 보주동(宝珠洞)으로 취미산 정상에 있다. 청나라 건륭46년(1782)에 세워졌으며, 문 밖에는 나무로 만든 패루(牌楼)가 서 있는데, 패루의 바깥쪽에는 "환희지(欢喜池)"라는 편액이, 그리고 안쪽으로는 "견고림(坚固林)"이란 편액이 각각 걸려있다. 모두 건륭의 친필이라고 한다.

보주동에는 정전(正殿)과 그 양쪽의 배전(配殿)이 있다. 정전 뒤쪽의 석벽에는 깊이 4m의 바위굴이 있는데, 이는 향계사의 주지 해수(海岫)가 바람을 막고, 비를 피하고자 오랜 세월에 걸쳐 손으로 암벽속의 자갈을 하나하나 뜯어내 만든 것이라고 한다. 이 뜯어낸 자갈이 마치 구슬 같다하여 절의 이름을 보주동(宝珠洞)이라 하였다. 해수 스님은 이 동굴에서 40여 년간을 지냈으며, 지금도 그의 초상이 귀왕보살(鬼王菩萨)이라는 이름으로 남아있다. 이곳에서는 맑은 날이면 이화원의 곤명호, 옥천산, 북해의 백탑, 노구교 등이 한눈에 들어온다.

팔처(八处)는 증과사(证果寺)이다. 수나라 때는 광타림(广陀林)이라 했고, 당나라 때는 감응사(感应寺)라 했으며, 명나라 때 와서는 지금의 이름으로 불리기 시작하였다. 증과사의 정전인 석가모니전 앞뜰에는 이 절의 유래가 적힌 석비 두 개가 서있다. 석비의 뒤쪽으로는 높이 2m, 둘레 3m남짓의 동종(铜钟)이 있는데, 이 종의 벽에는 단정한 글씨의 경문이 새겨져 있다.

절의 동북쪽에는 천연거석의 비마암(秘魔岩)이 있다. 산꼭대기에서 허공에 솟은 듯 뻗쳐 있는 이 돌은 포효하고 있는 사자형상을 하고 있으며, 암석의 위에는 "천연유곡(天然幽谷)"의 넉자가 새겨져 있다.

비마암 아래에는 석실이 있다. 수나라 말에서 당나라 초에 걸쳐 노사(卢师)라는 스님이 이곳 석실에 기거하면서 백성들을 위해 기우제도 지내는 등 헌신하는 것을 보고 황제들은 이를 고맙게 여겨 그에게 감응선사(感应禅师)라는 법호(法号)를 내리고, 성감사(圣感寺)를 지어 그를 봉양토록 하였다. 석실에는 석문(石门),

서산7처 보주동

증과사와 석비

석창(石窓), 석탁(石桌), 석상(石床)등이 잘 정돈되어 있으며, 이를 통해 먼 옛날 불교수행자가 영위하던 생활상을 짐작해 볼 수 있다.

서산팔대처에는 또한 중국의 역대 왕조 별로 도장의 글 판 모양을 비교해 볼 수 있도록 바위들에 인면(印面)을 새겨놓은 "중화정인곡(中华精印谷)"이라는 이름의 계곡이 있다.

팔대처의 중화정인곡

중화정인곡의 인면들

향산공원
(香山公园)

향산공원은 북경의 서쪽 교외에 있는 산림공원으로 전체면적은 48만평 정도 된다. 금나라의 4대 황제 세종(世宗, 재위 1161~1189)이 이곳에 영안사(永安寺)를 앉히고 그 옆에 행궁을 지었으며, 이후에 규모가 점차 확대되더니 청나라 6대 황제 건륭(乾隆, 재위1735~1796) 때에 이르러 정의원(靜宜园)이라 하였다. 이후 1860년과 1900년의 외침(外侵)으로 대부분이 훼손되었었으나 1949년 이후에 지속적으로 복구해 옴으로써 지금은 옛 모습이 많이 되살아나고 있다.

향산의 주봉(主峰)은 향로(香炉)처럼 생겼다 해서 그 이름이 향로봉인데, 해발 높이는 557m이다. 산세가 깎아지른 듯 하여 귀신조차도 주봉에 오르려면 걱정을 한다 해서 귀견수(鬼见愁)라는 별명이 붙어있다. 정상까지 케이블카도 운행되고 있으며 18분이 소요된다. 정상에 올라 사방을 돌아보면 석경산과 이화원이 거침없이 한눈에 들어오고, 날씨가 청명할 때면 북경 시가지까지도 볼 수 있다.

향산공원에는 동궁문(东宫门)과 북문(北门)이 있다. 많은 사람들이 북문으로 출입을 하고 있지만 동궁문이 정문이고, 향방을 가리기가 편하다. 동궁문을 들어서면 정의원의 근정전(勤政殿)이다. 정전(正殿), 배전(配殿), 조방(朝房), 가산(假山), 월아(月牙) 등으로 조성된 지금의 근정전은 2003년에 복원된 것이고, 청나라의 건륭(乾隆) 년간에 세웠던 것은 1860년의 외침(外侵) 때 소실되었다.

근정전을 벗어나 오른쪽으로 나 있는 북로(北路)를 따라 걸으면 안경호(眼镜湖), 티베트풍의 절인 소묘(昭庙)와 높이 30m의 유리탑

정의원 근정전

향산공원의 유리탑

129

(琉璃塔), 강남의 멋이 물씬 풍기는 원형정원 견심재(见心斋) 등을 볼 수 있다. 소묘와 유리탑은 티베트의 고승 반선(班禅)을 접대하기 위하여 건륭황제가 1780년에 세운 것이라고 한다.

견심재의 원형담

근정전 뒤로 곧장 나 있는 중로(中路)를 따라 산길을 오르면 다운정(多云亭), 옥화수(玉华岫), 부용정(芙蓉馆), 향무굴(香雾窟), 서산청설비(西山晴雪碑) 등을 만난다. 서산청설비(Snow Scene of Western Hills in Fine Days)는 연경팔경(燕京八景)의 하나로 꼽히는

서산청설비

이곳의 설경을 기념하여 청나라의 건륭황제가 세운 것이다.

건륭황제는 향산 중턱의 비탈이 잠깐 평평해진 곳에 건물을 짓고, 나무숲에 아늑하게 묻혀 조용한 집이라는 의미로 그 이름을 향무굴(香雾屈)이라고 했다. 오늘날 사람들은 그냥 평대(平台)라고 부른다. 원래의 것은 1860년에 소실되었고, 지금의 것은 2003년에 복원된 것이다.

향무굴 패루

옥화수는 향산 중턱에 자리 잡고 있어 북경의 서쪽 평원이 한눈에 들어오고, 가을에는 향산의 단풍을 가장 잘 볼 수 있다. 명나라의 6대 황제 정통(正统 재위 1435~1449)이 이곳에 옥화사를 지었으며, 청나라의 건륭황제는 옥화수를 덧 지었다. 1860년에 모두 불탄 것을 1999년에 복원하였다.

옥화사

근정전 뒤에서 왼쪽으로 나 있는 서로(西路)를 따라가면 정취호(靜翠湖), 쌍청별수(双淸別墅), 향산사(香山寺), 랑풍정(閬風亭), 삼옥홀(森玉笏), 조양동(朝陽洞)을 거쳐 다시 향무굴에 이르게 된다. 정취호는 길 아래로 뚝 떨어져 깊이 들어앉아 있으면서 주변의 아름다운 경치를 자신의 품에 정겹게 감싸 안고 있다.

향산의 정취호

정취호를 지나 잘 가꿔진 잔디밭 가운데의 취미정(翠微亭)을 왼쪽으로 두고 걷다보면 제법 경사진 길이 시작될 무렵에 계단위의 쌍청별수를 보게 된다. 건륭황제가 1745년에 송오운장(松坞云庄)을 짓고, 별장의 양쪽에서 맑고 향기로운 물이 샘솟는다 하여 주변의 바위에 "쌍청"이란 두 글자를 새겼다고 한다. 1860년과 1900년에 이 송오운장은 불타버렸고, 1917년에 웅희령(熊希齡)이란 사람이 이곳에 별장을 새로 짓고, 그 이름을 쌍청별수라 하였다. 그 후 1949년에 모택동이 이곳에 자리를 잡고 인민해방군의 양자강 도하작전을 지휘했으며, 중화인민공화국의 출범을 준비했다고 한다. 별장 내부에는 당시 모택동이 사용하던 집기들이 그 모습 그대로 존치되어 있으며, 별장 앞 연못 건너편에는 공습에 대비한 방공호가 그대로 남아 있다.

북로를 따라 걷다보면 간간히 풍치 좋은 곳에 정자들이 서 있어 무거워진 발걸음도 쉴겸 풍치를 감상하게 되는데 특히 백송정(白松亭)과 랑풍정(閬風亭)이 그럴듯하다.

향산 랑풍정

향산 쌍청별수

향산 백송정

벽운사
(碧云寺)

벽운사는 원나라(元, 1206~1368) 때 창건된 절로서 향산(香山)과는 동쪽으로 인접해 있는 수안산(寿安山) 기슭에 있다. 벽운사는 동서방향으로 자리를 잡고 있는데 서쪽인 절 뒤의 탑 자리는 높고, 동쪽인 절의 산문(山门)자리는 낮아 그 차가 100m나 된다. 따라서 벽운사의 건물들은 계단식으로 배치되어 있다. 산문을 들어서면서부터 거치는 동서중추선상의 주요 건물들을 보면 산문전-미륵전-대웅보전-보살전-손중산기념탑-금강보좌탑의 순이고, 보살전에 이르러 왼쪽으로는 나한전(罗汉殿)이 있고, 오른쪽으로는 함청재(含清斋)가 있다.

벽운사의 산문은 고대(高台) 위에 벽돌을 쌓아 만든 대홍문(大红门)으로 분위기가 자못 장중하다. 산문 앞에는 명나라의 환관 위충현이 만들었다는 돌사자 한 쌍이 있는데, 정교한 조각솜씨가 일품인 것으로 평가되고 있다. 벽운사는 한 때 환관에게 액운을 가져다주는 곳으로 인식됐었다. 명나라의 10대 황제 정덕(正德, 재위 1505~1521)년간에 세도를 부리던 환관 우경(于绎)은 이곳을 명당자리로 보고 이곳에 자신의 가묘(假墓)를 만든 다음 그 위에 나무를 심어 놓았었다. 훗날 우경이 죄를 범해 처형됨으로써 그의 꿈은 무위로 돌아갔다. 명나라의 15대 황제 천계(天启, 재위 1620~1627) 때에도 환관 위충현(魏忠贤)이 우경과 같은 전철을 밟았던 것이다. 하지만 역설적으로 당시에 세도가 하늘 높은 줄 모르던 두 환관이 이곳을 공들여 가꿨었기 때문에 벽운사는 명나라의 건축특징을 많이 간직하고 있다.

산문을 들어서면 먼저 다가서는 것이 형하이장전(哼哈二将殿)이다. 전각 안에는 높이 4.8m의 흙으로 빚어 만든 인왕(仁王, 사찰을 수호하는 장사로 금강역사라고도 함) 둘이 있는데, 명나라시절 장인(匠人)들의 탁월한 기예(技艺)가 유감없이 발휘된 조각예술품으로 평가되고 있다. 형하이장전의 본래 이름은 산문전(山门殿)이다. 사찰을 수호하는 두 금강역사(金刚力士)가 못된 기운을 보면 하나는 노(怒)한 얼굴로 "하(哈)"하고 소리치고, 다른 하나는 화(怒)난 얼굴로 "흥(哼, 한국어 발음으로는 형임)"하는데, 이 "흥"하고 "하"하는 두 신장(神将)이 있는 곳이라 하여 형하이장전이라고도 부르는 것이다.

벽운사의 산문

형하이장전을 넘어서면 양쪽으로 종루와 고루가 있고 이렇게 시작되는 정원의 정전(正殿)은 미륵불전(弥勒佛殿)이다. 전각 앞의 월대(月台)에는 팔각형의 경당(经幢, 불교경문을 새긴 돌기둥) 두 개가 있고, 전각 안에는 금빛의 석가모니좌상과 더불어 생기발랄한 모습의 18나한상(罗汉像)과 서유기의 당승(唐僧)이 경전을 얻는 고사상(故事像)이 안치되어 있다. 전각의 뒤에는 8각형의 비정(碑亭)이 있고, 그 안에는 건륭황제가 벽운사를 중수(重修)한 정황을 새겨놓은 어필석비(御笔石碑)가 있다.

벽운사의 미륵불전

세 번째 정원에서는 앞면 세 칸 크기의 보살전(菩萨殿)이 중심을 이룬다. 건륭황제 친필의 "정연삼차(静演三车)"란 편액을 달고 있는 전각 안에는 흙으로 빚어 색칠을 한 다섯 보살이 안치돼 있다. 가운데 것이 관음보살(观音菩萨)이고, 그 왼쪽으로 문수(文殊)와 대세지(大势至)의 두 보살이, 오른쪽으로 보현(普贤)과 지장(地藏)의 두 보살이 각각 자리 잡고 있다. 동서 양쪽 벽에는 높이 1m정도의 24제천신(二四诸天神)과 복록수희4성(福禄寿喜四星)이 새겨져 있는데, 그 표정들이 그렇게 맑고 명랑할 수가 없다. 정원에는 은행나무, 보리수, 편백 등이 그득하고 가지와 잎이 무성하여 그늘이 짙게 드리워져 있다.

손중산기념당이 있는 정원의 배치는 질서정연하다. 앞면 다섯 칸의 기념당에는 송경령(宋慶齡)이 썼다는 "孙中山先生纪念堂" 편액이 걸려있고, 기념당 안에는 손중산의 혁명활동을 담은 사진들이 전시되어 있다. 손중산은 중국의 마지막 봉건왕조인 청나라를 무너뜨리고, 중국이 근대화의 길로 들어서게 하는 신해혁명(辛亥革命)의 주도인물로서 신해혁명 후 오늘에 이르기까지 그의 기념관은 벽운사의 주요 경점(景点)이 되어있다.

탑원(塔院)은 절 맨 뒤에 있다. 이 정원의 남쪽에는 한백옥석으로 만든 4주3루(四柱三楼)의 패방이 동향으로 서 있다. 패방의 양쪽으로는 八자형(字形)의 조벽(照壁, 안이 들여다보이지 않도록 쳐놓은 벽)이 있고, 조벽에는 각각 4인의 충렬인물을 해당 덕목(德目)과 함께 새겨놓았다. 좌측 조벽의 4인은 예절(节)에 있어서의 상여(相如), 효(孝)에 있어서의 이밀(李密), 충(忠)에 있어서의 제갈량(诸葛亮), 청렴(廉)에 있어서의 도연명(陶渊明)이고, 우측 조벽의 4인은 적인걸(狄仁杰, 孝), 문천상(文天祥, 忠), 조벽(赵壁, 廉), 사현(谢玄, 节) 등이다. 조벽의 뒷면에는 머리를 산발한 사자상과 더불어 "청성관일(清诚贯日, 날마다 정성을 다하라), 절이능소(节义凌霄, 절개와 의리를 한껏 높이 하라)"의 여덟 글자가 새겨져 있다.

벽운사의 탑원의 돌패방

석패방 뒤로 두 개의 8각비정(八角碑亭)이 남북으로 마주보고 있다. 비정 안에는 건륭황제가 세운 금강보좌탑비(金剛宝座塔碑)가 안치되어 있는데, 왼쪽 비정의 것은 만주어와 몽고어로 새긴 것이고, 오른쪽 것은 한어(汉语)와 티베트어로 새긴 것이다.

금강보좌탑은 벽운사 절터에서 가장 높은 곳에 자리 잡고 있다. 건륭13년(1748)에 세워진 이 탑은 서직문 밖 5탑사(五塔寺)의 것을 모방한 것이다. 불교에서 금강보좌탑은 석가모니가 성불(成佛)한 것을 기념하여 세우는 것인데, 이곳의 탑은 중국과 인도의 형식이 종합된 것이다. 이 탑은 높이가 34.7m로서 한백옥석 벽돌을 쌓아 만든 것이다. 주위에는 또한 티베트 라마교의 전통불상이 놓여있다.

금강보탑의 아래 부분은 4각형으로 되어있고, 한가운데로는 아치모양의 천정을 한 권동(券洞, 굴문)이 있다. 권동 위에는 "등재보리(灯在菩提)"라고 쓴 편액이 걸려있고, 권동 안의 벽에는 "손중산선생의관총(孙中山先生衣冠冢)"이란 금색글자의 편액이 걸려있다. 권동 안의 돌계단을 따라 위로 올라가 출구로 나가면 그 전방 좌우에 원형라마탑이 있다. 그 뒤에 간격을 좁혀 올린 처마 13개의 4각 석탑 다섯 개가 있다. 중앙에 대탑을 앉히고 네 귀퉁이에 소탑을 배치한 정(井)자 모양의 구도로 중앙의

것은 수미산(须弥山, 석가모니의 소재지)을 의미하고, 사방의 것은 자연을 풀이한 것이라고 한다.

벽운사 중추선의 좌우(남북) 양쪽으로 두 채의 건물이 있다. 남쪽으로 있는 것이 나한당(罗汉堂)이고, 북쪽의 것이 수천원(水泉院)이다. 나한당은 건륭13년(1748)에 세워졌다. 항주 서호의 정자사(净慈寺) 나한당을 본 따 지은 것으로 평면으로는 전(田)자형이고, 한 면은 아홉 칸 크기이다. 건물 안에는 나무를 깎아 금칠을 한 500의 나한과 신상(神像) 7개가 있으며, 1개의 제공활불(济公活佛)까지 합치면 모두 508개의 조각상이 있는 것이다. 나한은 모두 1.5m 정도 높이의 좌상으로 생김새와 하고 있는 모양새가 모두 다르고 생기가 돈다. 청나라 때 만들어진 불상으로서는 보기 드문 예술품으로 꼽힌다.

수천원은 벽운사에서 가장 아름다운 곳으로 통한다. 송백(松柏)은 하늘 높이 솟아있고, 그늘이 짙어 여름철에는 청량하기 이를 데 없다. 이곳에는 3대수(三代树)가 있어 사람들의 발걸음을 멈추게 한다. 오래된 측백에 감싸 안긴 젊은 측백이 멀구슬나무(楝树)를 품고 있는데, 세 나무 모두 수세(树势)가 좋다.

함청재(含青斋)는 연못을 사이에 둔 두채의 건물로서 황제와 대신들이 쉬어 가던 곳이다. 건륭 13년(1748)에 세워졌다.

벽운사의 금강보탑

벽운사 함청재

서산와불사 (西山卧佛寺)

송백(松柏)이 우거진 서산산맥의 수안산(寿安山) 자락에 서산의 고찰(古刹) 시방보각사(十方普觉寺)가 자리 잡고 있다. 산을 등지고 남쪽을 향해 있는 이 절은 당나라(唐, 618~907) 태종 때 창건됐으며, 당시의 이름은 도솔사(兜率寺)였다. 그로부터 700여년 뒤인 원나라 영종 때 도솔사 옛터에 수안산사(寿安山寺)를 짓기로 하였으나 왕이 두 번이나 바뀌고 나서야 완공되었고, 그 이름도 대소효사(大昭孝寺)에 이어 홍경사(红庆寺)로 바뀌었다. 이 무렵 구리 50만근에 7,000명의 인부가 투입되어 와불상(卧佛像)이 만들어졌는데, 그것이 지금도 보존되어 있는 것이다.

홍경사는 명나라의 4대 황제 선덕(宣德, 재위 1425~1435)과 정통(正统, 1435~1449) 년간에 중수(重修)되어 수안선사(寿安禅寺)가 되면서 대장경 일부가 옮겨와 보관되고, 8대 황제 성화(成化, 1464~1487) 때는 연수탑(延寿塔, 현재는 없음)을 세워 사리를 매장토록 하였다. 지금의 시방보각사라는 이름은 청나라의 5대 황제 옹정(雍正, 1722~1735)이 내려 준 이름이며, 절에 석가모니가 열반할 때의 누어있는 동상이 있다하여 속칭 와불사라고 한다.

향산 못미처의 북경식물원 정문에서 와불사 패방까지의 도로 양편에는 라일락과 소나무가 많이 심겨져 있어서 봄철이면 라일락 향기가 온천지에 그득하다. 절 앞에 서 있는 4주3루(四柱三楼)의 패루는 당초의 목조패루가 있던 자리에 철근과 콘크리트를 사용하여 1984년에 세운 것이다. 예전의 목패방과 같은 모양으로 만들어 세운 패방의 앞면에는 "지광중랑(智光重朗)"이란 편액이, 뒷면에는 "묘절횡현(妙绝横玄)"이란 편액이 각각 걸려있다.

신패방을 지나 비탈길을 따라 올라가면 다시 4주7루(四柱七楼)의 유리패방(琉璃牌坊)을 만나게 된다. 이 패방에는 아치형의 문이 세 개가 있고, 패방의 앞뒷면에는 건륭황제 친필의 "동참밀장(同参密藏)"과 "구족정엄(具足精严)"이란 편액이 각각 걸려있다. 고색창연한 와불사의 경내는 이곳에서부터 시작된다. 유리패방을 지나 종고루원(钟鼓楼院)으로 들어서면 반달모양의 못에 아치형 다리가 놓여있고, 연못의 좌우에서 종루와 고루가 마주보고 있다. 오늘날 이곳의 종과 북은 울리지 않고 있지만 누각의 지붕에 달린 풍경이 그 정적을 메워주고 있다.

다리를 건너면 세 칸짜리 산문전(山门殿)이 있다. 산문전의 가운데 칸 처마 밑에는 "칙사시방보각사(敕赐十方普觉寺)"라고 쓴 편액이 걸려있다. 산문전을 들어서면 남북방향의 중추선에 천왕전(天王殿), 삼세불전(三世佛殿), 와불전(卧佛殿), 장경루(藏经楼), 사좌전(四座殿) 등이 남향으로 앉아있으며, 양쪽으로 있는 행랑, 배전, 객당(客堂), 방장실(方丈室), 조화롭게 공간을 형성하는 세 곳의 정원 등은 당나라와 송나라 시대의 가람칠당제도(伽兰七堂制度)

에 매우 흡사한 구도로 자리 잡고 있다. 이러한 구성은 북경일대에서는 매우 희소한 것이다.

천왕전은 세 칸 크기이며, "여심천왕(如心天往)"이라고 쓴 편액이 걸려있다. 전각 안의 중앙에는 흙으로 빚어 금칠을 한 미륵상이 안치되어 있고, 옆으로 사대천왕이 자리 잡고 있다. 미륵상 뒤쪽으로는 나무를 깎아 금칠을 한 위타(韦驼) 입상이 있다. 위타는 용맹하며 불교의 시조인 석가모니를 수호하는 존재이다. 위타의 입상은 명대의 유물이다.

삼세불전은 다섯 칸 크기이며, "쌍림수경(双林邃境)"이라고 쓴 편액이 걸려있다. 전각 안의 중앙에는 삼세불이 안치되어 있고, 양 벽 쪽으로는 흙을 빚어 채색한 18나한이 자리 잡고 있다. 전각 앞에 있는 작은 월대의 양쪽으로는 청나라 때 세운 비석이 하나씩 있는데, 왼쪽의 것에는 "어제시방보각사(御制十方普觉寺)"라는 앞면의 비문과 더불어 뒷면에는 건륭의 시가 새겨져 있다. 오른 쪽의 것은 건륭의 시비이다. 동배전의 북쪽 담장이 있는 곳에 동종(铜钟)이 있는데, 건륭3년(1738)에 이친왕(怡亲王)이 만든 것이라 한다.

삼세불전의 뒤에 이 절의 핵심부분이라 할 와불전이 있다. 앞면 세 칸, 옆면 두 칸의 크기이다. 앞면 처마 밑에는 자희(慈禧, 서태후)가 썼다는 "겁목항명(怯目恒眀)"의 네 글자가 흑색바탕에 금빛으로 쓰인 편액으로 걸려있다. 또한 전각 안의 중앙에는 건륭의 "득대자재(得大自在)" 네 글자가 남색바탕의 금자편액으로 걸려있다.

전각 안에는 본래 구리로 만든 와불과 단향목으로 만든 불상이 있었는데, 목상은 없어지고 동상만 남아있다. 키가 5m 남짓인 와불은 눈을 살며시 감고 남쪽을 향해 옆으로 누워있는데, 머리는 오른 손으로 받치고 있다. 그리고 그 뒤로는 부처의 열두 제자가 둘러앉아 있다.

와불사 산문의 유리패방

시방보각사의 와불

이러한 정경은 열반경(涅盘经)에 근거한 것으로 석가모니가 인도의 구시나가라 성 밖에서 수행하다가 보리수 아래서 병들어 죽게 되자 그의 12제자에게 훈시하는 장면이라 한다.

중국에 있는 와불들은 어느 지방임을 막론하고 모두 머리를 서쪽으로 두고 다리는 동쪽으로 뻗고 있다. 이는 서방의 인도를 잊지 않고 동쪽의 땅인 중국에 불교를 전파한다는 의미라고 한다. 또한 남쪽을 향해 눕는 것은 눕는 것이 자신의 편안함을 취하기 위함이 아니라 중생을 구제하기 위한 것임을 나타내는 것이며, 손으로 머리를 고이는 것은 병마가 몸을 휘감아 꼼짝 못할지라도 죽을 때까지 중생을 구함에 최선을 다하겠다는 다짐의 표현이라고 한다. 이곳의 와불상은 라마교를 숭상하는 원나라 때 만들어졌기 때문에 인도의 색채를 풍기고 있다.

전해지는 바로는 석가가 병사하기 하루 전에 보리수 숲에서 제자들에게 마지막으로 훈교(训教)와 더불어 유언을 하였는데, 그 보리수는 꽃송이가 오동나무 꽃과 흡사하여 한 송이에 30여개의 꽃이 달린다. 따라서 피고지고를 계속함으로써 꽃을 피우기 시작하고도 한 달이 지나서야 시드는 것이다. 기록상으로 와불사에는 인도로부터 두 그루의 보리수가 왔는데, 현재 삼세불전 앞에 한 그루만이 남아있다.

와불 옆의 진열대에는 여러 켤레의 커다란 신발이 놓여있는데, 이 신발들은 청나라의 황제들이 바친 것이라 한다.

와불전 위에 다섯 칸 크기의 장경루(藏经楼)가 있고, 그 양편으로 3칸 크기의 배방이 하나씩 있다. 나무가 울창한 사이로 돌계단을 따라 등성이에 오르면 온 절은 물론 멀리의 들판까지 한눈에 들어온다. 예전에 이곳에 정자가 있었는데, 그 터에 수산정(寿山亭)이란 이름의 새 정자가 섰다. 수산정을 지나 월량문(月亮门)을 나서면 더 높이 오를 수 있으며, 가을철에 이곳에서 보는 단풍은 한 폭의 그림과 같다.

이화원
(頤和園)

이화원은 북경시 중심에서 15km 떨어진 서북쪽 교외에 있다. 이화원의 전체 면적은 87만평이고, 그중 75%가 호수이다. 경내의 전각을 비롯한 건축물은 3,000여 칸이며 청나라(1644~1911) 말기에 황제와 황후들이 이 곳에서 정치활동을 하고 풍광을 즐겼다. 이화원의 원래 이름은 청의원(淸漪園)으로 만수산(萬壽山)과 곤명호(昆明湖)로 조성되어 있다. 만수산은 연산(燕山)의 한갈래로 높이는 해발 60m 이하이다. 12세기 금나라 때 이곳에 행궁(行宮)을 짓고 옥천산(玉泉山)의 물을 만수산 아래로 끌어들여 호수를 만든 것이다.

이화원의 곤명호(昆明湖)

16세기에서 19세기 중엽에 이르는 기간은 중국의 원림건축(園林建筑, 조경풍치림 건축)이 발전하는 시기였다. 특히 청나라의 6대 황제인 건륭(乾隆, 재위 1736~1795)은 60년간 황제의 자리에 있으면서 북경성 서북쪽에 "삼산오원(三山五園)"의 대형 원림을 만들었다. 창춘원(暢春園), 원명원(圓明園), 향산정의원(香山靜宜園), 옥천산정명원(玉泉山靜明園), 만수산청의원(萬壽山淸漪園)이 그것이다.

제2차 아편전쟁 때인 1860년에 삼산오원은 영불연합군에 의해 불에 타 훼손되었다. 당시의 황제인 함풍(咸豊, 1851~1861)은 황실을 이

끌고 열하(熱河, 하북성 승덕시)로 피신해 있던 중 사망하고 그의 아들이 어린 나이에 뒤를 이어 10대 황제 동치로 즉위하자 죽은 함풍의 귀비로 새 황제 동치를 낳은 협혁나라(叶赫那拉)가 자희태후(慈喜太

자희태후(일명 서태후)

后)로 승격되면서 48년간의 수렴청정에 들어갔는데, 이 자희태후가 거액의 해군경비를 전용하여 청의원을 새로 짓고 그 이름을 이화원으로 개칭하였다.

이화원은 외국어로 하궁(夏宮, Summer Palace)이라 번역되는데 중국글자가 갖는 의미는 이양충화(頤養衝和, 성정을 부드럽고 온화하게 돋운다)이다. 이화원은 1900년 8국 연합군에 의해 또 한번의 큰 재난을 겪는데, 이때에도 자희는 이를 보수하고 만년의 대부분을

이곳에서 지냈다. 일반적으로 이른 봄인 2월에 들어와 초겨울인 11월에 자금성으로 돌아갔다.

이화원은 크게 궁정구(宮廷區), 전산전호풍경구(前山前湖風景區), 후산후호풍경구(后山后湖風景區)의 세 구역으로 나뉜다.

궁정구(宮廷區)

이화원 동궁문을 들어서면 궁정구의 정전(正殿)인 인수전(仁壽殿)이 있고, 인수전의 양측으로 배전(配殿), 조방(朝房, 조신들의 조회 장소), 직방(直房, 당직방) 등이 조화롭게 배열돼 있다.

① 이화원의 패루(牌樓)

패루는 차양이 있고 둘 또는 네 개의 기둥이 있는 장식용 건축물을 일컫는 것인데, 이화원의 정문인 동궁문 앞에는 기둥 네 개에 지붕이 일곱 개인 패루가 서 있다. 패루의 앞면에는 안개가 끝간데 없이 자욱하다는 의미의 "함허(涵虛)"라는 두 글자가, 그리고 뒷면에는 맑고 그윽하다는 의미의 "암수(唵秀)"라는 두 글자가 각각 새겨져 있다.

이화원의 정문인 동궁문

였으며 그 양쪽의 문은 왕공대신들이 출입하였다. 태감(太監)이나 병졸들은 동궁문의 남·북 양쪽에 있는 쪽문으로 출입하였다.

동궁문의 한 가운데 처마 밑에는 청나라 11대 황제 광서가 손수 쓴 것으로 알려진 "이화원(頤和園)" 편액이 걸려있다.

동궁문 앞 양쪽으로는 한쌍의 구리로 만든 사자가 놓여 있다. 옛 사람들이 사자를 조형할 때 전통 체제를 따랐는데, 수사자는 권력과 통일 천하를 상징하는 수구(綉球, 수놓은 공 모양의 장식물)를 오른쪽 발 밑에 깔고 있으며, 암사자는 자손의 번성을 상징하는 새끼 사자를 오른 발 밑에 두는 형식이었다.

동궁문 앞의 구리사자

이화원 동궁문 앞의 패루(牌樓)

② 동궁문(東宮門)

동궁문은 이화원의 정문으로 세 개의 정문과 두개의 쪽문이 있는 행랑식 건물이다. 중앙의 문은 어로(御路)로서 황제와 황후가 출입하

③ 인수문(仁壽門)과 인수전(仁壽殿)

인수전

인수문

인수문은 동궁문과 인수전 사이에 있는 문으로서 패루(牌樓), 관아(官衙)의 안대문, 사당의 영성문(欞星門) 등의 독특한 형식을 종합해서 갖고 있다. 인수전의 원래 이름은 정무를 부지런히 잘 챙긴다는 의미의 근정전(勤政殿)이었는데 11대 황제인 광서(光緖)는 할머니인 자희태후의 섭정으로부터 벗어날 겸 변법유신운동(變法維新運動, 제도개혁)을 계획하고, 병권을 쥐고 있는 원세개에게 도와줄 것을 청하였다. 그러나 원세개는 면종복배하여 자희태후에게 고함으로써 이 곳에서 막이 올랐던 중국 근대사에 있어서의 변법유신운동은 100일도 못 되어 보수세력에 의해 진압되었다.

옥란당

옥란당 내경

인수전 내경

④ 옥란당(玉瀾堂)·우향사(藕香榭)·과원(跨院)·석가루(夕佳樓)

옥란당은 황제의 침궁으로 중국 전통의 4합원(四合院)으로 되어있다. 옥란당은 그 사합원의 정전(正殿)으로 황제가 일상업무를 처리하던 곳이고, 우향사는 옥란당의 서쪽에 있는 건물로서 광서황제의 침전이었다. 우향사에는 원래 뒷문이 있고 곤명호를 볼 수 있었는데, 자희태후가 변법유신운동을 진압한 후 훈정(訓政)에 들어가면서 황제를 감시하기 위해 이 문을 막아버렸다.

광서황제는 우향사에 10년간 유폐되었으며 1908년 11월에 이곳에서 병사했으니 이때 그의 나이 38세였다. 다음해에 자희태후도 병으로 죽었다. 현재 우향사의 내부에 진열되어 있는 물품들은 원래의 것 그대로 이다.

우향사

우향사 내경

과원은 옥란당에 속한 정원으로 황제의 침전과 황후의 침전 중간에 자리잡고 있으며, 과원의 서쪽에 자리잡고 있는 석가루는 곤명호의 경치를 두루 내다 볼 수 있는 2층 누각이다. 과원과 석가루는 황제와 황후를 위한 것이었으나 자희태후가 옥란당의 뒷담장을 막아버리면서부터는 황제의 발걸음이 끊겼다.

석가루

⑤ 의운관(宜芸館)

광서황제의 황후인 융유(隆裕)의 침전이다.

의운관

융유는 자희태후의 조카딸이다. 자희태후는 광서황제를 통제하기 위해 자신의 친정쪽 조카딸을 손자황제의 황후로 삼았던 것이다.

⑥ 낙수당(樂壽堂)·수목자친(水木自親)·영수재(永壽齋)

낙수당

낙수당 내경

낙수당은 자희태후의 침궁으로 대형 4합원(大型四合院)이다. 붉은 기둥에 회색기와가 얹힌 이 건물의 조형은 독특한 데가 있다. 수목자

수목자친

친은 낙수당의 정문으로 자희태후가 수로(水路)로 이화원에 올 때면 이 곳에서 배를 내려 낙수당으로 들었다.

낙수당 정원에는 커다란 돌이 놓여 있다. 이는 원래 명나라의 신하 미만종(米萬鍾)의 유물이었는데 건륭황제의 눈에 띄어 이 곳으로 옮겨졌으며 청지수(青芝岫)라 명명(命名)되었다. 이 돌의 양쪽에는 건륭이 기념삼아 썼다는 "옥영(玉英)"과 "향련(香蓮)"이란 글자가 남아 있다.

청지수

낙수당의 정원에는 남방으로부터 옥란을 옮겨 심어 무성했으며 "옥향해(玉香海)"라는 이름이 붙었었는데 1860년 영불연합군에 의해 소실되고 지금은 수령이 200여년인 백옥란과 자옥란이 각각 한그루씩 남아 있다.

낙수당의 자옥란

영수재

⑦ **덕화원(德和院)**

덕화원은 이화원의 공연장(公演場)으로 대희루(大戲樓), 이락전(頤樂殿), 경선당(慶善堂)이 중심을 이룬다. 청나라의 3대 공연장으로 자금성의 창음각(暢音閣), 원명원의 청음각(清音閣), 이화원의 덕화원을 꼽았는데 그중에서도 덕화원을 으뜸으로 쳤다.

대희루는 높이 21m의 3층 건물이다. 아래층의 폭은 17m이고 천정과 바닥에는 위아래로 통하는 구조로 되어 있어 천상에서 내려오고 지
대희루

하에서 솟아오르는 장면을 연출할 수 있었다. 또한 무대 바닥 아래에 우물을 만들어 공연 중에 필요한 물을 조달하게 하였다. 이락전은 자희태후가 대희루의 공연을 보는 전각으로 대희루와는 20m의 거리를 두고 마주 보고 있다.

이락전

이락전에는 보좌가 있고, 그 뒤로 다섯 폭짜리 병풍이 둘려 있는데 자희태후의 70세 생일에 만들어진 것으로 지금도 금빛 채색이 찬란하다. 자희태후는 이 보좌 뿐만 아니라 이락전의 양쪽에 마련된 방에서 창문을 통해 연극을 관람하기도 하였다. 이에 비해 광서황제는 초라하게 이락전 밖의 복도에 마련된 의자에 앉아 연극을 관람하였다.

이락전의 보좌

연극을 보고 있는 자희의 밀랍상

이락전 북쪽으로 정원이 하나가 있고 앞 면이 다섯 칸인 정전(正殿)과 좌우배전이 그 안에 자리잡고 있다. 경선당이란 이름의 정전은 자희태후가 연극을 보던 중에 잠시 나와 쉬던 곳으로 서난각(西暖閣)은 화실로 쓰였다.

경선당

전산전호풍경구(前山前湖風景區)

만수산(萬壽山)의 앞이라 할 남쪽 기슭(前山)과 만수산 앞의 곤명호(昆明湖)를 싸잡아 전산전호풍경구라고 하는데 이화원 전체 넓이의 90%가량이 포괄된다.

곤명호 서쪽 제방에서 동북쪽으로 본 만수산 풍경

북쪽은 만수산이 병풍처럼 에워싸고 남쪽으로는 호수가 가로 놓인 북실남허(北實南虛)의 지세이다. 만수산의 전산구역에는 장랑(長廊), 배운전(排雲殿), 향불각(香佛閣)과 그 양측으로 배열된 건축물들이 장관을 이루며, 곤명호 구역에는 남호도(南湖島)와 동·서 제방을 따라 자리잡고 있는 건축물들이 정취를 더한다. 전산전호풍경구의 건물들은 비록 그것을 사람들이 만들었다고는 하지만 주변의 자연경관과 잘 조화되어 천연의 풍경으로 자리잡음으로써 보는 이로 하여금 무한한 아름다움에 도취케 한다.

향불각에서 남쪽으로 본 곤명호

① 장랑(長廊)

장랑은 긴 복도(複道, 지붕이 있는 좁고 긴 통로)이다. 중국의 건축에서 장랑은 원림(園林, 조경풍치림) 경관의 구성 요소이며, 원림의 공간을 적절하게 분할하는 역할도 한다. 그 형식도 다양하여 건물과 건물 사이를 잇는 통로 역할의 주랑(走廊)이 있는가 하면, 이화원의 장랑처럼 양면이 트인 유랑(游廊)도 있다.

장랑의 석장정

이화원의 장랑

서장랑의 어조헌

장랑의 요월문

어조헌에서 보는 호수풍광

장랑은 동서방향으로 자리잡고 있다. 동쪽의 시작은 요월문(邀月門)이고, 서쪽의 끝은 석장정(石丈亭)인데 그 길이는 273칸 750여m로 중국에서도 가장 크고 긴 것이다.

장랑의 중간에 배운문(排雲門)이 있고, 이를 기준으로 한 동·서 장랑에는 각각 호수면에 연접해 지은 정자 구방헌(鷗舫軒)과 어조헌(魚藻軒)이 있다. 장랑을 걷다가 이곳으로 비켜나와 호수의 풍경을 가까이에서 감상할 수 있다.

장랑은 또한 유가(留佳), 기란(寄瀾), 추수(秋水), 청요(淸遙) 등 4계절을 상징하는 4개의 팔각정을 차례로 통과한다. 장랑의 기둥과 칸마다의 들보에는 꽃과 새, 나무와 들, 산수, 인물 등 광범위한 소재의 그림이 그려져 있어 화랑으로서의 역할도 하고 있다. 당초에는 건륭황제의 뜻에 따라 항주(杭州)의 서호(西湖) 풍경 546폭이 그려져 있었는데, 1960년대에 중국정부가 이에 더하여 1,400여 폭의 민속화를 그려 넣었다.

기란정

유가정에서 서쪽으로 본 장랑 내부

서장랑을 따라가다 보면 북쪽으로 갈라져 나가는 복도가 있고, 그 끝에 산색호광공일루(山色湖光共一樓)라는 3층 누각이 있다. 이곳에 올라 사방을 바라보면 산과 물이 한 눈에 들어온다 하여 붙여진 이름이다.

산색호광공일루

② 배운전(排雲殿)·방휘전(方輝殿)·향불각(香佛閣)·지혜해(智慧海)

이 건축물들은 만수산의 남쪽면 상하 중추선 상에 자리잡고 있으며 이화원 전산(前山) 풍경구의 중심을 이룬다.

배운전은 자희태후가 생일을 맞을 때 황제와 대신들로부터 축하를 받던 궁전으로 좌우의 부속전을 포함해 21칸이다. 기둥은 붉고 기와는 황금색을 띠우는 등 매우 휘황찬란하다.

배운전은 구룡보좌(九龍寶座)와 더불어 사

향불각(위)과 배운전(아래)

치스럽게 꾸며져 있는데 그 사용은 1년에 자희의 생일 하루 뿐이었다.

배운전에 들기 위해서는 배운문과 2궁문(二宮門)을 거치게 된다. 배운문은 배운전 여러 건물들의 정문이며 좌우로 배전(配殿)이 있는데 왼쪽의 것이 운금(雲錦)이고 오른쪽이 옥화(玉華)이다. 배운문 앞의 호수가에는 패루가 있다. 패루의 앞과 뒤에 "운휘옥우(雲輝玉宇)"와 "성

곤명호에서 올려다 본 향불각과 지혜해

공요추(星拱瑤樞)"의 여덟 글자가 쓰여 있다. 전자는 화사한 구름속의 하늘에 있는 궁전이라는 의미이고, 후자는 별들이 에워싸고 있는 성스러운 곳임을 표현하고 있다.

배운문 앞의 패루

배운전 내경

패루에서 본 배운문

배운전

배운문을 들어서면 앞쪽으로 14 계단 위의 행랑식 건물인 이궁문(二宮門)이 있고 "만수무강(萬壽無疆)"이라고 쓴 편액이 걸려 있다.

배운문에서 바라 본 이궁문, 뒤로 축대 위의 향불각이 보인다.

이궁문을 들어서면 그곳이 바로 광서(光緖)황제가 자희태후의 생신을 축하하던 장소이며, 백관(百官)들은 문 밖에서 무릎을 꿇고 엎드려 절하였다.

배운전에도 "방휘(方輝)"와 "자소(紫霄)"라는 이름의 좌·우 배전이 있는데, 이곳에서 자희태후는 여러 신하들에게 향연을 베풀었다.

향불각은 8면 3층의 4겹처마 건물로서 21m 높이의 축대 위에 있으며, 건물 높이는 36.48m이다. 지붕은 황금빛 오지기와로 덮여 있고, 살포시 위로 향하려는 듯한 처마 끝의 기와는 녹색을 띄고 있다. 또한 지붕 꼭대기에는 금빛의 둥근 장식물이 올려져 있다.

향불각 1층에는 5m 높이에 무게가 1만근인 나무 관세음보살 입상(立像)이 있고, 2층 전면은 건륭황제 친필의 "만수산곤명호기(萬壽山昆明湖記)"를 탁본하여 상감(象嵌)한 석물로 장식되어 있다. 그 내용은 북경성 서북쪽의 수계개발(水系開發) 연혁과 과정을 간략하게 기술한 것이다. 향불각의 3층에서는 천정 8면에 그려진 천선신녀(天仙神女)와 더불어 향불각의 사료 등을 보관, 전시하고 있다.

향불각1층의 관세음보살상

향불각 3층벽화

지혜해(智慧海)는 만수산과 곤명호를 두루 내려다 볼 수 있는 위치의 건축물이다. 대들보가 없어 무량전(無梁殿)이라고도 불리는 지혜해는 부처의 지혜가 바다와 같다는 의미로 불경에 그 어원을 두고 있다. 지혜해의 전면에는 중향계(衆香界)라고 쓴 편액의 패방(牌坊)이 있다. 지혜해는 벽돌만으로 지어졌으며, 그 외

지혜해

부의 벽면은 온통 1,000장이 넘는 무량수불(無量壽佛) 상감의 오지평판으로 장식되어 있다. 또한 지혜해 내부의 정중앙에는 연꽃보좌의 관세음보살 좌상이 자리잡고 있다.

지혜해내부의 무량수불

③ 오방각(五方閣)·전륜장(轉輪藏)

오방각과 전륜장은 각각 향불각의 서편과 동편에 자리잡고 있는 건물들이다.

오방각의 오방은 불교의 오방색(五方色)에서 비롯된 어휘로 온갖 방향으로부터의 기운을 모아가졌다는 의미이며, 평화와 번영을 상징한다. 오방각의 백옥석(白玉石)으로 만들어진 돌움터 위에는 널리 동정(銅亭)으로 소문이 나 있는 보운각(寶雲閣)이 우뚝 솟아 있다. 1755년에 세워진 이 동정은 세계에서도 보기 드문 청동건축물로서 207톤의 무게에 높이는 7.55m이다. 내부에는 불상이 안치되어 있었으나 두 차례에 걸친 외침 때 해외로 유출되었다.

오방각

보운각

④ 화중유(畵中游)·애산루(愛山樓)·청리관(聽䴆舘)·호산진의(湖山眞意)·청안방(淸晏坊)·숙운첨(宿雲檐)

이 건물들은 향불각의 서편이 되는 만수산 남서 기슭에 점점이 자리잡고 있다.

화중유는 3정(亭)·2루(樓)·1재(齋) 및 패방(牌坊)으로 구성되어 있으며, 중심이 되는 건물은 8각 2층의 2중 처마를 하고 있는 대창정(大敞亭)이다. 산과 조화시켜 세운 화중유에 들어가 주변 경관을 둘러 보노라면 마치 자신이 그림속에서 노니는 느낌이 든다 하여 화중유라고 이름 붙여졌다.

화중유의 대창정

화중유의 앞쪽으로는 청리관이 있고, 동북쪽 옆으로는 애산루가 있으며 서북쪽 옆으로는 차추루(借秋樓)가 있다. 그리고 북쪽으로 올라가서는 호산진의가 있다.

청리관

청리관의 정문에는 금지수화(金枝秀華)라는 편액이 걸려 있는데 이것은 옛날 악기에 장식으로 붙여 놓았던 금화(金花)를 지칭한다. 청리관은 현재 관광객을 위한 음식점으로 바뀌었으며, 이곳에서 궁정 요리를 맛볼 수 있다. 청리관의 옥상에는 규모가 작은 연극무대인 소희대(小戲臺)가 있다. 덕화원의 대희루가 생기기 전에는 자희태후도 이곳에서 연극을 관람하였다.

애산루와 차추루는 화중유와 잘 어울리게 배치되어 있으며, 이 두개의 루는 곡랑(曲廊)으로 연결되어 있을 뿐만 아니라 다른 건물로 가는 길과도 통해 있는데 그 녹아있는 정취가 매우 그윽하다.

애산루

애산루와 차추루를 잇는 곡랑의 중간쯤에서 북쪽으로 빠져나가 계속 올라가면 만수산 서쪽 등성에 있는 호산진의정에 이른다. 이곳에서는 만수산 서쪽에 있는 옥천산(玉泉山)과 옥봉탑

호산진의정

(玉峰塔)을 건너다 볼 수 있다.
　호산진의정에서 서북방향의 길을 따라 올라가다가 만나는 길에서 왼쪽(서쪽)으로 보면 홀로 우뚝 선 숙운첨이 있다. 이것은 관문의 성으로 성 위에는 누각이 있고, 그 안에는 촉한(蜀漢)의 명장인 관우(關羽)의 조각상이 있었는데 훗날 누각을 정자식으로 개조하면서 없애버렸다. 이곳에 올라 동쪽을 보면 소소주가(小蘇州街)의 유적이 눈에 들어온다.

숙운첨

　석방(石舫)이라고도 불리는 청안방은 배모양으로 조각한 36m의 큰 돌 위에 상하 양층의 선실을 지어 올린 것이다. 물은 배가 움직이게도 하고 전복시키기도 하지만 어떠한 상황에서도 청나라는 이 반석 위의 선창처럼 전복됨이 없이 영영세세 굳건할 것이라는 의미를 청안방

청안방

은 지니고 있다.

⑤ 사추헌(寫秋軒)·복음헌(福蔭軒)·천봉채취(千峰彩翠)·회정(薈亭)·경복각(景福閣)·익수당(益壽堂)·자기동래(紫气東來)

　이들은 불향각 동쪽의 만수산 기슭과 산등성이에 자리잡고 있는 건물이다.
　사추헌은 경치를 돋보이게 하기 위하여 지은 점경(點景) 건축물로 그 좌우의 연기나무(黃櫨, smoke tree) 잎이 가을이면 붉게 물들어 보는 이로 하여금 황홀하게 하였다고 한다.

사추헌

　복음헌은 반호형(半弧形)의 3칸 건물로서 서권전(書券殿)이라고도 한다. 서쪽편에 있는 암벽에는 연대대관(燕臺大觀)이란 네 글자가 새겨져 있는데, 이곳에서 남쪽의 곤명호를 내려다 보고 있노라면 한 눈에 들어오는 구름과 물이 마치 운무가 서려 있는 푸른 바다와 같다고 한다.

복음헌

　천봉채취는 만수산 동편 등성이에 있는 성문 모양의 건축물이다. 이와 관련하여 다음과 같은 전설이 있다. 1888년 이화원의 복원공사가 마무리 단계에 이르렀을 때 풍수가의 눈에

는 그 자리가 매우 허전하게 느껴졌고, 그 밖으로는 육랑장(六郞庄)이라는 마을이 있었다. 중국어 발음으로는 사나이라는 의미의 랑(郞)자가 이리라는 의미의 랑(狼)자와 발음이 같은데, 이에 연유하여 풍수상으로는 양 한 마리(자희태후가 양띠이었음)가 여섯 마리의 이리를 상대하는 형국이고, 도저히 이길 수 없는 운명이었다. 이러한 풍수 상의 형국과 운명으로 말미암아 외우내환이 끊이지 않는다 했고, 이에 대한 처방으로 이곳에 성문 모양의 건물인 천봉채취를 세우고 육랑장은 태평장(太平庄)으로 그 이름을 바꿨다고 한다.

천봉채취

회정(薈亭, 우거질 회)은 두 채의 육각정을 한데 붙여 지은 것으로 경치를 돋보이게 하기 위하여 지은 점경(點景)이자 경치를 돌아보기 위하여 지은 관경정(觀景亭)이기도 하다.

회정

경복각은 앞뒤 다섯 칸이며 곡랑(曲廊)으로 통한다. 이곳에서 멀리 있는 호광산색(湖光山色)을 내려다 보면 아름답기 그지없다. 자희태후는 이곳에 자주 나왔는데, 7월 칠석에는 이곳에서 견우직녀에게 제사를 지냈으며, 한가위에는 이곳에서 보름달을 감상했다. 9월 중양절에는 사냥한 동물의 맛을 즐기기도 하였으며, 한여름에는 황후 비빈과 궁녀들을 데리고 나와 골패등의 놀이도 즐겼다고 한다.

경복각

익수당은 4합원(四合院)으로 다섯 칸짜리 정당(正堂)과 배당(配堂) 두 채가 있으며, 온통 꽃무늬가 새겨진 벽돌 담장으로 둘려 있다. 1949년 3월에 모택동 주석이 이곳에서 북경의 민주인사들을 초청하여 연회를 베푼 바 있다.

익수당

자기동래(紫气東來)는 성문위에 4각 2층으로 지어진 관루(關樓)로 만수산 동남쪽 기슭에 있다. 자기라 함은 성스러운 기운을 의미하는

북쪽에서 본 자기동래의 문동(門洞)

것으로 이른 새벽 먼동이 터 오를 때면 아침 안개도 같이 피어 오르면서 무어라 표현할 수 없는 서기(瑞氣)가 온몸에 스며든다고 한다.

⑥ 계호교(界湖橋)·옥대교(玉帶橋)·경교(鏡橋)·빈풍교(豳風橋)·유교(柳橋)·경명루(景明樓)

이들은 곤명호의 서제(西堤, 서쪽 제방)위에 있는 다리와 건물이다. 서제는 곤명호의 서편 수면 위를 길게 가로지르면서 서호(西湖)와의 경계를 이루고 있다. 항주(杭州)의 서호(西湖)에 있는 소제(蘇堤)를 본따서 쌓았다는 서제에는 6개의 다리와 경명루 외에는 아무것도 없어 많은 건물들이 있는 만수산과는 그 경관이 극명하게 대비된다.

위에서 본 서제

계호교는 만수산 서남쪽에서 서제로 건너올 때 거치게 되는 첫 번째 다리이다.

계호교

옥대교는 대리석과 화강암으로 이루어진 옥대모양의 다리로서 마치 구름속으로 날아가려는 듯한 느낌을 준다. 이 다리 밑으로 옥천산의 물이 곤명호로 들어온다. 당시 황제와 황후가 옥천산으로 나들이를 할 때 이 다리 밑을 지나는 수로를 이용하였다.

옥대교

경교는 당나라의 시인인 이백(李白)의 시구 "두곳의 물 사이에 거울이 놓여 있으니 무지개가 두개의 다리 아래에 있네(兩水夾明鏡, 双橋落彩虹)"에서 그 이름을 따왔다고 한다. 건륭황제는 "호수가 거울 같으니 사람인들 거기에 비춰보고 싶지 않으리(莫道湖光宛是鏡, 阿誰不是鏡中人)"라고 읊었다.

경교

빈풍교는 시경(詩經)의 "빈풍(豳風)"이라는 시에서 유래되었다. 이 시에서는 노동하는 사람들의 생산활동과 정신상태를 농도 짙게 읊고 있는데, 다리 이름을 그렇게 붙임으로써 황제들이 백성의 생활을 중시하고 있음을 표현하고자 했다고 한다.

빈풍교

유교는 그 이름을 "버드나무 다리가 맑고, 꽃솜으로 덮여있다(柳橋淸有絮)"라는 시구(詩句)에서 따온 것이다. 해마다 봄과 여름이면 푸른 버드나무 사이에 꽃이 붉게 피고, 옥봉의 보탑이 그림 같으며 서산의 취봉(翠峰)은 병풍 같아서 자연의 정취가 절로 묻어난다.

유교

경명루는 1990년대에 복원된 것이다. 당초의 것은 청나라 건륭황제 때 지은 것이었으나 무너졌다. 경명루라는 이름은 송나라의 범중엄이 쓴 악양루기(岳陽樓記)의 시구(詩句) "봄 경치는 화사하고, 물결은 잔잔하다(春和景明, 波瀾不驚)"의 정서를 담은 것이다. 가운데에 주루(主樓)가 있고 양쪽에 배루(配樓)가 있다. 경명루는 서제의 유일한 건축물이다.

경명루

⑦ 지춘정(知春亭)·야율초재사(耶律楚材祠)·문창각(文昌閣)·동우(銅牛)·곽여정(廓如亭)·수의교(綉漪橋)

이화원의 위성사진, 곤명호의 오른쪽 제방이 동제이고, 그 맞은편 제방이 서제이다.

이들은 동제(東堤, 동쪽 제방)에 자리잡고 있는 건물과 설치물이다.

지춘정은 물 가운데의 조각섬 위에 지어진 2중 처마의 정자이다. 이화원의 봄 기운이 가장 먼저 나타난다 하여 지춘정이란 이름이 붙여졌다.

지춘정

문창각은 성문 모양의 건물위에 십자형의 2층 누각을 세운 것으로 그 안에 문창제군(文昌帝君)의 동상이 있다. 문창은 본디 별의 이름인데 점성가들에게는 매우 귀한 존재로 인식되어

문창각

있고, 도교에서는 공명이록(功名利祿)을 상징한다. 곤명호의 동쪽인 이곳에는 문신(文神)을, 그리고 곤명호의 서쪽에 있는 숙운첨에는 무신(武神)을 앞힘으로써 대경(對景)을 이루고 있다.

야율초재는 거란족(契丹族) 출신으로 원나라에서 재상에까지 오른 저명한 정치가이다. 그는 중화민족의 발전에 기여한 바가 컸기 때문에 청나라의 황제들은 이를 기리고자 이곳에 있는 그의 무덤을 가꾸고 사당을 지었는데, 이것이 야율초재사이다.

야율초재사   야율초재사 좌상

동우는 1755년에 건륭황제가 주조하여 이곳에 안치하였다. 과학적으로도 입증된 바 있듯이 곤명호의 동제(東堤)는 자금성의 터에 비해 10m가량 높았기 때문에 여름철 장마로 동제가 무너지기라도 한다면 자금성은 물에 잠기게 되어 있다. 따라서 건륭황제는 물의 움직임을 잘 알아차린다는 전설속의 소를 구리로 만들어 이

동우(銅牛)

곳에 설치하고 곤명호의 수위 측정선을 그어 항시 관찰토록 함으로써 자금성의 침수재해를 미연에 방지하고자 하였다.

다른 한편으로는 전설을 현실에 재현시키고자 한것으로 보는 견해도 있다. 건륭은 자신을 곧잘 옥황상제에 비유하였고, 청나라 말기의 향락을 탐하던 자희태후는 자신을 천상의 국모인 서왕모(王母娘娘)에 비유하였다. 이들의 심중에는 불향각이 천궁(天宮)이었고, 곤명호는 은하수였으며, 팔방정(八方亭)과 용왕묘(龍王廟) 일대는 하계(下界)인 인간세상이었다. 이렇듯 천궁과 은하수가 있으면 당연히 견우와 직녀가 있어야 했기 때문에 동제에 머리를 서쪽으로 향하고 앉은 동우를 안치하고 서쪽의 석방(石舫)옆에는 직녀정(織女亭)을 지어 직녀도(織女圖)를 봉안하였다는 것이다.

곽여정

수의교는 이화원의 남쪽 끝자락에 있으며, 수로로 이화원에 들어올 때는 이 다리 밑을 통과해야만 하였다.

수의교

⑧ 17공교(十七孔橋)·함허당(涵虛堂)·용왕묘(龍王廟)

17공교는 동제(東堤)의 곽여정에서 남호도(南湖島)로 이어지는 길이 150m의 다리이다. 모두 17개의 아치로 구성되어 있으며, 다리의 난간에는 544개의 돌사자가 놓여 있는데 사자 하나하나의 형태는 모두 다르다. 남호도에 들면 함허당과 용왕묘가 있다.

17공교

함허당은 남호도의 북쪽 부분에 위치해 있다. 돌을 쌓아 높인 터 위에 향불각을 마주하고 당당하게 서 있는 이 건물은 자희태후와 광서황제가 곤명호에서 벌이는 해군의 훈련모습을 참관하던 곳이다.

함허당

용왕묘는 물의 신인 용왕을 모신 절이다. 송(宋)나라의 진종(眞宗, 재위 998~1022)은 서해(西海, 곤명호의 옛이름)의 용왕을 광윤왕(廣潤王)으로 봉한 바가 있는데, 그래서 용왕묘를 광윤영우사(廣潤靈雨祠)라고도 부른다.

용왕묘의 정남쪽에 봉황돈(鳳凰墩)이란 작은 조각섬이 있고, 이곳에 봉황루가 있다. 봉황루에는 구리로 만든 봉황이 안치되어 있다. 용은 황제를, 봉황은 황후를 상징하는 것으로 북

용왕묘

어 있는데, 가운데 것이 석가모니불이고, 그 좌우에 미륵불과 연등불이 놓여 있다. 불상의 좌우 벽에 이어달은 단(壇)에는 석가모니의 제자인 18나한(羅漢)이 나름대로의 자세로 앉아 있다.

대전주불(석가모니상)

롱남봉(北龍南鳳)의 대경(對景)을 이루고 있다.

후산후호(后山后湖) 풍경구

① 사대부주(四大部州)·송당(松堂)·다보유리탑(多寶儒理塔)·연휘성관(演輝城關)·소주가(蘇州街)·운한재(雲翰齋)·북궁문(北宮門)

이들 볼거리는 만수산의 북쪽(뒤쪽) 기슭과 그 자락에 연이은 호수주변에 있다.

주불전의 18나한상

사대부주

사대부주는 티베트불교식 사원으로 1860년의 외침(外侵)때 소실된 것을 1950년 이후에 복원한 것이다. 당초의 것은 건륭황제가 세웠었다. 사대부주에는 주불전(主佛殿)을 중심으로 여러 건물들이 들어서 있으며 만수산 등성이의 지혜해에서 약간 오른쪽으로 비켜서 내려앉아 있다. 주불전에는 세 개의 불상이 안치되

송당은 오래된 소나무들이 그득한 넓디넓은 정원으로 사대부주 아래쪽에 있다. 원래는 송당의 동, 서, 북 3면에 패루(牌樓)가 있었으나 소실된 후 북쪽 것만 복원되었다. 동쪽과 서쪽의 패루가 있었던 자리에는 패루의 돌기둥만이

송당

남아있다.

다보유리탑

다보유리탑은 한백옥의 수미좌(須弥座) 위에 오지벽돌로 지은 8각 사탑으로 7층이다. 사탑의 꼭대기는 구리방울로 장식되어 있는데, 바람에 흔들려 울리는 소리는 마치 범성(梵聲, 불교의 맑은 소리)처럼 들린다. 탑 앞의 비석에는 건륭황제의 건탑(建塔)을 기리는 ≪어제만수산다보탑송(御制萬壽山多寶塔頌)≫이 한어, 만주어, 몽고어, 티베트어의 4개 언어로 새겨져 있다.

연휘성관

연휘성관은 후산 동쪽 기슭에 우뚝 서 있는 성문으로 동편의 문머리에는 "연휘(演輝)"라는 두 글자가, 서편에는 "읍상(挹爽)"이라는 두 글자가 각각 새겨져 있다. 성문의 왼쪽으로는 다리넘어 산골짜기가 있고, 오른쪽으로는 후호(后湖)가 옆에 닿아 있어 경관이 뛰어나다.

북궁문은 이화원의 북문으로 홑처마의 2층 행랑식 건물이다. 건륭황제의 모친이 이곳에 자주 나와 문 밖에서 행해지는 병사들의 훈련 장면을 구경하였기 때문에 예전에는 열무문(閱武門)이라고도 하였다.

소주가는 후호(后湖)의 물가를 따라 늘어 선 300여m의 저자거리를 일컫는다. 한(漢)나라 시절부터 자리잡기 시작한 소주가는 사대부

북궁문

소주가

주 절 아래에 형성된 저자로 64칸의 점포와 14개의 패루 및 패방이 있고 호수의 양안을 잇는 8개의 다리가 있다.

운한재는 붓, 먹, 벼루, 종이 등 문방 4보를 팔던 점포였으나 청나라 때는 오직 황제와 황후만을 위한 유락장소였다. 오늘날에는 관광객을 위한 기념품을 판매하고 있는데 이곳에서 물건을 사고자 할 때는 소주가에서만 유통되는 옛날 돈으로 환전해야 한다. 옛날 청나라의 정취를 느껴볼 수 있는 기회가 되기도 하다.

운한재

운한재 내경

함원당

② 해취원(諧趣園)·잠청헌(湛淸軒)·옥금협(玉琴峽)·지어교(知魚橋)

이들 볼거리는 후산 동쪽 기슭에 자리잡고 있다.

해취원은 이화원이라는 대원림(大園林) 중의 소원림(小園林)으로 원중지원(園中之園)이라고도 불린다. 강소성(江蘇省) 무석(無錫)의 기창원(寄暢園)을 본보기로 하여 꾸민 것으로 다섯 곳에 헌당(軒堂)이 있고, 일곱 곳에 정자가 있으며, 100칸의 유랑(游廊)과 더불어 다섯 곳에 자그마한 다리가 놓여 있다.

해취원 전경

해취원의 중심건물인 함원당(涵遠堂)은 자희태후가 이곳에 나왔을 때 휴식을 취하던 편전(便殿)이었다. 음록수사(飮綠水榭)는 자희태후가 낚시를 즐기던 곳이다.

음록수사

해취원의 잠청헌은 왼쪽에 유랑(游廊)이 있고 오른쪽에는 오솔길이 있으며 뜰은 화단과 산석(山石)으로 꾸며져 있어 그윽하고 고요하기 그지 없다. 해취원의 서북쪽 터는 암석층인데, 이곳에 1~2m 폭으로 20여m의 소규모 협곡을 만들어 후호의 물이 흐르게 하고 옥금협이라 하였다. 흐르는 물소리가 마치 거문고 소리 같다하여 붙여진 이름이라고 한다.

잠청헌

옥금협

해취원의 지어교는 수면에 닿을 정도로 낮게 놓여 있다. 중국의 옛철학자인 장자(莊子)와 혜시(惠施)가 물고기를 보면서 나눈 다음과 같은 대화에서 그 이름이 유래되었다고 하다. 즉, "물고기가 보입니다(魚兒出來了), 매우 즐거워하는군요(魚兒眞快樂)"라고 장자가 말했다. "선생은 물고기가 아닌데 그걸 어떻게 아십니까?(你不是魚, 怎知魚之樂?)"라고 혜시가 물었다. "선생은 장자인 내가 아닌데 내가 물고기의 즐거움을 알지 못한다는 것을 어찌 아셨습니까?(你不是我, 怎知我不知魚之樂)"라고 되물었다.

원명원
(圆明园)

원명원은 평지에 만들어진 대규모의 수경원(水景园)으로 북경의 서북쪽 교외에 있다. 원명원에는 장춘원(长春园)과 만춘원(万春园)이 같이 붙어있으며, 이 세 원림의 남북방향 배열은 품(品)자를 거꾸로 놓은 형상이다. 그리고 그 중심에 세 원림을 통틀어 가장 큰 호수인 복해(福海)가 있는데, 복해가 원명원 소관이었기에 사람들은 복해를 기준으로 하여 원명삼원을 그냥 원명원이라고 부른다.

원명원 조감도

원명원의 내력

원림의 이름을 원명(圆明)이라고 한 것은 청나라의 4대 황제 강희(康熙, 재위 1661~1722)였다. 그 의미에 관하여 그의 아들이자 5대 황제인 옹정(雍正, 재위 1722~1735)은 ≪원명원기(圆明园记)≫에서 적기를 "夫圆而入神, 君子之时中也; 明而普照, 达人睿智(원만함은 입신의 경지이자 군자의 중용이요, 분명함은 두루 비춤이니 달인의 예지이다)"라고 하였다.

원명원이 자리 잡고 있는 북경의 서북쪽 교외는 예로부터 북경을 도읍으로 삼았던 통치자들이 행궁들을 짓고 나들이를 하던 곳이다. 이곳은 지리적으로 첩첩이 이어지는 산 밑이며, 옥천산(玉泉山)을 발원지로 하는 맑은 물이 내를 이룸으로써 봄과 여름에는 그 자체가 한 폭의 그림이었다. 청나라가 중국을 통일한 후 4대 황제 강희(康熙, 1661년부터 61년간 재위)는 여러 차례에 걸쳐 남방을 순회하였는데, 이를 통해 강남의 수려한 산수를 좋아하게 되었고, 그 정취를 담은 원명원을 이곳에 짓도록 하였다. 강희는 후에 원명원을 그의 네 째 아들 윤진(胤禛, 5대 황제 옹정이 되며 1722년부터 14년간 재위)에게 하사하였다.

윤진은 5대 황제 옹정으로 즉위하면서 원명원을 확장보수하기 시작했으며, 정대광명전(正大光明殿)과 근정친현전(勤政亲贤殿)을 지어 궁정구(宫廷区)를 조성하고, 이곳에서 정무를 처리함으로써 원명원은 자금성 외에 또 하나의 정치중심지가 되었다. 옹정 이후 6대 황제인 건륭(乾隆, 재위 1735~1796), 7대 가경(嘉庆, 재위 1796~1820), 8대 도광(道光, 1820~1850), 9대 함풍(咸丰, 1850~1861)에 이르기까지 150여 년 동안 원명원은 규모를 키우면서 궁궐로서의 품격을 갖춰왔으며, 중국근대사에서 나름대로의 독자적인 지위와 의미를 갖게 되었다.

건륭황제의 60년 재위기간은 중국의 봉건사회에 있어서 마지막 번영기이자 원명원의 전성시기였다. 건륭은 옹정 때부터 착수해 온 원명원 40경(景)을 완성하고, 원명원의 동쪽에 장춘원을, 남동쪽에 기춘원(绮春园, 지금의 万春园)을 각각 조성하였다. 또한 이때를 전후하여 옥천산의 정명원(静明园)과 향산(香山)의 정의원(静宜园)을 확장보수하고, 만수산(万寿山)에 청의원(清漪园, 지금의 颐和园)을 창건하였다. 이들을 강희황제가 세운 창춘원(畅春园, 지금의 북경동물원)과 더불어 삼산오원(三山五园)이라고 한다.

삼산오원 외에도 원명원의 주위에는 크고 작은 원림들이 많이 있다. 원명원의 바로 남쪽에 징회원(澄怀园, 지금의 东北义园), 서남쪽의 위수원(蔚秀园)과 승택원(承泽园), 동남쪽의 낭윤원(朗润园)과 작원(勺园), 동쪽의 근춘원(近春园)과 희춘원(熙春园), 서쪽의 일무원(一亩园)과 자득원(自得园) 등이 원명원을 중심으로 하여 부채모양으로 자리 잡고 있었다. 그중의 일부는 현재 북경대학과 청화대학의 학교시설로 쓰이고 있다.

청나라는 누루하치가 나라를 세우고 태조가 된 1616년부터 마지막 황제 부의로 폐망하기까지 모두 열두 황제가 295년간 집권하였는데, 그중 4대 강희로부터 9대 함풍에 이르기까지의 여섯 황제가 200년간에 걸쳐 원명원에 관심을 갖고 가꿨으며, 겨울철을 제외한 일 년의 대부분을 원명원에서 지냈다. 그리고 이들 황제 중 건륭만이 자금성에서 숨을 거뒀을 뿐 나머지 황제들은 원명원에서 생을 마감하였다.

원명원의 넓이는 105만 평이고, 그 둘레는 10km에 이른다. 이만한 터에 조성됐던 풍경의 경점(景点)은 모두 일백여 곳에 달했으며, 하나하나의 경점은 또다시 여러 가지의 볼거리를 감싸 안고 있었기에 원명원의 총체적인 풍경은 천태만상에 변화무쌍하였다. 이러한 원명원은 그것이 조성되고 불에 타 없어지기까지 일반 백성에게는 들여다보는 것조차 허용되지 않았기 때문에 오직 문헌상의 기록과 실지조사를 통해 그 면모를 그려볼 뿐이며, 한편으로는 연약했던 중국의 봉건왕조가 중국백성에게 가져다 준 재난이 얼마나 비참한 것이었는지를 새삼 느끼게 하는 곳이다.

불에 타버린 경위

원명원의 현재모습은 폐허나 다름없다. 외국의 침략으로 철저하게 불에 타버렸기 때문이다. 원명원이 아편전쟁 당시 영불연합군에 의해 약탈당하고 불에 타는 모습을 외국인이 기록으로 남겨놓은 것이 있다. 다음은 그 일부를 간추린 것이다. 1859년 10월 5일, 연합군이 해정(海淀, 원명원의 소재지)을 점령하고 10월 6일부터 원명원을 공격하기 시작하여 10월 7일에 함락시킨다. 이날 점령군은 기념될만한 약간의 물건만을 가져갔는데, 그 다음날인 10월 8일에는 견물생심의 충동을 억누를 수 없었음인지 무리를 지어 다니면서 불을 지르고 앞 다투어 보물들을 약탈해 갔다. 10월 17일에는 아예 연합군사령부에서 공식적으로 원명원을 약탈해 오도록 명령하였고, 약탈한 물건은 경매를 통해 매각하였다. 은화 12만3,000량의 매각대금 중 1/3은 약탈해온 병사들에게 나누어 주었다. 원명원에서 약탈해간 물건들은 그 가치를 돈으로 따질 수 없는 보물 중의 보물이었지만 점령군의 그러한 만행을 점령당한 약체국가로서는 굴욕의 참담한 심정으로 바라보고 있을 수밖에 없었다.

사태는 그것으로 끝난 것이 아니었다. 당시

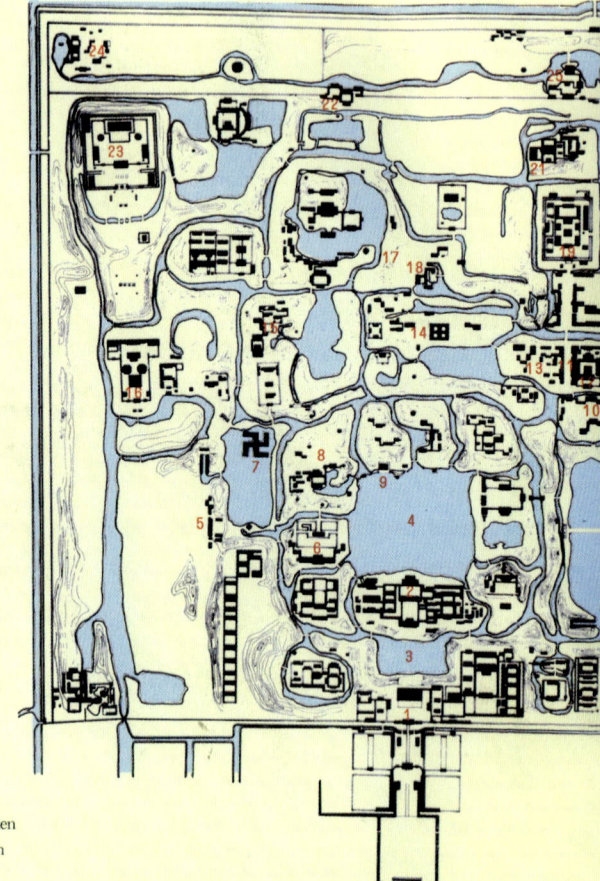

1. Justness and Honesty
2. Clear Sky over Nine Prefectures
3. Front Lake
4. Rear Lake
5. Mountain High, River Long
6. Largeness of Mind
7. Peace and Harmony Everywhere
8. House of Apricot Blossoms in Spring
9. Light of the Sky High and Low
10. Lotus in the Breeze in a Curved Pond
11. Market Street
12. Garden of Shared Joy
13. Stone Seat by a Stream
14. Simplicity and Tranquility
15. Spring at Wuling
16. Moonlit Dwelling in Cloud
17. Sound of Oriole in Swaying Willows
18. Graceful Water and Trees
19. Buddha's City
20. Clear and Universal Justice
21. Elegance of the Western Peaks
22. Cloud-like Crops
23. Palace of Peace and Blessing
24. Purple and Green Mountain Lodge
25. Fish Jump and Kites Fly
26. Distant Northern Mountain Village
27. Taoist Wonderland
28. Lake of Blessing
29. Three Pools Reflecting the Moon
30. Garden of Gentle Ripples
31. Gentleman's Study
32. Sunset over Snowy Peaks
33. Ripples-Watching Hall
34. Land of Unique Beauty
35. Palace of Extensive Cultivation
36. Sound of Lute on Stream-Flanked Lake
37. Jasper Terrace on Penglai Island
38. Overlooking the Island of Immortals
39. Garden of Luxuriance
40. Vast Vistas of Sea and Mountains
41. Scripture-Storing Hall
42. Purifying Study
43. Likeness Garden
44. Mirror Garden
45. East Gate
46. Lion Wood
47. Baoxiang Temple
48. Building of Exotic Delights
49. Water Tower
50. Bird Cage
51. Labyrinth
52. Temple of Another Land
53. Overseas Hall
54. House of a Distant Land
55. Great Fountain
56. Display Fountain
57. Parallel Mounds
58. Square River
59. Study of Four Accords
60. Phoenix and Unicorn Islet
61. Green-Mirroring Pavilion
62. Gate to the Garden of Beautiful Spring

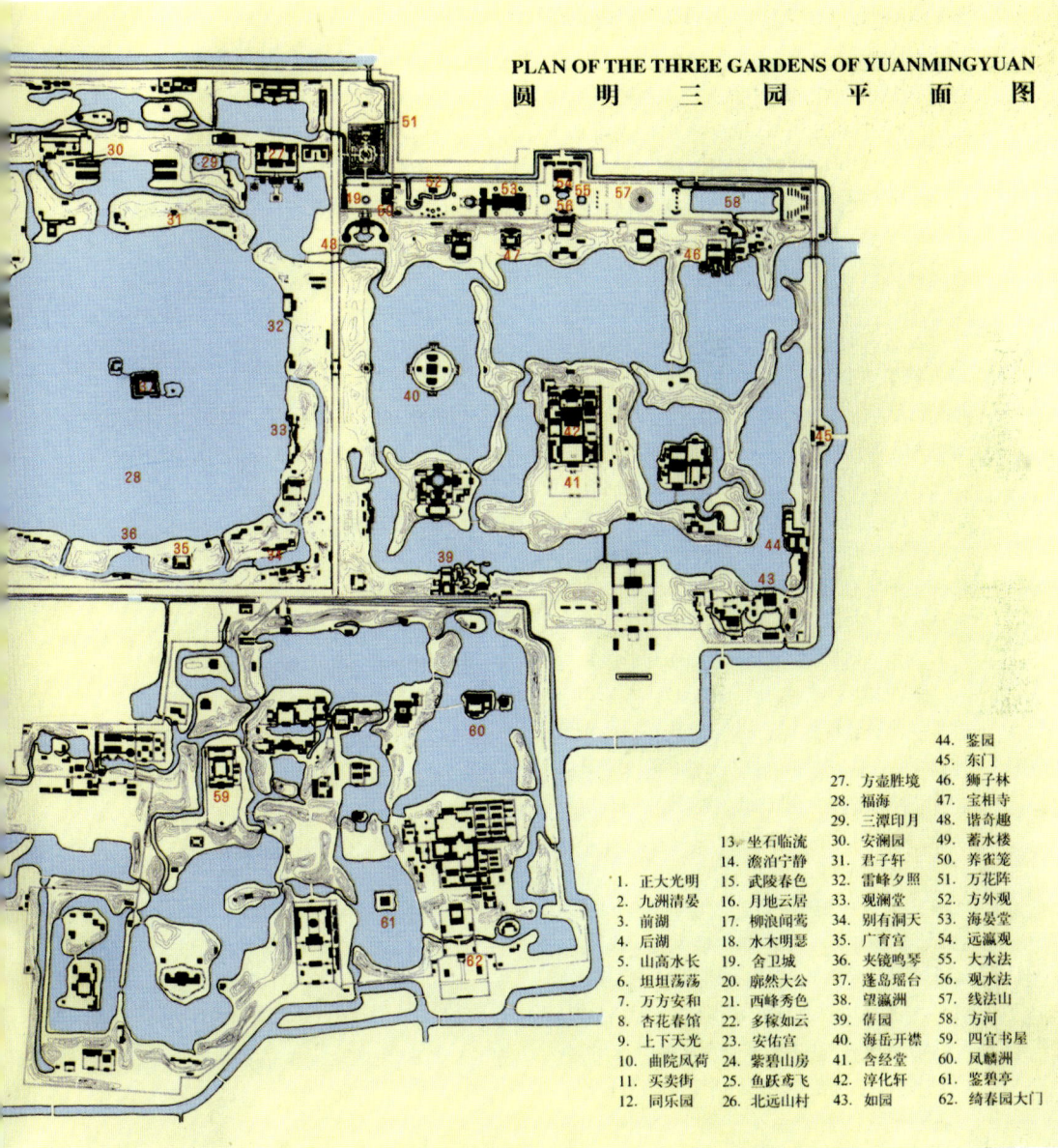

PLAN OF THE THREE GARDENS OF YUANMINGYUAN
圆 明 三 园 平 面 图

1. 正大光明	13. 坐石临流	27. 方壶胜境	44. 鉴园
2. 九洲清晏	14. 澹泊宁静	28. 福海	45. 东门
3. 前湖	15. 武陵春色	29. 三潭印月	46. 狮子林
4. 后湖	16. 月地云居	30. 安澜园	47. 宝相寺
5. 山高水长	17. 柳浪闻莺	31. 君子轩	48. 谐奇趣
6. 坦坦荡荡	18. 水木明瑟	32. 雷峰夕照	49. 蓄水楼
7. 万方安和	19. 舍卫城	33. 观澜堂	50. 养雀笼
8. 杏花春馆	20. 廓然大公	34. 别有洞天	51. 万花阵
9. 上下天光	21. 西峰秀色	35. 广育宫	52. 方外观
10. 曲院风荷	22. 多稼如云	36. 夹镜鸣琴	53. 海晏堂
11. 买卖街	23. 安佑宫	37. 蓬岛瑶台	54. 远瀛观
12. 同乐园	24. 紫碧山房	38. 望瀛洲	55. 大水法
	25. 鱼跃鸢飞	39. 倩园	56. 观水法
	26. 北远山村	40. 海岳开襟	57. 线法山
		41. 含经堂	58. 方河
		42. 淳化轩	59. 四宜书屋
		43. 如园	60. 凤麟洲
			61. 鉴碧亭
			62. 绮春园大门

원명3원 평면도

북경에 와있던 영국대사와 군사령관은 본국 여론의 지지 하에 중국 황실의 자존심인 원명원을 불태워 없앰으로써 자국정부의 요구를 더 이상 거부하지 못하도록 하고자 1860년 10월 18일 새벽에 기병 1개 대대를 투입하였다. 기병이 들어 간지 얼마 되지 않아 수십 군데에서 일제히 시커먼 연기와 더불어 불길이 치솟았고, 이내 하늘은 거대한 불 산으로 변했다. 그 속에서 오랜 세월에 걸쳐 정성들여 가꿔온 원명원의 역사적 유물들은 일거에 한 줌의 재가 되어 사라진 것이다. 영국군사령관은 원명원을 불태워 없앤 다음날에도 이화원의 배운전(排云殿), 전자전(田字殿), 오백나한전(五百罗汉殿), 후산소주가(后山苏州街) 뿐만 아니라 옥천산 정명원(静明園)의 16경(十六景)과 향산 정의원(静宜園)의 28경(二十八景) 등도 불태워버렸다.

예전의 원명원은 중국의 조원(造园)전통을 그대로 이어받은 것으로 평가됐었다. 하늘을 옮겨오고 땅을 빚어 만든 듯한 산수 환경 속에 이리저리 조화롭게 자리 잡고 있는 궁전과 정자는 선경(仙景)과 같았고, 여기에 북쪽을 두르고 있는 산세의 웅장함이 보태져서 중국 인문산수의 미학경계를 대표하는 궁원으로 자리 잡았었다. 그러나 불행하게도 지금은 원명원유지공원(圓明園遺址公園)으로 일반에 공개되면서 중국근대사의 치욕의 현장을 말없이 들어내 보이고 있을 뿐이다.

예전의 그 변화무쌍했던 천태만상은 사라지고, 이제 남아있는 것은 황량한 터를 지나가는 계절의 발자취뿐 이다. 다행히도 옛 화공의 그림이 전해지기에 오늘의 빈터에 그 모습을 형상화해 보면서 원명원 관람을 나서보고자 한다. 원명원은 매우 넓어서 대략적으로나마 구역을 나누어 살펴보는 것이 좋다. 여기서는 편의상 (원명원 중로)-(후해북부)-(복해십도)-(장춘원)-(만춘원)의 순으로 나누어 본다. 원명원 중로와 후해북부 및 복해십도의 북쪽부분은 현재 관람객의 출입을 금하고 있다.

원명원 중로(中路)

원명원 중로는 후호(后湖)에서부터 원명원의 정문에 이르기까지 붓으로 내려 그은 듯 나 있는 중추선을 일컫는데, 이 일대에 궁정구(宮廷区)가 있고, 북단에 황가의 처소가 있었다.

① 대궁문(大宮門)

원명원의 대문인 대궁문은 높이 쌓은 터 위에 자리 잡고 있었으며, 앞쪽으로 월대(月台)가 있었다. 대궁문 앞 광장의 좌우로 각각 다섯 칸씩의 조방(朝房), 신하들이 조회에 참석하기위해 대기하던 방)이 있었으며, 양 조방의 뒤쪽으로는 황제의 명을 시행하던 행정용 건물이 27칸씩 모두 54칸이 있었다.

② 현량출입문(賢良出入門)

대궁문을 들어서면 이궁문(二宮門)이라고도 불리는 현량출입문이 있었다. 문 앞을 흐르는 반달모양의 어하(御河)에는 돌다리 세 개가 놓여있었으며, 이궁문의 동쪽과 서쪽에는 황제의 명을 받드는 19칸짜리 건물이 각각 한 채씩 있었다.

③ 정대광명전(正大光明殿)

현량출입문 안쪽에 황제가 신하들을 모아 조회를 하고, 보고를 받던 정대광명전이 있었

정대광명전

다. 정대광명전은 원명원의 정전(正殿)으로 동쪽과 서쪽에 문무관원의 조방이 자리 잡고 있었다. 정전의 뒤쪽은 수산검석(寿山剑石, 복건성의 수산에서 나오는 옥색돌로 검모양으로 생김)과 푸른 소나무로 치장되었다. 현재 이들 검석은 이화원 만수산 기슭의 함신정(含新亭)으로 옮겨져 있다.

④ 근정친현전(勤政亲贤殿)

정대광명전의 동편에 있었으며, 근정전으로 줄여 불렀다. 건륭황제는 이곳에서 정무를 처리하였다. 근정전의 북쪽으로는 사득당(四得堂), 수목가음(秀木佳阴), 생추정(生秋亭)이 있었고, 동쪽으로는 비운헌(飞云轩)과 방벽총(芳碧丛)이 있었다. 방벽총에는 특히 대나무가 많았는데, 건륭황제는 한여름이면 이곳으로 옮겨와 정무를 처리하고 식사를 하였다고 한다.

⑤ 구주청안전(九州清晏殿)

정대광명전의 뒤편, 전호(前湖) 건너에 있었다. 전호와 맞닿아서는 원명원전(圆明园殿)이 있고, 그 뒤로 봉삼무사남목전(奉三无私楠木殿)과 구주청안전(九州清晏殿)이 있었다. 구주청안전은 황제의 침전이며, 후호(后湖)의 물가에 닿아있었다. 후호의 주위에는 구주청안전이 있는 섬을 포함해서 모두 아홉 개의 작은 섬들이 에워싸고 있는데, 구주라는 이름은 그러한 구도에서 비롯된 것이라고 한다. 후호의 9주는 옹정황제 때 만들어진 것으로 원명원의 산수구

구주청안

도를 잡는 기점이기도 하였다. 이들을 각 섬의 건물이름을 표지로 삼아 구주청안에서부터 시계방향으로 보면, 구주청안전(九州清晏殿), 여고함금(茹古涵今), 탄탄탕탕(坦坦荡荡), 행화춘관(杏花春馆), 상하춘광(上下春光), 자운보호(慈云普护), 벽동서원(碧桐书院), 천연도화(天然图画), 루월개운(镂月开云) 등이다. 구주청안전의 좌우에는 황후와 비빈들의 거처가 있었다고 한다.

⑥ 산고수장루(山高水长楼)

구주청안전의 서북쪽, 탄탄탕탕의 서쪽으로 있었다. 2층9칸의 소박한 건물이었으며, 뒤로는 언덕이 있고 앞으로는 개울물이 감돌아 흘렀다. 평시에는 이곳에서 병사들이 활쏘기 대회를 개최하고, 정월보름에는 황제가 고기를 굽고 향연을 베풀었다고 한다. 이때의 참석범위는 종실, 변방영주, 일품대신, 남서방(南书房), 상서방(尚书房), 군기대신, 외국사신 등이었다.

산고수장루

⑦ 만방안화(万方安和)

만방안화는 산고수장의 서북쪽 물 건너로 보였던 33칸 크기의 만자형 건물이었다. 그 형식이 특이하여 겨울에는 훈훈하고 여름에는 시원하였다고 한다. 남쪽으로 있는 정실(正室)에 "万方安和"라고 쓴 편액이 걸려있어 이 일대를 만방안화라 불러왔다. 만방완화의 건축형식은

남방원림의 호외실(戶外室)을 변형한 것이었다고 하는데, 지금은 만자형의 기초만이 남아있다.

만방안화

⑧ 행화춘관(杏花春館)

행화춘광은 만방안화의 동쪽으로 있었다. 옹정황제는 이곳을 채포(菜圃)라고 하였다. 살구나무 사이로 작은 건물들이 자리 잡고 있었으며, 건륭황제는 이곳에 춘우헌(春雨軒)을 짓고, 마을을 조성하였다. 건륭은 이곳에서 비 오

행화춘광

는 날의 정취를 즐겼다고 한다.

⑨ 상하천광(上下天光)

상하천광은 후호(后湖)의 북쪽 기슭, 행화춘관의 동쪽 옆에 있었다. 앞쪽으로 있는 호수의 맑은 물에는 땅위의 모습이 실제 모습처럼 드리워졌는데, 그 풍광을 보고 있노라면 하늘이 땅에 닿은 것 같기도 하고, 땅이 하늘에 이어지는 것 같기도 하다하여 붙여진 이름이었다. 물가의 누각은 그리 높진 않았지만, 이곳에 올라보면 주위의 경치가 한눈에 들어왔다고 한다.

상하천광

⑩ 곡원풍하(曲院风荷)

후해의 동북쪽으로 항주(杭州)의 서호(西湖) 풍경을 모방한 곡원풍하가 있었다. 여름철에 만발한 연꽃이 바람과 희롱하는 모습은 절경이었으며, 남쪽으로 보이는 구공교(九孔桥)와 조화를 이뤘다고 한다.

곡원풍하와 구공교

후호북부(后湖)

후호를 에워싸고 있는 9도의 북부지역으로 일반인의 출입이 금지되어 있다.

① 매매가(买卖街)와 동락원(同乐园)

매매가는 원명원의 상점가로 곡원풍하의 북쪽으로 있었다. 황제를 비롯한 황가의 사람들이 이곳에 나오면 태감(太監)들이 응대하였다. 매매가의 서쪽 산 너머에는 난정(兰亭)과 백석청천(白石清泉), 그리고 푸른 숲이 있어 매매가의 번화함과는 대비되었다. 매매가의 동쪽으로 원명원의 최대오락장소인 동락원이 있었다. 건륭황제 때 이곳은 매우 북적거렸고, 매년 정월 열사흘부터 보름날까지 황제는 종실왕공 및 변방에 나가있는 신하들을 이곳에 오도록 하여 주연을 베풀었다고 한다. 동락원의 무대로 3층짜리 건물의 청음각(清音阁)이 있었다.

매매가와 동락원

② 담박녕정(澹泊宁静)

후호의 바로 북쪽에 있었으며, 건물의 배열이 밭 전자 같다하여 전자방(田字房)이라고도 하였다. 주위에 논과 갈대밭이 있어 전원풍경을 이뤘다. 중농주의 사상을 표방한 원림경관이었다고 한다.

③ 무릉춘색(武陵春色)

담박녕정의 서쪽이면서 만방안화의 북쪽인 곳에 있었다. 원명원에서 조성시기가 가장 앞선 곳으로 형상화된 산간오지로 꾸며졌으며, 많이 심겨진 도화(桃花)의 꽃잎이 무성한 풀숲 위로 흩날리는 모습은 선경 그 자체였다고 한다.

무릉춘색의 도화동

④ 월지운거(月地云居)

무릉춘색의 동쪽, 산고수장의 북쪽으로 있었다. 티베트식 불교사원으로 다섯 칸 넓이의 2층 건물이었으며, 법원루(法源楼)와 정실(靜室) 등의 배전이 있었다. 건륭은 자신을 문수(文殊)로 자처할 정도의 독실한 불교신자였으며, 황교(黄教)를 흥하게 함으로써 그 본고장인

담박녕정

월지운거

티베트와 몽고의 권력층을 다독거리는 한편, 자신도 몸소 그 신앙을 실천하는데 게을리 하지 않았다.

⑤ 수목명금(水木明瑟)

담박녕정의 북쪽 물가에 자리 잡고 있었다. 열하(熱河)강의 붕어를 양식하였으며, 수력(水力)으로 돌리는 선풍기가 있어서 옹정황제는 한여름에 이곳에 나와 더위를 식혔다고 한다.

수목명금

⑥ 사위성(舍卫城)

매매가의 북쪽으로 있었으며, 안우궁(安佑宫), 방호승경(方壶胜景)과 더불어 원명원에서 규모가 큰 3대 건물군 중 하나였다. 사위성은 남북으로 길고 동서로는 좁은 장방형의 터에 지어졌으며, 성 앞에는 세 개의 패방이 있었다. 문을 들어서면 다보각(多宝阁)이 있었고, 그 뒤에 수국수민(寿国寿民)이란 이름의 정전이 있었으며, 후전으로 인자전(仁慈殿)이 있었다. 각 전에는 5칸짜리의 배전이 있었다.

⑦ 서봉수색(西峰水色)

서봉수색은 원명원 초기에 조성된 경치 중의 하나로 사위성의 북쪽에 있었다. 항주 서호의 서봉수색을 본 따 만든 것으로 정전은 3권 15칸(三卷十五间)이었으며, 매년 7월 초이렛날에는 이곳에서 칠석맞이 향연이 열렸다. 돌을 쌓아 인공폭포를 만드는 등 동진(东晋) 때의 고승 혜원(惠远)이 기거하였다는 여산(庐山)의 동림정사(东林精舍)를 연상케 하는 환경이었다.

서봉수색

⑧ 어력연비(鱼跃鸢飞)

서봉수색의 북쪽으로 있었던 건물군(群)으로 규모가 컸다. 정사각형으로 올려지은, 각 면 5칸의 중심건물은 물위에 앉혀져 있었다. 맑은 물이 조용히 건물주위를 휘돌아 흐르는 분위기는 우아하였고, 사방으로 펼쳐져있는 전원풍경은 정다웠다고 한다.

어력연비

⑨ 북원산촌(北远山村)

원명원의 북쪽 담장과 접해 있었다. 동서길이 1,600m, 남북 폭 100m의 4만8000여 평에 물의 고장 강남의 산촌마을풍경을 재현한 것이다. 연꽃이 피는 연못, 벼논, 채마전, 풀밭, 구릉 등으로 구획을 하고 물이 흐르도록 하였으며, 물가에는 울타리와 테라스 및 정자 등이 자리 잡고 있었다.

북원산촌

⑩ 안우궁(安佑宮)

안우궁은 원명원의 서북쪽 끝 무렵에 자리 잡고 있었다. 전면에 세 개의 패방이 있었으며, 화표(华表, 원통형의 장식용 돌기둥) 두 쌍이 있었다. 현재 한 쌍은 북경대학에, 또 한 쌍은 북경도서관에 가 있다. 대전(大殿)의 중앙에는 강희황제의 초상이 안치되어 있었고 그 왼쪽으로 옹정황제의 초상이, 그 오른쪽으로 건륭황제의 초상이 각각 자리 잡고 있었다. 대전의 월대에는 구리로 만들어 금을 입힌 학, 사슴, 세 발달린 솥 등이 각각 2개씩 놓여있었으며, 배전과 팔각비정이 있었다.

안우궁

복해10도(福海十島)

후해의 동북쪽 곡원풍하(曲院风荷)에서 동쪽으로 가면 원명원에서 가장 큰 호수 복해가 나온다. 북해의 둘레는 2km정도이며, 호숫가는 10개의 작은 섬으로 둘려있다. 복해를 싸고 있는 10개의 섬을 구공교의 동쪽에 있는 섬에서부터 시계방향으로, 각각의 섬에 있던 건물이 이름을 표지로 삼아 열거해 보면 조신욕덕(澡身浴德), 연진원(延眞院), 곽연대공(郭燃大公), 평호추월(平湖秋月), 뢰봉석조(雷峰夕照), 접수산방(接秀山房), 별유동천(別有洞天), 광육궁(广育宮), 협경명금(夹镜鸣琴), 호산재망(湖山在望) 등이다. 그리고 호수의 한가운데는 세 개의 섬이 있다.

복해

① 봉도요대

복해의 중앙에 있는 세 개의 작은 섬은 황가원림의 전통모식인 일지삼산(一池三山)에 따라 조성된 것이다. 가운데의 섬에 봉도요대(蓬島瑤台)란 이름의 7칸짜리 건물이 있다. 봉도요대에서 동남쪽으로 놓인 다리를 건너면 동도(东岛)이고 이곳에는 영해선산(瀛海仙山)이라는 정자가 있다. 또한 봉도요대에서 서북쪽으

복해의 서도 정원

로 있는 다리를 건너면 서도(西島)이다. 봉도요대에서 동쪽을 보면 뢰봉석조가 있었고, 서남쪽으로는 조신욕덕이 있었으며, 서북쪽에 평호추월이 있었다. 이들은 원명원 40경중에서도 이름난 경색이었다.

② 곽연대공(郭燃大公)

사위성과는 서쪽으로 접해있었고, 북쪽으로는 연못이 있었다. 규모가 있는 여러 채의 건물로 이루어 졌으며, 정전은 한 쌍의 학이 그곳의 뜰에 살고 있다 하여 붙여진 이름의 쌍학재(双鶴斋)였다. 서북쪽으로는 정가헌(静嘉軒)이 있었다. 한여름 연꽃이 만개한 경치가 좋아 건륭황제는 이곳을 일컬어 능하심처(菱荷深処)라 하였다.

곽연대공

③ 뢰봉석조(雷峰夕照)

복해의 동쪽 물가에 자리 잡고 있다. 옥천산(玉泉山)의 보탑(宝塔), 만수산(万寿山)의 불향각(佛香阁), 서산(西山)의 뭇 봉우리들이 건너다 보이며, 그 하늘 위에서 쏟아져 내리는 저녁햇살은 보는 이의 마음을 한없이 고요하게 한다.

④ 별유동천(別有洞天)

복해10도의 건물들은 대체로 복해의 물을 향하고 있었다. 그러나 동남쪽 귀퉁이에 있는 별유동천은 서북쪽 귀퉁이의 곽연대공과 더불어 복해의 바깥쪽을 향하고 있었다. 이는 강남원림의 구성방식으로 원림의 공간 활용을 다양하게 하고자 함이었다. 별유동천은 복해의 동남쪽 후미진 곳에 있었으며, 수청촌(水清村)이라고도 하였다. 나무가 무성한 구릉 속에 들어 있어 주변이 맑고 그윽하였으며, 그런 분위기가 탁 트인 복해와는 대비되었다. 옹정황제는 이곳에서 단(丹)수련을 하였고, 건륭(6대 황제로 1735년부터 61년간 재위), 가경(7대, 24년간 재위), 도광(8대, 30년간 재위)의 세 황제도 이곳에 나와 유람하며 식사를 즐겼다고 한다.

별유동천

⑤ 방호승경(方壺胜景)

복해의 동북쪽으로 있었다. 복해 뒤의 또 다른 물가에 평면 산(山)자 모양으로 한백석을 쌓아 3층 석대를 만들고, 그 위에 해란전(哕鸾殿), 경화루(琼华楼), 예주궁(蕊珠宫) 등의 궁전이 있었다. 이곳만한 경색(景色)을 찾기가 쉽지 않다는 평판을 지니고 있었다고 한다.

뢰봉석조에서 보는 복해의 석양

⑥ 삼담인월(三潭印月)

방호승경의 서편에 있었다. 용금교(涌金桥)를 지나면 정랑(亭廊)이 물 위에 걸쳐있었다. 항주 서호의 삼담인월을 변형시켜 조성한 것이었다고 한다.

삼담인월

장춘원(长春园)

원명원의 복해 동편에 있는 명춘문(明春门)을 들어서면 장춘원이다. 장춘원은 건륭 9년(1744)에 착공되어 7년만인 1751년에 대체적인 공사가 마무리 되었다. 강남의 수국경치(水国景致)를 기본으로 하고, 이에 황가원림과 민간원림의 장점을 가미하여 조성한 것이다. 장춘원에는 궁전, 정원, 경점(景点) 등 20여 곳이 구릉과 섬, 그리고 호수와 개울가에 분포되어 있는데, 전체적으로는 원명원과 조화를 이루면서도 독자적인 풍격을 지니고 있다.

함경당과 순화원의 유적지

장춘원의 주전(主殿)은 순화헌(淳化轩)이었다. 순화헌의 앞과 뒤에는 각각 함경당(含经堂)과 온진재(蕴真斋)가 있었으며, 이들 건물은 장춘원의 중심에 있는 1만3,600평의 섬에 자리 잡고 있었다.

함경당 문 앞에 있었던 구리용

장춘원에는 서구풍의 정원도 있었다. 그렇게 되기까지의 연유는 잘 알려져 있지 않지만 수려한 풍경과 웅장한 분위기의 건축물들은 청나라의 건륭황제가 1747년에 착수하여 12년만에 완성한 것으로 보는 이로 하여금 감탄케 하였다. 그것이 바로 장춘원의 북단에 자리 잡고 있는 서양루(西洋楼)였다. 동서방향으로 길고, 남북 폭이 좁은 2만1,000평의 대지에 서구의 18세기 건축양식(바로크와 로코코)으로 지어진 10개조의 건물들과 더불어 정원과 분수가 있었다. 서양루의 건축물 10개조를 서쪽에서 동쪽 방향으로 볼 때 해기취(谐奇趣), 황화진(黄花阵), 양작롱(养雀笼), 방외관(方外观), 해안당(海晏堂), 원영관(远瀛观), 대수법(大水

해기취유지

황화진의 미로(1980년대에 복원)

방외관유지

원영관 유지

대수법유지

해안당유지

法), 관수법(观水法), 천법산(浅去山), 선법화(线法画) 등이었다.

장춘원의 사자림(狮子林)도 손꼽히는 경점이었다. 건륭이 재위 27년째인 1762년에 소주(苏州)의 사자림을 본 후에 같은 모양으로 조성토록 한 것이다. 건륭황제는 배를 타고 이곳으로 와서 풍광을 즐겼는데, 당시에 배를 대었던 곳의 흔적이 남아있다.

사자림의 16경(景)은 두 차례에 걸쳐 조성되었다. 첫 번째로 조성된 8경은 사자림(狮子林),

사자림과 나루터

홍교(虹桥), 가산(假山), 납경당(纳景堂), 청민각(清闷阁), 등가(藤架), 등도(藤道), 점봉정(占峰亭) 등이고, 2차로 조성된 8경은 청숙재(清淑斋), 소향당(小香幢), 탐진수옥(探真书屋), 연경루(延景楼), 화방(画舫), 운림석실(云林石室), 횡벽헌(橫碧轩), 수문(水门) 등이다.

장춘원 서편의 호수 한가운데에 해악개금(海岳开襟)이란 경관이 있었다. 물 한가운데에 2층으로 터를 만들고, 층마다 난간을 두른 다음, 그 위에 득금각(得金阁)을 비롯한 건물들을 세웠다. 멀리서 본 해악개금은 마치 신기루 같았으며, 원명원의 어떤 누각보다도 훌륭하였다.

해악개금의 남쪽으로 일곱 칸 크기의 사영재(思永斋)가 있었다. 사영재의 동별원(东别院)인 소유천원(小有天园)은 항주의 서호에서도 아름답기로 소문난 왕(汪)씨 가문의 정원을 본 딴 것인데, 건륭이 그곳에 갔을 때 그곳을 보고 마음에 들어서 이곳에 재현한 것이다. 사영재의 남쪽 물 건너 천원(茜园)이 있다. 천원에는 세 칸 크기의 랑윤재(郎润斋)를 중심으로 동쪽에 잠경루(湛景楼)가 있었고, 서쪽으로는 청련타(青莲朵)라 불리는 돌이 놓여 있었다.

해악개금

천원의 동남쪽으로 장춘원의 대궁문이 있고, 그 동쪽으로 여원(如园)이 있었다. 여원은 본래 명나라 중산왕 서달의 서원(西园)을 본 딴 것으로, 이곳에는 돈소당(敦素堂), 관하각(冠霞阁), 명의루(明漪楼) 등이 있었으며, 가경황제가 즐겨 찾았다. 여원의 북쪽으로는 감원(鉴园)이 있었다. 감원은 주위가 물이기 때문에 누대에 올라보면 마치 거울 속에 들어있는 느낌이라 하여 붙여진 이름이다.

감원유지

만춘원(万春园)

원명원의 복해와 장춘원의 남쪽으로 담장 하나를 사이에 두고 있다. 청나라의 10대 황제인 동치(同治, 재위 1861~1875) 이전에는 기춘원(绮春园)이라 하였는데, 그 조성연대는 확실치 않다. 건륭 37년(1772)에 관리책임자를 두었으며, 원명원 총관대신의 지휘를 받도록 했다는 기록이 있을 뿐이다.

기춘원은 건륭황제의 처남인 대학사 부항(傅恒)에게 내려 준 사원(赐园)이었다. 군사 전략가이기도 했던 부항은 건륭의 총애를 받았으며, 그가 죽은 후에도 그의 아들에게 물려졌다. 부항의 아들이 죽고, 황제도 건륭에서 가경(嘉庆, 재위 1796~1820)으로 넘어가면서 기춘원은 황실로 귀속되었으며, 이후로는 황후비빈들의 거처로 활용되었다.

8대 황제 도광(道光, 재위 1820~1850)이 죽고, 정비(正妃) 소생이 아닌 그의 외아들이 9대 황제 함풍(咸丰, 재위 1850~1861)으로 즉위하자 그를 낳은 귀비가 황태후로 봉해지는데, 그가 서태후(西太后)라고도 불리는 자희태후(慈禧太后)이다. 나이 어린 함풍황제의 섭정을 통해 막강한 권력을 쥐고 있던 서태후는 언젠가 자신도 기춘원에서 지낼 것을 생각하고, 대대적인 복원계획을 세움과 아울러 그 이름도 만춘원으로 바꾸도록 하였다.

만춘원 궁문

만춘원의 대궁문은 남쪽 담장의 동쪽으로 치우쳐 있다. 문 앞에는 동쪽과 서쪽에 다섯 칸 크기의 조방(朝房)이 한 채씩 있고, 문 안쪽으로는 반달모양으로 흐르는 어하(御河)가 있다. 그 너머의 이궁문을 들어서면 중앙에 영휘전(迎暉殿)이 있고, 그 좌우로 다섯 칸 크기의 배전이 한 채씩 있다. 만춘원 30경이 사람들의 찬탄을 받아왔으며, 그 외에도 노수신대(露水神台)와 봉린주(凤麟洲)가 그 특이한 생김새로 하여 사람들의 발길을 사로잡는다. 노수신대(일명 承路仙人)의

봉린주유지와 구곡교

역사는 한나라 무제 때부터 시작된다. 한무제는 영원히 죽지 않고 살기를 원했다. 그의 이러한 망상을 알고 한 도사가 그에게 아뢰기를 옥가루를 이슬로 반죽을 하여 먹으면 음기를 눌러 양기가 영생하고 장생불로 한다고 하였다. 이에 한무제는 궁궐 안에 이슬받이를 머리에 인 선인을 세우고 그 도사의 말을 실행하였다고 한다. 기춘원의 노수신대는 당초 청나라 가경 년간에 세워졌으나 영불연합군에 의해 원명원이 불탈 때 소실되었고 지금의 것은 새로 만들어 세운 것이다.

만춘원의 전반적인 분위기는 자유분방함에 있다. 이러한 점이 원명원의 웅장하고 화려한 분위기와 다르고, 장춘원의 우람하고 빼어난 경색과 차별된다.

만춘원의 노수신대

감벽정

명13릉
(明十三陵)

명13릉은 명나라의 16황제 중 13황제가 묻혀 있는 곳으로 북경의 북쪽 교외에서 40km 쯤 떨어진 연산(燕山)자락에 자리 잡고 있다. 1950년대 말에 중국 정부가 이 곳에 13릉 댐을 쌓고, 정릉박물관(定陵博物館)을 개관하면서 북경의 주요 관광지가 되었다.

명13릉 조감도

역대황제와 그들의 능

명나라의 역대 황제와 그들의 능 이름은 표와 같다. 황제에 올랐던 사람은 16명인데, 이곳에 13개의 능 밖에 없는 사연은 이렇다.

명나라의 태조 주원장은 남경(南京)에서 나라를 세웠고, 죽어서도 그곳에 묻혔으며, 능의 이름을 효릉(孝陵)이라 하였다. 주원장이 죽은 후 장자인 주윤문(朱允炆)이 황제의 자리를 물려받았으나 주원장의 셋째 동생이자 연나라의 왕인 주체(朱棣)가 난을 일으켜 황제의 자리를 빼앗고 명나라의 3대 황제인 성조(成祖)가 되었다. 사정이 이렇게 되면서 2대 황제 주윤문은 역사 속에서 종적이 사라졌고, 무덤도 확인되지 않았다. 주체는 3대 황제에 즉위하면서 도읍을 북경으로 옮겼으며, 죽어서는 창평현의 이곳에 묻힘으로써 명13능이 생겨나게 된 것이다. 따라서 명13릉 중 1대와 2대 황제의 능은 이곳에는 없다.

또한 6대 황제 영종은 정통(正統)과 천순(天順)이라는 두개의 연호를 쓰고 있다. 이것은 그의 통치기간이 다음과 같은 사유로 단절되었었기 때문이다. 영종은 정통 14년에 몽고 정벌에 나섰다가 몽고군에게 포위되어 7년간을 붙잡혀있게 된다. 이 기간동안은 그의 아우 주기옥이 대종(代宗)으로서 황제의 역할을 하였다. 주기옥은 재위기간 중에 자신이 죽어서 들어갈 능을 축조하였으며 영종이 몽고군으로부터 풀려나 돌아왔음에도 황제의 자리를 내놓으려 하지 않았다. 이에 영종은 주기옥을 무력으로 제압하여 연금하고, 다시 황제의 자리에 오르면서 이 때부터는 천순이란 연호를 썼던 것이다. 주기옥은 죽어서도 능에 묻히지 못하고 북경의 서쪽 이화원 부근인 금산(金山)에 매장되었다. 따라서 대종인 주기옥의 능도 이곳에는 없다.

〈표〉 명나라의 역대황제와 능 이름

연대	이름	시호	년호	즉위년	재위기간	능명
1대	주원장	태조	홍무	1368	30	-
2대	주윤문	혜제	건문	1398	4	-
3대	주체	성조	영락	1402	22	장릉
4대	주고치	인종	홍희	1424	1	헌릉
5대	주담기	선종	선덕	1425	10	경릉
6대	주기진	영종	정통	1435	14	유릉
			천순	1457	8	
7대	주기옥	대종	경태	1449	7	-
8대	주견심	헌종	성화	1464	23	무릉
9대	주우당	효종	홍치	1487	18	태릉
10대	주후조	무종	정덕	1505	16	강릉
11대	주후총	세종	가정	1521	45	영릉
12대	주재후	목종	융경	1566	6	소릉
13대	주익균	신종	만력	1572	48	정릉
14대	주상탁	광종	태창	1620	1	경릉
15대	주유교	희종	천계	1620	7	덕릉
16대	주유검	사종	숭정	1627	17	사릉

명13릉의 지세와 치장물(治裝物)

명13릉의 능역(陵域)은 80여㎢에 달한다. 연산(燕山)산맥이 서북쪽으로부터 흘러내려 능역을 병풍처럼 에워쌈으로써 분지를 이룬다. 이 분지의 북쪽으로는 천수산(天壽山) 3봉이 우뚝 솟고, 동쪽으로는 망산(蟒山)이, 서쪽으로는 호욕산(虎峪山)이, 그 리고 남쪽으로는 용산(龍山)과 호산(虎山) 등이 병풍처럼 둘러있다. 분지안의 분위기는 신선들의 고장이라는 동천(洞天)과 같고 산들은 서로 어우러져 온갖 아름다운 경관을 빚어낸다.

이 분지 안에 13개의 능이 들어앉아 있는데, 각각의 능은 독립적이지만, 장릉의 석패방과 신도를 같이 쓰는 예에서 보듯이 각각의 능은

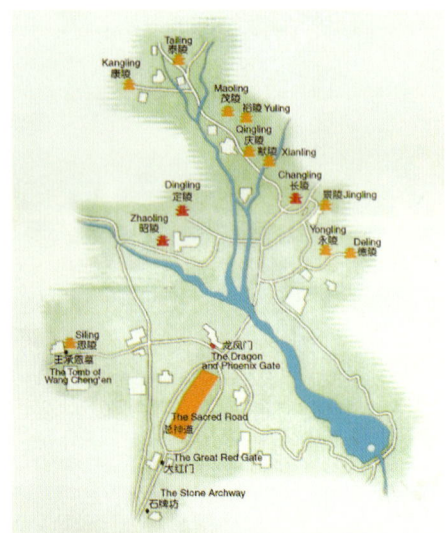

명13릉의 분포도

장릉을 중심으로 하는 하나의 통일된 체제를 형성하고 있다. 이는 장릉의 성조(成祖)가 이곳에서는 가장 윗대의 황제로서 제일 먼저 자리를 잡음에 따라 석패(石牌)와 신로(神路) 등 능묘가 갖춰야 할 기본적인 치장물들이 장릉 위주로 놓여졌으며, 후대의 능묘를 앉힘에 있어서는 이러한 치장물을 공통으로 사용했기 때문에 이루어진 결과로 보인다.

능원(陵園)의 입구에서 장릉에 이르기까지 치장물과 건축물을 따라가 본다.

① 석패방(石牌坊)과 하마비(下馬碑)

패방이란 효자·열녀 등 남에게 모범이 될 만한 행위나 공로가 있는 사람을 표창하고 기

석패방

념하기 위해, 또는 미관을 위해 세운 문짝 없는 문을 일컫는 것으로 능원을 들어서는 대홍문 앞 1km에 돌로 만든 패방이 서있고, 대홍문 양쪽으로는 하마비가 세워져 있다.

② 대홍문(大紅門)

대홍문은 명13능 능원의 정문이다. 안으로 통하는 대문이 세 개가 나 있다. 대홍문의 동쪽(장릉에서 내려다 볼 때는 좌측)에 청룡을 상징하는 망산(蟒山)이 있고, 대홍문의 서쪽(우측)에는 백호를 상징하는 호욕(虎峪)이 자리잡고 있음을 볼 때 대홍문의 위치를 선정함에 있어 풍수 등 여러 가지 사항을 신중하게 고려하였던 것으로 보인다.

대홍문

위에서 본 장릉신공덕비정

③ 장릉신공성덕비정(長陵神功聖德碑亭) 과 화표(華表)

대홍문에서 북쪽으로 600m쯤 되는 곳에 장릉신공성덕비정이라는 이름의 누각이 하나가 있다. 이 누각 안에는 장릉의 주인인 성조의 일대기를 3,000여 글자로 새겨 넣은 비석이 보관되어 있다. 이 비석에는 어느 역사기록에서도 찾아보기 어려운 사료(史料)들이 담겨 있다.

장릉신공성덕비

장릉신공성덕비정의 전후 좌우의 네 곳에 화표(華表)가 하나씩 서 있다. 화표란 궁전이나 능 따위의 큰 건축물 앞에 미관을 좋게 하기 위하여 세운 돌기둥으로 일명 경천주(擎天柱, 하늘을 떠받치고 있는 기둥)라고도 한다.

장릉신공성덕비정과 화표

이곳의 화표는 높이가 11m 정도로 몸체에는 하늘로 오르는 용과 구름이 조각되어 있고, 용체의 윗부분에는 구름모양의 돌 판이 끼워져 있으며, 머리부분에는 하늘을 우러러 울부짖는 용의 조각품이 얹혀 있는데 이 모든 것들이 옛 장인(匠人)들의 월등한 기예를 뽐내기라도 하는 듯 아주 정교하게 조각되고 잘 다듬어져 있다.

화표가 이고 있는 용은 그 머리를 남쪽으로 둔 것과 북쪽으로 둔 것이 있다. 머리를 남쪽으로 두고 있는 것은 망군출(望君出)로서 민정을 살피고자 궁을 나서는 황제를 배웅하는 것이고, 머리를 북쪽으로 두고 있는 것은 망군귀(望君歸)로서 돌아오는 황제를 영접하는 것이라고 전해진다.

④ 신도(神道)

장릉신공성덕비정에서 북쪽으로 좀 가다보면 총신도(總神道)로 불리는 800m 거리의 길이 있다. 이 길의 양편에는 돌을 정교하게 조각하여 만든 짐승과 사람모양의 석상생(石像生, 묘지장식물)이 종류와 개수 및 서로의 자세에서 완전 대칭으로 배열되어 있다. 길 초입의 좌우에 석망주(石望柱)가 서 있고 그 뒤를 이어 사자, 해태, 낙타, 코끼리, 기린, 말, 장군, 문

총신도(總神道)

관, 공신의 석상생이 한편에 두개씩 모두 36개가 서 있는데 짐승의 경우에는 앞의 것은 앉아있고, 뒤의 것은 서있다. 이들 석상생은 분묘보호의 의미를 지니고 있으며, 그 예술의 경지가 매우 높은 것으로 평가되고 있다.

⑤ 용봉문(龍鳳門)과 칠공교(七孔橋)

총신도의 북쪽 끝에 용봉문이 있고, 용봉문 밖에는 온유하(溫榆河)를 건너는 칠공교가 있다. 용봉문은 문 위가 화염보주(火焰寶珠)로 장식돼 있어서 현지 사람들은 화소문(火燒門)

앉아있는 사자

앉아있는 해태

서있는 낙타

기린

서있는 말

엎드려 있는 코끼리

장군

공신

용봉문

이라고도 한다. 칠공석교는 일곱 개의 아치위에 다리 상판을 놓아 생긴 이름으로 이 다리를 건너 북쪽으로 곧장 올라가면 장릉(長陵)에 이른다.

장릉의 지상구도

각각의 능은 그 외부 구도가 모두 같지는 않지만 그렇다고 크게 차이가 나는 것도 아니다. 현재 개방된 능은 장릉(長陵), 정릉(定陵), 소릉(昭陵) 등 세 개이며, 그 중에서 정릉은 지하능까지 볼 수 있다. 그리고 장릉은 그 외부의 보존상태가 비교적 양호한 것으로 되어 있다.

장릉 전경

장릉의 복원계획과 여타 능의 유적으로 미루어 볼 때 황릉의 지상부 체제는 그 근간이 능문(陵門)-능은문(祾恩門)-능은전(祾恩殿)-방

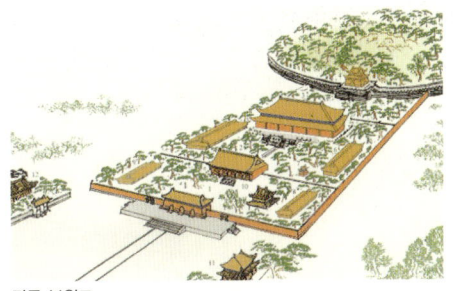
장릉 복원도

성명루(方城明樓)-보정(寶頂)이고, 이들은 일직선 상에 배열되어 있다. 능문에서 명루가 있는 방성까지가 능궁방원(陵宮方院, 사각형의 정원)이고, 봉분인 보정은 보성(寶城)이 원형으로 싸고 있다. 능궁방원은 세 부분으로 나뉜다.

① 장릉의 능문

능궁은 담장이 쳐져있고, 보정은 보성에 싸여 있기 때문에 능궁의 출입은 능문을 통해서만 가능하다. 능문은 황금색의 오지기와 지붕을 쓰고 있으며, 권동(券洞, 아치형문)이 세개이다.

장릉능문

문 안쪽 오른 편에 비정(碑亭)이 있다. 명나라 때는 선왕의 공적을 이루 다 새겨 넣을 수 없다하여 무자비(無字碑)로 두었으나 청나라의 3대 황제 순치(順治, 재위 1643~1661)가 명13릉을 보호하라는 유지를 내리면서 이를 새기도록 하였고, 6대 황제 건륭과 7대 황제 가경은 13릉을 돌아보고 지은 시를 새겨넣도록 하였다.

비정

능문과 능은문 사이의 공간이 능궁방원의 첫 번째 정원 턱인데 능문에서 본 좌우에 신고(神庫, 제물보관창고)와 신주(神廚)가 있었으나 청나라 중기에 폐지되었다.

능문 밖의 좌우에도 부속건물이 있었다. 능문을 기준으로 한 왼쪽에는 제물로 쓰일 소, 양, 돼지를 도살하는 재성정(宰牲亭)이 있었고, 그 반대 쪽에는 제관들이 옷을 갈아 입는 구복전(具服殿)이 있었다.

② 장릉 능은문

능은문은 능궁방원의 정전(正殿)이 있는 두 번째 정원의 정문이다.

능은문은 앞면 4칸, 옆면 2칸이며, 백석(白石) 난간과 어로(御路)에 새겨진 용과 봉황, 쌍용과 해마(海馬)등의 도안은 매우 정교하고 아름답다.

장릉 능은문과 어로(御路)

③ 장릉 능은전

능은전은 궁중에서 매년 지내는 3대제 4소제(三大祭四小祭)때 능침제례의식을 거행하던 궁전이다. 규모는 제왕의 존엄을 나타낸다는 "구오규제(九五規制)"에 따라 앞면은 아홉칸(66.56m), 옆면은 다섯 칸(29.12m)이다. 그리고 지붕은 옛건축에 있어서의 최고 등급인 2중 처마로 되어 있다.

능은전 안에는 32개의 우람한 기둥이 위를 떠받치고 있는데 그 높이가 12.6m에 이르고, 밑둥 직경이 1m나 된다. 이들 기둥을 포함해서 능은전을 짓는데 쓰인 목재는 모두 중국에서 귀하다는 녹나무(楠木)이며, 장릉의 능은전은 녹나무로 지은 건축물로서 가장 완벽하게 보존된 대표적 건물이다.

장릉능은전

장릉능은전 내의 녹나무 기둥들

능은전 뜰에는 제물을 태워 올리는 신백로(神帛爐)가 비교적 제모습대로 보존되어 있으나 각각 15칸 크기였던 좌우 배전(配殿)은 청나라의 건륭황제 때 폐지되었다.

장릉 신백로(神帛爐)

④ 영성문(欞星門)과 석오공(石五供)

영은전의 뒤편은 능궁방원의 세 번째 정원이며, 이곳에 영성문과 석오공이 있다.

영성문은 일종의 패루(牌樓, 장식용 건물)로서 1칸 크기이며 백석(白石)을 조각하여 세운

장릉 영성문

장릉 석오공

문 양쪽의 기둥은 지붕 위로 솟아 있다. 석오공은 돌로 만든 제단 위에 다섯 개의 돌로 만든 제기(祭器)가 놓여 있는 것으로 가운데 것이 향로이고, 향로 양 옆의 것이 촛대이며 촛대 밖의 것이 화병이다.

⑤ 장릉 방성(方城)과 명루(明樓)

능궁방원의 석오공뒤로 방성(方城, 두부모처럼 생긴 성)이 있고 그 위에 명루가 높다랗게 올라앉아 있다. 방성의 문은 지하릉으로 연결된다. 명루의 지붕은 2중 처마로 되어 있으며, 정면의 처마와 처마 사이에는 "장릉(長陵)"이라고 쓴 액자가 걸려 있다. 그리고 누각 안에는 "성조문황제지릉(成祖文皇帝之陵)"이라고 새긴 성호비(聖號碑)가 세워져 있다.

장릉의 명루 안에 있는 성호비

장릉 명루

⑥ 장릉의 보성(寶城)

보성은 황릉의 봉분(封墳)이며 보산성(寶山城)이라고도 한다. 황릉의 봉분은 현궁(玄宮, 지하능침)을 짓고, 이를 중심으로 둥글게 자리를 잡아 성벽을 높이 쌓은 다음 흙을 채워 올려

동산처럼 만든 것이다. 장릉 보성의 직경은 339m라고 한다. 보성의 성벽위에는 두 마리의 말이 여유를 두고 나란히 갈 수 있는 마도가 있고, 이 길을 따라 순찰을 하였다.

장릉 보성의 마도

정릉(定陵)의 지하구조

정릉은 13대 황제 만력(萬歷)의 능으로 지하능이 발굴, 개발되어 있다. 만력의 본명은 주익균(朱翊鈞)으로 10세에 즉위하여 58세에 세상을 뜨기까지 48년간 황제자리에 있었으며, 22세 때 능을 짓기 시작하여 6년이 지난 28세에 완성하였다.

정릉 전경

정릉 발굴 경위

정릉의 지하궁 발굴은 장릉 발굴을 위한 경험축적 차원의 시험발굴 성격이 강하다. 중국 국무원이 당초에 발굴 허가를 내준 것은 장릉이었다. 이 때 공교롭게도 정릉의 보성 앞면 오른 쪽 벽이 무너지면서 아치형 문이 드러났다. 전문가들은 그것이 지하궁으로 들어가는 통문일 것으로 추정하고 우선 정릉부터 발굴해 보기로 하였다. 발굴에 착수한지 1년만인 1957년 5월에 지하궁전 입구인 금강장(金剛牆)을 발견했고 성공리에 발굴을 끝냈다.

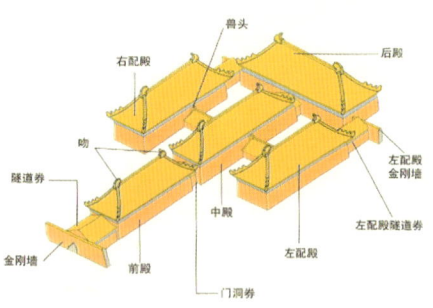
지하궁 외형 상상도

정릉지하궁전 금강장

지하궁전의 구도와 규모

지하궁전은 다섯 개의 전실(殿室)로 구성되어 있다. 전전실(前殿室), 중전실(中殿室), 후전실(后殿室)과 중전실 좌우의 배전실(配殿室)이 그것이다. 전실의 천정은 아치형이며 바닥은 갈아서 평평하게 만든 돌을 깔았고, 벽체와 지붕은 벽돌을 쌓아 만들었다.

지하궁전의 구도는 자금성의 내정(內廷, 후3궁)과 유사하다. 전전실은 건청궁에, 중전실은 교태전에, 후전실은 곤녕궁에 각각 상응하며 좌우배전은 비빈들이 기거하던 동서6궁(東西六宮)에 비유된다.

① 후전실(后殿室)

정릉 지하궁전의 가장 뒤쪽에 있는 후전실은 지하궁전의 주전실(主殿室)로서 길이 30.1m, 폭 9.1m의 크기이며, 황제와 두 비빈의 관, 그리고 부장품을 담았던 상자가 안치되어 있다.

정릉 지하궁의 중전실 전경

만력황제의 보좌

정릉 지하궁의 후전실

② 중전실(中殿室)

중전실은 지하궁의 중추(中樞)부위로서 전후좌우의 전실(殿室)과 통한다. 전실의 크기는 길이 32m, 폭 6m이다. 방안에는 한백옥(漢白玉, 하북성 방산현에서 나는 흰돌)으로 만든, 황제와 두 비빈의 신좌(神座)가 있고, 각 신좌에는 황색의 오지(琉璃)로 된 오공(五供, 향로 하나와 촛대와 화병 각 2개)과 청화운룡(靑花雲龍)이 새겨진 큰 오지항아리가 있다. 이 항아리에는 장명등(長明燈)의 기름이 담겨 있었다.

③ 전전실(前殿室)과 배전실(配殿室)

전전실은 그 폭이 중전실과 같은 6m이고, 길이는 20m이다. 빈 공간이다. 중전실의 좌우 배전실은 폭 7m, 길이 26m의 크기이다. 당초에 비빈들을 순장(殉葬)하기 위해 마련한 전실

정릉의 전전실

이었으나 당시에는 이미 순장제도가 폐지되었던 터라 순장된 비빈은 없었다고 한다.

정릉의 배전실

④ 정릉지하궁전의 석문(石門)

정릉 지하궁전의 석문

정릉의 지하궁전에는 모두 일곱 개의 석문(石門, 돌문)이 있다. 전·중·후의 전실에 각각 하나씩 있고, 좌우 배전실에 각각 둘씩 있다. 이 문들은 문짝이 두개로서 좌우로 벌려 열도록 되어 있는데, 문 한짝의 크기는 높이가 3.3m, 폭 1.7m이며 무게는 4톤에 이른다. 이와 같이 육중한 문을 그대로 용이하게 여닫을 수 있도록 문기둥 쪽은 두껍게, 빗장 쪽은 얇게, 그리고 문 축의 아래 부분은 반구형(半球形)으로 하고 있다.

정릉의 출토 순장품

정릉의 지하궁을 발굴할 때 나온 순장품은 3,000점을 헤아린다. 이들 물품은 매우 진귀한 역사문물로서 크게는 궁중실용물품류와 장례용구물품류로 나뉜다. 궁중실용물품류에는 제후들의 복식(服飾)과 생시 생활의 각종 기물들이 포함되며 이들은 역사적 가치뿐만 아니라 공예품으로서의 예술적 가치 또한 매우 크다. 장례용구물품류에는 명기(冥器, 영혼이 무덤속에서 쓰라고 넣어주는 모형그릇 등)와 목용(木俑, 나무로 만든 인형)들이 포함되며, 이들은 공예품으로서의 예술적 가치는 없지만 황가의 순장제도를 연구하는 데 있어서 귀중한 실물자료가 되는 것이다.

부장품 중에 만력(萬曆)황제의 금관과 황후의 용봉관은 화려함의 극치라고 할 수 있다. 만력의 금관은 "전옥(前屋)", "후산(后山)", "금절각(金折角)"의 세 부분으로 이루

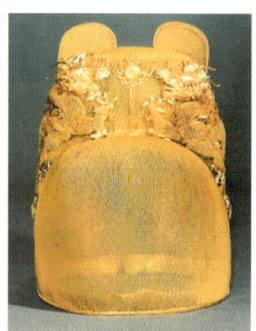

만력황제의 금관

어 졌는데, 전옥 부분은 0.2mm 굵기의 가는 금실 518 가닥으로 투명하게 짰으며, 후산에는 화주(火珠)를 희롱하는 두 마리의 용을 금실로 짜서 박아 붙였다. 전체적으로 균형감을 살리면서 황제의 위엄을 잘 나타내고 있다.

황후의 용봉관

명13릉 조성에 소요된 자재의 조달

명13릉을 축조하는 데 소요된 나무, 벽돌, 돌 등은 전국 각지에서 조달되었다.

명13릉에 들어간 목재는 모두가 녹나무이다. 이 나무는 운남(雲南), 귀주(貴州), 사천(四川) 등 남방의 맹수가 득실거리는 깊은 산 중에서 생산된 것으로 황궁, 제단 등 황실 건축에 전문적으로 쓰였으므로 황목(皇木)이라고도 하였다. 조정에서는 황목의 수급관리를 위해 현지에 벌채 전문가를 파견하여 관리하도록 하였다.

황목의 벌채작업은 일년 내내 계속됐는데 인부들은 혹한과 혹서·풍우·상병(傷病)·기갈(饑渴) 등으로 인명피해가 막심했다. 그래서 현지에서는 "입산1천, 출산5백(入山一千, 出山五百)"이란 말이 생겨났다.

첩첩 산중에서 벌채된 나무는 홍수 때 산골을 휩쓸고 내려가는 물에 실려 평지로 빠져 나왔으며, 이 나무들은 뗏목으로 엮어 물길 따라 북경으로 운반되었다. 황목이 산에서 벌채되어 북경에 도착하기까지는 5~6년의 세월이 걸렸으며, 도착되는 물량도 벌채된 물량의 10~20%에 불과했다. 이렇게 조달된 녹나무로 명13릉이 조성되었지만 오늘날 온전하게 남아있는 녹나무건축물은 장릉의 능은전 하나뿐인 것이다.

명13릉의 조성에 쓰인 벽돌은 산동(山東)의 임청(臨淸)에서 생산된, 무게 25kg내외의 "백성전(白城磚)"이다. 조정에서는 품질과 크기가 고른 벽돌을 확보하기 위해 제시된 규격기준에 맞춰 생산하도록 감독관을 보냈으며, 연간 1백만 장을 거둬갔다. 벽돌에는 생산시기와 합격품임을 표시하도록 하였으며, 능침용에는 "수공(壽工)"이란 글자를 찍었기 때문에 사람들은 이를 "수공전(壽工磚)"이라고 불렀다. 생산된 벽돌은 배에 실려 북경으로 운반되었다. 당시 북경의 식량은 중국의 동남부 지역에서 배편으로 조달되었는데, 그 뱃길이 임청을 거쳐 흐르는 회통하(會通河)였다. 조정에서는 이 곳을 통과하는 배에 의무적으로 벽돌을 싣도록 하였으며, 이 벽돌들이 수천리 물길을 따라 북경에 도착했던 것이다.

명13릉에 소요된 석재(石材) 또한 크기나 물량 면에서 엄청난 것이었다.

길포장과 벽체에 들어간 돌은 그렇다 하더라도 지하궁전은 전체가 돌덩어리이며, 심지어는 명루의 지붕 받침틀마저도 육중한 돌로 되어 있다. 이 크고 무거운 돌들은 모두 수 천리 밖에서 생산된 것으로 겨울에는 길에 물을 뿌려 얼음길을 만들고, 얼음이 얼지 않는 계절에는 둥근 통나무를 밑에 깔아 밀고 당기면서 북경까지 운반한 것이다.

명13능의 조성에 투입된 인력을 추정해 볼 수 있는 자료가 4대 황제 홍희(洪熙, 재위 1424년)의 헌릉(獻陵)관련 문헌에 있다. 헌릉 조성에 직접 투입된 인력이 약 23만 명이고, 여기에 벌채, 채석, 벽돌제조 등에 소요된 간접 인력을 추가한다면, 헌릉 조성에 소요된 총 인력은 수십만에 달할 것이다. 헌릉은 명13릉 중에서 가장 작은 능임을 감안한다면 명 13능 조성에 소요된 총체적인 인력 규모를 미루어 짐작해 볼 수 있다.

총체적으로 볼 때 명13능은 4백년전 봉건황제가 함부로 휘두른 세도에 짓눌려 흘린 백성들의 피눈물과 피땀의 결정체였다. 과거 중국의 조상들의 그러한 희생이 오늘날 중국뿐만 아니라 세계의 문화유산으로 모습을 바꿔 다시 태어나면서 그들의 후손들에게 예술에 있어서의 자긍심을 갖게 할 뿐만 아니라 경제적인 음덕까지도 베풀어 주고 있는 것이다.

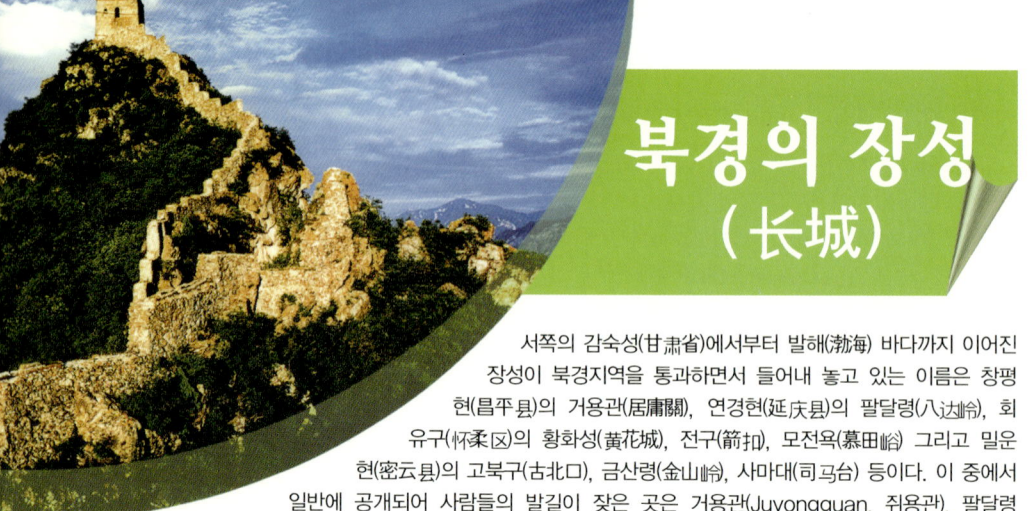

북경의 장성 (长城)

서쪽의 감숙성(甘肅省)에서부터 발해(渤海) 바다까지 이어진 장성이 북경지역을 통과하면서 들어내 놓고 있는 이름은 창평현(昌平縣)의 거용관(居庸關), 연경현(延庆县)의 팔달령(八达岭), 회유구(怀柔区)의 황화성(黃花城), 전구(箭扣), 모전욕(慕田峪) 그리고 밀운현(密云县)의 고북구(古北口), 금산령(金山岭), 사마대(司马台) 등이다. 이 중에서 일반에 공개되어 사람들의 발길이 잦은 곳은 거용관(Juyongguan, 쥐용관), 팔달령(Badaling, 빠다링), 모전욕(Mutianyu, 무티앤위), 금산령(Jingshanling, 진산링), 사마대(Simatai, 쓰마타이) 등이다.

거용관

거용관은 북경 북쪽의 군도산(军都山) 계곡에 있다. 이 계곡은 중국의 서북쪽에서 북경으로 들어오는 통로이며, 지금도 서북쪽을 향하는 경장선(京張线, 北京-张家口) 철도와 도로가 이곳을 지난다. 거용관의 동쪽으로 명13릉이 있는데, 옛 봉건왕조 시절에는 황궁과 황릉은 한 울타리 안에 있어야 하는 존재였기에 거용관은 황가의 대문으로 인식됐었다.

군도산 계곡에는 네 곳의 관성(關城)이 있다. 남쪽입구에 하관(下關)이, 북쪽입구에 팔달령장성이, 그리고 팔달령장성과 하관 사이에 상관(上關)과 중관(中關)이 설치되어 있었다. 중관인 거용관은 팔달령 장성의 남쪽 10km되는 곳에 있다. 거용관이란 이름은 진시황이 장성 쌓는 일꾼들을 이곳에 이주시켜 지내게 한 데서 비롯됐다는 설도 있으나 기원전 7세기 경의 춘추시대 역사기록에서 거용관이란 이름이 등장하는 것으로 보아 반드시 그런 것만도 아

거용관과 운대

운대 문동의 천왕불상

닌 것 같다. 원나라(1271~1368) 때 만들어진 거용관의 운대(云台) 위에는 본래 3개의 탑이 있었으나 모두 유실되고, 지금은 "석대운각(石台云阁)"이란 이름의 탑 자리 하나만이 남아있다. 운대란 거용관 관성 내의 길가에 탑을 세우기 위해 마련한 기초로서 아치형 문동(厂洞)에는 천왕불상을 비롯한 여러 그림과 불경이 새겨져 있다.

팔달령장성

팔달령장성은 거용관의 북쪽에 있고, 지세가 상대적으로 높기 때문에 사람들은 예로부터 거용관 보다 팔달령이 더 험하다고 하였다. 거용관을 북경의 대문이라고 한다면 팔달령은 이 대문의 담장인 셈이었다. 기록상으로 팔달령장성은 명나라의 9대 황제 홍치(弘治, 재위 1487~1505) 년간에 축조한 것으로 되어있다. 교통이 4통8달이고, 축성 후에도 여러 차례 이어쌓았는데, 그 모양새가 마치 독수리가 양 날개를 펴고 날아오르려 하는 것 같다. 이 장성의 성벽높이는 평균 7.8m이고, 성벽의 폭은 아래쪽이 6.5m, 위쪽이 5.8m 이다. 성벽위로는 장정 10명이, 또는 말 다섯 필이 나란히 걸어서 앞으로 나갈 수 있었다. 성벽 위로는 300~500m 간격으로 적대(敌台 또는 战台, watch tower)가 있다. 팔달령장성의 조형과 풍모는 명장성(明长城)을 대표한다.

모전욕장성

모전욕(慕田峪)장성은 북경의 동북쪽 70km 정도 되는 곳에 있으며, 그 중심은 모전욕관(慕田峪關) 이다. 일반적으로 관성의 문은 정면으로 나 있고, 관성의 위에는 하나의 성루(城楼)가 있게 마련인데, 이곳은 세 채의 성루가 연이어 있으면서 성문은 한쪽으로 치우쳐 있다. 현재 관성의 남쪽에 있는 모전욕촌은 그 옛날 성을 지키던 병사들의 주둔지였다.

모전욕장성은 뭇 산으로 둘려 싸여 있으며, 풍광이 매우 수려하다. 모전욕관의 동남쪽으로 대각루산(大角楼山)이 있는데, 모전욕관으로부

팔달령장성 북면

모전욕장성

한다)이라 하였다.

전구장성의 담변비도

전구장성의 응비도앙

터 그리로 향해가는 장성과 순산(順山)의 아래쪽에서 올라오는 장성, 그리고 순산의 위쪽에서 내려오는 장성이 이곳에서 만난다. 멀리에서 보는 대각두산의 모양이 마치 쇠뿔 같다 하여 우의각(牛犄角)이라고도 하였다.

모전욕장성은 전구장성(箭扣長城)으로 이어진다. 산봉우리 양쪽이 마치 면도칼로 베어낸 것 같은데, 이곳에 성벽을 쌓을 때 제고점(制高点, 시야를 가장 널리 확보할 수 있는 지점)을 성벽 안쪽으로 두기 위하여 당시의 사람들은 절벽에 쇠로된 들보(梁)를 박고 그 위로 성벽이 지나가게 하였다. 이를 일러 담변비도(担边飞渡, 边은 장성을 의미하며, 장성을 메어 허공을 건너게 한다는 의미를 담고 있음)라고 하였다. 전구를 지나면 산세가 갑자기 1,000m이상으로 높아지는데, 성벽은 이러한 산세를 따라 정상으로 날아오르듯 이어진다. 사람들은 그 모양을 비유해 말하기를 응비도앙(鹰飞倒仰, 성벽을 따라 날아오르는 매의 배도 하늘을 향

고북구장성

고북구는 예로부터 몽고쪽으로 통하는 북경의 동북쪽 관문이었다. 일반인에게는 공개되지 않고 있으며, 금산령장성으로 가는 길에 와호산(卧虎山)을 배경으로 면면히 이어가는 고북구 장성의 위용을 볼 수 있다.

고북구장성, 뒤로 와호산이 보인다.

금산령장성

금산령(金山岭)은 북경의 동북쪽으로 하북성과 경계되는 곳에 있다. 만리장성의 전 구간을 통틀어 가장 웅험(雄险)하고, 가장 절묘한 구간으로 회자되고 있다. 금산령에 올라 사방을 돌아보면 연산산맥(燕山山脉)의 뭇 봉우리들을 이리저리 타고 넘는 성벽과 적루(敌楼 watch tower)를 볼 수 있다.

금산령에는 모두 67개의 적대와 다섯 곳의 관문이 있었다고 한다.

고작 7~8km나 될까 말까한 구간이면서도 적루가 촘촘히 서 있고, 병사가 몸을 숨기고 적을 향해 공격할 수 있는 전장(战墙), 성벽 위로 침투한 적병의 접근을 숨어서 기다리고 있다가 박살하는 장장(障墙, block wall), 성벽에서 내려다보이는 비탈에 돌무더기를 쌓아 말을 타고 접근하는 것을 저지하는 당마장(挡马墙) 등이 층층이 설치되어있는 것을 보노라면 삼엄했던 당시의 경계분위기가 전해오는 것 같다.

금산령장성의 장장

금산령장성표지석

진시황이 만리장성을 쌓기 시작할 때 원칙으로 삼았던 것 중의 하나가 지세를 따르되 그것이 지니고 있는 이점을 최대한 수용한다는 것이었다. 진시황 이후의 계속된 축성에서도 이 원칙은 이어져 내려왔다. 어느 곳의 장성을 보거나간에 성벽은 모두 천연장벽이라 할 산등성이 위에 세워져 있는 것이다. 금산령장성 경내에 들어가 일단 성벽위에 오르면 장성은 서쪽으로도 뻗어가고, 동쪽으로도 뻗어간다. 가쁜 숨을 고르고 주위를 둘러보며 여유 있게 걸을 때 서너 시간이 걸린다는 사마대장성으로의 행보는 동쪽이고, 서쪽은 고북구장성으로 연결

금산령장성

된다. 서쪽으로의 성벽은 1km남짓 밖에서 진로가 막히는데, 이 구간에서는 장성의 구조에 대한 안내판을 자주 볼 수 있어서 장성을 이해하는 데 도움이 된다. 금산령장성의 서쪽 구간을 걷다보면 고방루(庫房楼)에 오른다. 해발 460m의 높이라 하며, 2층 구조로 되어있는데, 척계광(戚续光)이 장성을 쌓을 때는 이곳에서 축성을 지휘했고, 이후에는 작전지휘소였다고 한다.

사마대장성의 표지석

금산령장성의 고방루

사마대장성

금산령장성을 걷다보면 어느 적대에선가에서 사마대장성의 문표(门票, 입장권, 40위안)를 사라고 한다. 거기서부터가 사마대장성으로 전체 길이는 3km정도이며, 35개의 적대가 있다고 한다. 사마대는 당초 금산령장성의 다섯 관문 중 하나였으며, 근처에 온천이 있었는데, 1970년대에 이곳에 댐을 막으면서 관문과 온천이 물에 잠겼다고 한다. 온천의 물은 지금도 솟아나와 흘러내림으로써 사마대의 풍치를 더해주고 있다.

사마대의 관성(關城)은 비록 수몰되었지만 댐 양쪽의 가파른 산봉우리에는 적대가

우뚝 서 있다. 이 지역에는 말을 타듯 장성을 타고 있는 그런 모양의 적대가 적지 않은데, 이것은 척계광이 장성을 축조하면서 이루어낸 발명품이나 다름없다고 한다. 명나라 이전의 장성에서는 병사들이 쉴 곳이나 전쟁물품을 보관할 장소가 마련되어있지 않았으며, 적이 침투했을 때 이를 효율적으로 막아내기 위한 부대 간의 상호 협조체제가 구축되어있지 않았다. 이에 척계광은 장성을 축조할 때 적대를 추가함으로써 그러한 문제점을 개선토록 했던 것이다. 사마대장성에서의 가장 높은 적대는 망경루(望京楼)이다. 맑은 날 낮에는 북경성이 멀리 바라다 보이고, 밤에는 그 불빛이 아득히 보인다고 해서 붙여진 이름이라고 한다.

사마대장성의 망경루

노구교
(芦沟桥)

노구교는 북경의 서남쪽 풍태구(丰台区)지역을 흐르는 노구강(芦沟江, 일명 桑干河)의 다리이다. 산서성(山西省) 북부지역에서 발원하여 북경의 서남부를 거쳐 천진으로 흘러나가는 노구강은 그 물이 혼탁하여 소황하(小黃河)라고도 하고 묵수(墨水)라고도 하였다. 또한 강물이 자주 범람하고, 그럴 때마다 강의 물 흐르는 자리가 바뀌어 무정하(无定河)라고도 불렸다. 노구라는 이름은 당나라 때부터 있어왔는데, 청나라의 4대 황제 강희(康熙, 재위 1661~1722) 년간에 노구강을 대대적으로 준설하고, 그 이름을 영정하(永定河)로 바꿨다.

노구교는 북경의 서부산간지역으로부터 화북평원으로 나오는 길목의 나루터로서 예로부터 이 지역 동서교통의 요충지였다. 특히 금나라(金, 1115~1234)가 도읍을 북경(중경)으로 정하면서 이곳의 통행량이 급증하였는데, 이에 따라 금나라의 장종(章宗, 재위 1189~1208)은 기존의 목교(木桥)를 석교(石桥)로 대체토록 하였다. 영정하는 남북방향의 태행산맥(太行山脉) 북단과 동서방향의 연산산맥(燕山山脉) 서단 사이의 계곡을 내려오면서 물 흐름이 사나워지는데, 노구교는 그 험한 물길의 한가운데에 놓여있을 뿐만 아니라 이른 봄에는 어름덩어리까지 휩쓸려 내려오므로 노구교는 이러한 상황을 감당할 수 있는 구조를 갖춤과 아울러 예술적인 아름다움도 지니고 있다. 노구교의 장관에 대하여는 이태리의 마르코폴로가 그의 여행기에서 상세하게 기술함으로써 이미 수백년 전에 세계에 알려졌다.

노구교는 아치형으로 돌을 쌓아 만든 석공교(石拱桥)이다. 11개의 아치가 잇대어 있는 다리의 길이는 266.5m이며, 다리 상판의 폭은 8m이다. 교각과 아치 등 다리의 주요 부분은 돌을 쌓음에 있어 철심으로 연결하여 뒤틀림을 방지토록 하였으며, 교각의 평면모양은 앞이 뾰족한 배가 상류를 향해 있는 것 같이 함으로써 교각이 받는 물의 저항을 줄일 수 있도록 하였다. 또한 내려오는 물을 맞는 교각의 앞면에는 한 변의 길이가 28cm인 삼각철주를 대어놓았는데, 이는 얼음 등 고형물이 교각에 가하는 충격을 감소시키기 위한 것으로서 참룡검(斩龙

노구교 야경

劍)이라고도 하였다.

노구교의 동서양쪽 입구 좌우에는 각각 한 개씩의 화표(华表)가 자리 잡고 있다. 높이 4.65m의 화표는 그 형식이 천안문의 것과 비슷하나 조각과 장식이 다르다. 수미좌 바탕위의 8각 석주(石柱)는 위부분에 운판(云板)이 꽂혀있고, 맨 위의 연꽃모양 원판에는 사자가 안치되어 있는데, 다리 동편의 사자는 동쪽을 향해있고, 서편의 것은 서쪽을 향하고 있다.

노구교의 동서양쪽 입구 부근에는 또한 두 개씩의 돌비석이 있다. 노구교의 동쪽입구 북단에 있는 것이 강희중수노구교비(康熙重修芦沟桥碑)로 높이 5.78m, 앞면넓이 1.17m, 두께 0.57m의 크기에 강희가 노구교를 개보수 하게 된 연유와 내용이 새겨져 있다. 노구교의 동쪽입구 안시교(雁翅桥) 북쪽으로 있는 것이 노구효월비(芦沟晓月碑)로 높이 4.52m, 앞면넓이 1.27m, 두께 0.84m의 크기에 건륭이 직접 썼다는 노구효월(芦沟晓月) 넉자와 더불어 노구시(芦沟诗)가 새겨져 있다. 노구교의 서쪽입구 북단에 있는 것은 건륭중즙노구교비(乾隆重茸芦沟桥碑)이다. 높이 5.5m, 앞면널이 1.18m, 두께 0.58m의 크기에 건륭이 노구교를 중수하게 된 배경과 내용이 새겨져 있다. 노구교의 서쪽입구 안시교 북쪽으로 있는 것이 건륭제찰영정하시비(乾隆题察永定喝诗碑)로 높이 3.79m, 각변 3.64m 크기의 4각 돌에 영정하를 읊은 시와 더불어 용들이 여의주를 희롱하는 그림이 새겨져 있다.

노구교 효월비

다리 상판의 양쪽으로는 돌난간이 쳐져있다. 난간은 1.4m 높이의 돌기둥 281개로 이어져 있는데, 연꽃받침대 위에 서있는 돌기둥 꼭대기에는 돌사자들이 놓여있다. 이들 돌사자의 모양은 구구각색으로 어떤 것은 가슴을 내밀고 머리를 들어 하늘을 보기도 하고, 어떤 것은 두 눈을 똑바로 뜨고 다리 상판을 내려다보기도 한다. 어떤 것은 서로 머리를 마주하고 이야기를 하는 것 같기도 하고, 어떤 것은 새끼사자를 어르고 있다. 큰 것은 10여cm에 이르고, 5~6cm 크기의 작은 것도 있다. 이렇듯 천자백태의 수많은 사자들은 이루 다 헤아릴 수 없다하여 "노구교의 사자처럼 많아 이루 다 헤아릴 수 없다(芦沟桥的狮子, 数不清)"라는 속담이 생겨나기도 했다. 오늘날 돌사자의 개수는 485마리로 확인되어 있다.

노구교의 돌사자들

노구교는 중일전쟁의 발단지이기도 하다. 1937년 7월 7일 밤, 이곳 인근에 주둔 중이던 일본군을 향해 총격이 있었음(일본군의 자작극으로 보는 견해도 있음)을 빌미로 일본군은 노구교를 수비 중이던 중국군을 격퇴하고 노구교를 점령하였다. 이 사건은 현지협상을 통해 일단락되는 듯 했으나 일본군 수뇌부는 일본군에 대한 중국군의 도발에 일벌백계한다는 명분으로 중국전역에서 전쟁을 일으켰으며, 이 전쟁은 8년간 지속되었다. 중국인이 일본을 증오하게 된 대표적 만행인 남경대학살도 이때 벌어졌으며, 이 오욕의 역사를 잊지 말자는 취지의 인민항일전쟁기념관이 이곳 인근에 세워질 만큼 노구교가 갖는 의미는 매우 크다.

석화동
(石花洞)

석화동은 북경시내에서 남서쪽으로 50km쯤 떨어진 방산구(房山区) 남차영촌(南车营村)에 있다. 동굴 속에 각양각색의 석화가 피어나 있다 해서 석화동이란 이름이 붙었고, 참된 아름다움이 그 속에 들어있다 해서 잠진동(潜真洞)이라고도 한다.

1981년에 북경시가 발굴하여 관광지화 한 것인데, 그 형성역사는 이렇다. 대략 4억 년 전의 이곳은 망망대해였고, 해저에는 탄산염류의 물질이 쌓여있었다. 7,000만 년 전에는 이 지역의 지층이 융기되어 육지가 되고, 또한 조산운동(造山运动)으로 지층이 밀려 주름이 잡히면서 서산(西山)이 솟았다. 이에 따라 서산의 지층에는 물에 쉽게 녹는 탄산염류층이 끼어들게 되었고 이 탄산염류층이 세월과 더불어 물에 녹아 흘러내려감으로써 서산에는 많은 지하동굴이 생겨났는데, 석화동도 그러한 동굴 중의 하나인 것이다. 이곳의 동굴은 그 규모가 크고, 갈래가 많으며, 내부의 형상이 기기괴괴한데, 이는 여러 차례에 걸친 조산운동과 해저침전물의 다양성에 기인한 것으로 보인다. 복건성(福建省)의 옥화동(玉华洞), 계림(鸡林)의 노적암(卢笛岩), 항주(杭州)의 요림동(瑶琳洞) 등에 비견되는 용암동혈(溶岩洞穴)이다.

탐측된 결과로는 총길이 2,500여m 로서 5개 층으로 되어있는데, 현재는 1층과 2층의 1,362m 4,100여 평이 14개 경구(景区) 99개 경점(景点)으로 나뉘어 공개되고 있다. 이곳에는 대회당(大会堂), 난탑사(乱塔寺), 노우조(老牛槽), 노군당(老君堂), 중심대청(中心大厅), 광명로(光明路), 휴식대청(休息大厅), 석화장랑(石花长廊), 대극장(大戏堂), 장랑대청(长廊大厅), 종단난석대청(终端乱石大厅) 등의 비교적 규모가 큰 공간이 있다. 또한 탄산염류층이 녹아내려 쌓인 것이나 매달려 있는 것들은 그 모양에 따라 현재 33개의 형태로 분류하고 있는데, 예컨대 석종유(石钟乳), 석순(石笋), 석탑(石塔), 석폭포(石瀑布), 석렴(石帘), 석룡(石龙), 돌떡(石饼), 돌진주(石珍珠), 천류석(天流石), 석모(石毛), 돌가지(石枝), 다층석화(多层石花), 돌국화(石菊), 석류(石榴), 돌포도(石葡萄), 석등(石灯), 석련(石莲) 등과 같은 것이다.

석화동의 여러 형상들은 마치 살아 움직이는 것 같아 보는 이들을 황홀경에 빠지게 하는데, 그래서 사람들은 이르기를 남쪽에 수항(苏杭, 소주와 항주)이 있다하면 북쪽에는 방산(房山)이 있고, 방산의 경치에서 석화동을 빼어놓을 수가 없다고 하였다.

주구점 (周口店)

북경유인원(北京类人猿)이 발굴됐다는 주구점유적지는 북경시 방산구(房山区) 주구점진(周口店鎮)에 있다. 주구점진은 북경 시내에서 서남쪽으로 50km 정도 떨어져 있는 작은 시가지로 북경의 정양문 밖 천교(天桥, 티앤챠오)에서 917번 시외버스를 타고 두어 시간쯤 걸려서 닿는 곳이다. 주구점 입구 버스정류소에서 내려 왼쪽으로 큰길 따라 곧장 올라가도 되고, 패방이 서있는 마을 안길을 따라 올라가다가 막다른 골목에서 왼쪽으로 꺾어 나가도 된다. 20여분 걸어서 쉽게 도달할 수 있는 곳으로 고동을 세워놓은 듯한 야트막한 동산이며, 뒤로는 여러 겹의 산들이 병풍처럼 둘러 있다. 멀리 북쪽 밖으로 보이는 산줄기가 연산(燕山)산맥이다.

주구점 입구의 패방

이 유적지가 발견되어 세계적으로 알려지기까지의 경위는 이렇다. 1921년 스위스의 지질학자 안특생(安特生, Johan Gunnar Andersson)은 채석인부들의 안내로 이곳에 와 화석이 풍부한 퇴적층을 보게 된다. 그는 퇴적층에서 흘러내린 돌 더미 속에서 백색의 석영(石英) 돌조각을 발견하는데 석회암층에서는 좀처럼 있을 수 없는 이러한 현상에 비추어 이곳이 원시인의 주거지였을 것이라는 확신을 갖는다. 이어서 원시인의 흔적을 발견하기 위한 발굴 작업이 시작됐고, 1923년에 다수의 동물화석이 채취되었으며, 1926년에는 직립인(直立人)의 치아 두 개를 발견한다. 이후의 지속적인 발굴을 통해 "북경인"의 존재가 입증되고, 중국정부는 1960년에 이곳을 전국중점문물보호대상으로 지정하였으며, 1971년에는 북경유인원의 두개골발견50주년기념 국제학술토론회를 개최하여 학술적인 입지를 확고히 하였다.

주구점 유적지

주구점의 관람은 두 개의 흐름으로 갈라서 한다. 하나는 일반인의 눈으로는 한낱 동굴에 불과한 유인원의 서식지를 둘러보는 것이고, 그 둘은 서식지에서 발굴된 유물을 근거로 당시의 모습과 이후의 진화과정을 입체적으로 재현해 놓은 박물관의 전시물을 감상하는 것이다. 입장료 30元안을 치르고 유적지 구내로 들어서면서 30m정도의 경사로를 오르게 되는데, 그 끝쯤에서 왼쪽으로 또 다른 길이 열리면서 "합자당(鴿子堂)"이란 안내판과 "제일유적지"라는 안내판이 서 있음을 본다. 유인원의 서식지는 이 길을 따라 돌아보게 되는 것이고, 입구에서부터 오르던 진행방향으로 계속 걷다보면 연구동, 박물관, 유적지 발굴에 기여한 중국인 학자들의 묘원에 이르게 되는 것이다.

합자당

유적지 관람의 첫 단계는 합자당과 제1유적지를 둘러보는 것이다. 현재 상태에서의 이 두

주구점 제1유적지(원인동)

곳은 경사진 10여m동굴의 위쪽 입구(합자당)와 아래쪽 입구(제1유적지) 바깥쪽이 된다. 합자당은 비둘기가 많이 서식하고 있었다고 해서 붙여진 이름이고, 일명 원인동(猿人洞, Peking Man Cave)이라고 불리는 제1유적지는 1930~1931년에 북경원인의 쇄골(鎖骨)과 두정골(頭頂骨)이 다수 발굴된 곳이다.

합자당 모퉁이를 돌아 유적지야산의 동쪽언덕(東坡)을 지나는 길목에 그곳에 대한 설명문이 있다. 1930년, 1958년, 1978년의 세 차례에 걸친, 동서길이 20m 남북길이 16m의 97평에 대한 발굴조사결과 다수의 포유류, 파충류, 조류 등의 생물 화석과 석기 및 인류가 불을 사용한 흔적을 발견한 곳이라 한다. 동파 모퉁이를 돌면 제15유적지 앞에 서게 된다. 이곳에서 오른쪽 경사로를 오르면 산정동(山頂洞)유적지로 이어지고, 왼쪽 방향으로 가면 서로 얼마 안 떨어진 사이의 제4유적지, 제12유적지, 제3유적지 등을 보게 된다.

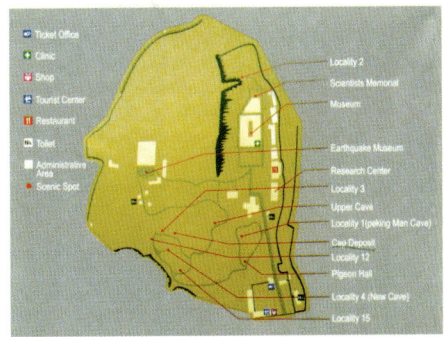

주구점 visitin route map

산정동(Upper Cave)유적지는 용골산 꼭대기에 있다 해서 붙여진 이름이다. 1933년과 1934년에 발굴되었다. 동구(洞口), 상실(上室), 하실(下室), 하음(下窨, 움)으로 되어있는데, 앞의 세 공간에서는 인류화석과 문화유물이, 그리고 마지막의 하음에서는 동물화석이 발견되었다. 시기는 신석기 말로 보고 있다.

193

주구점의 산정동굴

주구점의 제4유적지

제4유적지는 1927년과 1973년의 두 차례에 걸쳐 발굴되었다. 기존의 동굴에 이어 새로운 동굴이 추가로 발견되었다 해서 New Cave 라고도 한다. 구석기 말과 신석기 초의 화석 40여 종이 발굴됐으며, 인류가 불을 사용했다는 흔적도 확인되었다.

주구점의 유적지 현장을 둘러보고 나서 박물관에 들어가 인류의 진화 과정을 들여다 보고 있노라면 무미건조했던 현장에서의 느낌은 어느 새 이런 것이 문화이겠거니 하는 생각으로 바뀌고, 이러한 학문적 성과를 쌓아온 학자들의 순수한 학문적 열정에 존경심마저 일어난다.

교과서에서 활자와 삽화로만 보아왔던 역사의 현장을 직접 답사해 봤다는 흡족함을 느낄 수 있는 명소가 아닐까 한다.

주구점유지박물관

십도풍경구
(十渡风景区)

십도풍경구는 북경시내로부터 서남쪽으로 80여 km 떨어진 하북성(河北省)과의 경계지역에 있다. 하북성 래원(徕源)에서 발원된 38km 길이의 거마강(拒马河)이 이곳의 용산(龙山) 갈피를 갈지(之)자 모양으로 18번을 돌아 흐른다. 이 곳의 지질은 신생대말기에 속하는데, 조산활동으로 지층이 급작스럽게 솟아 오른 데다 물에 의한 침식이 빨라 계곡 양쪽의 깎아지른 듯한 절벽은 보통 200m 이상으로 높고, 흐르는 물자리는 오목철(凹)자 모양을 하고 있다. 산천수(山泉水)인 이곳의 하천은 수질이 우수하여 수생야생동물보호구(水生野生动物保護区)로 지정되어 있으며, 비늘이 많고 턱이 주걱같이 생겼다하여 다린산합어(多鳞产颌鱼, 뚜어린찬거위)라 불리는 물고기와 비늘이 무지개처럼 빛난다하여 홍어(虹鱼, 홍위)라고도 불리는 물고기는 이곳의 명물로 되어있다.

거마강이 흐르는 산과 계곡

십도풍경구의 감상은 십도의 초입이라 할 편산령(片山岭)에서부터 하북성과의 경계까지 차를 타고 가면서 주변을 돌아 본 다음 7도(七渡)의 고산채(孤山寨)와 15도(十五渡)의 동호강(东湖港) 및 서호강(西湖港)에 들어가 둘러보고 나오는 것이다. 이곳들은 모두 자연풍경구이며, 한 곳에 소요되는 시간은 2~3시간 정도이다. 북경에서 아침에 출발하여 당일로 귀경할 계획인 경우에는 시간활용의 안전을 고려하여 현지에서는 차량을 대절하는 것이 바람직하다. 1일 100위안(13,000원) 정도 소요된다.

편산령에서부터 거마강에 놓인 다리를 건널 때 마다 도차(渡次)를 헤아리다 보면 그저 평범했던 계곡이 점차 유원지다워 보이면서 6도를 지나게 되고, 10도에 이르면 음식점과 농가원(农家院, 민박집)들이 제법 밀집해 있는 것을 보게 된다. 이래저래 시장기가 돌 때쯤엔 이런 곳에서 점심식사를 하게 될 터인데, 종업원들이 이곳만의 특산물을 소재로 한 맛있는 요리임을 내세워 여러 가지를 권하므로 지나치게 많은 양을 주문하지 않도록 한다.

6도에는 망불대(望佛台)가 있고, 10도의 서쪽 용산(龙山)에는 가로세로 4m크기의 "불(佛)"자 형상이 있다. 이 불자는 크기가 있어 가까이에서는 인식할 수가 없으며, 6도의 망불대에서라야만 제대로 볼 수 있다고 했다. 불자 형상에 관하여는 다음과 같은 전설이 있다. 일찍이 이곳에는 흑룡과 백룡이 살았는데, 허구한 날 눈만 뜨면 자웅을 겨루는 싸움질을 하였다. 그 싸움이 하도 치열하여 산하는 피폐해지고, 거듭되는 흉년으로 말미암아 백성들은 도탄에 빠졌다. 이를 딱하게 여긴 서천(西天)의 여래(如来)가 이곳에 내려와 두 용에게 싸움을 하지 말도록 타일렀으나 말을 듣기는커녕 싸움은 더욱더 격렬해졌다. 이에 여래는 법력으로 흑룡의 몸통에 영원히 지워지지 않는 불(佛)자를 새겨놓음과 아울러 하나의 산이 되어 거마강변에 엎드려있도록 하였다. 이것이 오늘날의 용산이고, 그 불(佛)자라는 것이다.

한편 여래는 백룡을 고산채(孤山寨)의 심산유곡에 가둬놓았는데, 그곳이 백룡간(白龙涧)이다. 백룡간의 물은 사시사철 마르지 않고, 물이 맑아 바닥까지 내려다보이는데 그 바닥은 마치 한 마리의 흰 용이 엎드려있는 것 같다. 5~6리(里, 중국의 1리는 500m임) 길이의 이 백룡간은 평소에 거마강과는 통하지 않다가 장마가 들면 위로부터 쏟아져 내리는 물이 수위를 높이고, 드디어는 거마강과 통하게 되는데, 이에 대하여 사람들은 말하기를 여래가 자비를 베풀어 가둬놓은 백룡으로 하여금 거마강에 잠시 나들이를 다녀오도록 하는 현상이라 하였다.

고산채풍경구

이 곳의 관람은 현수교인 7도의 철삭교(铁索桥)를 건너 산문으로 들어가 해구타(海龟砣), 구룡포석(九龙抱石), 천고하상(千古河床), 일선천(一线天), 견수천문(犬守天门) 등을 전설과 더불어 감상하는 것이다.

① 고산채의 유래

고산채의 인문역사는 1천수백년 전으로 거슬러 올라간다. 진(晋)나라 조적(祖逖)의 고사에 나오는 문계기무(闻鸡起舞)의 주인공 유곤(刘琨)이 서진(西晋)초년에 병주(并州, 山西太原)의 자사(刺史, 지방장관)가 되어 이곳을 노략질하던 갈족(碣族)의 석륵(石勒)을 역습한다. 당시에는 소수민족을 호마(胡马)라 했고, 태행산(太行山) 골짜기를 이리저리 휘돌아 흐르는 강을 사이에 두고 싸웠다 하여 이 강을 거마강(拒马河)이라고 불렀다. 또한 훗날에는 황소(黄巢)의 난을 일으킨 주온(朱温)이 산동, 하북, 하남 등지에서 활약하다가 907년에 당나라를 멸망시키고 양(梁)나라를 세웠는데, 이 지역의 지방관인 유인공(刘仁恭)이란 자의 폭정으로 백성들의 원성이 자자하였다. 이에 양나라의 조정에서는 이사안(李思安)이란 장수를 보내 징벌토록 하는데, 그는 유인공을 잡아 높은 담장 안에 가두고 그 주위에 울타리(寨)를 쳤다. 이런 연유로 해서 고산채(孤山寨)란 이름이 생겨났다. 고산채는 그 인문역사가 오랜 만큼 곳곳에 전설이 많이 붙어있다.

고산채 산문

② 해구타(海龟砣)와 응취석(鹰嘴石)

아주 먼 옛날 이곳은 동해의 용왕이 통치하는 망망대해였다. 그 용왕의 셋째아들이 거느리는 장수 중에 해구(海龟)가 있었는데, 어느 날 그는 명을 받고 바다순찰에 나섰다. 여기저기를 살피다가 그의 오랜 친구 콘도르가 태행산(太行山) 기슭에 있는 것을 발견하고 쫓아올라가 이야기판을 벌렸다. 콘도르는 옥황상제의 신하였기에 해구는 그로 하여금 옥황상제에게 잘 이야기 해주도록 부탁도 하면서 시간가는 줄도 모르고 이야기를 했다. 그러는 사이에 그들 둘은 되돌아갈 기회를 놓치고 그 자리에 남겨져 돌이 되었다. 그것이 해구타와 응취석이다. 이 전설이 시사하는 바는 아무에게나 마음 속의 일을 들어내 놓고 의지하려 했다가는 앞날이 풀리기는커녕 되돌릴 수 없는 우를 범하게 된다는 것이다.

고산채의 해구타

③ 구룡포석(九龙抱石)

고산채의 아름다운 첩첩산중에는 맑은 물이 수많은 실개천을 이루고, 그 주변에는 온갖 기화이목(奇花异木)이 무성하다. 그 가운데에 특히 귀하기로 이름이 나있는 것은 느릅나무과의 관목인 황단목(黃檀木)이다. 이 나무는 목질이 치밀하고 단단하여 정교한 공예품의 바탕재료로 쓰인다. 산문을 지나 500m쯤 가다보면 황단목 한 포기가 있다. 뿌리는 서로 얽혀 맷돌모양의 둥근 덩어리를 이루고, 그 위에 아홉 개의 줄기가 올라오면서 검푸른 색의 바위를 감싸고 있는데, 그 모습이 생동하는 황룡의 모습 그대로이다. 그 모습이 참으로 아름답다하여 많은 사람들이 그 앞에서 발길을 멈춘다.

④ 영객삼봉(迎客三峰)

구룡포석을 지나 협곡을 따라 들어가다 보면 어깨를 나란히 한 세 개의 산봉우리가 홀연히 나타나며 사람을 맞는다. 이 용맹스러운 장군모양의 세 봉우리를 일컬어 영객삼봉이라 한다.

고산채의 영객3봉

구룡포석

⑤ 벽지(碧池)와 오로봉(五老峰)

벽지(碧池)는 고산채 계곡의 물이 고여 만들어진 돌바닥 연못이다. 이 연못의 물은 티 없이 맑아 물과 하늘이 하나가 됨으로써 보는 이로 하여금 황홀경에 빠지게 한다. 머리를 들어 맞은편을 보면 선풍도골(仙风道骨)의 노인 다섯이 감히 근접할 수 없는 위엄을 갖추고 멀리 내다보는 형상을 하고 있다. 여기에 깃들어 있는 전설은 이렇다.

먼 옛날 하늘에서 도교를 창시한 노자가 늘 평화로운 마음을 지니게 하는 선약을 만들다가 좋은 비법을 논의하고자 삼계(三界)와 각로(各路)의 도사들을 청하였다. 동서남북중의 5로 도사들이 회의에 참석하러 가던 중 이곳을 지

고산채의 오로봉

나게 되었는데, 산수가 하도 수려하여 잠시 발걸음을 멈추고 있었다. 이를 본 마을 사람들이 이 도사들을 집으로 초청하여 정성들여 만든 음식과 산포도주를 대접하였다. 수려한 산수에 취하고, 맛있는 음식에 취하며, 순박한 인심에 취한 이들 다섯 선사는 노자가 초청한 천상의 회의 참석도 마다한 채 이곳 마을의 명예촌민이 되어 살아가기로 하였다. 이 다섯 도사들은 오래도록 마을사람들과 함께 지내다가 돌로 변했는데, 그것이 오로봉이다.

⑥ 일선천(一线天)

벽지를 지나 북쪽 산기슭으로 올라가다보면 서서히 산이 높아지면서 골짜기도 좁아진다. 산비탈을 비껴 좀 더 올라가면 천연동굴이 나오는데, 그 입구는 백 척이나 될 것 같은 높이에 폭은 단 1m도 안되며, 벽은 도끼로 자른 것처럼 보인다. 동굴에 들어서면 공기는 청량하

고산채의 일선천 일부

고 어둑한 가운데 보이는 것은 모두가 기기괴괴하다. 어슴푸레한 속을 더듬어 나가다가 위를 보면 가느다란 실 모양의 하늘이 까마득한 높이에서 나 여기 있다 한다. 그 모양이 경탄을 자아낼 정도로 신기한데, 거기에는 다음과 같은 전설이 있다.

옥황상제의 천궁(天宫)에 구보연화등(九宝莲花灯)을 관장하는 양청(扬青)이란 이름의 궁녀가 있었다. 어느 날 황후를 따라 고산채의 연못으로 내려와 목욕을 하다가 천궁에서의 속박받는 생활 보다 이곳에서 지내는 것이 낫겠다는 생각을 하고 몸을 숨겼다. 지상에 남은 양청은 순박한 나무꾼을 만나 아들을 낳고 더없이 행복한 나날을 보내고 있었는데, 이를 안 옥황상제가 진노하여 남아있는 그 일족을 몰살하는 징벌을 가하려 하였다. 이에 양청의 오라비인 양정이 자청하여 고산채로 내려와 양청을 잡아 산에 묻고 폐천견(吠天犬)으로 하여금 산문을 지키도록 하였다. 양청의 아들 심향(沉香)이 자라면서 제 어미의 향방에 관하여 궁금증이 싹틀 무렵 백발도사가 나타나 자기를 찾아오라는 꿈을 여러 차례 꾸고는 그가 일러 준대로 찾아가 무예를 익힌다. 18년간 무예를 닦은 심향은 건장한 청년이 되어 백발도사에게서 받은 신의 도끼를 휘두르며 어미를 찾아 나선다. 가시덤불을 헤치고 각종요괴를 물리치며 어미가 갇혀 있는 산에 이른 심향은 자기를 향해 달려드는 폐천견의 꼬리를 세 동강이 내어 꼼짝 못하게 한 후, 수도 없이 산에 대고 도끼질을 하건만 산은 끄떡도 하지 않는다. 그렇지만 심향은 어미를 구하겠다는 일념으로 조금도 굴함이 없이 도끼질을 계속하다가 혼절하였다. 얼마가 지났을까 갑자기 들리는 요란한 소리에 눈을 번쩍 뜬 심향은 산이 갈라져 있는 것을 보고 안으로 들어가 어미를 구해냈다. 그 때 양청이 갇혀있던 곳이 그 동굴이고, 그 앞에는 세 동강이가 난 폐천견의 꼬리흔적이 아직도 남아있다.

⑦ 선녀욕담(仙女浴潭)

백룡간의 뒤쪽으로 산길을 따라 오르다보면 내천의 폭이 좁아지고 천수문(天守门)을 지나게 된다. 천수문 그 안쪽으로는 양편으로 서있는 청산 사이에 길이 5m, 폭 3m, 깊이 2m의 천연석담(天然石潭)있고, 계곡은 온갖 꽃의 향기와 온갖 새들의 노래가 가득하다.

전설상으로 이곳은 옥황상제 황후가 내려와 목욕을 하던 곳이다. 어느 날 황후가 이곳에서 청우(青牛), 백호(白虎), 주작(朱雀), 신구(神龟) 등으로 하여금 사방을 지키게 하고 목욕을 하고 있었는데, 하늘을 날고 있던 제비(玄鸟)가 이 광경을 보고는 그냥 지나치지 못하고 보기를 계속하였다. 그러다가 날개털을 떨어뜨렸고, 이로써 그러한 사실을 알게 된 황우가 대노하였으며, 다시는 그러지 못하도록 제비의 한쪽 날개를 잘라버렸다. 지금도 선녀욕담 근처에는 그때 잘린 제비의 커다란 날개가 돌이 되어 남아있다.

동호강계곡의 입구

견수천문(犬守天门)

원양석

동호강풍경구

이 곳의 관람은 현수교인 15도의 철삭교(铁索桥)를 건너 계곡 안으로 들어가 취병산(翠屏山), 봉황령을 거쳐 동호정봉(东湖顶峰)에 올랐다가 반대방향으로 빗겨 내려오는 길을 걸으면서 주변의 자연과 기암괴석들을 감상하는 것이다.

머리위로 경원선(京原线, 北京石景山-山西原平 간의 420km 철도노선) 철로가 지나가는 계곡입구에 들어서면 생명의 근원을 상징하는 원양봉(元阳峰)이 한눈에 알아볼 수 있게 우뚝 솟아있다. 자연이 심혈을 기울여 만든 걸작으로 남성의 강건함과 씩씩함이 잘 나타나 있다고들 한다.

진주폭포와 와타령(卧驼岭)을 오른쪽으로

보면서 걷다보면 동호대불(东湖大佛)이란 이름의 바위산을 지나게 된다. 그 생김생김이 마치 무릎을 곧추세우고 높이 앉아 있는 낙산대불(乐山大佛) 같다하여 붙여진 이름이다. 동호대불을 지나면 왼쪽으로 작은 계곡이 열리는데 이곳을 석각화랑(石刻画廊)이라고 한다. 자연이 조각해 놓은 송수관산(松鼠观山, 다람쥐가 산을 건너다보다), 피사의 사탑 등 일곱 장면을 볼 수 있다하여 붙여진 이름이다.

동호강의 송수관산

갈수기의 삼첩폭포

석각화랑 다음의 모퉁이를 돌면 오른쪽 비탈위에 부처를 안치한 관음동(观音洞)이 있고, 이곳에서 길이 갈린다. 볼 곳이 오른쪽에 많고, 그것들은 오르면서 보는 것이 낫지 않을까 싶

다. 오른쪽으로 길을 잡아 계곡사이를 걷다보면 오른쪽으로 사열대 모양의 관경대(观景台)가 있고, 이곳에 오르면 동호강의 으뜸경치라 할 삼첩폭포(三叠瀑布)를 한눈에 보게 된다.

맨 아랫것이 수렴(水帘)폭포이고, 가운데 것이 원앙(鸳鸯)폭포이며, 맨 위의 것이 회음벽(回音壁)폭포이다. 회음벽폭포 위의 오른쪽 벽에 걸린 운제(云梯, 구름다리)는 폭포의 아래로부터 66m높이에 있으며, 깎아지른 절벽에 쇠말뚝을 박아 설치하였는데, 그 여건이나 설치의 난도로 보아 화북(华北)지방에서는 이에 견줄 대상이 없다하여 "화북제일의 운제(华北第一梯)"라는 이름이 붙어있다. 이곳에 오르는 사람은 진정한 용기가 있는 사람이고, 혜안(慧眼)이 트인다고 하였다.

화북제일제를 지나 회음벽폭포 위로 올라서면 폭포가 비롯되는 딸샘(女儿泉)과 더불어 이곳에 오기까지의 피로를 가시게 해 주는 청량곡(清凉谷)이 반긴다. 이곳을 벗어나면 붉은 리본이 치렁치렁 걸려있어 어딘가 서낭당 같다

관음동

동호강의 나선형 사다리

싶은 느낌의 조붓한 막장 골짜기로 들어서게 된다. 그곳에 위로 통하는 나선형 철제사다리가 놓여 있는데, 30m높이에 108계단으로 되어있다. 사람들은 소원을 써서 사다리 아래의 나무 따위에 걸어놓고 이 계단을 오르면서 그것이 이루어지기를 간절하게 기구하는 것이다.

해라궁(海螺宫)을 지나 원숭이가 달을 바라보는 모양의 원인망월(猿人望月)과 매가 날개를 펼치는 모습의 웅응전시(雄鹰展翅)를 오른쪽으로 보면서 걸으면 이내 봉황령(凤凰岭)과 마주하게 된다. 동호강의 아름다움을 대표하는 봉황령은 원시림 가운데에 있으며, 고개 위의 금봉황(金凤凰)이 각처로부터 온 유람객을 반긴다.

봉황령의 금봉황

봉황령을 비껴보면서 가파른 길을 올라 산등성이에 이르면 사방의 빼어난 경치를 이곳에서 둘러보라는 망경정(望景亭)이 있고, 한숨 돌리고 난 다음에 이젠 그만 내려가 볼까 하는 심산을 알아차리기라도 한 듯 올라왔다 가라 손

짓하는 동호정봉(东湖顶峰)이 저만치에 있다. 철제사다리를 올라가면서 느끼는 감회는 별다른 데가 있고, 거마강 계곡이 들어있을 첩첩의 산들이 내려다보인다. 동호강 계곡의 오른쪽(동쪽) 등산로에 비해 한결 수월해진 서쪽 하산길을 내려오면서는 견우와 직녀의 전설 속 다리모양을 한 천연작교(天然鹊桥)와 남녀간에 좋은 인연을 맺어준다는 월로연연(月老连缘) 등을 감상한다.

동호강의 천연작교

동호강의 월로연연

이렇게 하여 동호강 계곡을 일주하고 나오면 북경시의 서남쪽 끝을 둘러보았다는 흐뭇함과 함께 북경시를 인식하는 지평이 한결 넓어졌음을 느끼게 된다.

V. 부록

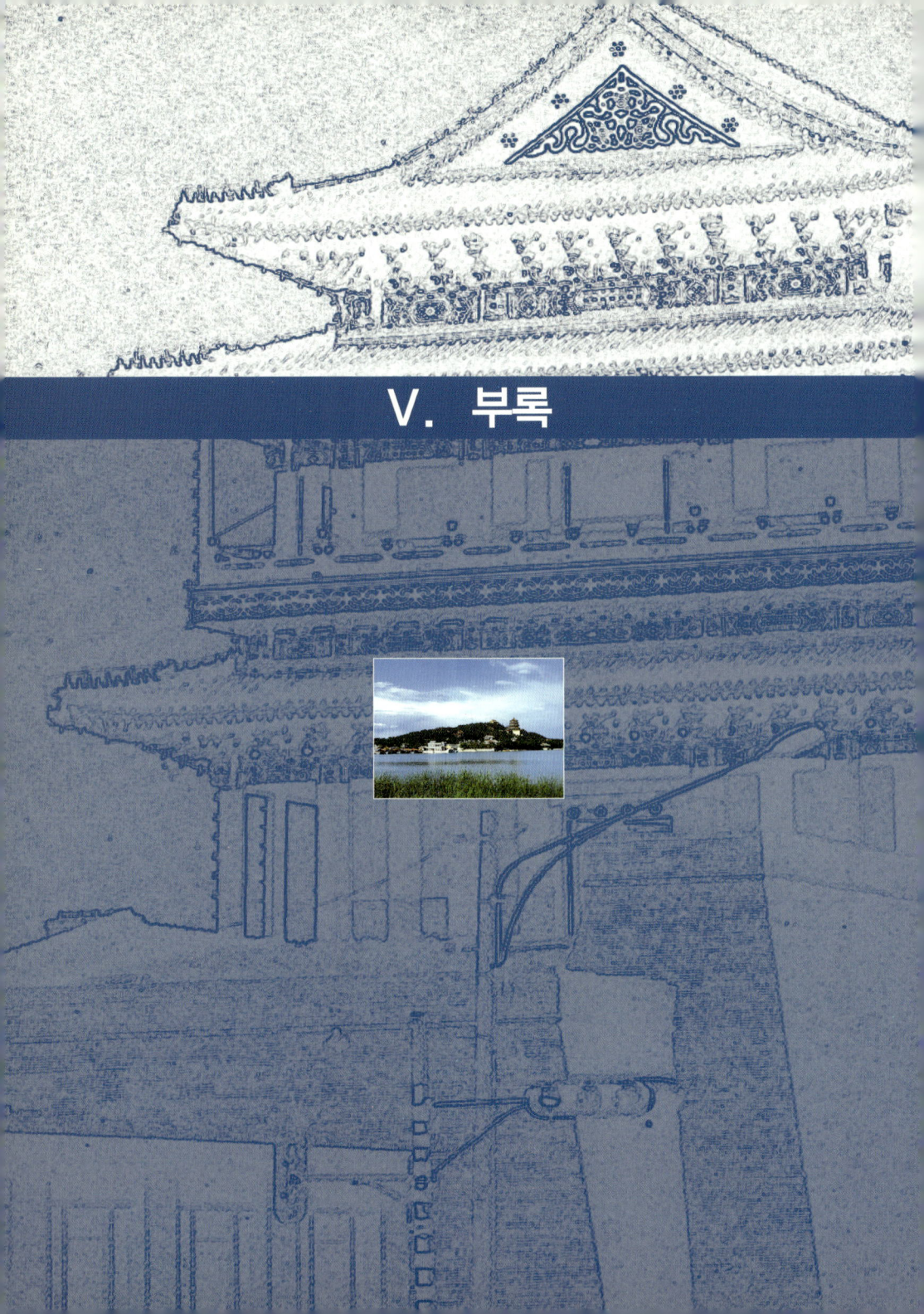

북경시 버스노선
북경시 지하철노선
북경시 권역도
경점의 위치와 개요
황성권역 교통도
북경성권역 교통도
북경시 서북근교권역 교통도
북경의 숙박업소
중국의 음식메뉴 뜯어보기
중국화폐

북경시 버스노선

1路	四惠站－八王坟西－郎家园－大北窑东－永安里路口西－日坛路－北京站口东－东单路口西－天安门东－天安门内－东单路口东－复兴门内－军事博物馆－公主坟东－公主坟南－六里桥北里－马官营
2路	海户屯－木樨园桥北－沙子口－永定门内－天坛西门－大栅栏－天安门广场东－天安门东－东华门－北京妇产医院－沙滩路口东－宽街路口南
4路	靛厂新村－靛厂村－莲宝路－马官营西－马官营－六里桥北－公主坟东－公主坟东－军事博物馆－木樨地东－工会大楼－南礼士路－复兴门内－西单路口北－天安门西－天安门东－天安门东－北京站口东－日坛路－永安里路口－大北窑西－郎家园－八王坟东－四惠站
5路	德胜门－德胜门南路－果子市－德内甘水桥－铸钟厂－鼓楼－地安门内－景山后街－西板桥－北海西华门－南长街－天安门广场西－前门－珠市大街－板章路－虎坊桥路口南－广安门内－牛街路口西－广安门内－广安门南－椿树馆街－白纸坊桥北－菜户营桥北－菜户营桥
6路	丽泽桥北－西局－六里桥南－六里桥东－莲花池湾子－广外甘石桥－达官营－广安门内－牛街路－菜市口东－菜户巷－虎坊桥路口东－永安路－友谊医院东－天桥商场东－金鱼池－天坛北门－体育馆－北京游乐园
7路	动物园(枢纽站)－西直门外－西直门内－新开胡同－宝产胡同－祖家街－报子胡同－白塔寺－丰盛胡同－辟才胡同－太平桥－民族文化宫－佟麟阁路－西绒线胡同西－西绒线胡同东－和平门内－和平门外－琉璃厂－虎坊桥路口南－友谊医院－天桥－天坛西门－先农坛－沙子口东－永定门内－琉璃井－定安路－刘家窑桥北－横七条－五间楼
8路	北京游乐园－龙潭湖－大柳树－呼家楼南－幸福大街－培新街－欖杆市－磁器口北－崇文门东－正义路－前门东－天安门广场东－正义路南口－崇文门东－天安门东－崇文门内－幸福大街－和义街－光明楼－龙潭湖－北京游乐园
9路	金台路－大磙石－小庄路口东－呼家楼南－光华桥南－大北窑西－永安里路口西－日坛路－北京站东－崇文门东－正义路－前门东－前门西－北京供电局－和平门东－宣武门东－长椿街路口东－长椿街路口西－天宁寺桥东－白云桥南－大马厂－北京西站
10路	北京站东－东单路口东－王府井－南河沿－天安门东－东华门－石碑胡同－六部口－西单路口－民族文化宫－新文化街－长椿街路口北－槐柏树街东－宣武医院－牛街－牛街礼拜寺－牛街南口－南樱桃园路口西－白纸坊桥东－南菜园
11路	大北窑西－八王坟南－北京东站北－九龙山－珠江帝景－大郊亭西－大郊亭桥东－大郊亭北－芳庄村－小海子－四根旗杆－方家村－朝阳半壁店
12路	五间楼－横七条－刘家窑桥东－方庄南口－方庄南口－八里庄－安门外－安门内－龙潭湖游泳池－北京游乐园－光明桥－夕照寺－夕照寺南口－广渠门内－安化楼南新街－小市口－花市南北大街－夕照寺－夕照寺南口－光明楼－北京游乐园－龙潭湖游泳池－安门内－芳城路东口－方庄北口－方庄南口－刘家窑桥东－横七条－五间楼
13路	西城三里河－三里河东口－二七剧场路北口－儿童医院路口－阜成门－阜城门内－百万庄东－西四路口－大红罗厂－平安里路口南－广厂路口北－北海官园－北海西－北京官房－北海北门－张自忠路－东四十二条－北新桥路口北－国子监－雍和宫桥东－北小街路口（二环辅）－和平里南口－和平里商场－和平东桥南
14路	角门内－西马厂北口－马家堡东门－洋桥－北路口东通－陶然桥东－太平桥－虎坊路口南－南菜园－琉璃厂－和平门内－六部口－力学胡同－灵境胡同东口－府右街－西安门－后库
15路	动物园(枢纽站)－北京展览馆－二里沟东口－百万庄东口－展览路－月坛北街北口－月坛公园－月坛公园－北京儿童医院西门－礼士路南口－真武庙－二条－南礼士路－复兴门内－民族文化宫－西单路口南－宣武门东－和平门外－琉璃厂－虎坊桥路口南－永安路－友谊医院－福长街－南纬路－天桥商场
16路	二里庄－二里庄南口－志新北里－志新桥北－志新桥南－志新桥东－志新桥东－蓟门桥南－明光桥北－明光村－明光桥西站－皂君庙东站－皂君庙－大柳树北站－大柳树南站－北京交通大学－北下关－城铁西直门站－西直门外
17路	前门－珠市口南－天桥－天坛－先农坛－永定门内－沙子口－木樨园桥北－永定门内－永定门西－刘家窑桥西－刘家窑桥东－顺四条－宋家庄－丰台曹家沟－双庙
18路	惠新东桥南－对外贸易大学－惠新里－安苑路－安苑东里－奥体东门－安贞里－安贞桥北－安外甘水桥－蒋宅口－四二中－地坛西门－雍和宫桥东－北小街路口－东直门外－香河园－左家庄－三元桥西站－静安－国际展览中心
19路上行	动物园(枢纽站)－北京展览馆－二里沟东口－三塔寺－车公庄西－马尾沟－阜外医院－月坛公园－北京儿童医院西门－礼士路南口－真武庙－西便门－天宁寺桥北－广安门北－广安门内－枣林前街－白纸坊－牛街樱桃园路口南－右安门内－广安门外－翠林小区
19路下行	翠林小区－广安门外－右安门－右安门内－南樱桃园路口－白纸坊－枣林前街－广安门北－广安门内－天宁寺桥北－西便门－真武庙－礼士路南口－北京儿童医院西门－月坛公园－阜成门北－车公庄西－三塔寺－二里沟东口－北京展览馆－动物园(枢纽站)
20路	北京南站－陶然桥东－永定门内－先农坛－天桥－珠市口南－天安门广场东－天安门东－王府井－北京站口西－北京站东
21路	北京西站－北京世纪坛医院－皇亭子－军事博物馆－木樨地北－西城三里河－三里河东口－二七剧场路北口－儿童医院路口西－月坛体育场－阜成门内－西直门内－索家坟－明光桥北－蓟门桥－蓟门桥北－塔院小区路口－牡丹园西－牡丹园东－北土城西路东口－安贞西里－中国科技馆东门
22路	牡丹园西－牡丹园－北太平庄南－铁狮子坟－北京师范大学－小西天－积水潭桥南－新街口－新街口南－护国寺－平安里路口南－西四路口北－缸瓦市－甘石桥－宣武门内－宣武门西－前门
23路	虎坊路－虎坊桥路口东－板章路－珠市口西－过街楼－崇文三里河－樱桃湾－水道子－磁器口西－横杆市－培新街－安化楼－广渠门内－马圈－垂杨柳－双井桥西－九龙花园－珠江帝景
24路	北京站前街－外交部街－禄米仓－演乐胡同－朝内小街－东四六条－东四九条－海运仓－东内小街－东直门内－春秀路－东内桥北－左家庄
25路上行	城外诚－郭家村－成寿寺路－成寿寺路中街－成寿寺路北口－十里河南－方庄桥东－方庄桥东－方庄环岛南－芳古园－东侧路－天安体育场内－红桥路口北－磁器口北－花市路口南－崇文门内－东单路口东－北京站东
25路下行	北京站东－建国路－崇文门－东便门－崇文门东－花市商场－东侧路－芳古园－方庄环岛南－东铁营桥北－成寿寺路北口－成寿寺路中街－成寿寺路－郭家村－城外诚
26路	二里庄－二里庄北口－中国农业大学东校区－学院路北口－北京城市学院－学院桥北－北京城市学院－保福寺桥西－中关村－中关村西－北京市地震局－人民大学西门－万泉庄－三义庙－四通桥南－中国农业科学院－魏公村西－大慧寺－大柳树南站－北京交通大学－北下关－城铁西直门站－西直门外－北京展览馆－二里庄－国家工商总局－三里河东路路口－白云路－白云路－天宁寺桥西－西便门

204

부록 1

27路	安定门外－地兴居－六铺炕－后九条－安德路西口－德胜门西－新街口豁口－玉桃园－西直门外－动物园－白石桥东－四道口北－外文印刷厂－老虎庙－花园桥东－花园桥南－航天桥北－航天桥东－西钓鱼台
28路	东大桥－芳草地－芳草地南－永安里路口北－大北窑西－大北窑南－双花园－双井桥东－双井桥南－劲松桥东－潘家园－华威桥东－华威桥南－十里河桥东－十里河居然之家－周家庄
29路	北京站东－广渠门－光明桥东－劲松中街－劲松桥东－农光东里－武圣东里－武圣路－松榆里－松榆东里南门－北京工业大学南门－四方桥东－弘燕桥－小武基桥北－弘燕站
30路	甜水园西里－道家园－延静里－金台路口南－红庙路口北－光华路东－八王坟南－八王坟东－北京东站北－九龙山－珠江帝景－平乐园北－北京工业大学北站－潘道南－北京工业大学－潘道庙－祁家坟
31路上行	朝阳公园－甜水园北里东－金台路口南－红庙路口北－光华路东－八王坟北－八王坟东北－北京东站－百子湾桥西－百子湾－水南庄－水南庄南站－唐家村－东石门－大郊亭桥－窑洼湖桥－工大桥－弘燕桥－弘燕桥南站－北京华侨城北站－北京华侨城南站－北京华侨城
31路下行	北京华侨城－北京华侨城南－北京华侨城北站－工大桥－窑洼湖桥－站大郊亭桥－东石门－唐家村－水南庄－水南庄南站－百子湾－百子湾桥西－北京东站－北京东站北－八王坟北－光华路东北－红庙路口北－金台路口南－甜水园北里－朝阳体育馆－团结湖北口－团结湖－朝阳公园
32路	国家工商总局－三里河东口－西城三里河口－木樨地北－茂林居－玉渊潭南口－柳林馆－普惠南里－翠微东里－翠微南里－万寿路北口－翠微路口－公主坟西
33路上行	公主坟东－翠微路－翠微路口－万寿路北口－木樨地北－翠微中里－翠微西里－八宝北－玲珑公园－徐庄－五路－翠微坟－翠微中里－正福寺－板井东－四季青桥－四季青桥北－东冉村南－黄庄
33路下行	黄庄－黄庄东站－板井路东口－正福寺－彰化村－善家窑－五路－徐庄－玲珑公园－八宝北－翠微西里－翠微中里－万寿路北口－翠微路口－公主坟西
34路	祁家坟－潘道庙－北京工业大学南门－东体育场－武圣路南口－武圣路－潘家园东－潘家园外环－华威西里－华威桥南－北京华侨城北站－光明桥－北京体育馆－北京体育馆西－法华寺－天坛北门－天桥路口－友谊医院－虎坊桥路口南
35路上行	天桥－天坛西门－南纬路－褡裢街－宣武医院东－天桥商场－金鱼池－天坛北门－红桥路口西－北京体育馆东－北京体育馆南－法华寺－劲松中街－劲松桥北－双井桥南－双井桥东－九龙花园－珠江帝景－大郊亭桥东－大郊亭桥
35路下行	大郊亭桥－大郊亭桥西－珠江帝景－九龙花园－双井桥南－双井桥北－劲松桥北－劲松桥西－光明楼－光明桥西－法华寺－北京体育馆西－北京体育馆－光明楼－劲松中街－红桥路口西－天坛北门－金鱼池－天桥
36路（环线）	左安路－华威西里－潘家园路西口－北京体育馆西－天坛体育场－东侧路－天坛南门－永定门东街－安定门－先农坛－天坛－复地西街－北京体育馆西－北京体育馆－光明楼－劲松路－华威路北口－左安路
37路	方庄北口－芳城园－八里河－左安门外－肿瘤医院－天桥东－劲松东街－劲松桥南－双井桥南－双井桥东－大北窑西－永安里路口南－大北窑东－东单路东－王府井－天安门东－天安门西－西单路口－民族文化宫－复兴门－南礼士路－三里河东路南口－工商总局南站－国家工商总局－月坛北站－阜外西口－甘家口－白堆子口东－马神庙－航天桥东
38路	牡丹园西－牡丹园－北太平桥南－铁狮子坟－北京师范大学－小西天－积水潭桥南－新街口北－护国寺－平安里路口－西四路口北－缸瓦市－甘石桥－辟才胡同东－辟才胡同－太平桥－新文化街口北－槐柏树街东－宣武医院－牛街路口西－广安门内－达官营－广外甘石桥－湾子－莲花池－六里桥东
39路上行	铜厂－西窑－顺四条－刘家窑桥东－刘家窑桥北－蒲黄榆－东侧路－天坛体育场－法华寺－红桥路西－磁器口－北京市医院－崇文门内－东单路口东－北京站东
39路下行	北京站东－建国门－东便门－崇文门东－花市路口南－磁器口南－红桥路口北－法华寺－天坛体育场－东侧路－蒲黄榆－刘家窑桥北－横七条－五间楼－宋家庄－南窑－铜厂
40路上行	五路－徐庄－西钓鱼台－航天桥西－航天桥东－八一湖－公主坟西－公主坟－皇亭子－北京西站－小马厂－天宁寺桥东－广安门北－广安门内－枣林前街－白纸坊－南樱桃园路口－半步桥－陶然亭公园北门－陶然亭西－枣林前街－陶然桥西－太平街－陶然亭桥北
40路下行	木樨园桥北－木樨园桥东－洋桥北－四路通－陶然桥北－太平街－陶然亭公园北门－自新路口东－半步桥－南樱桃园路口北－白纸坊－枣林前街－广安门内－广安门北－天宁寺桥西－小马厂－北京西站－皇亭子－公主坟－八一湖－航天桥东－航天桥西－西钓鱼台－徐庄－五路
41路上行	北京华侨城－厚俸桥南－紫南家园－紫南家园北站－楼梓庄－平乐园小区－平乐园－南磨房－平乐桥小区－劲松中街－光明桥东－光明楼－北京体育馆－北京体育馆西－法华寺－磁器口北－天坛东门－台基厂路口东－正义路南口－王府井－东单路口南
41路下行	东单路口南－崇文门内－磁器口北－法华寺－北京体育馆－光明楼－光明桥东－劲松中街－劲松桥东－南磨房－平乐园－平乐园小区－楼梓庄－紫南家园北站－紫南家园－厚俸桥南－北京华侨城
42路	广外甘石桥－达官营－关厢－广安门北－天宁寺桥北－真武庙－礼士路南－北京儿童医院西北－月坛公园－阜成门－阜成门内－白塔寺－西四路口－西四东口－厂桥路口南－地安门东－宽街路口东－张自忠路－东四十条路西
43路上行	团结湖－中纺街－中纺街－朝阳医院－东大桥路口北－芳草地－芳草地东－永安里路口东－日坛路－建国门－东便门－崇文门东－花市路口南－磁器口东－五间楼
43路下行	五间楼－贾家花园－赵公口桥东－刘家窑桥西－刘家窑桥北－蒲黄榆－东侧路－法华寺－磁器口东－花市路口南－崇文门东－东便门－建国门－日坛路－芳草地东－芳草地－东大桥路口北－朝阳医院－中纺街－白家庄－团结湖路－团结湖
44路内环	北官厅－东直门北－东四十条桥东－雅宝路－建国门南－东便门－崇文门西－台基厂路口东－前门东－和平门东－宣武门东－长椿街路口西－复兴门－北京儿童医院－阜成门北－西直门南－玉桃园－新街口豁口－德胜门－鼓楼桥东－东安定门－车辆和宫桥东－北官厅
44路外环	新街口豁口－玉桃园－西直门南－阜成门北－北京儿童医院－长椿街路口西－宣武门西－和平门西－前门西－前门东－台基厂路口东－崇文门东－东便门－建国门南－雅宝路－朝阳门南－东四十条桥西－东直门南－东直门－雍和宫桥西－鼓楼桥西－德胜门－新街口豁口
45路	动物园－北京展览馆－二里沟东口－西四十条桥西－百万庄东口－展览路－月坛北街北站－国家工商总局－三里河南口－白云路－白云观－白石桥南－天宁寺桥东里－手帕桥北－手帕胡同南－广安货站－广安门车站西街－小红庙北站－莲花池东里－小红庙南站－红莲南里－红莲南路北口－高楼村

북경시 버스노선

46路上行	高楼村－马连道南口－马连道胡同－马连道西里－湾子路口南－湾子－广外马口石桥－达官营－关厢－广安门北－天宁寺桥东－西便门－真武庙－礼士路南口－北京儿童医院西口－辟才胡同西口－辟才胡同东口－西单商场
46路下行	西单商场－教育部－辟才胡同西口－北京儿童医院西门－礼士路南口－真武庙－西便门－天宁寺桥东－广安门北－关厢－达官营－广外甘石桥－湾子路东口－马连道西里－马连道胡同－马连道南口－高楼村
47路	小马厂(西行)－北京西站－小马厂(东行)－白云桥东－天宁寺桥西－长椿街路西－宣武门内－西单路口南－西单商场－缸瓦市－西四路口－平安里路口南－护国寺－新街口北－积水潭桥南－小西天－北京师范大－铁狮子坟－北太平庄北－牡丹园－牡丹园北－塔院－花园北路北口－志新桥北－学院桥东－学院桥西－北京城市学院－保福寺桥－中关村西－黄淀桥东
48路	前门－大栅栏－珠市口－虎坊桥路南－虎坊桥路北－果子巷－菜市口西－牛街－牛街礼拜寺－牛街南－南樱桃园口北－右安门内－右安门外－翠林小区－嘉园一区－嘉园二里西口－嘉园三里北－嘉园三里－城南嘉园北
49路	真武庙－复兴门南－西便门－天宁寺桥北－广安门北－广安门内－椿树园口－白纸坊桥北－菜户营桥北－菜户营桥南－玉泉营桥北－玉泉营桥南－玉泉营桥东－黄家胡同－丰益桥南－纪家庙
50路	车公庄北－西直门南小街－官园西口－车公庄南－阜成门口北－北京儿童医院－复兴门南－北京西站－北京西站北里－马连营西－莲宝路口东－鲒广村－鲒广新村
51路	嘉园三里－嘉园三里北－嘉园二里南口－嘉园三里东口－马家堡小区－角门北路－马家堡东口－刘家窑桥西－刘家窑桥东－方庄南口－芳城园－左安门外－肿瘤医院－潘家园－华威南路东口－首都图书馆－弘燕路西－弘燕路－弘燕路六口－双龙小区
52路上行	平乐园－南磨房－劲松桥东－光明桥东－广渠门－建国门南－建国门内－东单路口北－东单－天安门东－天安门西－西单路口东－复兴门内－南礼士路口－工会大楼－木樨地东－北京西站
52路下行	北京西站－莲花桥－公主坟南－公主坟东－木樨地东－工会大楼－南礼士路－复兴门内－西单路口东－天安门西－天安门东－东单路口南－北京站东－广渠门－光明桥东－劲松桥东－南磨房－平乐园
53路	北京西站东－北京西站南向北行－广外甘石桥－达官营－广安门内－椿树园－白纸坊桥南－菜户营桥东－大观园－右安门东－北京南站－天坛南门－芳古园－方庄环岛东－方庄南口－分钟寺桥东－刘家胡同－华威桥南－首都图书馆东－松榆里－榆东里南口－北京工业大学南口－四方桥西
54路	城南嘉园北－嘉园三里－嘉园三里北－嘉园二里南门－嘉园二里东门－芳芬桥南－方庄南－开阳桥东－开阳桥北－自新路北口－南横街－菜市口北－宣武门外－长椿街路口东－北京西站
55路	祁家豁子(北行)－祁家豁子(南行)－马甸桥北－马甸桥南－德外关厢－德胜门外－德胜门－蒋养房－刘海胡同－厂桥路南－后库－西安口
56路	菜户营桥东－大观园内－南菜园－建北里－枣林前街西口－南线阁－北线阁－核桃园－槐柏树街西口－长椿街路口南－宣武门外－北京儿童医院西门－月坛公园－南礼士路北口－阜成门东－阜成门－南礼士路北口－阜成门东－阜成门－南礼士路北口－南礼士路北口－阜成门
57路	公主坟－公主坟南－六里桥北－六里桥东－莲花池－湾子－达官营－广安门内－牛街路东－菜市口过街楼－虎坊桥路东－虎坊桥路东－珠市口过街楼－崇文门西－红庙－水道子－磁器口－榄杆市－塔新街－安化楼－广渠门内－马圈－垂杨柳－双井桥北－双井桥东－大北窑南－大北窑东－郎家园－八王坟东－四惠站
58路	苹果园南－杨庄路西口－古城剧场－古城大院－石景山总城－老古城－首钢厂东门－首钢试验厂－首钢焦化厂－首钢设备库－五一剧场
59路	大观园－右安门西－右安门内－南樱桃园路口东－半步桥－自新路口东－陶然亭公园北门－太平街－北纬路－友谊医院－友谊医院东－珠市口南－大栅栏－前门－天安门西－王府井－北京站西－北京站东
60路上行	黄寺总政大院－六铺炕－鼓楼桥南－鼓楼－地安门外－东黄城根北口－亮果厂－沙滩路口北－北京妇产医院－锡拉胡同－南河沿－正义路南口－西交民巷－磁器口南－法华寺－北京体育馆西－北京体育馆－北京游乐园
60路下行	北京游乐园－北京体育馆－北京体育馆西－法华寺－磁器口北－崇文门口－正义路南口－南河沿－锡拉胡同－北京妇产医院－沙滩路南口－东黄城根北口－地安门东－鼓楼－鼓楼桥南－六铺炕－黄寺总政大院
61路	五路居东－玲珑路－北洼路西－首都师范大学北门－花园桥东－老虎庙－外文印刷厂－四道口南－首体南路南口－白堆子东－甘家口东－阜外西口－展览路－阜成门外－阜成门
62路	雍和宫桥东－和平里东街口－和平里路口北－和平里商场－和平东桥北－中日医院－对外经贸大学－惠新东桥南－育慧北里－世纪村－育慧东路－姜庄湖
63路	丽泽桥－丽泽桥南－丰益桥东－鹅凤营西－鹅凤营－万寿寺－菜户营桥东－大观园－右安门东－右安门南－开阳桥东－北京南站
65路	北京西站－北洼窝路南口－北蜂窝路－会城门口－木樨地北－木樨地东－西客站南门－国家工商总局－月坛北街北站－展览路－百万庄东口二里沟－北京展览馆－动物园(枢纽站)
66路	嘉园三里－嘉园三里北－嘉园二里西口－马家堡小区－角门北路－马家堡东口－洋桥北－四路通－陶然桥北－虎坊桥路东－虎坊桥路东－前门
67路	万年花城－首都经贸大学西校区－樊羊路北口－樊家村－纪家庙－夏家胡同－丰益桥东－丰益桥东－局－六里桥南－六里桥北里－北京西站－长椿街路东－宣武门－和平门东－前门西
68路	厂桥路口西－厂桥路口南－后库－西黄城根－西黄城根内街－灵境胡同－辟才胡同东口－辟才胡同西口－二七剧场路西－三里河东路南口－公主坟东－公主坟西－万寿路口南－太平路东口－金家村桥北－莲宝路口北－莲宝路东－马官营西
101路上行	红庙路口西－红庙路口西－小庄路口东－呼家楼西－关东店－东大桥路口西－神路街－朝阳门外－朝阳门内小街－东四路口东－美术馆东－沙滩路口西－故宫－北海－西安门－四路路口东－白塔寺－阜成门内－阜成门外－展览路－阜外西口－甘家口北－百万庄西口
101路下行	百万庄西口－百万庄中街－百万庄东口－展览路－阜成门外－阜成门内－阜成门口内－白塔寺－四路路口东－西安门－北海－故宫－沙滩路口西－美术馆东－朝阳门内小街－朝阳门外－神路街－东大桥路口西－关东店－呼家楼西－小庄路口东－红庙路口西
102路	动物园(枢纽站)－二里沟－百万庄－甘家口大厦－甘家口东－阜外西口－展览路－阜成门外口－阜成门内口－白塔寺－西四路口东－西四路口东－缸瓦市－西单北大街－西单商场－西单路口南－宣武门口－校场口－菜市口北－果子巷－虎坊桥路东－虎坊桥东－太平街－陶然桥西－北京南站
103路	动物园(枢纽站)－二里沟－百万庄－甘家口大厦－甘家口东－阜外西口－展览路－阜成门外口－阜成门内－白塔寺－西四路口东－西四－北海－沙滩－沙滩路口西－美术馆－灯市西口－东安市场－王府井南口－北京饭店－台基厂路口东－崇文门西－北京站西

부록 1

104 路	五路居－安贞里－安外甘水桥－蒋宅口－地坛西口－安定门内－方家胡同－交道口南－北兵马司－宽街路口南－大佛寺－美术馆口北－灯市口西－新东安市场－王府井路口南－台基厂路口东－崇文门西－北京站西
104 路快上行	城铁柳芳站－柳芳北街－国际展览中心－静安庄－静安里－柳芳东口－柳芳南口－西坝河南路－城铁柳芳站－和平里路口东－和平里北街－兴化路－和平里北街西口－地坛西口－安定门内－宽街路口南－美术馆－灯市西口－新东安市场－崇文门西－北京站西
104 路快下行	北京站西－北京站西街西口－王府井路口北－新东安市场－灯市西口－美术馆口北－宽街路口南－交道口南－安定门内－地坛西口－和平里北街西口－兴化路－和平里北街－和平里路口东－城铁柳芳站
105 路	白石桥东－动物园－西直门外－新开胡同－新街口西－平安里路口北－大红罗厂西口－西四路口北－缸瓦市－灯市石桥－西单商场－西单路口南－宣武门－校场口－菜市口北－果子巷－虎坊桥路口东－板章路－珠市口东－天桥
106 路上行	东直门－东直门内－东内小街－北新桥路口南－东四十二条－魏家胡同－钱粮胡同－东四路口南－灯市东口－东单路口北－米市大街－灯市东口北－红桥路口－天坛北门－金鱼池－天桥北－虎坊路－太平街－陶然桥东口－北京南站
106 路下行	北京南站－陶然桥北－太平街－天坛西－北纬路东口－天桥－金鱼池－天坛北门－红桥路口北－东四路口－崇文门内－东单路口北－米市大街－灯市东口－北新桥路口南－东内小街－东四十二条－魏家胡同－东四路口南－东直门
107 路	白石桥东－动物园－北京展览馆－二里沟东口－三塔寺－车公庄东口－官园－平安医院－地安门外－鼓楼－宝钞胡同－小经厂－交道口东－北新桥路口东－东内小街－东直门内－东直门
108 路	大屯东－大屯南－炎黄艺术馆－安慧桥北－奥体东口－五路居－安贞里－安外甘水桥－蒋宅口－地坛西口－安定门内－方家胡同－交道口南－北兵马司－宽街路口南－大佛寺－美术馆北口－灯市东口－米市大街－东单路口北－崇文门内
109 路	广安门－广安门内－牛街路口西－菜市口－菜市口北－校场口－宣武门外－四单商场－西单商场－缸瓦市－西四丁字街－西安门－北海－故宫－沙滩路口西－美术馆东－东四路口西－朝阳门内小街－朝阳门口－朝阳门外－神路街－东大桥
110 路	城铁柳芳站－柳芳北街－左家庄中街－静安里－左家庄东－左家庄－新源里－塔园口－幸福三村－工人体育场－朝阳医院－东大桥路口北－神路街－朝阳门外－朝阳门内－朝内小街－东四路口东－米市大街－东单路口南－崇文门－崇文门－年年大街北口－兴隆街口－大街南口－天坛北口－金鱼池－天桥路口东－天桥
111 路	白石桥东－动物园－西直门外－西直门内－新开胡同－新街口西－平安里路口北－西四－天官房－北海西门－地安门大街－灯市东山东－景山东口－沙滩路口东－美术馆东－灯市东口－米市大街－东单路口北－崇文门内
112 路	亮果厂－沙滩路口北－美术馆东－东四路口东－朝阳门内小街－朝阳门口－朝阳门外－神路街－东大桥路口东－关东店－呼家楼西－小庄路口东－红庙路口西－英家坟－慈云寺－东八里庄－十里堡－十里堡
113 路	民族园路－华严西里－北土城路东口－安贞西里－中国科技馆东口－安华桥南－安华桥－外馆斜街－蒋宅口－地坛东口－安定门口－交道口东－北兵马司－宽街路口东－张自忠路－东四路口－东四路十条桥东－工人体育场－三里屯－长虹桥西－白家庄－呼家楼东－光华桥南－大北窑
114 路	白云路－公安大学－木樨地北－玉渊潭南东口－钓鱼台口－甘家口北－甘家口东－二里沟东口－四道口口东－白石桥南－紫竹院路口－车道沟桥东－板井－四季青桥北－东冉村－南坞
115 路	东黄城根北口－宽街路口东－张自忠路－东四十条－东四十条桥西－东四十条桥东－工人体育馆－工人体育场－三里屯－长虹桥西－工人体育馆－团结湖公园－水碓路口南－小庄路口北－红庙路口西－美家坟－慈云寺－东八里庄－十里堡－甘露园小区－青年路南口－康家沟
116 路	城铁柳芳站－和平里路口南－和平里东口－北小街豁口－雍和宫桥东－雍和宫－国子监－北新桥路口南－东四十二条－钱粮胡同－东四路口－米市大街－东单路口－车公庄西－三塔寺－二里沟东口－动物园－红桥路口北－法华寺－北京体育西－北京体育馆－北京游乐园
117 路	红庙路口东－红庙路口北－金台路口南－甜水园北里－朝阳公园－团结湖－长虹桥西－工人体育场－幸福三村－春秀路－东直门内－东内小街－北新桥路口北－雍和宫－地坛东口－和平里东口－和平里商场－和平里东口－甲东桥西－和平西桥－安贞桥东－安贞里－五路居
118 路	红庙路口东－小庄路口－呼家楼西－关东店－东大桥路口北－朝阳医院－朝阳门外－工人体育馆－东四十条桥东－东四十条桥西－东四十条－张自忠路－官园－锣鼓巷－地安门口东－平安里西－平安医院－官园－车公庄西－三塔寺－二里沟东口－动物园－紫竹桥南－紫竹院路口南
119 路上行	地坛西门－蒋宅口－青年沟西口－和平西街－青年沟东口－和平里商场－和平东桥北－中日医院－樱花园西南－惠新西街南口－惠新东桥北－惠新东桥东－育慧南路－中国现代文学馆－芍药居
119 路下行	芍药居－中国现代文学馆－对外经贸大学－惠新里－惠新西街－惠新西街南口－樱花园西街－中日医院－和平东桥南－和平里商场－和平西街－青年沟西口－蒋宅口－地坛门
120 路	天坛南门－永定门东街－永定门东－先农坛－天桥－珠市口南－大栅栏－前门－天安门广场东－天安门东－王府井－北京站口东－北京站里路口北－芳草地南－芳草地－东大桥路口北－朝阳医院－工人体育场－幸福三村－新源里－左家庄
121 路	南站－东内村十－四季青桥北－四季青桥南－营慧寺－五路通－定慧桥北－定慧桥东－定慧寺东－西钓鱼台－航天桥东－航天桥东－马神庙－白塔寺口东－甘家口阜外西口－展览路－阜成门－阜成门内
122 路	北京站东－北京站前街－建国门口－广渠门－光明桥－肿瘤医院－东直门外－芳城园－方庄环岛西－芳古园－蒲黄榆－天坛南门－永定门东－北京南站－开阳路东－车公庄西－大观园－菜户营桥北－白纸坊桥北－椿树馆街－广安门口－达官营－广外白广桥口－湾子－莲花池西－北京西站南广场－北京西站东
123 路	东直门－东直门北－东土城路南口－东土城路－城铁柳芳站－和平里路口北－青年沟东口－和平西街－小黄庄－外馆斜街－华威西里－黄寺大街东口－黄寺－福丽特－黄寺大街东口－马甸桥南－马甸桥东－蓟门路桥东－蓟门桥东－城铁大钟寺站－金五星百货城
124 路	大屯东－大屯南－炎黄艺术馆－安慧桥北－奥体东口－五路居－安贞里－安外甘水桥－蒋宅口－地坛西口－安定门内－方家胡同－小经厂－宝钞胡同－鼓楼－地安门口内－景山东口－景山东口－故宫－北海－西安门－西四丁字街
125 路	地坛和平里和平里北街东口－兴化路－和平里商场－和平东桥南－中日医院－对外经贸大学－中国现代文学馆－芍药居
126 路	前门－天安门广场东－天安门东－王府井－北京站口东－王府井口东－王府井－北京站口东－王府井－王府井－王府井－东－北京站－王府井－芳草地南－芳草地－东大桥路口北－朝阳医院－东大桥路口北－小庄路口北－水碓子－金台路口东－延静里－红领巾公园－八里庄南里－十里堡北里－青年路东－青年路小区

207

북경시 버스노선

300路内环	草桥－玉泉营桥西－夏家胡同－丽泽桥－西局－六里桥南－六里桥北里－公主坟南－航天桥－花园桥北－紫竹桥－万寿寺－四通桥东－蓟门桥西－北太平桥西－马甸桥东－中国科技馆－安贞桥东－安贞桥东－潘家园桥北－十里河桥北－亮马桥东－双井桥西－刘家窑桥西－木樨园桥东－木樨园桥－木樨桥西－洋桥西－草桥
300路外环	十里河桥北－华威桥南－潘家园桥北－双井桥北－亮马桥－三元桥－静安庄－西坝河－安贞桥西－中国科技馆－马甸桥东－北太平桥西－蓟门桥－四通桥西－紫竹桥－花园桥北－航天桥－公主坟南－六里桥北里－六里桥南－西局－丽泽桥－夏家胡同－玉泉营桥西－草桥－洋桥东－木樨园桥－木樨园桥东－刘家窑桥西－方庄桥西－木樨园桥－十里河桥东
300路快内环	大钟寺－四通桥西－紫竹桥－航天桥－公主坟南－六里桥北里－丽泽桥－玉泉营桥西－木樨园桥－刘家窑桥西－方庄桥西－木樨园桥东－双井桥南－亮马桥－三元桥－静安庄－安贞桥东－马甸桥－北太平桥西－大钟寺
300路快外环	和平东桥－静安庄－三元桥－亮马桥－双井桥北－潘家园桥北－方庄桥东－木樨园桥东－木樨园桥－玉泉营桥西－丽泽桥－六里桥北里－公主坟南－航天桥－紫竹桥－四通桥西－北太平桥西－马甸桥东－安贞桥东－和平东桥
301路	前门－前门西－和平门东－长椿街路口东－长椿街路口西－小马厂－西便门东－六里桥北里－岳各庄桥北－丰台路口东－大井－五里店东站－五里店－抗战雕塑园－晓月苑一里－晓月苑二里－晓月苑小区
302路	巴沟村－万泉河桥西－芙蓉里小区－海淀路西口－海淀路南口－中关村西－海淀黄庄南－四通桥口－蓟门桥西－北太平桥西－马甸桥东－中国科技馆－安贞桥东－安贞桥西－三元桥－静安庄－亮马桥－团结湖－朝阳公园－朝阳公园桥东－朝阳公园桥东－豆各庄路口西－辛庄
303路	颐和园北宫门－黑山扈－北五旺－亮甲店－亮甲店西站－屯佃－仁庄中学－永丰北－上庄乡－水库南－上庄水库－上庄北－上庄卫生院－上庄东小营－白水洼－白水洼北站－西闸
304路 (高峰线)	海淀村－海淀南路西口－海淀南路－海淀黄庄东－知春里－知春里东站－知春路－学知桥南－蓟门桥北－蓟门桥南－明光桥北－明光桥东－北京师范大学南门－铁狮子坟－北太平桥北－牡丹园
305路	德胜门－马甸桥南－马甸桥北－祁家豁子－健翔桥东－南沙滩－北沙滩西口－双泉堡南－双泉堡－北虎沟－清河南镇－清河－清河小营桥东－前屯路－永泰路－永泰小区－清缘里小区－宝盛西里－宝盛里小区
306路	小庄路口北－水锥园口南－金台路口东－延静里－红领巾公园口－八里庄南里－十里堡北里－青年路口－黄杉木店－亮马－白家楼桥东－黄渠西站－黄渠村－常营路西－常营回族乡－五里桥东北－五里桥－高安屯－马各庄东－朝阳区北楼梓庄－楼梓庄路口南－曹各庄－皮村－朝阳农场－黎各庄－朝阳区沙窝
307路	巴沟村－海淀南路西口－海淀南路－海淀黄庄东－中关村西－成府路口－北京科技大学南门－二里庄南口－北沙滩东北－双泉堡－清河－清河小营桥南－西三旗桥西－五道口－城铁龙泽路站－京昌路回龙观－北郊农场桥东－风雅园北－回龙观小区
308路	白云路－公安大学－木樨地西－军事博物馆－公主坟西－翠微路口－万寿路东－太平路口－西翠路口－西翠路口－沙窝桥东－永定路南－采石路口－西槽－鲁谷路东－鲁谷－鲁谷西站－焦家坟路口－鲁谷南街－衙门口

309路上行	广外甘石桥－广安门北(北行)－广安门北(南行)－达官营－湾子－六里桥东－小井桥东－岳各庄东－丰台路口西－大井－五里店东－五里店－五里店西站－西道口－抗战雕塑园－卢沟新桥－杜家坎－崔村－二七厂
309路下行	二七厂－崔村－杜家坎－卢沟新桥－抗战雕塑园－西道口－五里店西站－五里店－五里店东站－大井－丰台路口西－小井桥东－六里桥东－湾子
310路	丰台体育中心－岔路口－北大地－丰台镇东安街－南五里店－刘庄子－西道口－抗战雕塑园－杜家坎－装甲兵干休所－张郭庄小区东－张郭庄小区北－张郭庄－槐树岭南站－槐树岭－南营－辛店东站－丰台区辛庄
311路	苹果园南－地铁苹果园站－金顶街三区－金顶街北口－金顶北路－模式口东－福寿岭－绍家坡－雍王府－八大处中学－杏石口－西下庄－工人疗养院
312路上行	大北窑东－八王坟东－四惠东－陈家村－四惠东站－高碑店桥东－梆子井－茶家坟－双桥东－杨闸中学－杨闸路口西－重兴寺－八里桥－通州北苑路西－通州西门路口西－八里桥－果园环岛北－葛布店－通州国税局－通州交通队－玉桥小区－乔庄
312路下行	乔庄－玉桥小区－通州交通队－通州国税局－葛布店－果园环岛北－潞河医院－复兴里－通州西门路口南－通州北苑路口西－八里桥－重兴寺－杨闸路口西－杨闸中学－双桥东－茶家坟－梆子井－高碑店东－四惠东站－陈家村－八王坟东－大北窑东
313路	丰台体育中心－北大地－丰台镇东安街－南五里店－西道口－抗战雕塑园－卢沟新桥－齐庄－老庄子－卢沟桥农场－永合庄西－北天堂
314路	昌平东关－中国政法大学(昌平)－东环北路－昌平北环北路－昌平东关南口－明皇蜡像宫－涧头－大宫门－南新村－昌平南庄－七孔桥－定陵道口－定陵－长陵
315路上行	德胜门－德外关厢－马甸桥南－马甸桥北－健翔桥西－健翔桥北－南沙滩－北沙滩西南口－双泉堡南－双泉堡－花虎沟－清河南镇－清河－清河小营桥北－四拨子－西三旗桥东－邮政研究院－黄土店南－新都－新都环岛西－新都环岛东
315路下行	新都环岛－新都环岛西－新都－黄土店南－邮政研究院－西三旗桥东－四拨子－清河－清河南镇－花虎沟－双泉堡－双泉堡南－北沙滩西南口－南沙滩－健翔桥北－祁家豁子－马甸桥北－马甸桥南－德外关厢－德胜门
316路	龙旺庄小区－龙旺庄－焦王庄－北关桥－皇木厂－岳庄－西大街路口西－通州西门路口西－通州北苑路口东－通州北苑路口南－中国农业科学院印刷厂－新华联家园－李老新村－北探小区－通州半壁店－大稿北站－大稿新村
317路	通州北苑路口南－通州北苑路口东－复兴里－后南仓－潞河医院－通州车站路口东－东关桥中路北口－西上园－东上园－运乔嘉园－通州电厂－造纸七厂－小圣庙
318路	老古城－石景山古城－古城公园－八角路－八角路东口－八角北路东口－晋元庄南－北方工业大学－首钢医院－首钢医院丁字口－苹果园南路东口－西黄村小区－西下庄－北京射击场－南辛庄－双新园－北辛庄－四海－红旗村－北京植物园－香山
319路	北京西站－小马厂－白云桥西－白云观－白石桥东口－二里沟东口－北京展览馆－动物园－白石桥东－国家图书馆－中央民族大学－大慧寺路西口－大慧寺路东口－白塔庵－海淀交通支队－保福寺桥南－保福寺桥北－东升园－清华园－蓝旗营－北京大学西门－圆明园南门－颐和园路东口－西苑
320路	北京西站－北京世纪坛医院－皇亭子－军事博物馆－木樨地西－木樨地北－甘家口北－甘家口大厦－四道口东－白石桥南－国家图书馆－中央民族大学－魏公村－中国农业科学院－人民大学－中关村南－海淀黄庄南－海淀黄庄北－中关村南－中关村北－中关园－清华大学西门－圆明园南门－颐和园路东口－西苑

321路	六里桥东－赵辛店－朱家坟－佃起村－云岗北区－南宫市场－南宫－南宫新苑小区－南宫南站
322路	四惠站－通州北苑路口西－通州西门路口东－西大街路口东－新华大街－通州东关－东关大桥－福田建材－三元村－武夷花园
323路	七里庄(西行)－丰北桥东－七里庄(东行)－丰台北路－丰台路东－丽泽桥－六里桥南－六里桥北里－莲花桥－公主坟－八一湖－玉渊潭西门－航天桥北－花园桥北－紫竹桥南－万寿寺－为公桥－三义庙－人民大学－双榆树南口－知春里路口南－知春里
323路快上行	七里庄(西行)－丰北桥东－七里庄(东行)－丰台北路－丽泽桥西－丽泽桥北－局－六里桥南－桥北里－公主坟南－航天桥－花园桥北－紫竹桥－万寿寺－四通桥南－四通桥东－五道口－红民村－城铁大钟寺站－蓟门桥南－蓟门桥－蓟门桥北－学知桥北－花园北路北口－北医三院－塔院－塔院小区南口
323路快下行	塔院小区南口－学知桥南－蓟门桥西－大钟寺－红民村－四通桥东－四通桥南－万寿寺－紫竹桥－花园桥南－航天桥－六里桥北里－六里桥南－西局－丽泽桥西－丰台北路东－丰台路东－七里庄
324路	公主坟南－六里桥北－六里桥南－西局－丽泽桥南－丰益桥南－夏家胡同－玉泉营桥东－玉泉营桥路单行－北京戏曲学校－泽桥东－木樨园桥东－南苑路果园－大门口西里－大红门桥北－和义南站－西四寺庙－东高地－万源路－清和路－庑殿路南口－旧宫－旧宫东口－旧宫二村－旧宫三村东站－亦庄桥南－亦庄桥南－亦庄体育中心－亦庄实验学校－天华北路西口－博达国际交流中心－万源街西口－万源街东口－隆庆街－荣京东街－兴盛街－远成西街－锦绣街－开发区通用南中心
325路	高井路口南－电厂路－麻峪－石景山火车站－广宁村－首钢小西门－铸造村－金安桥西－金顶南路－地铁苹果园站－苹果园－杨庄路西口－古城北路西口－八角北路西口－古城东口－八角南路西口－八角西街－古城南路－京燕饭店－京原路口－衙门口
327路	老古城－石景山古城－八角－京原路口西－衙门口西－衙门口村－三号桥－石景山水电－河堤－燕山水泥厂－漫水桥－芦井－八一射击场－南营－槐树岭－槐树岭公交总站
328路	安定门－地坛西门－蒋宅口－安贞桥北－奥体东门－安慧桥北－炎黄艺术馆－豹房－洼里南口－中科院地理所－南沟泥口－北沙滩桥东－双星堡－星虎沟－清河－清河小营桥西－清河大楼－地环岛东－菊园东站－菊园－马连洼
329路	李家峪－太子峪陵园－杨家坟北－吕村－辛庄路口－马家坟－董家坟－张家坟北－二老庄－朱家坟口－赵家店－北京十中－长辛店南街口－长辛店北口－杜家坎－卢沟新桥－抗战雕塑园－晓月苑二里－晓月苑小区
330路	颐和园－颐和园北宫门－安河桥－红山口－国防大学－黑山庄－百望山森林公园－西北旺－回民公墓－亮甲店－亮甲西站－屯佃大桥－太舟坞－温泉路口东－杨家坟－白家疃东口－白家瞳西口－温泉苗圃－温泉－温泉辛庄－温泉辛庄北站－高里掌－西小营－稻香湖－前沙涧－后沙涧
331路	香山－卧佛寺－北京植物园南门－香泉环岛－正蓝旗－丰户营西站－丰户营－娘娘府－林业科学研究院－周红旗－青龙桥－颐和路口－军事科学院－颐和园－西苑－颐和园路东口－圆明园南门－清华大学西门－中关村北站－蓝旗营－清华园－五道口－北京语言大学－成府路－北京航空航天大学－花园桥东－北区大门－塔院－牡丹园－北太平西街－铁狮子坟－小西天－新街口豁口
332路	动物园(枢纽站)－西苑街－白石桥南－白石桥北－国家图书馆－中央民族大学－魏公村－中国农业科学院－人民大学－北京理工大学－中关村南－中关村西－海淀桥北－北京大学西门－颐和园路东口－颐和园
333路	安宁庄东路南口－清河小营桥西－清河小营桥南－清河－双清路清河南镇－后八家－前八家北站前－八家－清华东路东口－东升园－保福寺桥北－保福寺桥西－中关村一街－中关村东－海淀桥北－北京大学西门－畅和园－西苑－骚子营－小清河－肖家河－中国农业大学西校区－梅园－农大北路口－圆清路西口－西北旺东北旺北－软件园广场－城铁西二旗－西二旗大街－西二旗大街－当代城市家园西小营站－西二旗大街－当代城市家园西北－安宁庄前街西口－安宁庄前街东口－安宁庄东路南口
334路	动物园(枢纽站)－白石桥西－紫竹院桥门口－北洼路车道沟桥东－板井－四季青桥东－四季青桥南－营慧寺－五路桥－定慧寺－五瓦路－田村半壁店－阜成路口东－铁家坟东－永定路口北
335路	阜成门－阜成门外－展览路－阜外西口－甘家口东－白堆子口西－航天桥－航天桥东－甘家口－滨角园－罗道庄－翠微路－万寿路南口－太平路东－西翠路口东－西翠路口西－沙窝桥东－青塔－郑常庄－岳各庄－岳各庄桥北－北大街东－北大街东－东大街南口
336路	阜成门－阜成门外－展览路－航天桥西－定慧寺东－定慧桥北－五孔桥－田村半壁店－田村北路东口－什坊院－廖公庄－西黄村小区－苹果园南路东－苹果园中学－苹果园东－地铁苹果园站－金顶南路－金顶西－苹果园地铁站口－石景山山东－黑石头－五里坨－石景山南宫－三家店－三家店东口－水闸－口中－门头沟－新桥大街－大峪
337路	前门西－和平门东－长椿街路口西－复兴门内－南礼士路－木樨地西－军事博物馆－公主坟东－翠微路口西－万寿路口东－翠路口西－沙沟桥东－五棵松桥东－永定路东－五路桥口西－八宝山－地铁八宝山口西－老山东口西－西井村口西－京西饭店－八角北路东城－老古城－首钢厂东门－田顺庄－北辛安－石景山
338路	丰台体育中心－丰台东站－大井－双楼村－双林南路－小屯东口－梅市口南站－梅市口－曹家坟口西－小瓦窑－石槽－玉泉路口南
339路	六里桥西－小井桥东－岳各庄桥北－丰台路口东－大井－五里店东站－五里店－西道口－抗战雕塑园－卢沟新桥东－杜家坟－长辛店东－长辛店医院－北京十中－赵家店－朱家坟－张家坟－佃起村－云岗－南宫等站前－东下王佐－王佐
340路	菜户营桥东－菜户营桥南口－白纸坊桥北－广安门南－达官营－湾子东－莲花池－六里桥东－小井桥东－岳各庄桥北－看丹桥－韩庄子东－温泉公寓－恰海花园西门
341路	旧宫－庞殿路南口－吉庆庄－清华东大街路南－六营门－东营房－南小街－德茂庄－忠兴庄北－瀛海－三横堂－笃庆寺－北普陀影视城－南宫村－南大红门－堡上－青云店敬老院－青云市场－花园新区－五村－青云店镇
342路	小庄－亮马桥东－东八里庄－十里堡－青年路南口－太平庄－朝阳路高井－大黄庄桥东－定福庄－第二外国语学院－朝阳三间房－周家井口－普庄－杨闸环岛东－杨闸路南－重兴寺－八里桥－通州北苑路东－通州西门路口东－西街路口西－新华大街－通州东关－东关大桥－三元村－武夷花园
343路	虎坊路－陶然桥北－四路通－洋桥北－马家堡东口－西马厂北－马家厂－大李窑－大红门西桥北－久敬庄－和义学校－和义南站－南苑北里－南苑－南苑北马路－红房子路北－新华路南口－三营门－东高地－万源路
344路	二六一医院－皂甲屯－老牛湾－沙河西站－沙河－定福黄庄－史各庄－二拨子－京昌路回龙观西站－昌平回龙观－西北旗南－四拨子－清河小营桥南－清河－回龙观－双泉堡－北沙滩桥南－健翔桥－祁家豁子－马甸桥北－马甸桥南－德胜门西
344路快上行	德胜门西－积水潭桥北－北京师范大学－马甸桥西－健德门桥北－京昌路回龙观北站－北郊农场桥东－龙华园－龙华园东区－广场口－回龙观小区

북경시 버스노선

344路快下行	回龙观小区－广场东口－龙华园区－龙华园－北郊农场桥东－京昌路回龙观北站－祁家豁子－马甸桥南－德胜门西
345路	德胜门西－北京师范大学－马甸桥南－健翔桥北－健翔桥北－北沙滩桥南－清河－清河小营桥南－西三旗桥北－京昌路回龙观－西昌路回龙观大－二拨子－朱辛庄－史各庄－定福皇庄－碧水庄园－沙河－沙河北大桥－满井－小寨－西沙屯－白浮－水屯－南辛中路－昌平中心公园－昌平北站
345路快上行	德胜门西－积水潭桥东－北京师范大学－铁狮子坟－北太平桥北－牡丹园东－沙河－沙河北大桥－西环南路－沙河北大桥－沙河－马甸桥南－德胜门西
345路快下行	昌平东关－中国政法大学（昌平）－昌平东关
346路	颐和园－颐和园北宫门－安河桥－国防大学－黑山扈－西北旺－大舟坞－杨家庄－白家疃西口－温泉－温泉东路－周家巷－北安河－北安河北口－九王坟－草场－西埠头－西埠头河滩－聂各庄南－聂各庄口头村－凤凰岭
347路	新街口豁口－玉桃园－西直门外－动物园－白石桥东－紫竹院南门－车道沟桥东－板井－四季青桥东－四季青桥西－佟家坟－海淀区残联－南平庄－西平庄－巨山农场－南辛庄－巨山－北京射击场－西下庄－杏石口－八大处中学－八大处
348路	大北窑南－双花园－双井桥东－九龙花园－珠江帝景－平乐园北－平乐园小区－窑洼湖桥东－朝阳区大柳树－百子湾火车站－垒头市场－垒头－南磨房－工业技师学院－北京焦化厂
349路	丰台东站－人民村－人民村北站－南里店－程庄路东口－正阳桥北－北大地－北大街－东大街－前泥洼－西管头－丰益桥西－丽泽桥北－西局－六里桥南－六里桥东－莲花池－太平桥南里－北京西站南广场
350路	京郊楼北－白家庄－长虹桥东口－团结湖－朝阳公园－朝阳公园桥西－朝阳公园桥东－豆各庄路口东－豆各庄桥西－姚家园西口－姚家园南－平房西口－平房－平房东口－高楼树－驹子房－东坝南－东坝－楼梓庄路口西－曹各庄
351路上行	大观园西－菜户营桥北(北行)－白纸坊桥南－菜户营桥北－菜户营桥南－北京营桥南－玉泉营桥西－夏家胡同－工益桥南－樊家村－丰台桥梁厂－刘家村－造甲村－韩庄子北－看丹桥北－岔路口－丰台岔路口
351路下行	丰台体育中心－岔路口－北大地－正阳桥北－看丹桥北－看丹桥东－韩庄子北口－造甲村－刘家村－丰台桥梁厂－樊家庄－纪家庙－玉泉营桥北－菜户营桥东
352路	劲松－劲松中街口－光明桥东－光明楼－北京游乐园－左安门内－左安门外－分钟寺桥西－周家庄路西口－分钟寺－龙爪树口－七十一中学－小红门－珊瑚桥北－旧宫北马路－旧宫
353路	富丰桥东－看丹桥－韩庄子北－造甲村－新村－四合庄－花乡桥东－银狐家园－新村－新宫村－南苑路－五爱屯－红房子－新华路南口－三营门东－六洼地－东高地－万源路
354路	富丰桥东－看丹桥北－正阳桥北－北大地－岔路口－丰台路口－岳各庄北桥－岳各庄－小瓦窑－小瓦窑桥西－永定路南口－采石路口－石槽－小瓦窑－吴家村路西口－吴庄－焦家坟路口－鲁谷路西口－京原路口－八角－石景山路口西－古城－首钢厂口－北辛安－石景山
355路	廖公庄－廿扬院－田村山口－田村－田村北京水平有机集团－五孔桥－定慧北桥－萱慧寺－四季青桥－四季青桥北－东冉村－远大路西口－远大路东口－长春桥东口－长春桥东口－三义庙－人民大学－中关村南－中关村－蓝旗营－清华东路口－清华东路西口－农科院东－八家村－六道口－静淑苑－马家沟路口－马家沟－清河门镇－清河小营东－西三旗桥东－邮政研究院－新都小区
356路	云岗－南宫市场－王佐学校－王佐卫生院－西王佐北－下庄－沙锅村站－沙锅村－丰台区李家坟－大灰厂－大灰厂西站

357路	昌平东关－中国政法大学（昌平）－昌平南大街－昌平西关－明皇蜡像宫－邓庄－旧县－陈庄－红泥沟－南口东街－南口－东南路口－南口－芦沟－马坊－曹家庄－北流村－西峰山－王峪沟－瓦窑－高崖口乡－高崖口
358路上行	安定门－地坛西门－蒋宅口－安贞桥北－奥体东门－安慧桥北－炎黄艺术馆－慧忠路西口－北苑路大屯－北苑路大屯北站－辛店村－北苑－大屯－立水桥－立水桥北站－城铁立水桥站－东小口－天通苑东西门－天通苑西门中心花园－天通苑东门－天通苑环岛－天通苑东区－天通苑东区三区－天通苑三区小学－天通苑三区－天通北苑
358路下行	天通北苑－天通苑三区－天通苑东区三区小学－天通苑东区小学－天通苑东区－天通苑西区－天通苑西门中心花园－天通苑东门－天通苑环岛－天通苑二区－天通苑东区小学－天通苑环岛－天通苑大屯－秀园－炎黄艺术馆－安慧桥北－北苑－城铁立水桥站－立水桥北站－立水桥－大屯－秀园－炎黄艺术馆－安慧桥北－奥体东门－安贞桥北－蒋宅口－地坛西门
359路	东直门－左家庄－三元桥东－京顺路丽都饭店－大山桥东－望京村－东辛店－北皋－和平场－和平农场－东苇路北口－芳沟－天竺－机场道口－首都机场
360路	西直门－西直门外－动物园－白石桥东－紫竹院南－北洼路－车道沟桥东－车道沟桥北－麦钟桥－蓝靛厂－蓝靛厂北－火器营－空军指挥学院南门－四海桥－四海桥北－北营门－中坞－闵庄－小屯－门头新村－北京四十五中学－闵庄小学－门头村－南河滩－北旗村－北京植物园－香山
360路快	动物园－白石桥东－北洼路－车道沟桥东－黄庄东－中冉村－南河－中坞－闵庄小学－北京四十五中学－门头村－南河滩－北京植物园－香山
361路上行	巴沟村－海淀南路西口－人民大学西门口－万泉寺－三义庙－四通桥东－红民村－大钟寺－城铁大钟寺站－蓟门桥东－蓟门桥南－北太平桥西－马甸桥西－马甸桥东－中国科技馆－安贞桥西－和平桥北－樱花园西街－惠新西街－惠新西街北－惠新东桥北－望和桥－望和桥东－望京花园西－南湖西里－南湖南路－南湖东里－侯庄路口－望京科技创业园
361路下行	望京科技创业园－望京花园－望京西区二区－湖里－阜通东大街南口－望京东东北里－花家地北里－阜通东大街－望京西桥东－望和桥东－望和桥－惠新东桥南－对外经贸大学－中日医院－樱花园东－和平桥西－中国科技馆－马甸桥东－北太平桥西－蓟门桥南－蓟门桥东－城铁大钟寺－大钟寺－红民村－四通桥东－三义庙－万泉桥东－人民大学西门－海淀南路西口－巴沟村
362路	城铁西二旗站－上地七街－城铁西二旗站－北旺－东北旺西口－东北旺苗圃－马连洼西站－农大路北口－梅园－中国农业大学西校区－肖家河－小清河－骚子营－西苑北站－西苑医院－海淀公园－瓦尔堡西苑路口－万柳中路－万柳桥中路－巴沟南路－万柳桥南口－厂洼北口－厂洼南路－厂洼街东口－万寿寺－紫竹桥北－紫竹院南门－动物园－西直门外－西直门
363路	四惠站－陈家林－四惠东站－高碑店桥南－高碑店－高碑店南口－朝阳半壁店－观音堂－王四营－王四营东－五方桥西－白鹿寺－豆各庄桥－青青家园
364路	小庄－红庙路口东－十里堡－太平庄－定福庄－朝阳路二间房－管庄管庄路北－科技分校管庄校区－常营－东小井－焦庄－三岔河南站－三岔河－马厂－北马房－长店路口东－金盏
365路	闵庄南里－军需站－中坞－北营门－四海桥南－空军指挥学院南门－蓝靛厂－闵庄－大路东－长辛春桥东－长春桥－三义庙－人民大学－海淀黄庄北－中关村南－中关村－中关村北站－清华大学西门－圆明园东站－清华园门－北京体育大学－上地南口－上地环岛南口－上地南口－上地七街－软件园东－软件园西－东北旺北－唐家岭－唐家岭北站－邓庄子－航天城－航天城北站－永丰乡辛店－永丰产业基地－永嘉北路－丰贤东路－丰贤中路－丰贤中路西站－永丰站

210

부록 1

366路	木樨园－海慧寺－南顶村－大红门北站－大红门桥北－久敬庄－对义农场－和义农场－三营门－红房子园口南－西营房－同兴园－福利农场－西红门－西红门南站－郁花园－高米店－京开康庄路口－黄村二中－清源路东口－团河路西口－大兴长途站－黄村－大兴桥西－林校路－站前环岛东－黄村火车站
367路	巴沟村－海淀南路西口－人民大学西门－万泉庄－三义庙－四通桥东－红民村－城铁大钟寺站－蓟门桥西－蓟门桥南－北太平桥西－马甸桥东－中国科技馆－安贞桥西－和平桥西－和平桥－太阳宫路东－国际展览中心
368路	定慧桥南－定慧桥东－定慧寺东－西钓鱼台－航天桥西－马甸桥南－八一湖－公主坟－六里桥东里－六里桥南－西局－夏家胡同－玉泉营桥西－草桥－洋桥西－木樨园桥东－木樨园桥东－刘家窑桥西－方庄桥东－十里河桥北－潘家园桥北－华威路北口－华威西里－左家庄
369路	三营门南－新华路西口－红房子路口－团河路北－寿宝庄－大白楼－金星乡－金海学校－团河行宫－团河农场－新居里－新安里－团河路西口－大兴长途站－黄村－大兴桥东－林校路－站前环岛东－黄村火车站
370路	门头沟园门－西辛房－辛房－增产路－龙门口－小黑山－河滩－新桥大街－双峪环岛西－侯庄子－麻峪北口－石景山火车站－广宁村－首钢小西门－铸造村－金家桥西－金顶南路－地铁苹果园站－苹果园口东－苹果园中学－苹果园南路东－黄村小区－廖公庄－廖公庄东口－什坊院－沙石路口北－梁公庵－千休所－田村山南路－玉海园－航天部医院－玉泉路西－公主坟南－五棵松桥东－沙沟路口西－东翠路口－万寿路口西－翠微路口－公主坟西
371路	天鑫家园－霍营乡－北郊医院－城铁霍营站－北郊面粉厂－黄土店－育新小区－北京三旗饭店
372路	通州北苑路口南－通州北苑路北口－城铁八里桥西门口东－大西大街南口－潞河医院－果园环岛东口－九棵树－麻家洼－云景东－云景里－群芳园－大马庄－大马庄南站－通州古玩城
373路	北京西站－莲花桥－公主坟南－公主坟南口－万寿园口西－沙沟路口东－五棵松桥东－玉泉路口东－八宝山－地铁八宝山站－鲁谷路西站－焦家坟路口东－永乐西小区－鲁谷路衙门口
374路	北京西站－公主坟南－公主坟北－玉渊潭西口－航天桥北－花园桥南－紫竹桥南－万寿寺－大慧寺－万泉庄－万泉河路－稻香园－巴沟村－巴沟村西口－六郎庄口南－颐和园新建宫门
375路	韩家川－韩家川北站－西北旺－黑山虎（三零九医院）－国防大学－红山口－安河桥－颐和园北宫门－坡上村－西苑北站－颐和园路东口－圆明园南门－清华大学西门－中关园北站－蓝旗营－清华园－五道口－城铁五道口站－北京语言大学－北京航空航天大学－蓟门桥北－蓟门桥南－明光桥南－索家坟－西直门
376路	昌平东关－石油大学－昌胜路－振兴路－昌平永安路－昌平中心公园－昌平西关－明皇蜡像宫－邓庄－旧县－陈庄－红泥沟－大堡－南口北站
377路上行	北京南站－开阳桥东－右安门东－右安门－右安门外－翠林小区－嘉园二里东口－嘉园二里西口－嘉园三里－世日家园－世界花卉大观园－新发地桥北－九龙山口－西红门北站－西红门南站－郁花园二里－宏康路－宏康路北
377路下行	西红门西站－宏康路－欣和街－郁花园二里－郁花园二里北站－西红门北站－九龙山东－新发地桥北－世界花卉大观园－恒日家园－公益东桥－嘉园三里－嘉园三里北－翠林小区－右安门外－右安门西口东－开阳桥西－北京南站
378路	老君堂－老君堂南站－横街子－十八里店－十八里店乡政府－周家庄－十里河居然之家－十里河桥东
379路	左家庄－三元桥西站－静安庄－西坝河－和平桥北－牛街路口东－安慧桥北－炎黄艺术馆－大屯南口－豹房－洼里南口－中科院地理所－南沟河－北沙滩桥北－双泉堡－清河－中关村南－西三旗桥东－育新小区北口－育新小区
380路	德胜门－德外大街－后九条－钟楼北桥北－鼓楼外大街南站－鼓楼外大街北站－安华桥南－安贞西里－安贞医院北站－奥体东门－安慧桥东－炎黄艺术馆－慧忠里－北辰东路
381路	北京南站－开阳桥北－自新路口北－角横街－菜口西－牛街路口西－广安门内－广安门外－椿树馆街－白纸坊桥北－菜户营桥北－玉泉营桥北－玉泉营桥南－马家楼桥北－新发地桥北－九龙山北－欣旺大街
382路	小庄－红庙路口东－东八里庄－十里堡－青年路南口－东大桥东－民航医院－朝阳路高井－大黄庄东－定福庄－第二外国语学院－朝阳三间房－周家井－管庄－杨闸环岛西－杨闸路口南－小寺－塔营－双桥医院－双桥农场
383路	大峪－新桥大街－城子大街南口－城子－三家店－三家店中街－三家店后街－水泥厂－曹家沟－军庄－杨坨
384路	永丰站－丰润中路－大牛坊－西玉河－皇后店北站－永丰乡北站－皇后店东站－小牛坊－航天城北站－永丰乡学苑－丰谷产业基地－丰谷六里屯北口－圆清路北－赵庄村－百望新城－西北旺大街－九龙山庄（三零九医院）－国防大学－颐和园北宫门－坡上村－西苑北站－中关村二桥南－科学院南路小区－知春里路南－双榆树公园－人民大学
385路	老古城－石景山古城－京原路口西－衙门口西－衙门口村－石景山水电－河堤－燕山水泥厂－漫水桥－芦井八一射击场－南宫－南宫北站－辛庄－北宫森林公园－大灰厂村－丰台区李家坟－大灰厂－大灰厂西站
386路	巴沟村－海淀南路西口－海淀南路－海淀黄庄东－知春里－知春东路口－知春路－北京航空航天大学－学院桥东－志新桥西－健翔桥西－健翔桥南－北辰桥西－亚运村－安慧桥东－惠新东桥北－育慧里北口－世纪村－育慧南站－姜庄湖
387路	慧忠路西－秀园－炎黄艺术馆－奥体东门－安贞桥北－安贞桥西－中国科技馆－马甸桥东－北太平桥西－马甸桥南－明光桥南－索家坟－西直门南－阜成门北－北京儿童医院－复兴门内－北京西站
388路	瞳里三区－瞳里二区－瞳里一区－瞳里北街－小路邑－小路邑北－龙旺庄－焦王庄－北关闸－结研所－北京物资学院南站－朝阳路三间房－第二外国语学院－定福庄－太平庄－十里堡－红庙路口东－小庄
389路	玉泉路口西－八宝山－地铁八宝山站－老山－京原路口西－京燕饭店－八角西街－政府山科技馆－八角西街北口－杨庄路东口－黄南苑小区－苹果园南路北口－西村小区－西卜庄－杏石口－大八处中学－八大处
390路	南五里店－程庄路南口－程庄路－程庄路北口－大井－十号院－大屯东口－六里桥东－湾子－达官营－广安门北－西便门（二环辅）
391路	杜家坎南－长辛店北口－长辛店南口－北京十一温泉子－高佣村－稻田村中学－稻田村北－稻田村南－北京农业职业学院－马家村－稻田村南口
392路	西三旗北站－六三旗－安宁庄－安宁里南路北－安宁东路南－清河小营路西－清河小营路南－清河－马家坟－石板房－静淑路东－大黄庄南－成府路口南－北京航空航天大学－蓟门桥北－蓟门桥南－明光桥南－索家坟－西直门乙路东－西公庄路东－西直门乙路西－三环寺－二里沟东口－郝家湾－二里沟东口－四道口东－外文印刷厂－老虎庙－花园桥东－花园桥南－航天桥北－航天桥东－西钓鱼台

211

북경시 버스노선

393路	颐和园北宫门－坡上村－骚子营－小清河－肖家河－厢黄旗－树村－树村东－上地南口－上地环岛南－上地环岛东－清河大楼－安宁庄东路南－安宁里南−安宁里－西三旗桥东－西三旗桥西－邮政研究院－育新小区北口－育新小区	
394路	六里桥东－六里桥北里－莲花桥－公主坟－公主坟北－玉渊潭西门－航天桥北－紫竹桥－万寿寺－为公桥－苏州桥－长春桥－万柳中路南口－巴沟南路－万柳中路－金盟路南口－北京市地震局－海淀桥北－北京大学西门－西苑－颐和园	
395路	东大街南口－游泳场北路东口－前泥洼－西管头－丰益桥西－丰益桥北－丽泽桥东－三路居－中国戏曲学院－菜户营东口－右安门内－南樱桃园路口－白纸坊路口西－建功北里－南线阁－北线阁－核桃园－槐柏树街西－西便门－复兴门
396路	西黄村西口－苹果园南路东口－苹果园中学－苹果园东－地铁苹果园站－金顶南路－金安桥北－首钢小区－模式口西里－高井路口东－石景山南口－黑石头－五里坨－石景山南宫－隆恩寺路－隆恩寺
397路	大鲁店东街－大鲁店－大鲁店果园－小鲁店－黑庄户－万子营－双树村－双树农场－双树东－双树中央－咸宁侯东站－咸宁侯西站－咸宁侯－柳树东一茶家坟－梆子井－高碑店东口－四惠东站－四惠站
398路上行	新街口豁口－索家坟－明光桥北－蓟门桥－蓟门桥南－北京航空航天大学－成府路－成府路口西－静淑苑－学知园－马家沟－清河－清河小营桥南－西三旗桥东－邮政研究院－育新小区北口－育新小区
398路下行	育新小区－育新小区北口－邮政研究院－西三旗桥东－清河小营桥南－清河－马家沟－学知园－石航房－静淑苑－学院路北口－成府路口南－北京航空航天大学－蓟门桥北－蓟门桥南－北太平桥西－北京师范大学－新街口豁口
399路	八大处科技园－海特花园－西井－苹果园中学－苹果园东－地铁苹果园站－杨庄东口－八角北路东口－古城大路口－石景山古城－八角－八角西街－石景山科技馆－八角西街东口－黄南苑小区－苹果园南路东口－西井－海特花园－八大处科技园
401路	东直门－东外斜街－左家庄－三元桥西站－三元桥－三元桥东－京顺路丽都饭店－八间房－大山子路口南－王爷坟－陈各庄－将台路口北－酒仙桥－酒仙桥商场
402路	四惠站－四惠桥东－八王坟东－大北窑北－光华桥北－呼家楼北－白家庄－农业展览馆－亮马桥－燕莎桥东－安家楼－团结湖北口－东风桥东－酒仙桥商场－酒仙桥－将台路口北－陈各庄－王爷坟－大山子路口南－彩虹路－窑洼公园－草场地－南皋乡政府－南皋
403路	北京站东－北京站前街－日坛路－永安里西口北－芳草地东街－大北桥路口南－朝阳区医院－工人体育场－幸福三村－华都饭店－燕莎桥东－三元桥－三元桥东站－四元桥西－京顺路丽都饭店－西八间房－大山子路口－北京电机总厂－环行铁道
404路	东直门外－左家庄－三元桥西站－三元桥－三元桥东－四元桥西－京顺路丽都饭店－广顺桥南大街南口－阜通东大街－望京医院－花家地北里－望花路口西－大西洋新城东门－侯庄路口南－望京花园西区－利泽中街西口－广顺桥南－广营
405路	四惠站－四惠桥西－八王坟东－大北窑北－光华桥北－呼家楼北－白家庄－农业展览馆－东风桥东－燕莎桥西－三元庵－麦子店西街－白家湾－肖君庄－芳园里西口－芳园里一大山子路口南－大山子路口北－望京村口－东辛店－北皋－北郊农场－孙河－孙河东站
406路	北辰东路－慧忠里－炎黄艺术馆－安慧桥北－安慧桥东－惠新东桥南－对外经贸大学－中日医院－和平桥南－和平里西路－和平里北口－和平里北口小街南－和平里北口内－小街北口－小街南口－海运仓－东四十条桥东－东四条桥东－工人体育馆－三里屯－长虹桥东－团结湖－朝阳公园－朝阳公园桥东－朝阳公园－豆各庄路口西－豆各庄路口东－姚家园西口－平房西口－平房东口－东坝中路西口－东坝中路－东坝村－北京奥林匹克花园－奥林匹克花园北口－东坝家园－单店
407路上行	回龙观小区－广场东门－风雅园南－龙华园－北郊农场桥东－京昌路回龙观北站－京昌路回龙观－西三旗桥南－四拨子－清河小营桥南－清河－清河南镇－花虎沟－双泉堡－北沙滩桥北－南沙滩－健翔桥北－祁家豁子－健德门桥西－健德门桥东－北辰桥西－奥体西门－中华民族园－安贞西里－中国科技馆东门－安贞桥西－安外甘水桥－蒋宅口－地坛西门－安定门
407路下行	安定门－地坛西门－蒋宅口－安外甘水桥－和平西桥－安贞桥东－安贞医院－安贞西里北口－中华民族园－奥体西门－北辰桥西－健翔桥东－健翔桥北－南沙滩－北沙滩桥北－双泉堡－花虎沟－南镇－清河－清河小营桥北－四拨子－西三旗桥北－京昌路回龙观－京昌路回龙观北站－北郊农场桥东－龙华园－风雅园南－广场东门－回龙观小区
408路上行	南十里居－南十里居北站－酒仙桥中心小学－酒仙桥－将台路东－高家园－丽都饭店－京顺路丽都饭店－法制日报社－阜通东大街南口－望京桥东－望京桥西－望和桥东－望和桥西－育慧里－慧忠北路东西－安慧桥东－安慧桥北－炎黄艺术馆－慧忠里－北辰东路
408路下行	北辰东路－慧忠里－炎黄艺术馆－安慧桥北－安慧桥东－惠新东桥南－惠新东桥东－育慧里－望和桥西－望和桥东－望京桥西－望京桥东－京顺路丽都饭店－丽都饭店－高家园－将台路东－酒仙桥－酒仙桥中心小学－南十里居北站－南十里居
409路	阜成门内－白塔寺－西四路口北－平安里西口南－护国寺－新街口北－积水潭桥南－德胜门－钟楼北－鼓楼外大街南口－鼓楼外大街－安德路西口南－中国科技馆西门－安苑东里－安苑路－惠新北土城东路－奥体东门－安苑东里－安苑路－惠新北路－对外经贸大学－中国现代文学馆－育慧南路－望和桥东－望和桥西－望京桥东－南湖西里－南湖南路－南湖南路北口－南湖东口－中央党校－望京花园西区－利泽中街西口－广顺桥南－来广营
410路	北京西站南广场－湾子－广外甘石桥－达官营－广安门南－椿树园街－白纸坊桥南－菜户营桥北－玉泉营桥北－玉泉营桥北－玉泉营桥南－马家楼桥北－新发地桥北－新发地村－西红门北口－西红门京开路－郁花园－高米店－康庄路东口－洪村－兴华路－清源西里－黄村公园－黄村西大街－黄村火车站北
411路	红庙路口东－英家坟－慈云寺－八里庄－十里堡－甘露园小区－青年路－民航医院－朝阳路高井－大黄庄桥东－定福庄－第二外国语学院－朝阳路高井－双桥路（双桥农场）－双桥南－咸宁侯－何家坟－豆各庄乡水电站－白庙口－豆各庄乡－孙家坟－马家湾－豆各庄乡政府
412路	单店－康静里－平房－平房东口－平房乡路－白家楼－大黄庄桥东－朝阳路高井－民航医院－青年路南口－甘露园
413路	南十里居－南十里居北站－酒仙桥商场－东风桥东－民航医院口北－安家楼－燕莎桥东－惠莎桥西－新源南路西口－塔园村－春秀路－东直门
414路	五路桥东－恩济西－恩济里小区－定慧寺东－八宝庄－滨河园－罗道庄－普惠南里－柳林馆东－八渊潭南门－皇亭子－北京世纪坛医院－北京西站北同－马连道南－马连道西里－马连道北同－马连道南口－高楼村－三路居北－菜户营西街－柳村村－鸭子桥北路－白纸坊桥西－白纸坊路口西－南樱桃园路口西－右安门内－右安门－右安门外－翠林小区
415路	孙河东站－京顺路口－马南里－崔各庄－善各庄－善各庄西站－来广营东路－来广营路东口－来广营西路－来广营东路－顾家店－北辰村东站－北苑路西站－北苑－辛店村－北苑路大屯北站－大屯南－慧忠里－北辰东路

부록 1

416路　来广营－广顺桥南－利泽中街东口－望京花园西区－湖光北街东口－南湖东园－南湖南路北口－花家地西里－花家地北里－望京医院－丽都饭店－芳园里西站－肖君庙－五里沟－麦子店西街－三元庵－燕莎桥南－亮马桥－长虹桥东－三里屯－工人体育馆－工人体育场－东四十条桥东－东直门－春秀路－幸福三村北－亮马桥－燕莎桥南－三元庵－麦子店西街－五里沟－肖君庙－芳园里西站－丽都饭店－望京医院－花家地北里－花家地西里－南湖东园北口－南湖南路北口－利泽中街东口－广顺桥南－来广营

417路　燕丹－燕丹乡政府－燕丹村－南七家－路新沥青厂－歇甲村－白坊－东三旗新站－天通苑太平庄－天通西路北－天通苑南－东小口－城铁立水桥南站－立水桥北站－立水桥－大羊坊北－北苑－东北路－大屯北站－大屯南－炎黄艺术馆－慧忠路西口

418路　金盏－金盏卫生院－长店路东－东苇路－长店－蟹岛度假村－张万坟－黑桥－南皋－南皋乡政府－草场地－望京公园－彩虹路－大山子路口－王爷坟－陈各庄－将台路口北－酒仙桥－酒仙桥中心小学－东风桥东－朝阳公园北门－安家楼－燕莎桥东－燕莎桥西－新源南路西口－塔园村－春秀路－东直门

419路　东北旺村南－菊园－菊园东站－马连洼北路东口－上地环岛东－上地东里－清河大楼－清河小营－清河小营桥南－清河文化宫－清河镇西门－清河镇－马家沟－学知园－石板房－静淑苑－中国农业大学东校区－二里庄－北沙滩桥东－南沿泥河－中科院地理所－洼里南口－豹房－大屯南－炎黄艺术馆－安慧桥北－安慧桥东－惠新东桥南－对外经贸大学－燕莎桥东－燕莎桥西－西坝河－静安庄－三元桥－燕莎桥东－安家楼－枣营北里－朝阳公园西门－景园－甜水园北里－金台路口南－红庙路口北－英家坟－慧寺－东八里庄－十里堡西站－青年路南口－甘露园

420路　北京站东－北京站前街－王府井－王府井路口北－新东安市场－灯市西口－美术馆东－东四路口东－朝内小街－朝阳门内－朝阳门－神路街－雅宝路口东－关东店－呼家楼北－白家庄－农业展览馆－燕莎桥南－燕莎桥东－安家楼－将台路口西－酒仙桥中心小学－酒仙桥－将台路口西－高家园－丽都饭店－望京医院－花家地西里－花家地北里东站－大西洋新城南门－望京街西口－宏昌路－望京花园－望京科技创业园－望京花园东口

421路　大北窑北－光华桥北－呼家楼北－白家庄－农业展览馆－亮马桥－燕莎桥南－三元庵－麦子店西街－肖君庙－芳园里西站－芳园里－万红西街－广顺南大街南口－望京路东里－广顺大街北口－大西洋新城东门－望京街西口－宏昌路－望京花园－望京科技创业园－利泽西街东口－东湖

422路　来广营－利泽中街西口－望京花园西口－湖光北街东口－南湖南路北口－南湖南路－南湖西里－望京桥北－望京西路－望和桥东－望和桥－育慧里－惠新东桥南－对外经贸大学－燕莎桥西－樱花园西街－和平西桥－安贞桥西－中国科技馆－马甸桥北－北太平桥西－蓟门桥东－大钟寺－红民村－四通桥东－三义庙

423路　阜成门内－阜成门南－月坛体育场－北京儿童医院－复兴门南－西便门－槐柏树街西口－北线阁－南线阁－枣林前街西口－建国北里－南菜园－白纸坊桥南－菜户营桥北－玉泉营桥北－玉泉营桥北－马家楼桥北－新发地桥北－新发地桥西－玉泉营桥南－马家楼桥北－新发地桥北－新发地桥西－高立庄－羊坊村－明春苑

424路　单店－朝阳医院分院－李家坟－青年路南口－将台路－南十里居

425路　南坞－蓝靛厂中路（上行）－远大路西口（下行）－远大路东口－长春桥东－长春桥东口－三义庙－四通桥东－红民村－大钟寺－城铁大钟寺站－蓟门桥西－蓟门桥东－北太平桥西－北太平桥东－牡丹园北－志新桥南－志新桥北－志新桥北－志新北里－二里庄南口－二里庄－北沙滩桥西－北沙滩桥西－南沟泥河－中科院地理所－洼里南口－豹房－大屯东

426路　安定门－地坛西门－蒋宅口－安外甘水桥－安贞里－五路居－奥体东门－安慧桥北－炎黄艺术馆－大屯南－北苑路大屯北站－辛店村－北苑－大羊坊－立水桥－立水桥北站－城铁立水桥东－东小口－丽水桥口－天通苑东－天三旗南站－东三旗－平西府－望都园－北七家工业园区－北七家－东二旗村－沟岭新村－小河湾－鲁疃

427路　城铁龙泽苑站－龙华园南区－龙华园－龙腾苑三区西门－龙腾街－龙腾苑三区南门－龙腾苑四区北门－龙跃苑四区东门－龙跃苑四区东门－龙跃苑三区东门－龙跃苑三区东门－矩阵小区－和谐家园二区西门－和谐家园西门－龙锦苑一区－龙锦苑公交车站

428路　城铁龙泽苑站－龙华园南区－龙华园－风雅园北－回龙观小区－回龙观东站－流星花园－马连洼北口－回锦苑四区－田园风光雅苑－和谐家园二区北门－霍营乡水务局－小辛庄－霍营今中心小学－绿野福苑－魏家村－魏窑村东站－半塔村－东三旗－天通西苑一区北口－天通苑北区二号门－天通北苑三区南门－天通苑三区东门－天通北苑

429路上行　吉晟别墅－城铁回龙观站－龙腾苑三区东门－云趣园－回龙观小区－风雅园北－东小口－龙腾苑三区东门－龙华园南区－城铁龙泽苑站

429路下行　城铁龙泽苑站－龙华园－广场西门－风雅园北－回龙观小区－云趣园－龙腾苑三区东门－城铁回龙观站－吉晟别墅－龙博苑－东村家园东门－东村家园东门－东村家园西门－吉晟别墅

430路　安定门－地坛西门－安贞桥北－炎黄艺术馆－慧忠北里－北苑路大屯北站－立水桥北站－城铁立水桥站－东小口－丽水桥口－天通苑太平庄－东三旗－平西府－平坊－种禽公司

431路　单店－朝阳医院分院－李家坟－青年路南口－姚家园－豆各庄路口－朝阳公园桥东－朝阳公园桥西－朝阳园－团结湖－长虹桥西－三里屯－工人体育场－工人体育场东门

432路上行　一亩园－西苑－颐和园东口－圆明园南口－圆明园东路－清华附小－圆明园东门－北京体育大学－正白旗－上地南口－上地环岛南－上地环岛东－清河大楼－清河小营桥西－东小营庄－安宁里－三元旗桥东－邮政研究院－育新小区北口－北新科技园－新都环岛东－新都环岛西－硅谷小区－建材城东里－城市水家村－贺村－中滩－东小口－天通苑西门－丽水园－天通苑太平庄－东三旗南站－东三旗东二区－天通苑北区二号门－天通苑北二区－天通苑北三区－天通北苑

432路下行　天通北苑－天通苑三区北站－天通苑东三区－天通苑北二区－天通苑北区二号门－天通苑北三区南门－天通苑东门－东三旗南站－天通苑太平庄－天通苑北－天通西苑北－东小口－中滩－贺村－建材城东里－小区－新都环岛西－新都环岛西－北新科技园－邮政研究院－育新小区北口－北新科技园－硅谷小区－建材城东里－三元旗桥西－安宁里－安宁里南站－安宁里东路南－上地南口－正白旗－北京体育大学－圆明园东门－清华附中－圆明园东路－圆明园东门－颐和园－清华附小－一亩园

433路　东大桥－呼家楼东－东八里庄－十里堡－太平庄－民航医院－朝阳医院南－东坝中路南口－东坝中路－北京奥林匹克花园－奥林匹克花园东门－铁十六局－东坝

434路　福苑小区－广茂大街－福苑东方向－福苑北－泰中花园－高米店－郁花园－西红门南站－西红门北站－新发地北－马家楼桥北－新发地桥东－新发地桥北－草桥－洋桥西－木樨园桥西－木樨园桥东－赵公分桥北－刘家窑桥东－方庄南口－方庄环岛南－芳城园－八河了－左安门外－肿瘤医院－潘家园－劲松南路西口－光明桥－广渠门－东便门－北京站西街东口－北京站东

북경시 버스노선

435 路	通州北苑路口南－通州北苑路口东－通州西门路口东－西大街园西－新华大街－通州东关－西上园小区－玉桥中路北口－玉桥中路－乔庄北街－玉桥北里－玉桥中路－梨园北街－通州三间房－梨园东里小区－通州小街桥东－梨园
436 路	鲁谷路衙门口－焦家坟路口南－吴庄－吴家村路西－吴家村－吴家村路北口－小瓦窑－石槽－玉泉路口东－永定路口东－五棵松桥东－沙沟路口－万寿路口－翠微路口－公主坟
437 路	北京西站－公主坟南－公主坟北－航天桥南－航天桥北－花园桥南－紫竹桥南－北洼路－车道沟桥东－水钟桥－蓝靛厂－蓝靛厂小学－火器营－空军指挥学院－火器营桥西－柳浪游乐场－六郎庄西口－颐和园新建宫门
438 路	永丰站－丰润中路－永丰中路－皇后店西站－圆清路北口－赵庄村－百望新城－西北旺东北口－圆清路北口－农大路北口－梅园－中国农业大学西校区－肖家河－小清河－骚子营－中国农大－颐和园北站－圆明园南口－中关园北站－清华医院东口－清华东路西口－北京林业大学－六道口－学院路北口－成府路口
439 路	百子湾火车站－朝阳区人大代表联络站－厚俸村－邱家庄－小武基桥东－小武基桥北－小武基－欣和街－宏康路－西红门西口－蓟门桥南－西直门
440 路上行	东大桥－关东店－呼家楼北口－呼家楼北街－水碓子－金台路口－延静里－红领巾公园－八里庄南里－农民日报社－农民日报社北－八里庄北里－高庙－豆各庄路口南－五佛营西里东站
440 路下行	石佛营西里东站－高庙－八里庄北里－农民日报社北－农民日报社－八里庄南里－红领巾公园－延静里－金台路口－水碓子－呼家楼北街－关东店北－东大桥
441 路	城铁龙泽苑站－龙华园南区－龙华园二区－广场西门－风雅园北－回龙观小区－云趣园－龙禧苑五区西门－回龙观大西－唐家园西门门－回龙观大街东－华北路北－矩阵小区－和谐家园－回龙观大街东－天鑫家园
442 路	城铁龙泽苑站－京昌路回龙观北站－二拨子－朱辛庄－北京农学院－京昌路回龙观北站－龙华园南区－城铁龙泽苑
443 路上行	城铁龙泽苑站－育知路南口－龙腾苑三区西门－龙华园东门－骊龙东门－回龙观小区－龙华园东门－龙禧苑三区北口－流星花园西－流星花园北口－马连店村－龙锦苑四区－田园风光雅苑－龙锦苑二区－和谐家园一区北口－龙锦苑公交场站
443 路下行	龙锦苑公交场站－和谐家园二区北门－龙锦苑二区－田园风光雅苑－龙锦苑四区－马连店村－流星花园北门－流星花园－龙禧苑三区北门－回龙观小区东－广场东门－云趣园三区－龙禧苑五区西门－龙腾苑三区东门－城铁医院－龙博苑一区－回龙观第二小学－城铁医院－京昌路回龙观－城铁龙泽苑
444 路	城铁霍营站－北郊面粉厂－黄土店－北新科技园－新都－新都环岛西－新都环岛东－硅谷小区－建材城东里
445 路	东湖－南十里居北站－酒仙桥商场－三街坊－电子城小区－驼房营－小除各庄－将台路－将台路北－陈各庄－王爷坟－大山子路口南－望京国际商业中心－望京医院－阜通东大街－望京医院－花家地北里－花家地西里－南湖南路－湖光中街－阜通西口－城铁望京西站
446 路	城铁望京西站－湖光中街口－南湖东园－河荫西路口－望京花园东门－利泽中街东口－利泽中路二路－广泽园－望京北路东口
447 路	城铁上地站－上地南路－上地环岛南－上地五街－上地七街－软件园北区－东北旺北－唐家岭－唐家岭－邓庄子－航天城－航天城北站
448 路	城铁上地站－上地桥东－安宁庄六街－当代城市家园－西二旗－西二旗北路－西二旗北路－西二旗大街东站－西二旗－当代城市家园－安宁庄小区－上地桥东－上地桥西－城铁上地站
449 路	城铁上地站－上地环岛东－马连洼北路东口－菊园东站－菊园－马连洼－马连洼西口－百望家苑－西北旺－亮甲店－颐和山庄－赵庄子－赵庄子北站－永澄北路南口－永丰站
450 路	公主坟西－万寿路南口－万寿路北口－西翠路口－西翠路口西－沙窝桥东－永定路南口－采石路口－石榴庄－鲁谷路口－十路－鲁谷－鲁谷西站－焦家坟路口南－万寿路南口－万寿路南口－六合园中街－六合园西口－七星园－衙门口西－衙门口村－三号桥－石景山水屯－河堤－燕山水泥厂
451 路	公主坟西－翠微路南－万寿路南口－太平路东口－金家村桥北－莲宝路口北－莲宝路口北－白塔村－小井路口南－于庄子－万丰路南口－东大街北口－大街－游泳路北路东口－东大街南口－丰台火车站口－正阳大桥东－看丹桥北－富丰桥西
452 路	南五店－程庄路－程庄路北口－青塔西路南站－青塔西路北站口－青塔蔚园－新园村－北太平路口－玉泉路口南
453 路	开发区交通服务中心－荣昌西街－青年公寓－中芯花园－鹿海苑小区－宝善路口－姜场村－玉珉园－瀛海路口－中兴庄－德茂庄
454 路	北京南站－开阳桥西－右安门东－右安门－右安门外－翠林小区－草桥－马家楼桥北－新发地桥北－宏福路－欣和街－宏康路－西红门西口
455 路	南花园－南花园东口－观音堂东－观音堂－启智学校－朝阳半壁店－高碑店东站－高碑店－高碑店桥南－四惠东站－陈家林－四惠站
456 路	阜成门内－阜成门南－月坛体育场－北京儿童医院－复兴门南－西便门口－广安门北－广安门南－椿树馆街－白纸坊桥南－菜户营桥北－玉泉营桥北－玉泉营桥南－玉泉营桥南－香园路口－玉泉营嘉园北门－金星西路口南－枣园路口北－清源北路－清源西里－草村公园－黄村西大街－黄村火车站北
457 路	北京站东－北京站前街－北京站东口－建国门南－广渠门－马圈－垂杨柳－双井桥西－双井桥南－劲松北口－劲松桥东－南磨房－平乐园－平乐园北－窑洼湖桥东－朝阳区大柳树－百子湾路东站－垡头中心－垡头西口－工业技师学院－西直河北口－北京焦化厂－化工桥西－化工桥东－孙家坡－富力又一城铁区－富力又一城
458 路	云岗南宫－世界地热博览园－王佐镇政府－南宫车站－南宫市场－云岗－云岗北区－镇岗塔路－辛庄路口－吕村－太子峪环岛－留霞峪－崔村十二厂－崔村十－村－卢沟新桥－抗战雕塑园－西道口－五里店西路－五里店－大井－丰台体育中心南口－丰北桥东－七里庄－丰台北路－丰台北路东－丽泽桥东－北京南站－右安门东－开阳桥西－大观园－中国戏曲学院－菜户营桥东－菜户营桥东－大观园－右安门西－开阳桥西－北京南站
459 路	丽泽桥－丽泽桥南－丰益桥西－西管头－新泥洼－游泳场北路东口－丰台火车站－正阳大桥东－丰台医院－程庄路口东－南五里店－刘庄子－西道口－抗战雕塑园－卢沟新桥－杜家坎－杜家坎南－长辛店－长辛店长辛店东－长辛店十路中十－赵家坟－赵家坟－朱家坟－张家坟－佃起村－云岗－云岗－南宫车站东－王佐店－王佐
460 路	马连店－龙回苑－龙锦苑二区－龙锦苑六区－良庄家园－龙跃苑二区－龙跃苑二区－龙腾苑五区东门－龙跃苑四区西门－城铁回龙观站－育知路南口－龙腾苑三区东门－云趣园三区－北店园－龙禧苑三区东门－流星花园北门－马连店
461 路	马连店－流星花园北门－流星花园北口－龙禧苑二区－北店嘉园－云趣园三区－龙跃苑四区西门－龙腾苑四区东门－龙跃苑二区西门－龙跃苑二区－良庄家园－龙锦苑六区－龙锦苑二区－马连店
462 路	二拨子新村－二拨子新村东－龙兴园北－北京人家二十七号院小区－北郊农场桥东－北京人家二十七号院－龙乡园－广场西门－风雅园北口－回龙观小区东大街东口－霍营－霍营乡－北郊医院－城铁霍营－北郊面粉厂－黄土店－北新科技园－新都－新都环岛西－新都东站

부록 1

463 路	北亚花园－北亚小区－欧赛彩印基地－北七家工业园区－望都家园－北七家镇政府－冠雅园－西沙各庄－小后－宏福苑－宏福苑小区－宏福苑小区西－七里村委会－白各庄－白各庄西－七里渠－七里渠西－京肉食厂－瀚林家园－七里渠南村－丽龙观城北市场－风雅园北－广场西门－龙华园
464 路	二里桥北－和平家桥北－樱花园西门－慧忠苑－安慧里五区－慧忠路东口－北苑路大屯－北苑路东北站－辛店村－北苑－大羊店－立水桥－立水桥北站－城铁立水桥站－东小口－大羊坊－丽水园－天通苑太平庄－东三旗南站－天通苑西三区北门－苍阜芳园－九台庄园－回南家园
465 路	南七家－燕丹村－燕丹乡政府－燕城苑－燕丹苑南口－燕丹顺天通市场－天通苑三区北门－狮子营－天通北二区北门－天通苑一区北门－东三旗南站－天通苑太平庄－天通苑北区－天通苑西南－东小口－城铁立水桥站－立水桥－大羊坊
466 路	中关村南－中关村一街－保福寺桥西－保福寺桥东－八家－柏儒苑－石板房－科荟路西－科荟桥东－林翠路－北辰西路北口－北辰东路北口－慧忠北里－科荟路东口－辛店村－北苑－大羊坊－大羊坊东站－北苑家园西站－北苑家园
467 路	善各庄－善各庄西站－来广营西站－来广营路东－广顺桥南－望京科技创业园－望京花园－宏昌园西园四区－大西洋新城南门－花家地西里二区－望京桥北－望京桥南－夏家园－坝河－曙光里－曙光里南口－静安北
468 路	四惠站－陈家林－四惠东站－兴隆家园－康家沟－青年路南口－甘露园－青年路口－正阳桥北－杰医院－姚家园东－平房－平房东口－高杨树－朝阳新城－朝嘉园
469 路	五路－善家坟－彰化村－正福寺－板井－四季青桥北－东冉村－南坞－四海桥南－四海桥北－北营房－土坞－土坞北－北坞村西口－颐和园西门
470 路	城铁望京西站－湖光中街西－南湖东路－侯庄路－望京花园东区－望京西门－望京东门－望京西园三区北门－望京花园东区－望京东园－望京西园三区－望京街东口－望京花园西区南门－望京东门－花家地西里－阜通东大街北口－望京桥东－望京桥西－城铁望京西站
471 路	城铁望京西站－阜通东大街西口－花家地南街－花家地南里－花家地北里－望京花园－广顺南大街西口－望京东园四区－望京花园东区 北门－望京花园西区北门－望京花园西区－湖光北街
472 路	玉泉路口南－石槽－莲玉桥西－莲芳东桥东－莲芳桥东－京原路口东－京燕饭店－八角南路－八角西路－石景山科技馆－八角西街北口－古城北路－杨庄路西口－苹果园南－苹果园－苹果园七区－苹果园地铁北门－金顶街三区－金顶路西口
473 路	大北桥北里－马官营西－莲宝路口－大羊坊村－靛厂新村－郑常店（北行）－青塔（北行）－南沙窝桥（上行）－南沙窝桥（南行）－青塔（南行）－郑常庄（南行）－大成中路－大成里－小瓦窑－石槽－玉泉路口南
474 路	翡翠城小区－康盛园－翡翠城西区－翡翠城北区－青岛嘉园北口－郁花园二里－郁花园北－西红门北－新发地桥北站－九龙山庄－新发地桥北－玉泉营桥北－欣园小区－欣园东口－右安门外－右安门西－右安门外－右安门外－右安门内－大观园－菜户营桥东
475 路	四惠站－陈家林－四惠东站－高碑店桥东－梆子井－李家坟－双桥东－东柳－咸宁侯－何家坟－豆各庄乡水电站－绿丰家园－青青家园－豆各庄乡政府东

476 路	宝盛里小区－宝盛西里－宝盛里－清缘里小区－永泰小区－前屯路－清河小营东路－清河小营桥西－清河大楼－上地桥东－上地环岛东－马连洼北路东口－菊园东站－菊园－竹园－马连洼－马连洼西站－农大牡南－中国农业大学西校区－肖家河－小清河－骚子营－西苑北站－西苑
477 路上行	二龙路西街－二龙路东口－新文化街西口－长椿街路口北－槐柏树街东口－宣武医院－牛街路口西－广安门内－达官营－广外甘石桥－湾子－莲花池－六里桥东－六里桥－于庄子－万丰路南口－丽泽桥－丽泽桥南－东大街南口－东大街－丰台火车站－正阳大桥东－看丹桥－富丰桥西
477 路下行	富丰桥西－看丹桥－正阳大桥东－丰台火车站－东大街南口－东大街－东大街北口－大井－万丰路南口－于庄子－小井路口东－六里桥东－莲花池－湾子－广外甘石桥－达官营－广安门内－宣武医院－槐柏树街东口－长椿街路口东－新文化街西口－二龙路东口－二龙路西街
478 路	北京航空航天大学－成府路南－学院路北口－静淑苑－学知园－马家沟－清河南镇－清河－清河小营桥北－四拨子－西三旗桥东－邮政研究院－育新小区北口－北新科技园－北郊面粉厂－城铁霍营东站－北郊医院－霍营乡－霍营－小辛庄
479 路	东小口村委会－东小口东－贺村中－中滩－东小口－城铁立水桥站－立水桥东－立水桥西－大羊坊－北京有色稀土研究所－北苑－辛店村－北苑路大屯北站－北苑路大屯－秀园－炎黄艺术馆－安慧桥北－安慧桥东－惠新东桥西－惠新东桥南－对外经贸大学－中日医院－和平东桥
480 路	丽泽桥－丰台北路东－丰台北路－七里庄－岔路口－大井东北－看丹桥－富丰林桥－富丰桥西－富丰桥东－六里桥南－六圃－田何庄－世界公园－葆台路－小葆台村－芦花路－公交驾校－长丰园一区－长丰园二区－东方时尚驾校－长丰园南站
481 路	玉泉路口南－玉泉路口北－正大路口南－航天部医院－玉海园三里－玉海园东－铁家坟东－金沟河源－金沟河路东口－定慧桥东－定慧寺东－玲珑公园－徐庄－五路－春家坟－麦钟桥－蓝靛厂－蓝靛厂小学－火器营－空军指挥学院－火器营桥西－柳浪游泳场－六郎庄东口－颐和园新建宫门
482 路	天秀花园－天秀花园东站－肖家河－小清河－骚子营－西苑北站－西苑－西苑医院－海淀公园－万泉河桥南－稻香园－万泉河－万泉庄－苏州桥－为公桥－万寿寺－紫竹桥北－紫竹院南门－白石桥东－西苑北
483 路	公主坟－公主坟南－六里桥北里－六里桥北－六里桥南－丽泽桥西－丰益桥西－莫家胡同－玉泉营桥西－玉泉营桥南－马家楼桥北－新发地桥北－银地家园东－天伦锦城－陈留村－陈留村南口－宏福路－欣和宾馆－宏康路－西红门北苑
484 路	北医三院－北京航空航天大学－成府路南－北京科技大学北门－二里庄南口－二里庄－北沙滩桥东－南沟泥河－中科院地理所－洼里南口－豹房－大屯东－北苑路大屯北站－辛店村－北苑－大羊坊－大羊坊东站－北苑家园东站－北苑家园－城铁北苑站
485 路	北京南站－开阳桥南－万芳桥北－万芳桥南－马家堡小区－角门路口－角门路口－公益桥北－公益桥东－大红桥－久敬庄－和义农场－和义南站－南苑北里－南苑北站－马家堡－红房子路口南－团河路北口－寿宝庄－大白楼－金星乡－金海学校－金海学校－中国人日报社－团河宫－团河北村
486 路	四方桥西－北京工业大学南口－松榆东里北－北京工业大学－北京工业大学北站－平乐园北－珠江帝景－九龙山－八王坟北－红庙路口北－金台路南－金台路口东－延静里－红领巾公园－八里庄北里－高庙－石佛营西里－石佛营东里－豆各庄路口南－辛庄

215

북경시 버스노선

487路	建材城东里-单村-店上村-单村北口-中滩北站-太平家园-天通苑太平庄-天三旗南站-东三旗-平西府-北七家镇政府-望都家园-北七家工业园区-东二旗村-沟岭新村-蓬莱苑-八仙村-北七家村-海鹛落
488路	大北窑北-光华桥北-呼家楼东北-小庄家园口东-红庙路口西-英家坟-慈云寺-东八里庄-十里堡西院-朝阳路三间房-朝阳家园-第二外国语学院-朝阳路三间房-周家井-管庄路口北-常营-常营北站-东小井-马各庄西站-马各庄-马各庄东-马各庄坤江市场
489路	八大处-八大处中学-杏石口-西下庄-北京射击场-南辛庄-巨山农场-西平庄-南平庄-海淀区残联-侯家坟-四季青桥西-四季青桥东-板井-车道沟桥东-北洼路-北洼路西口-北洼路西里-北洼路西里南站-岭南路西口-岭南路西里-航天桥北(南行)-航天桥北(北行)-增光路西口-增光路-增光路东口-百万庄西口-百万庄中街-百万庄东口-马尾沟-阜成门
490路	宝盛里小区-宝盛西里-清缘里小区-永泰路-前屯路-清河小营东站-清河八家西-清河-学清路清河南镇-马家沟-学知园-石板房-静淑苑-学院路口-成府路口南-北京航空航天大学-北京农业大学西校区-学院桥北-蓟门桥南-明光桥南-文慧桥南-索家坟-西直门南-阜成门北
494路	甘露园-青年路口北-姚家村路-国美第一城小区-姚家园南路-姚家园西里-姚家园北一路-将台洼-梵古水郡小区-电子城小区-三街坊-酒仙桥商场
495路	四惠站-百子湾桥东-百子湾家园-水南庄-水南庄东-百子湾路西站-百子湾家园东站
496路	康静里南-平房北站-平房-平房西口-姚家园西-豆各庄路口西-朝阳公园桥南-红领巾桥北-红领巾桥南-慈云寺东-四惠东
497路	木樨园桥-木樨园桥西-洋桥西-草桥-玉泉营桥南-马家楼桥北-新发地桥北-新发地桥东-银地家园-白盆窑东-白盆窑-西白家窑-郭公庄
498路	中央党校北门-中央党校北站-小清河-骚子营-西苑-南化园路车-圆明园南门-清华大学西门-中关园北站-中关园-中关村北-华文村-街-保福寺桥西-北京城市学院-北京科技大学-北航空航天大学-蓟门桥北-蓟门桥南-明光桥北-明光桥东-今典花园-文慧园路-志强北园小区-文慧园路南-新街口豁口
499路	常营民族家园-常营西路-常营北路-常营路口东-黄栎木店-青栎木店西-白家楼桥东-万杰医院-姚家园西-姚家园村-豆各庄东-朝阳公园桥东-朝阳公园桥西-朝阳园-团结湖-亮马桥-燕莎桥南
502路	马各庄坤江市场-马各庄东-马各庄口东-小井-石各庄-平房东口-平房西口-姚家园-豆各庄桥南-朝阳公园桥西-甜水园北里-金台路口南-红庙路口北-八王坟北-大北窑东
503路	天利百合市场-北岗子-北石家村-雍家村-东八间房-大陈各庄-驼房营-电子城小区-三街坊-四街坊-酒仙路-朝阳公园北门-安家楼-燕莎桥东-亮马桥-白家庄东-光华桥东-大北窑北
504路	宣颐家园-旧宫北马路-旧宫东口-旧宫-清逸园-虎殿路南门-吉庆庄-清和园-万源路-德茂庄-三臀门-和义农场-和义农场北-和义农场-大红门桥北-大红门西里-南苑家果园-木樨园-沙子口-永定门内-先农坛-天坛南门
505路	香泉环岛-北京植物园南口-卧佛寺-北京植物园-红旗村-南河滩北-南河滩-北辛屯-双新园-南辛庄-巨山农场-西平庄-南平庄-营慧寺-四季青桥西-四季青桥东-营慧寺-定慧桥北-定慧桥东-定慧寺东-西钓鱼台-航天桥西
506路	常营民族家园-常营西路-常营北路-常营-科技大学管庄校区-管庄路口北-管庄-周家井-双桥西-茶家坟-柳子井-高碑店桥东-四惠站-四惠站
507路	五路-蓁家村-彰化村-彰化村路-彰化村路西口-四季青桥南(北行)-四季青桥南(南行)-营慧寺-五路桥-定慧北桥-定慧桥北-玉海园东门-玉海园口-玉海园三里-航天部医院-正大线西口-玉泉路口北-玉泉路口南-石槽-小瓦窑-曹家坟-梅市口-梅市口南站-小屯路南口-小屯西路南口
509路	东北旺土井村-土井村路东口-唐家岭北站-唐家岭-东北旺北-软件园广场-软件园南站-东北旺中路-菊园-马连洼-马连洼西站-农大路北口-梅园-中国农业大学西校区-肖家河-小清河-骚子营-西苑-一亩园
510路	双泉堡东-双泉堡-花虎沟-融域嘉园-京师园北口-倚林家园西口-澳林春天小区-林翠路-北辰西路北口-奥运村东-北辰东路-国家体育馆-北辰桥北-北辰西桥南-华严寺里-健德门桥东-牡丹园东-牡丹园-北太平庄西-牡丹园西
511路	角门南站-角门-西马厂-大李窑-大红门-大红门北口-南顶村-南顶路西口-光彩路南口-双庙西-丰台曹家沟-宋家庄-南窑-横一条南口-横一条北口-东铁营桥东-方庄桥北-紫芳路-方庄东路
512路	上庄卫生院-上庄南口-上庄水库-水库南口-上庄-仁达中学-永丰屯-屯田-常庆庙中西站-亮甲店-颐和山庄南-西北旺-农大路北口-梅园-中国农业大学西校区-肖家河-小清河-骚子营-西苑北站-西苑
601路上行	金五星百货城-蓟门桥西(东行)-蓟门桥西(西行)-大钟寺-联想桥南-皂君东里-皂君庙-大文线东口-北方交大东口-交大东路-高粱桥-城铁西直门站-西直门外-动物园-白石桥东-紫竹院南口-北洼路(西行)-车道沟桥东(西行)-车道沟桥东(东行)-北洼路(东行)-北洼路口-北洼路东里-北洼路西里南站-岭南路东口-钓鱼台-定慧寺东
601路下行	定慧寺东-西钓鱼台-航天桥西(东行)-航天桥西(西行)-北洼路南口-岭南路西口-北洼路西里南站-北洼路西里-北洼路口-紫竹院西直门站-动物园-西直门外-城铁西直门站-高粱桥-交大东路-北方交大东口-交大东路口-皂君庙-皂君东里-联想桥南-城铁大钟寺站-金五星百货城
602路	国际展览中心-静安庄-西坝河-和平东桥北-中日医院-对外经贸大学-东新东苑街-育慧西里-小营北路-北苑路大屯-北苑路大屯北站-辛店村-大羊坊-大羊坊东站-北苑家园西站-北苑家园
603路上行	草桥-欣园小区北-欣园小区东-北甲地-嘉园二里西门-嘉园一里-马家堡小区-角门北路-马家堡东口-洋桥北-四通桥-陶然桥北-太平街-虎坊路-虎坊桥南口-果子巷-莱市口北-校场口-宣武门外-西单路口南-西单商场-缸瓦市-西四路口南-西四路口西-白塔寺-阜成门内-阜成门-阜成门外-展览路-阜外大道-十里堡子口东-马神庙-航天桥东-航天桥西-西钓鱼台-铁家坟北-阜永路口西-玉泉路北口
603路下行	玉泉路北口-黄家坟-玉海园三里-玉海园东口-铁家坟东-金沟河路-金沟河路东口-定慧桥东-西钓鱼台-航天桥西-航天桥东-马神庙-阜外大道-阜成门内-白塔寺-西四路口南-西四路口西-西单商场-缸瓦市-甘石桥-莱市口北-果子巷-虎坊桥南口-宣武门内-校场口-莱市口北-果子巷-虎坊桥南口-太平街-陶然桥北-四路通-洋桥北-马家堡东口-角门北路-北甲地-嘉园一里-嘉园二里西门-北甲地-欣园小区北-草桥

부록 1

604路	西三旗桥南-四拨子北-四拨子-清河小营桥南-清河-学清路清河南镇-马家沟-学知园-静淑苑-学院路北-成府路口南-北京航空航天大学-学知桥南-蓟门桥北-蓟门桥南-明光桥北-明光桥南-索家坟-西直门南-车公庄南-阜成门北-阜成门内-白塔寺-西四路西-西四路南-甘石桥-缸瓦市-西单商场-西单路口南-宣武门内-校场口-菜市口-南横街-南樱桃园路北-自新路口西-半步桥-南樱桃园路西-白纸坊路口东-南菜园-白纸坊桥南-菜户营桥北-菜户营桥西-中国戏曲学院-三路居-丽泽桥东-丽泽桥西-丰台北路东-丰台北路西-七里庄-岔路口-北大地-正阳桥北-看丹桥-韩庄子南-温泉公寓-怡海花园西门
606路	东湖-利泽西街东口-望京花园西区-侯庄路口南-大西洋新城东门-大西洋新城南门-花家地西里-南湖南站-南湖西里-望京桥北-望京桥南-十字村-太阳官路-西坝河北口-西坝河北里-西坝河南-七圣路-光熙门北里-西坝河南里-七圣南路-国际展览中心-柳芳北街-城铁柳芳站-东土城路-东土城路南-北小街豁口-雍和宫桥东(西行)-雍和宫桥东(东行)-东直门北小街北口-东直门小街北-东直门内
608路	四惠桥-百子湾桥西-北京东站-八王坟南-八王坟东-光华路东口-红庙路口东-英家坟-慈云寺-东八里庄-十里堡西站-十里堡-十里堡小区-十里堡北里-农民日报社-农民日报社北-八里庄北里东站-八里庄北里-高庙-石佛营西里-石佛营西里东站-石佛营东里-石佛营东里-姚家园-姚家园北-姚家园西里-青年路北口-李家坟-朝阳医院分院-康静里-单位
609路	恩济里小区-定慧寺南-北沙沟-沙沟路口北-沙沟路口东-万寿路口西-翠微路口-公主坟西-公主坟南-北京西站-马连道北路-古城剧场-杨庄东路北口-连道西里-马连道胡同-马连道南口-红莲南路-红莲南里
610路上行	崇文门东-东便门-白桥大街-小市口-羊市口-花市路口南-磁器口-红桥路北-法华寺东-体育场-东侧路-天坛南门-李村-琉璃井-定安路-赵公桥东-石榴园-光彩路南-南顶路西-南顶村-大红门北站-大红门桥北-久敬庄-义和农场-和义南站-三营门-新华路南口-红房子路南-西营房-同兴园-福利农场-西红门-西红门南站-郁花店-高米店-康庄路东口-洪村-大兴小营-兴华园-清源西里-黄村公园-化纤俱乐部-黄村西大街-黄村火车站北-黄村西南里
610路下行	黄村火车站-黄村火车站北-黄村西大街-化纤俱乐部-黄村公园-清源西里-兴华园-大兴小营-洪村-康庄路东口-高米店-郁花店-西红门南站-西红门-福利农场-西营门-同兴园-子路南-红房子路东-新华路南口-三营门-和义南站-和义农场-久敬庄-大红门桥北-大红门北站-南顶村-南顶路西-光彩路南-石榴园北区-赵公桥南-定安路-琉璃井-李村-天坛南门-东侧路-天坛南门-体育场-法华寺-红桥路南-磁器口-花市路口南-崇文门东
613路	建欣苑-鑫福里小区-西马厂北口-马家堡东口-洋桥北-四路通-陶然桥北-太平街-陶然亭公园北门-自新路口东-自新路口南-南横街-菜市口-牛街-牛街南口-广安门内-广外北口-甘石桥-湾子-莲花池-六里桥东-六里桥南-公主坟东-翠微路-罗道庄-万寿路-公主坟南-玲珑公园-徐庄-五路
614路	望京科技创业园-望京东湖-望京西园二区-侯庄路口南-大西洋新城东门-广顺南大街东口-望花园-花家地北里-花家地南里-法制日报社-四元桥西-三元桥-三元桥西站-左家庄-春秀路-东直门
616路	北潞园-西磁园-良乡西门-长虹大街-拱辰东-拱辰北街-良乡北关-良乡北大街北口-岳各庄桥东-六里桥北里-北京西站-北京西站南广场

617路	广安门内-北线阁-核桃园-槐柏树街西口-西便门-真武庙四里-真武庙三里-公安大学-木樨地西-军事博物馆-玉渊潭南门-柳林馆-普惠南里-翠微东里-翠微南里-万寿寺-玉渊潭南路西口-翠微南-金沟河路东口-金沟河路-铁家坟西-定慧寺南-定慧桥东-定慧桥西-定慧桥北-定慧桥南-海淀南口-玉泉园三里-航天部医院-正大路西口-玉泉路南口-玉泉路口南
618路	回龙观小区-风雅园北-广场西门-龙华园-北郊农场桥东-京昌路回龙观北站-京昌路回龙观-三旗桥北-西三旗桥南-四拨子-清河小营桥南-清河-清河南镇-双泉堡-北沙滩桥南-南沙滩-健翔桥北-祁家豁子-健德门桥西-牡丹园东-牡丹园北-北太平桥南-铁狮子坟-北京师范大学-小西天-积水潭桥西-玉桃园-西直门南-阜成门北-阜成门南-月坛体育场
619路	玉泉路南-玉泉路口北-正大路西口-航天部医院-玉泉园南口-铁家坟北-永定路口南-田村半壁店-五孔桥-定慧桥北-营慧寺-四季青桥南-四季青桥北-东冉村-远大路西口-远大路东口-长春桥东-长春桥西-三义庙-四通桥东-红民村-青云路-白塔庵-海淀交通支队-保福寺桥南-保福寺桥西
620路	广安门北(北行)-广安门北(南行)-关厢-达官营-广外甘石桥-湾子-莲花池-六里桥东-六里桥北-公主坟南-公主坟西-翠微路口-万寿路南-西-车道沟-万寿路口东-八宝山-地铁八宝山口-鲁谷西站-鲁谷东-鲁谷-焦家坟站南-焦家坟-牡丹吴庄-张仪村北站-张仪村-张仪村总站
621路	玉泉路南-鲁谷路西-永乐西小区-银河大街-京原东站-京原路口东-京原饭店-八角-石景山路-八大院-古城剧场-杨庄路西口-苹果园南路-北-苹果园小区-琅山-四海公园
622路	八大处-八大处中学-杏石口-西黄村西小区-苹果园南路东-黄南苑小区-杨庄路北口-角西街北口-石景山科技园-八角西街-京原饭店-京原路口东-京原路东-银河大街-永乐西小区-焦家坟路口南-吴庄北-吴庄-吴庄东-张仪村北口-大瓦窑北站-大瓦窑东-大瓦窑-大瓦窑南站-西道口北站-西道口
623路上行	望京北路东口-左家庄-三元桥东站-三元桥西-三元桥东站-四元桥东-望京桥东-望京桥北-阜通西大街西口-花家地南街-北京九十四中学-花家地北里-侯庄路北-溪阳中路西-望京花园-望京北路东口
623路下行	望京北路东口-望京科技创业园-望京花园-溪阳中路西-湖光北街东口-南湖东路-南湖南路北口-南湖南路-花家地西四中学-花家地南街-北京九十四中学-花家地南街-法制日报社-四元桥东-三元桥东站-三元桥-三元桥东站-左家庄-新源里-春秀路-东直门
624路	航天桥南-八一湖-公主坟北-公主坟东-翠微路口-万寿寺东-万寿路南-车道沟-万寿路口东-五棵松桥南-沙窝路北-南沙窝桥-青塔-郑常庄-岳各庄-岳各庄桥北-西道口-抗战雕塑园-卢沟桥小区-张郭庄东-张郭庄北-张郭庄-张郭庄小区北-张郭庄-槐树岭-槐树岭公交总站
626路	翠林小区-右安门外-右安门南-右安门内-南樱桃园路口东-牛街礼拜寺-牛街-宣武医院-槐柏树街东口-长椿街路口北-新文化街西口-民族文化宫-西单路口南-西单商场-缸瓦市-北大红罗厂西口-护国寺-新街口-积水潭桥南-小西天-北京师范大学-铁狮子坟-北太平桥西-北太平桥东-西直门外-蓟门桥西-城铁大钟寺站-大钟寺-金五星服装城

217

북경시 버스노선

627路 三营门-和义农站-和义农场-久敬庄-大红门西里-南苑果园-木樨园桥东-刘家窑桥西-方庄桥西-方庄桥东-华威桥南-潘家园桥-双井桥南-大北窑南-呼家楼-白家庄-农业展览馆-燕莎桥北-三元桥东站-四元桥西-京顺路丽都饭店-广顺南大街南口-阜通东大街-花家地北里-花家地西里-南湖南路-南湖南路北口-南湖东园-湖光北街东口

628路 甘露园-青家沟-兴隆家园-四惠东站-陈家村-四惠站-慈云寺桥-红领巾桥北-朝阳公园桥北-东风桥南-东风桥-望京桥东-望京桥西-望和桥东-望和桥-育慧南路-育慧里-育慧西里-大屯乡-豹房-洼里南口-中科院地理所-南沟泥河-北沙滩桥东-中国农业大学东校区-六道口-北京林业大学-清华东路西口-清华园-蓝旗营-中关园北站-圆明园南门-清华园-中关园北站-肖家河-中国农业大学西校区-梅园-农骚之营-肖家河-中国农业大学西校区-梅园-农大-马连洼-菊园-东北旺中路

629路 环行铁道-北京电机总厂-大山子路口东-广顺南大街北口-广顺南大街北口-大西洋新城东口-侯庄路口北-望京花园西区-利泽西园西口-辛店村北-北苑大羊坊-立水桥-立水桥北站-城铁立水桥站-东小口-中滩-贺村-天北苑-硅谷小区-新都环岛西-新都-黄土店南口-邮政研究院-西三旗桥东-安宁庄东路北口-当代城市家园-安宁庄小区-上地东路-上地东路北口-上地七街-软件园南站-东北旺中路

630路 来广营-广顺桥南-利泽中街东口-利泽西园东口-科荟路东-慧忠北里-豹房-中科院地理所-南沟泥河-北沙滩桥西-二里庄南口-北京科技大学北门-成府路口西-北京语言文化大学-保福寺桥南路-海淀交通支队-知春里-海淀黄庄西口-海淀南路口-巴沟村-火器营桥西-北营西口-中坞-闵庄-小南庄-稻香湖-前沙涧-后沙涧-沙阳路口-西颐饭店-瑞王坟-门头村-南河滩-南河滩北站-红旗厂-北京植物园-卧佛寺大-北京植物园南门

631路 航天桥南-八一湖-公主坟北-公主坟南-六里桥北里-六里桥北-六里桥南-西局-丽泽桥南-夏家胡同-玉泉营桥西-万泉寺-马家楼桥北-新发地桥北口-九龙山庄-西红门北口-西红门南站-郁花园-高米店-康庄乡北-洪村-大兴小营-兴华园-清源西里-黄村公园-化纤俱乐部-兴丰路北-兴丰南里-站前环岛东-黄村火车站

632路 清河小营桥西-清河小营桥南-清河-马家沟-学知园-静淑苑-学院路北口-成府路口南-北京航空航天大学-蓟门路口东-明光桥南-西直门外-动物园-白石桥东-北洼路-车道沟路北-正福寺-彰化村-善家坟-五路

633路 杨坨-杨坨煤厂-王家湾-灰口-塞上水泥厂-温泉-大觉寺-大觉寺东站-周家巷-温泉西口-温泉-温泉苗圃-白家 疃西口-杨家台-亮甲店东站-亮甲店北口-百望山森林公园-百旺家园-马连洼-马连洼北路东口-上地环岛东-清河大楼-健德门桥东-安宁庄东路南口

634路 西直门-西直门外-动物园-白石桥东-国家图书馆-中央民族大学-魏公村-魏公村路口西-魏公村路南-海淀公园-西苑医院-西苑-坡上村-颐和园北宫口-青龙桥-军事科学院-厢红旗-林业科学研究院-娘娘府-丰台营-丰台营西北口-正蓝旗-香泉环岛-北京植物园南门-卧佛寺-香山-香山公园东口

637路 次渠-次渠镇-敬园小学-次渠北-北神树村-辛村-孙家坡-北京焦化厂-工业砂炉学院-垡头南北-百子湾火车站-朝阳区大柳树-窑洼湖桥-平乐园小区-平乐园-南磨房-劲松桥北-双井桥南-双井桥西-垂杨柳-马圈-建国门南-北京站东

638路 北京站东-北京站前街-建国门南-广渠门-光明桥东-劲松中街-华威桥北口-劲松桥南-潘家园桥-华威桥南-十里河桥东-十里河居然之家-周家庄-周家庄南站-十八里店乡政府-十八里店-十八里店南站-横街口-老君堂南站-老君堂-王家村-西直河南里-西直河口-北京焦化厂

639路 北京站东-北京站前街-日坛路-永安里路口北-红庙路口东-慈云寺-东八里庄-十里堡西站-甘露园小区-青年路南口-太平庄-民航医院-红庙路南高井-大黄庄桥东-定福庄-第二外国语学院-朝阳路三间房-周家井-管庄路口北-科技大学管庄校区-常营-常营路口东-五里桥-高安屯马各庄东-马各庄坤江市场-楼梓庄-楼梓庄家沟-楼梓庄南-楼梓庄路-楼梓庄乡政府-曹各庄-海涂子-皮村-朝阳农场-黎各庄

640路 北京站东-北京站前街-日坛路-永安里路口北-北京制药厂-光华桥西-光华中路-光华路东口-红庙路口北-金台路口东-延静里-红领巾公园-八里庄南里-农民日报社-农民日报社北口-十里堡北区-石佛营东里-姚家园西口-姚家园东-平房西口-平房-平房东口-平房东-北坝中路-北京奥林匹克花园-奥林匹克花园东口-东坝中街-体育村-三岔河-马厂-北马房-郁金香花园-车茸苑-蟹岛度假村东门-前苇沟-苇沟-苇沟大桥-天竺西苑-天竺机场道-天竺平街-岗山各庄-岗山村口-岗山村南站-樱花园三区-顺义半壁店

642路 安宁庄东路南口-清河大楼-上地环岛东-上地五街-上地七街-软件园东站-软件园广场-东北旺北-唐家岭-唐家岭北站-邓芹子-航天城-航大城北站-永丰乡辛店-永丰产业基地-永丰路西口-永丰屯-永丰屯西口-屯佃村-三星庄-高里掌东站-高里掌-西小营-稻香湖-前沙涧-后沙涧-沙阳路口-西贯市-白虎涧-阳坊-阳坊北站

643路 安定门-地坛西门-安贞桥北-炎黄艺术馆-慧忠北里-北苑-大羊坊-立水桥东-城铁立水桥站-东小口-天通苑西口-天通苑北平庄-东三旗-平房-平坊-种禽公司-北京太阳城-小汤山马场-大柳树环岛西-小汤山医院-汤山假日-航空博物馆-百善-东沙屯北-东沙屯-大汪村-张各庄-景文化村-昌平水泥管厂-昌平军械环岛北-军都度假村-九龙游乐园

644路 安定门-北苑家园-地坛西门-安贞桥北-五路居-奥体东口-安慧桥北-炎黄艺术馆-大屯-慧忠北里-北苑-大羊坊-大羊坊东站

645路 大峪-双峪环岛西-侯庄子-麻峪北口-广宁村-金顶南路-鹭鸶乡-军留庄-石景村马厂门-马厂门-定慧寺-西钓鱼台-航天桥西-航天桥东-首体南路南口-四道口南-白石桥东-国家图书馆-中央民族大学-大慧寺路西口-大慧寺路东-大柳树北站-皂君庙-明光村西路北口-北京师范大学南门-铁狮子坟-北太平桥北-牡丹园-牡丹园南-健德门桥东-华严北里-民族园路

646路 良乡同村路北-良乡西路-良乡苑南大-良乡关-良乡陶瓷厂-良乡火车站-送变电公司-长阳路口-鹭鸶西乡-军留庄-石景村马厂门-大厂门口-堡林-狼堡-羊坊村-高立庄-陈留村东口-新发地北站-世界花卉大观园-志日家园-公益桥-公益桥西-公益东-四顷三村-嘉园二里东-万芳桥南-万芳桥北-阳阳桥南-开阳南苑-自新路口-南横街-双井桥南-双井桥西-宣武门外-和平门西-北京供电局-前门

647路 大北窑东-八王坟东-通州北苑路口东-西大街路口东-中仓-通州车站路北-通州车站路口东-通州南关-通州国税局北-玉桥南-梨园东-通州三间房西-杨家注路口东-云景东路-云景里-群芳园-大马庄

부록 1

648路 大北窑东－八王坟东－四惠站－慈云寺桥－慈云寺－东八里庄－十里堡－青年路南口－太平庄－朝阳路高井－大黄庄桥东－定福庄－第二外国语学院－朝阳路三间房－周家井－管庄－杨闸环岛西－杨闸环岛东－西军庄－八里桥北站－西马庄－北京物资学院南站－结研所

649路 瞳里三区－瞳里二区－瞳里一区－瞳里新村－上潞园小区－小潞邑北站－小潞邑－龙旺庄－焦王庄－皇木厂－岳庄－西大街路口西－西大街路口东－通州北苑路口东－八里桥－重兴寺－杨闸路口西－杨闸中学－双桥东－茶家坟－梆子井－高碑店东－四惠东站－陈家林－四惠站－八王坟东－九龙山－珠江帝景－平乐园北－北京工业大学北站－北京工业大学－松榆东里东口－南新园－双龙小区

650路 金五星百货城－蓟门桥西－蓟门桥北－明光桥南－索家坟－西直门南－车公庄南－阜成门－阜成门外－展览路－月坛北街北站－国家工商总局－三里河路南口－白云路－白云观－天宁寺－西里－手帕口桥北－手帕口南街－广安门货站－广安门车站－莲花晴园－小红庙

651路 温泉北站－温泉－温泉苗圃－白瞳西口－白瞳东口－杨家庄－温泉路东口－太舟坞－屯留大栋－亮甲店西站－亮甲店－回民公墓－西北旺－百望家苑－农大路北口－梅园－中国农业大学西校区－肖家河－小清河－骚子营－西苑－西苑医院－万泉河桥南－稻香园－万泉河路－万泉庄－三义庙－四通桥南－中国农业科学院－中国农业科学院南门－大柳树北站－皂君庙－城铁西直门－北方交大东口－高粱桥－西直门

653路 北城家园－大羊坊东站－大羊坊－北苑－辛店村－北苑路大屯北站－华汇商厦－慧忠北里－大屯南－炎黄艺术馆－安慧桥北－奥林东门－安贞医院－北土城西路东口－健德门桥西－牡丹园西－牡丹园片－塔院小区南门－知春路－知春里东站－知春里－海淀黄庄河－人民大学－中国农业科学院－白石桥南－外文印刷厂－老虎庙－国家图书馆－航天桥北－航天桥西－西钓鱼台

654路 定慧桥－金沟河－五棵松桥北－沙窝桥南－南沙窝桥－翠塔－郑常庄－岳各庄－岳各庄桥东－东口－半北桥东－七里庄－七里庄南口－丰台北路东－丽泽桥南－丰益桥南－夏家胡同－玉泉营桥西－玉泉营桥东－草桥－洋桥西－木樨园桥东－赵公口桥东－刘家窑桥东－刘家窑桥东－东铁营桥东－成寿寺路口－成寿寺路口东－成寿寺路－郭家村－城外诚

655路 方庄南口－八里河－成寿寺路北口－成寿寺路－郭家村－城外诚－姚村－小红门路口北－亦庄西历桥南－新康家园－鹿圈村－鹿圈卫生院

656路 东日旺中路－东北旺－软件园南站－上地七街－上地五街－上地八街－上地南口－上地一街－圆明园东门－清华附中－清华大学西门－中关村北站－蓝旗营－清华园－五道口－北京语言大学－成府路口南－学院桥东－志新桥西－健翔桥南－健翔桥东－北辰桥西－亚运村－安慧桥东－惠新东桥西－北京大学－育慧里－望京桥西－望京桥北－望京医院－阜通东大街－广顺南大街南口－万红西街－陈各庄－酒仙桥－酒仙桥中心南口－南十里居北站口－南十里居

657路 岳各庄桥北－丰台路口－丰台体育中心－岔路口－北大地－正阳桥－看丹桥北－新华街－造甲村－新村－合庄－西南乡桥－公益桥－公益东桥－红寺－肖村桥－小红桥－十八里店南桥－十八里店北桥－小武基桥北－弘燕－工大桥－大郊亭桥－南百子湾桥－四惠桥－红领巾桥南－红领巾桥－朝阳路桥北－朝阳园东口－大山庄－东风桥北－霄云桥－芳园里北站－丽都饭店－望湖桥园－侯庄路口北－望花园西区－利泽西街路口－东湖

659路 黎各庄－朝阳农场－皮村－曹各庄车站－曹各庄－楼梓庄乡政府－楼梓庄路口西－马厂－三岔河－铁十六局东站－铁十六局－铁十六局－奥林匹克花园北门－东坝家园－单店东－南岗子－东坝西北门－东岗子－北石家村－雍家村－东八间房－大陈各庄－小陈各庄－将台路东站－将台路东－酒仙桥－酒仙桥商场－东风桥东－朝阳公园北口－安家楼－莱太花卉－麦子店西街－三元庵－三元东桥西－华都饭店－新源南路西口－左家庄

661路 长椿街路口西－西便门－天宁寺桥北－小马厂－北京西站－六里桥北里－六里桥北－西道口－抗战雕塑园－卢沟新桥－杜家坎－崔村－二七厂－崔村西－留霞峪－太子峪园－太子峪园北－白草洼东－白草洼－白草洼西－庄子－太子峪陵园

662路 长椿街路口西－西便门－天宁寺桥北－小马厂－北京西站－六里桥北里－六里桥北－西道口－抗战雕塑园－卢沟新桥－杜家坎－长辛店北－长辛店－长辛店医院－北京十中－赵辛店－朱家坟－张家坟－佃起村－云岗北区－云岗－云岗镇厂－东王佐北－云岗101所

663路 苹果园南－苹果园路口北－苹果园东－琅山－海特花园－西井路－苹果园中学－苹果园南路口－黄南苑小区－首钢医院－北方工业大学－晋元桥南－晋元庄－石景山游乐园西门－八角南路东－石景山雕塑园－京燕饭店－京燕路－京原路口－京原车站－银河大街－永乐西小区－焦家坟路口南－莲芳桥北－莲芳桥西－南沙窝桥南－莲花池东路－北京西站－小马厂

664路 地铁苹果园站－苹果园东－苹果园中学－苹果园南路东－西侧两平口－北京射击场－西井－琅山南店－西平口－南平庄－海淀区残联－佟家坟－四季青桥西－四季青桥南－海淀区残联－佟家坟－远大路东口－万明中路－万明南路－巴沟路－万明中路北口－万明河桥南－西苑医院－颐和园路东口－圆明园南门－圆明园东口－上地环岛南－上地环岛北－城铁上地站

665路 云岗－东王佐－王佐卫生院－王佐北－下庄－沙锅村南站－沙锅村(玉叶公园)－小店－后甫营－西庄店－羊圈头村

667路 刘庄北站－刘庄－东王佐路口－焦王庄北－焦王庄－焦王庄东北－潞苑南大街－北关东岛南－通州三中－通州东关－新华大街－通州北苑路口西－八里桥－八王坟西－大北窑东

668路 京东货运建材城－运乔嘉园－西营－玉桥小区－石桥南里－梨园东里－通州三间房－通州东关－九棵树－果园环岛西－日光清城－新华联家园－李老新村－通州杨庄东口－通州杨庄－通州杨庄北口－八王坟东－大北窑东－永安里路口东－北京站东

669路 大稳新村－旗舰凯旋小区－怡乐中街－格瑞雅居区－翠屏北里小区－新华联家园－松兰堡小区－松兰堡西站－杨庄北口－新华联锦园－通州杨庄北口－通州北苑路口西－八里桥－八王坟西－大北窑东

670路 百善镇政府－沙沙屯南－松兰堡－松兰堡西站－科技经济管理学院－盛庄桥－沙河大桥－沙河－定福黄庄－于家庄东－二拨子－京昌路回龙观北－京昌路回龙观西－三旗桥南－清河小营桥南－清河－清河南镇－双泉堡－北沙滩桥北－南沙滩－大屯桥北－祁家豁子－关庄桥北－安苑北里－德外关园－德胜门口－德胜门西

671路 四惠站－霄云东－红庙路口东－红庙路口西－小庄路口东－呼家楼北－呼家楼东－白家庄－农业展览馆－东直河－和平东桥－和平西桥－安定桥北－中国科技馆－马甸桥东－马甸桥西－北太平庄西－蓟门桥北－蓟门桥西－知春路－知春路北－海淀黄庄南－海淀南路－海淀南路西口－万泉桥东－海淀公园－西苑医院－西苑－一亩园

672路 郁金香花园南门－金盏－金盏卫生院－长马房东岗子－三岔河－东坝－东坝南－驹子房－高杨树－马家厂－长店－长店西－姚家坟区－各庄路口西－朝阳公园桥东－朝阳公园桥西－朝阳公园－团结湖－燕莎桥南

219

북경시 버스노선

673路 石各庄村－石各庄－平安聚源建材市场－平房东口－平房－平房西口－姚家园西－姚家园东－豆各庄路口－朝阳公园桥东－朝阳公园桥西－朝阳公园－团结湖－工人体育场－东大桥路口北－永安里－北－日坛路－北京站东－北京站西－崇文门西－前门东－前门西－和平门东－宣武门西－长椿街路口东－天宁寺桥西－小马厂－北京西站

674路 惠新东桥南－对外经贸大学－中日医院－和平东桥南－和平里商场－和平里路口南－和平里南口－东直门北小街北口－东直门北小街南口－海运仓－东四九条－东四六条－朝内小街－演乐胡同－禄米仓－外交部街－北京站口东－北京站东－广渠门内－光明－光明桥东－劲松中南－华威西里－潘家园桥西－潘家园桥东－武圣路－松榆里－东体育馆－农展馆南站－金蝉北里－北京华侨城北站－北京华侨城

675路 通州李庄－上潞园小区－小潞邑北站－小潞邑－龙旺庄－焦王庄－结研所－北京物资学院－五里桥路－常营－东十里堡村－常营路东－常营路口西－黄渠村－黄渠西站－白家楼桥东－亮马－黄杉木店－青年路口－十里堡北里－农民日报社－农民日报社北－石佛营东里－豆各庄路口－朝阳公园桥南－朝阳公园－朝阳公园桥东－朝阳公园－朝阳公园西－亮马桥－燕莎桥南－燕莎桥西－新源南路西口－新源里－左家庄

676路 长椿街路口西－广义街－核桃园东街－广安门内－广安门南－椿树馆街－白纸坊桥南－菜户营桥东－菜户营桥南－玉泉路桥北－玉泉营桥南－马家楼北－新发地桥北－九龙山庄－西红门北站－西红门东－福利农场－同兴园－西青龙－西红门东口－团河路－金星乡－金海学校－团河行宫－团河北村

678路 永定门－看场路－前街－洪泰庄－人民村－人民村北站－西洪泰庄－南五里庄－程庄路口东－丰台医院－丰台火车站－游泳场北路东－前泥洼－西管头－丰台体育场－胡同－玉泉营桥西－玉泉营桥东－草桥－万芳桥东－洋桥东－木樨园桥西－海户屯北站－海户屯

679路 木樨园－木樨园桥西－洋桥西－玉泉营桥南－马家楼桥北－新发地桥北－九龙山庄－西红门北站－西红门南站－郁花园－高米店－京开庆庄路口－村二中－清源桥东－团河路桥东－大兴长途站－黄村－双源桥东－海子角－刘村－邢各庄北站－邢各庄－邢各庄南站

680路 北京华侨城－北京华侨城南站－北京华侨城北站－金蝉北里－垡头桥西－弘燕小区－弘燕路－弘燕路西－首都图书馆－华威桥东－华威桥－方庄桥东－成寿寺路北口－成寿寺路中街－成寿寺路南－郭家村－诚外城－蒲黄榆小街口北－珊瑚桥南－宣颐家园－碧海公园－庞殿路南口－吉庆庄－清和园－万源路－六里桥－东寺房－南小街－德茂－上林苑小区

681路 龙锦苑公交场站－龙锦苑一区－和谐家园一区西门－和谐家园二区－和谐家园－北郊医院－城铁霍营站－北郊面粉厂－北京家园公－龙潭东三区－吉晟别墅－龙兴园－西三旗桥北－西三旗桥东－安宁里－安宁里南－安宁庄前街东口－安宁庄前街－安宁庄小区－上地桥东－上地桥西－上地东口－上南路－上南路－正白旗－北京体育大学－圆明园东口－清华西门－圆明园东路－清华大学西门－中关村北站－中关村南－海淀黄庄北－海淀中街

682路 城铁北苑站－时代庄园－朝来家园－朝来家园东口－北苑村北站－北苑村－顾家庄西站－顾家庄－来广营西桥－来广营东桥－广顺桥南－利泽中街西口－望京花园西区－湖光北街南口－南湖东园－南湖南路北口－南湖南路－花家地西里－花家地北里－望京医院－丽都饭店－芳园里西站－肖家坡－五里沟－莱太花卉－安家楼－枣营路北口－枣营北里－朝阳公园西门－朝阳公园－甜水园北里－金台路口东－延静里－红领巾公园－八里庄南里－十里堡北里－青年路－黄杉木店－千房西街－亮马厂

684路 惠新东桥南－对外经贸大学－中日医院－和平东桥南－和平里商场－和平路口南－和平里南口－北小街路口－北新桥路口南－东四十二条－魏家胡同－钱粮胡同－东四十条－灯市东口－美术馆东街－东单路口北－东单路口南－崇文门口－花市路口南－磁器口北－北京体育馆－北京游乐园－龙潭湖游泳池－左安门内－左安门外－方庄桥北－方庄桥南－方庄南路南口－铜厂－政馨园小区－南窑－宋家庄－丰台曹家沟

685路 城外诚－郭家村－成仪路－方庄南路北口－方庄桥北－蒲黄榆－东侧路－天坛体育场－法华寺－红桥路口北－磁器口北－花市路口南－崇文门口－东单路口南－米市大街－灯市东口－美术馆东街－沙滩东口－故宫－北海－西安门－西四路口南－白塔寺－阜成门口东－公庄东－三塔寺－二里沟东－北京展览馆－动物园（枢纽站）

688路 北官厅－东直门－春秀路－塔园村－华都饭店－燕莎桥东－燕莎桥东－安家楼－东风桥东－酒仙桥商场－酒仙桥－将台路北－陈各庄－王爷坟－大山子路口东－彩虹路－望京环岛－芳庄地－南皋乡政府－南皋－黑桥－张万坟－蟹岛度假村－长店－东苇路－蟹岛度假村东门

701路 大西洋新城南门－花家地西里西站－花家地北里－望京医院－丽都饭店－高家园－十里堡北里－酒仙桥商场－东风桥东－安家楼－燕莎桥东－燕莎桥南－亮马桥－农业展览馆－长虹桥东－三里屯－工人体育场东－东四十条桥东－东四十条－张自忠路－宽街路口东－地安门东－北海北门－厂桥路口东－平安里路口西－西安医院－车公庄西－三塔寺－二里沟东－郝家湾－二里沟西－四道口东－外文印刷厂－老虎庙－花园桥东－花园桥南－航天桥北－航天桥西－钓鱼台－定慧寺东－定慧桥东－阜永路－铁家坟北－铁家坟－新园村－青塔都园－梅市口路－岳各庄红星美凯龙

702路 宝隆公寓小区－韩庄子南－看丹桥－正阳桥北－大地－岔路口－丰台路口－六里桥北里－北京西站－复兴门南－北京儿童医院－阜成门北－西直门南－索家坟－明光桥北－蓟门桥东－蓟门桥西－马甸桥东－中国科技馆－安贞医院北站－奥体东门－安慧桥北－炎黄艺术馆－慧忠路东口－小营北路－嘉铭园

704路 太平桥东里－莲花池－六里桥东－六里桥北－公主坟西－公主坟北－八一湖－航天桥南－航天桥北－花园桥北－紫竹桥南－万寿寺－为公桥－苏州桥－万泉庄－万泉河路－稻香园－巴沟村口－巴沟村北－六郎庄西口－颐和园新建宫门

705路 朝阳嘉园－朝阳新城－高杨树－平房东口－平房－姚家园西－豆各庄路口西－朝阳公园桥东－朝阳公园桥西－朝阳公园－团结湖－长虹桥南－白家庄－呼家楼东－光华桥东－大北窑南－双井－双井北－大北窑北－双井桥南－劲松桥北－劲松中七－光明桥北－光明楼－北京体育馆－北京体育馆东－北京体育场－东侧路－蒲黄榆－刘家窑桥北－刘家窑桥东－赵公口桥西－木樨园桥东－南苑果园－大红门西里－大红门－建欣苑中街－建欣苑

부록 1

707 路 城南嘉园北 - 嘉园三里 - 嘉园三里北 - 嘉园二里南 - 嘉园二里东口 - 马家堡小区 - 角门北路 - 角门北路东口 - 洋桥东 - 木樨园桥西 - **木樨园桥北** - 沙子口 - 永定门内 - 先农坛 - 天桥 - 金鱼池 - 天坛北门 - 红桥路口西 - 法华寺 - 北京体育馆西 - 北京体育馆 - 光明楼 - 光明桥东 - 劲松中街 - 劲松桥北 - 双井桥南 - 双井桥东 - 八里庄北口 - 光华桥北 - 呼家楼北 - 白家庄 - **农业展览馆** - 燕莎桥南 - 燕莎桥东 - 莱太花卉 - 五里沟 - 肖家庙 - 芳园里西站 - 海逸酒店 - 丽都饭店 - 望京西园 - 花家地里 - 花家地西里 - 南湖南路北口 - 湖光中街东 - 利泽中街西口 - 广顺桥南 - 来广营东路西 - 来广营西桥 - 顾家庄 - **朝来农艺园**

710 路 善各庄 - 善各庄西站 - 来广营东路 - 来广营东路东口 - 广顺桥南 - 利泽中街西口 - 望京花园东区 - 湖光北街东口 - 南湖西园 - 南湖南路北口 - 花家地西里 - 花家地里 - 望京医院 - 丽都饭店 - 高家园 - 将台路口西 - 酒仙桥 - 酒仙桥南口 - 东风桥东 - 朝阳公园西门 - **朝阳公园** - 甜水园北里 - 金台路口南 - **红庙路口北** - 八王坟北 - 八王坟南 - 北京东站北 - 九龙山 - 珠江帝景 - 平乐园北 - 平乐园小区 - 窑洼湖桥东 - 紫南家园 - 朝阳区大柳树 - 百子湾大车站 - 垡头市场 - 垡头 - 垡头南口 - 工业技师学院西 - 北京焦化厂 - 西直河 - **新纪元石材市场**

711 路 航天桥南 - 八一湖 - **公主坟北** - 翠微路口 - 万寿路口东 - 东翠路口东 - 沙沟路口东 - **五棵松桥东** - 永定路口南 - 北太平路口 - 永定路南口 - 新园村 - 青塔北口 - 青塔蔚园 - 青塔秀园 - 芳园 - 青塔小区

714 路 阜成门内 - **阜成门** - 阜成门外 - 展览路 - 百万庄东口 - 二里沟东口 - 北京展览馆 - **动物园** - 白石桥东 - 紫竹院南口 - 北洼路 - 车道沟桥东 - 板井 - 黄庄东口 - 黄庄口 - 门头新村 - 北京四十五中学 - 玉泉山 - 门头村 - 河滩 - 南河滩北站 - 红旗村 - 北京植物园 - **香山**

715 路 四惠桥 - 八王坟南 - 北京东站北 - 九龙山 - 珠江帝景 - 九龙花园 - 双井桥东 - 双井桥西 - 垂杨柳 - 马圈 - 广渠门内 - 安化楼 - 培新街 - 榄杆市 - 磁器口西 - 水道子 - 桥湾 - 崇文三里河口 - 过街楼 - 珠市口东 - 虎坊桥路口东 - 虎坊桥路口西 - 果子巷 - 菜市口 - 牛街路口东 - **广安门内** - 达官营口西 - 莲花池 - **六里桥东** - 丰台路口西 - 大井 - 五里店 - 五里店西 - 西道口 - 抗战雕塑园 - 晓月苑一区 - 晓月苑二里 - 晓月苑医院 - 晓月苑游泳馆 - 晓月苑小区

716 路 菜户营东 - 菜户营北口 - 白纸坊桥东 - 椿树馆街 - **广安门南** - **广安门北** - 天宁寺桥西 - 西便门口 - 真武庙 - 礼士路南口 - 北京儿童医院西口 - 月坛公园 - 南礼士路北口 - 阜外医院 - 马尾沟 - 百万庄东口 - 二里沟东口 - 北京展览馆 - **动物园** - 白石桥东 - 白石桥北 - 中国农业科学院 - 中央民族大学 - 魏公村 - 中国农业科学院 - **人民大学** - 海淀黄庄南 - 海淀黄庄北 - **中关村南** - 中关村 - 中关村北站 - 清华大学西门 - 圆明园南门 - 颐和园南门 - 安河桥 - 红山口 - 国防大学 - 黑山扈 - 百望山森林公园 - 西北旺 - 回民公墓 - 颐和园山庄 - 颐和山庄

717 路 菜户营东 - 大观园 - 右安门内 - 南樱桃园口北 - 牛街南口 - 牛街礼拜寺 - 牛街路口西 - **广安门内** - **广安门北** - 天宁寺桥西 - 白云观 - 公安大学 - 木樨地东 - 钓鱼台 - 甘家口北 - 定慧寺 - 二里沟东口 - 四道口东 - 白石桥南 - 国家图书馆 - 中央民族大学 - 魏公村 - 中国农业科学院 - 海淀黄庄北 - 海淀黄庄南 - **中关村南** - **人民大学** - 中关村北站 - 清华大学西门 - 清华附中 - 圆明园东门 - 北京体育大学 - 上地南口 - 上地东区南 - 马连洼北路东口 - 菊园东站 - 回龙观 - **东北旺中路**

718 路 康家沟 - 青年路南口 - 甘露园小区 - 十里堡 - 东八里庄 - 慈云寺 - 英家坟 - 红庙路口西 - 小庄路口 - 水碓路口南 - 团结湖公园 - 团结湖路北 - **农业展览馆** - 亮马桥 - **三元桥** - 静安庄 - 西坝河 - 和平桥东 - 和平桥西 - 中国科技馆 - 马甸桥东 - **北太平庄西** - 蓟门桥西 - 大钟寺 - 红民村 - **人民大学** - **中关村南** - 中关村西 - 海淀桥北 - 北京大学西门 - 颐和园路东 - 西苑 - 颐和园 - 颐和园北宫门 - 安河桥 - 红山口 - 国防大学 - 黑山扈 - 百望山森林公园 - 西北旺 - 回民公墓 - 颐和山庄 - **颐和山庄**

719 路 北京轮胎厂 - 新都环岛东 - 新都 - 北新科技园 - 育新小区北口 - 邮政研究院 - 西三旗桥东 - 西三旗桥南 - 六拨子 - 清河小营桥 - 清河 - 学清路 - 清河小镇 - 马家沟 - 学知园 - 静淑苑 - 学院路北口 - 成府路口南 - 北京航空航天大学 - 蓟门桥北 - 蓟门桥南 - 明光桥北 - 西直门南 - 阜成门北 - 西便门 - 天宁寺桥北 - 广安门北 - 达官营 - 广安门外 - 西便门 - 天宁寺桥北 - **广安门北** - 达官营 - 广安门外 - 天宁寺桥北 - **六里桥东** - 六里桥南 - 西局 - 丽泽桥南 - 丰益桥南 - 夏家胡同 - 纪家庙 - 樊家村 - 樊家村路北口 - 首经贸大学西校区 - 三合庄 - 新村公墓 - 甲村东 - 造甲村 - **韩庄子北**

723 路 前门 - 正义路 - 台基厂路口 - **崇文门西** - 花市路口 - 磁器口北 - 红桥路口北 - 法华寺 - 天坛体育场 - 东侧路 - 蒲黄榆 - 刘家窑桥北 - 刘家窑南 - 石榴庄 - 北京地毯集团 - 成寿寺路北口 - 成寿寺路中 - 成寿寺路 - 郭家场 - 城外诚 - 姚村 - 小红门路口北 - 亦庄桥北 - 亦庄桥南 - 旧宫桥南 - 新康家园 - 大雄城市花园 - 博达国际交流中心 - 万源东路 - 万源街口西 - 万源街口 - 降氏庄园 - 荣京东街 - 兴盛街 - 兴盛北街 - 通州第二医院 - 马驹桥一号桥 - 马驹桥二号桥 - **马驹桥**

726 路 前门 - 天安门广场东 - **天安门西** - 西单路口东 - 西单商场 - 缸瓦市 - 西四路口北 - 平安里路口南 - 护国寺 - 西四路口北 - **积水潭桥南** - 新街口 - 小西天 - 铁狮子坟 - **北太平桥北** - 牡丹园 - 牡丹园北 - 志新桥南 - 志新桥北 - 志新北里 - 志新里 - 学院桥 - 北京科技大学北门 - 成府路口 - 北京语言大学 - 五道口 - 清华园 - 蓝旗营 - 中关村北站小 - 清华大学西门 - 圆明园南门 - 颐和园路东 - 西苑 - 颐和园

727 路 北京西站 - 小马厂 - 白云桥西 - 白云观 - 公安大学 - 木樨地北 - 甘家口北 - 甘家口大厦 - 四道口东 - 白石桥南 - 国家图书馆 - 中央民族大学 - 魏公村 - 中国农业科学院 - 明光桥东 - 四通桥东 - 红民村 - 大钟寺 - 蓟门桥西 - **北太平桥西** - 马甸桥北 - 马甸桥北 - 健德门桥 - 健翔桥北 - 南沙滩 - 北沙滩桥东 - 南泥河子 - 中科院地理所 - 望京南口 - 豹房 - 大北市 - 北坡 - 南坡 - 北京西站 - 辛庄村 - **北苑** - 大羊坊 - 大羊坊东站 - 北苑家园 - 清河营南口 - **清河营村**

728 路 武夷花园 - 三元村 - 东关大桥 - 通州东关 - 新华大街 - 西大街南口 - 通州西门口 - 通州北苑路口 - 通州北苑路口 - 杨闸路口西 - 双桥东 - 苇家坟 - 梆子井 - 高碑店桥东 - **四惠东站** - **四惠站** - 八里庄 - 大北窑东 - 永安里路口东 - 北京站口东 - **北京站口东** - 东单路口西 - **天安门东** - **天安门西** - 西单路口东 - 南礼士路南口 - 南礼士路 - 工会大楼 - 木樨地东 - 军事博物馆 - **公主坟东** - **公主坟西** - 翠微路口 - 万寿路口西 - 东翠路口西 - 沙沟路口东 - **五棵松桥北** - 永定路口 - **玉泉路口东** - 八宝山 - 地铁八宝山站 - 老山 - 京原路东口 - 京原路口 - 京燕饭店 - 八角 - 石景山古城 - **古城南街**

221

북경시 버스노선

729路 东坝建材城-铁十六局东站-铁十六局-东坝中街-奥林匹克花园东口-北京奥林匹克花园-东坝中路南口-姚家园东-平房东口-平房西口-姚家园西-姚家园东-豆各庄路口西-朝阳公园桥东-朝阳公园路西-甜水园北里-金台路西-水碓路口南-小庄路口北-呼家楼南-光华桥南-北京城市宾馆-永安里路口西-北京站东-崇文门西-台基厂路口西-正义路-前门东-前门-大栅栏-珠市口南-天桥-天坛西门-先农坛-永定门内-沙子口-木樨园桥北-南苑路果园-大红门西里-大红门桥北-久敬庄-和义农场-和义南站-三营门-四砖地-大高地-万源路-清和园-吉庆庄-庑殿路南口-旧宫-旧宫东口-宣颐家园南口-科技园-润星家园-成和园小区

731路 康城南站-定辛庄村-苏家屯-康城中区-双树村-双桥农场-双桥东路-双桥医院-塔营小寺-杨闸路口南-杨闸环岛西-管庄-周家井-朝阳三间房-第二外国语学院-定福庄-大黄庄桥东-朝阳路高井-民航医院-太平庄-青年路南口-甘露园小区-十里堡-东八里庄-慈云寺-慈云寺桥-朝阳公园-团结湖-亮马桥-三元桥-静安庄-西坝河-安贞桥东-安贞桥西-中国科技馆-马甸桥东-北太平庄西-马甸桥北-四通桥东-海淀黄庄南-中关村南-中关园-蓝旗营-清华园-五道口-五道口地铁

732路 鹿海园小区-中芯花园-青年公寓-同仁医院亦庄分院-开发区交通服务中心-兴盛街南口-宏达中路-博大大厦-天宝南街-天宝家园-亦庄实验学校-亦庄体育中心-贵园小区-贵园南里-富源里-亦庄桥东-亦庄桥北-小红门路口南-城外诚-郭家村-成寿寺南-成寿寺路中街-成寿寺路北-十里河桥南-方庄桥东-方庄桥西-刘家窑桥北-木樨园桥东-木樨园桥西-洋桥东-洋桥西-草桥-玉泉营桥东-玉泉营桥北-菜户营桥东-大观园西-白纸坊桥西-椿树馆街-广安门南-广安门北-天宁寺桥北-西便门-真武庙-礼士路南口-北京儿童医院西门-二七机车厂西-月坛北街北站-展览路-百万庄东-二里沟东-北京展览馆-动物园-白石桥东-白石桥北-国家图书馆-中央民族大学-魏公村-中国农业科学院-人民大学-海淀黄庄南-海淀黄庄北-中关村西-中关村西-海淀桥西-北京大学西门-颐和园路东口-西苑-颐和园

733路 嘉园南里-城南嘉园北-嘉园三里-嘉园三里北-嘉园二里南口-嘉园二里东口-马家堡小区-角门北路-马家堡东口-洋桥西-万芳桥东-草桥-玉泉营桥东-玉泉营桥西-夏家胡同-玉泉营桥北-丽泽桥东-西局-六里桥东-六里桥北-莲花桥-公主坟南-公主坟北-八一湖-航天桥南-航天桥西-西钓鱼台-定慧寺东-定慧寺西-定慧桥北-营慧寺-四季青桥南-四季青桥北-四季青桥东-四海桥南-北营门-中坞-闵庄-小屯-门头新村-北京四十五中学-瑞王坟-门头村-南河滩-河滩北站-旗村-北京植物园-香山

735路 海淀桥东-中关村西-中关村一街-保福寺桥西-保福寺桥南-海淀交通支队-知春里东-知春路-院小区南门-牡丹园西-牡丹园东-健德门东-马甸桥北-马甸桥东-中国科技馆-安贞桥西-安贞桥东-和平桥东-和平东桥-安贞桥东-三元桥东-四元桥西-京顺路丽都饭店-西八间房-大山桥东-望京村-东辛店-大山子-和平农场-东苇路北口-前苇沟-蟹岛度假村东口-小店路口-长店-金盏卫生院-金盏-郁金香花园南口

736路 灵秀山庄-育龙家园-旧宫-庑殿路南口-吉庆庄-清和园-万源路-大高地-西洼地-三营门-和义南站-和义农场-和义路口-大红门桥北-公益西-恋日家园-黄土岗-花乡桥东-花乡桥-公合庄-世界村-新华街-大红门桥-看丹桥北-北大地-岔路口-岳各庄桥北-岳各庄-郑常庄-青塔-南沙窝桥西-永定路南口-采石路口-石榴庄-玉泉路口南

737路 孙河乡政府-孙河-东郊农场-北皋-东辛店-望京村-大山桥东-广顺南大街南口-望花园东里-广顺南大街北口-大西洋新城南口-花家地西里-南湖西里-望京桥北-望京桥西-望和桥东-望和桥-惠新东桥东-安慧桥北-亚运村-北辰桥西-健博桥东-健翔桥西-志新桥西-学院桥东-学院桥西-北京站大窑厂-崇文门-保福寺桥西-学院桥东-中关村北-中关村北站-清华大学西门-圆明园南门-颐和园路东口-西苑-颐和园-颐和园宫门-青龙桥-军事科学院-厢红旗-林业科学研究院-娘娘府-丰户营-丰户营西站-正蓝旗-香泉环岛-卧佛寺-香山

740路内环 黄土岗村-花乡桥东-花乡桥-花乡桥北-怡海花园南门-富丰桥南-看丹桥-正阳桥北-北大地-岔路口-丰台路口-岳各庄桥北-岳各庄北-公益桥南-郑常庄-青塔-南沙窝桥-五棵松桥南-五棵松桥北-金沟河-定慧桥南-定慧桥北-营慧寺-四季青桥南-四季青桥北-东冉村-南坞-海淀桥西-四季青桥东-火器营桥西-中关村一街-保福寺桥东-北京城市学院-学院桥西-志新桥西-健翔桥西-健翔桥东-北辰桥西-亚运村-北辰桥东-安慧桥东-望京桥西-望京桥东-望和桥东-望和桥-望京桥东-望京桥北-望京桥南-园桥南-红领巾桥北-红领巾桥东-慈云寺桥-四惠桥-大郊亭桥西-劲松桥-工大桥-窑洼湖桥东-小武基桥北-小武基桥南-十八里店北桥-十八里店南桥-小红门桥-肖村桥-大红门东-大红门桥-公益东桥-公益桥东-黄土岗-黄土岗村

740路外环 好美家建材城-东冉村-四季青桥北-四季青营慧寺-定慧桥北-定慧桥南-金沟河-五棵松桥北-南沙窝桥-青塔-郑常庄-岳各庄北-岳各庄桥北-丰台路口-岔路口-北大地-正阳桥北-看丹桥-富丰桥南-怡海花园南门-公益桥南-公益东桥-大红门西-大红门桥-肖村桥-小红门桥-十八里店南桥-小武基桥北-小武基桥北-弘燕桥-工大桥-窑洼湖桥东-大郊亭桥南-四惠桥-慈云寺桥-红领巾桥东-红领巾桥北-朝阳公园桥西-东风桥东-望京桥东-望京桥西-望和桥-望和桥东-惠新东桥东-安慧桥北-亚运村-北辰桥西-健翔桥东-健翔桥西-志新桥西-学院桥东-北京城市学院-保福寺桥西-中关村一街-中关村西-海淀桥西-六郎庄-火器营桥西-四海桥南-南坞-好美家建材城

741路 北京西站-小马厂-天宁寺桥西-广安门北-广安门内-枣林前街-白纸坊-南樱桃园路口南-右安门-右安门东-开阳桥西-北京南站-公益西-洋桥东-木樨园桥西-木樨园桥北-赵公口桥西-刘家窑桥东-刘家窑桥东-方庄南口-芳城园-八里河-左安门外

743路 中央党校北门-中央党校东北-肖家河-中国农业大学西校区-梅园-农大路北口-马连洼-菊园东站-马连洼北路东口-风芳园-上地南口-正白旗-北京体育大学-圆明园东口-清华附中-圆明园东-清华大学西门-中关村北站-蓝旗营-清华园-五道口-北京语言大学-成府路口-府路口-北京航空航天大学-新门桥北-剧门桥南-明光桥南-索家坟-西直门南-车公庄南-阜成门北-阜成门南-月坛体育场-北京儿童医院-复兴门西-西便门-天宁寺桥北-广安门内-广安门内-牛街路口东-菜市口北-果子巷-虎坊桥路口东-虎坊桥路口西-珠市口西-天桥路口东-金鱼池-天坛北门-红桥市场-法华寺-北京体育馆西-北京体育馆东-光明桥-光明桥东-劲松中街-劲松桥东-南磨房-平乐园小区-窑洼湖路东-南市场-紫南家园-朝阳北大棚栏-百子湾火车站-堡头市场-堡头-堡头南站-工业技师学院-西直河北口-西直河中街-西直河

부록 1

744路 世界公园公交总站－世界公园－田何庄－六圈－科丰桥南－科丰桥北－韩庄子南－看丹桥－看丹桥东－韩庄子北－造甲村－造甲村东－新村－四合庄－首都经贸大学西校区－樊家路西－樊家村－纪家庙－夏家同－玉泉营桥东－玉泉营桥北－苹果园－大观园－右安门西－右安门－开阳桥东－北京南站－陶然桥东－永定门内－先农坛－天坛西门－天坛－珠市口南－大栅栏－前门－前门东－正义路－台基厂路口西－崇文门东－北京站前街－北京站东－北京站东

746路 阜成门－阜成门外－展览路－阜外西口－甘家口东－白堆子口东－马神庙－航天桥东－钓鱼台－定慧寺东－定慧桥北－五孔桥－田村半壁店－田村－田村中街－田村西口－什坊院－什坊院西站－廖公庄－西黄村小区－夏家胡同东－苹果园南路东口－苹果园南口－苹果园东－地铁苹果园站－金顶南路－金安桥北－首钢小区－模式口西里－高井路口西－石景山高井

748路 晓月苑小区－晓月苑游泳馆－晓月苑医院－晓月苑二里－晓月苑一里－抗战雕塑园－晓月苑店西站－五里店－大井－丰台路口西－岳各庄桥北－岳各庄－郑常庄－青塔－南沙窝桥－五棵松桥南－五棵松桥北－金沟河－定慧桥东－定慧寺东－西钓鱼台－航天桥西－航天桥北－花园桥南－老虎庙－外文印刷厂－四道口东－二里沟东口－郝家湾－二里沟东－三塔寺－车公庄西－车公庄北－索家坟－明光桥北－蓟门桥－蓟门桥北－北京航空航天大学－成府路口－学院路北口－静淑苑－石板房－学知园－马家沟－清河南镇－清河－清河小营桥南－四拨子－西三旗桥东－邮政研究院－育新小区北口－育新小区

750路 东坝建材城－铁十六局东站－东坝南－鸲子园－高杨树－平房东口－平房－平房西口－姚家园－姚家园公园西－朝阳公园－团结湖－长虹桥东－白家庄－关东店北街口－关东店北街东口－东大桥路口－朝阳门外－雅宝路－建国门－建国门－广渠门－光明楼－北京游乐园－龙潭湖游泳池－左安门内－左安门外－左安门桥北－分钟寺桥东－刘家庄西口－分钟寺－龙爪树－七十一中学－肖村桥－姚家村－小红门路口北－珊瑚桥南－旧宫北马路－旧宫－庞窝路南口－吉庆里－清和园－万源路西－清和园－梅园小区－东营房－南小街－南小街东里－小街中学门－宇航公司－南小街西里

751路 南七家－路新沥青厂－燕丹路口西－天通苑东三区－白坊－天通苑东二区－东三旗南站－天通苑太平庄－天通西苑北－天通西苑南－东小口－城铁立水桥南－立水桥北站－立水桥－大羊坊－北京有色稀土研究所－北苑－辛店村－北苑路东口－北苑路大屯－豹房－洼里南口－中科院地理所－南沟泥河－北沙滩桥东－南沙滩－子坑西－子坑西南里－志新桥西－学院路东－学院路口－北京城市学院－保福寺桥南－中关村一街－中关村西－海淀桥西－六郎庄－火器营桥东－四海桥南－府鸟－东自村－四季青桥北－四季青桥南－蓝靛厂－定慧桥－慈慧桥南－金沟河－五棵松桥北－五棵松南－沙窝桥西－永定桥－采石路－石槽－鲁谷路西口－鲁谷－鲁谷西站－焦家坟路口南－吴庄北－吴庄－吴庄南站－张仪村北站－张仪村－张仪村南站

752路 西北旺村－西北旺村西－西北旺－百望山森林公园－百望家苑－马连洼西站－马连洼－菊园－菊园东－马连洼北路东口－上地环岛东－上地桥东－清河大楼－清河小营桥西－清河小营桥南－清河－清河南镇－花虎沟－双泉堡－北沙滩桥东－南沟泥河－中科院地理所－洼里南口－豹房－大宅东－北苑路大屯北站－辛店村－北苑－大羊店－大羊店东－北苑家园西－北苑家园东区－北苑路北站（北京青年城）－北苑村－顾家庄西站（东方家园）－顾家庄（东方家园）－来广营西桥东－来广营路口西－广顺桥南－利泽中街西口－望京花园西区－湖光北街东口－湖北东口－南湖渠北口－花家地西里－花家地北里－望京医院－丽都饭店－芳园里西站－肖君店－五里沟－莱太花卉－安家楼－枣营桥北－枣营北里－景园－朝阳公园－甜水园北里－金台路口南－红庙路口北－八王坟北－八王坟东－八王坟南站－九龙山－珠江帝景－平乐园北－北京工业大学北站－北京工业大学－松榆东里东门－南新园－弘善家园小区－弘燕桥东－弘燕桥－小武基桥北－十八里店北里－十八里店－十八里店南站－横子子－小羊坊东－小羊坊－京南交易中心

753路 马连店－马连店村－马连店南口－流星花园－北店嘉园－回龙观小区东站－回龙观小区－风雅园北站－广场西门－龙华园－北郊农场桥东－京昌路回龙观北站－京昌路回龙观－龙兴园－西三旗桥北－西三旗桥南－四拨子－清河小营桥南－清河－清河南镇－马家沟－学知园－静淑苑－学院路北口－成府路北－北辰桥西－亚运村－安慧桥东－惠新东桥西－惠新东桥东－东风桥南－大山庄－朝阳公园东门－朝阳公园桥南－红领巾桥南－慈云寺桥－四惠桥－百子湾桥南－窑洼湖桥－窑洼湖桥东北－朝阳区大柳树－王四营桥东－五方桥西（五方天雅汽配城）－白庙向－豆各庄桥－青青家园－郎辛庄

758路 天通北苑－天通苑东三区北站－天通苑东三区－天通苑东二区－天通苑东区小学－天通苑东站三区－天通苑东岛北站－白坊－天通西苑南－东三旗南站－天通苑太平庄－天通西苑北－天通西苑南－东小口－城铁立水桥南－立水桥北站－立水桥－大羊坊－北京有色稀土研究所－北苑－辛店村－科荟路东口－慧忠北里东－大屯－炎黄艺术馆－奥体东口－五路居东－安贞桥北－安外甘水桥－蒋宅口－地坛西门－安定门内－方家胡同－交道口南－北兵马司－宽街路口东－张自忠路东－东四十条－东四十条桥东－东四十条西－工人体育馆－工人体育场－三里屯－长虹桥西－团结湖－朝阳公园桥西－朝阳公园桥东－豆各庄路口－姚家园西口－姚家园东－平房西口－平房－平房东口－平安聚源建材市场－大柳树－大柳树小井－常营北站－科技大学管庄校区－管庄路口北－杨闸环岛西－杨闸路口南－惠河建材市场东站－惠河建材市场中区－管庄惠河建材市场

800路内环 左安路－华威西里－潘家园路西口－光明桥－肿瘤医院－左安门外－芳城园－方庄环岛西－芳城园－玉蜓桥西－天坛南门－永定门东－陶然桥东－北京南站－右安门东－右安门－大观园－右安门西－菜户营桥北－白纸坊桥北－椿树馆街－广安门内－复兴门南－北京儿童医院－阜成门北－西直门南－玉桃园－新街口豁口－德胜门西－鼓楼桥西－安定门西－雍和宫桥东－直门北－东四十条桥南－朝阳门内－广渠门－建国门南－广渠门－朝阳门南－东四十条桥东－东直门北－雍和宫桥东－鼓楼桥西－劲松南路－华威西里－左安路

800路外环 菜户营桥－菜户营桥东－大观园－右安门西－右安门东－北京南站－永定门东－天坛南门－玉蜓桥西－蒲方路西口－方庄环岛－芳城园－左安门外－肿瘤医院－潘家园－劲松南路西口－光明桥－广渠门－建国门南－雅宝路－朝阳门南－东四十条桥南－东直门北－雍和宫桥东－鼓楼桥西－德胜门西－新街口豁口－玉桃园－西直门内－阜成门北－北京儿童医院－复兴门南－广安门内－椿树馆街－白纸坊桥南－菜户营桥

223

북경시 버스노선

801路 祁家坟 – 潘道庙 – 北京工业大学 – 平乐园 – 南磨房 – 劲松桥东 – 双井桥南 – 双井桥东 – **大北窑南** – 大北窑北 – 光华桥南 – 呼家楼北 – 白家庄 – 农业展览馆 – 燕莎桥南 – 三元桥 – 静安庄 – 西坝河 – 和平东桥 – 和平西桥 – 蓟门桥西 – 四通桥东 – 人民大学 – 北太平庄东 – 海淀黄庄南 – 海淀黄庄东 – 中关村南 – 中关村北站 – 清华大学西门 – 圆明园南门 – 颐和园东口 – 西苑 – **颐和园** – 颐和园北宫门

802路 **公主坟东** – 军事博物馆 – 木樨地西南 – 南礼士路 – 复兴门内 – 西单路口东 – 天安门东 – 王府井 – 北京站口东 – 日坛路 – 永安里路口西 – **大北窑西** – 双井桥北 – 双井桥南 – 潘家园桥北 – 潘家园桥西 – **左安路**

803路 宏福苑小区西 – 宏福苑小区东 – 平西王府 – 中国经济时报 – 王府温馨公寓 – 平西王府路口南 – 东三旗 – 东三旗南站 – 天通苑北王斤 – 天通西苑北 – 天通西苑南东 – 小口 – 城铁立水桥站 – 立水桥站 – 立桥 – 大羊坊 – 北苑 – 辛店村 – 科荟路东 – 华江商厦 – 大屯南 – 炎黄艺术馆 – **安慧桥北** – 奥体东门 – 安贞里 – 安外甘水桥 – 蒋宅口 – 地坛西门 – **安定门内** – 方家胡同 – 交道口南 – 宽街路口南 – 美术馆北 – 灯市西口 – 东单市场 – 王府井路口南 – 前门 – 大栅栏 – 珠市口北 – 天坛 – 永定门口东 – 天坛南门 – 李村 – 琉璃井 – 定安路 – 赵公口桥南 – 石榴园 – 光彩路南口 – **彩虹城**

804路 花乡驾校 – 白盆窑 – 西白家窑 – 花乡桥南 – 花乡政府 – 四合庄 – 新村 – 造甲村 – 韩庄子北 – 看丹桥东 – **看丹桥北** – 正阳桥北 – 大红门东 – 岔路口 – 丰台体育中心 – 丰台桥 – 南У安路 – 岳各庄桥北 – 岳各庄东 – 郑常庄 – 五棵松路南 – 五棵松桥北 – 万寿寺 – 四季青桥南 – 四季青桥东 – 万泉河桥东 – 北洼路 – 紫竹院路南口 – 白石桥北 – 国家图书馆 – 北京大学 – 魏公村 – 中国农业科学院 – **人民大学** – 海淀黄庄东 – 知春里西 – 知春里 – 知春东里 – 五道口 – 北航北门 – 牡丹园东 – 北辰桥西 – 亚运村 – **安慧桥东** – 惠新东桥北 – 育慧里 – 世纪村 – 育慧东路 – **姜庄湖**

808路 颐和园北宫门 – 颐和园 – 西苑 – 北京大学西门 – 海淀桥西 – 中关村西 – 中关村南 – 白石桥东 – 人民大学 – 中央民族大学 – 国家图书馆 – 白石桥东 – 动物园 – 西直门外 – 西直门内 – 新开胡同 – 新街口 – 平安里西 – 北路口 – 西四路口南 – 西单商场 – 西单路口南 – 宣武门东 – 和平门 – 前门西

809路 上行 晓月苑小区 – 晓月苑医院 – 晓月苑游泳馆 – 晓月苑一里 – 抗战雕塑园 – 西道口 – 南五里 – 程庄路口南 – 丰台桥 – 正阳桥北 – 北大地北 – 公益桥 – 东大街北口 – 万丰路南 – 莲宝路南 – 莲宝家园 – 金家村桥北 – 太平路东口 – 万寿路北 – **公主坟北** – 八一路东 – 航天桥东 – 航天桥北 – 花园桥北 – 紫竹院南门 – 中新小区 – 外文印刷厂西门

809路 下行 外文印刷厂西门 – 老虎庙小区 – 航天桥北 – 航天桥东 – 八一湖 – **公主坟北** – 翠微路南口 – 万寿路南口 – 太平路东口 – 东大街北口 – 北大地 – 丰台桥东安街 – 丰台医院 – 程庄路口东 – 万五里南口 – 抗战雕塑园 – 晓月苑一里 – 晓月苑二里 – **晓月苑小区**

810路 四惠站 – 八王坟南 – 大北窑西 – 郎家园 – 大北窑西 – 永安里路口西 – 雅宝路 – 朝阳门内 – 朝内小街 – 东四路口东 – 美术馆东 – 沙滩路口西 – 故宫 – 东板桥街 – 景山后口 – **地安门内** – 北海北门 – 北京师范大学 – 铁狮子口 – **北太平庄北** – 牡丹园东 – 塔院 – 北医三院 – 北京航空航天大学 – 成府路 – 学院路 – 静淑苑 – 马家沟 – 清河南镇 – 清河 – 清河小营桥南 – 四拨子 – 西三旗桥东 – 邮政研究院 – 黄土店南口 – 北新科技园 – 新都 – 新都环岛西 – 硅谷小区 – **建材城东里**

811路 富丰桥西 – **看丹桥** – 正阳桥北 – 北大地 – 丰北桥东 – 七里庄 – 丽泽桥北 – 西局 – 六里桥南 – 六里桥北 – 公主坟北 – 八一湖 – **公主坟北** – 花园桥南 – 紫竹桥南 – 万寿寺 – 为公桥 – 三义庙 – 人民大学 – 海淀黄庄北 – 中关村南 – 中关村北 – 西门 – 中关村北站 – 清华大学西门 – 清华附中 – 圆明园东门 – 北京体育大学 – 上地佳园 – 上地环岛南 – 上地环岛北 – 清河大楼 – 清河小营桥西 – 上地小营桥西 – 四拨子 – 西三旗桥北 – 昌平回龙观东口 – 北郊农场桥东 – **龙华园东区** – 广场东口 – 北站嘉园 – 龙锦园 – 回龙观小区

814路 天坛南门 – 东侧路 – 天坛体育场 – 法华寺 – 红桥路口北 – 磁器口北 – 花市路口南 – 崇文门口 – 东单路口南 – 协和医院 – 新东安市场 – 灯市西口 – 美术馆 – 沙滩路口西 – 故宫 – 北海南门 – 西四路口东 – 白塔寺 – 阜成门内 – 阜成门 – 阜成门外 – 展览路 – 百万庄东口 – 二里沟东口 – 北京展览馆 – 动物园 – 白石桥东 – 国家图书馆 – 中央民族大学 – 魏公村 – 中国农业科学院 – **人民大学** – 海淀黄庄北 – 中关村北 – 中关村北站 – 清华大学西门 – 圆明园东路 – 清华附中 – 圆明园东门 – 北京体育大学 – 上地南口 – 上地佳园 – 上地环岛南 – 上地东 – 上地环岛北 – 清河大楼 – 清河小营桥西 – 清河小营桥北 – 四拨子 – 西三旗桥北 – 邮政研究院 – 育新小区东 – 北小关 – 建材城东里园 – 新都 – 新都环岛西 – 硅谷小区 – **建材城东里**

815路 二里庄 – 二里庄南口 – 志新桥北 – 志新桥南 – 牡丹园北 – 牡丹园 – 北太平桥南 – 铁狮子坟 – 小西天 – 积水潭桥东 – 德胜门 – 德内甘水桥 – 铸钟厂 – 钟鼓胡同 – 交道口东 – 北新桥路口西 – 路口内小街 – 东直门内 – **东直门** – 春秀路 – 幸福三村北 – 中国农业展览馆 – 团结湖 – 朝阳公园 – 甜水园北里 – 金台路 – **红庙路口北** – 英家坟 – 慈云寺 – 东十里堡 – 十里堡 – 青年路路口 – 太平庄 – 朝阳路高井 – 大黄庄东 – 定福庄 – 第二外国语学院 – 朝阳三间房 – 周家井 – **管庄** – 杨闸环岛西

817路 国防大学 – 安河桥 – 颐和园北宫门 – 颐和园 – 西苑 – 西苑医院 – 海淀公园 – 万泉河桥南 – 稻香园 – 万泉河路 – 万泉路 – 为公桥 – 万寿寺 – 紫竹院 – 花园桥南 – 航天桥南 – 八一湖 – **公主坟北** – **公主坟西** – 翠微路口 – 万寿路口东 – 东翠路口 – 沙沟路口东 – 五棵松桥东 – 永定路口东 – **玉泉路口东**

819路 菜户营桥 – 菜户营桥东 – 大观园 – 右安门西 – 右安门内 – 南樱桃园路口东 – 半步桥 – 自新路口东 – 陶然亭公园北门 – 太平街 – 北纬路 – 友谊医院 – 友谊医院东 – 东华门 – 北京妇产医院 – 东四路口南 – 景山东街 – **地安门内** – 鼓楼 – 铸钟厂 – 德内甘水桥 – 果子市 – 德胜门口 – 德外关厢 – 马甸桥南 – 马甸桥北 – 健德门桥北 – 健翔桥北 – 南沙滩 – 北沙滩小区 – 双泉堡 – 花卉坊 – 清河 – 清河小营桥西 – 清河小营镇 – 清河小营桥西 – 四拨子 – 西三旗桥北 – 龙兴园 – 昌平路回龙观 – 京昌路回龙观北站 – 北郊农场桥东 – 北家小区 – 龙兴园北区 – 二拨子村委会 – **二拨子新村**

822路 上行 北京华侨城南站 – 北京华侨城北站 – 金蝉北里 – 垡头桥东 – 百子湾火车站 – 朝阳区大娅树 – 南磨房园 – 窑洼湖桥东 – 平乐园小区 – 平乐园 – 南磨房 – 劲松桥东 – 劲松中街 – 光明桥东 – 光明桥北 – 北京体育馆 – 北京体育馆西 – 法华寺 – 红桥路口东 – 天坛北口 – 金鱼池 – 天桥路口东 – 友谊医院东 – 永定门口西 – 虎坊桥路口西 – 琉璃厂东 – 和平门东 – 天安门东 – 牛街路口西 – **广安门内** – 达官营 – 广外甘石桥 – 湾子 – 莲花池东 – 龙兴园北区 – 广外高口 – 丽泽桥北 – 丰台北口 – 丰台站路口 – 七里庄 – 岔路口 – 北大地 – 正阳桥北 – **看丹桥** – 韩庄子南 – **宝隆公寓小区**

부록 1

822路下行 宝隆公寓小区－韩庄子南－看丹桥－正阳桥北－北大地－岔路口－七里庄－丰台北路－丰台北路东－丽泽桥北－西局－六里桥南－六里桥东－莲花池－湾子－广外甘石桥－达官营－广安门内－牛街路口东－菜市口西－果子巷－虎坊桥路口－永安路－友谊医院东－天桥路口东－金鱼池－天坛北门－红桥路口西－法华寺－北京体育馆东－体育馆－光明楼－光明桥东－劲松路口东－劲松桥东－农光里－武圣东里－武圣路－武圣路南－体育游泳馆－松榆东里南门－南新园－双龙小区－四方桥西－弘燕桥－金蝉北里－北京华侨城北站－**北京华侨城南站**

823路 东直门外－新源里－塔园村－幸福三村－工人体育场－工人体育馆－东四十条桥东－东四十条桥西－东四十条－张自忠路－宽街路口东－锣鼓巷－地安门东－大海北口－东官房－厂桥路口－平安里路口南－大红罗厂西口－西四路口西－白塔寺－阜成门内－南礼士路路口北－月坛北街－北京儿童医院西门－礼士路南口－真武庙－西便门－天宁寺桥北口－白云桥西－小马厂－北京西站

826路 肖村桥西－城外诚－郭家村－成寿寺南－成寿寺路中街－成寿寺路北口－十里河桥南－方庄桥东－方庄－刘家窑桥西－赵公口桥西－方庄桥北－木樨园桥北－沙子口－永定门内－先农坛－天坛西门－西单路口南－西单商场－西四路口北－平安里路口西－圆恩寺－新街口南－新街口北－积水潭桥南口－小西天－北京师范大学－铁狮子坟－北太平桥北－牡丹园－牡丹园西－塔院小区南门－知春里－知春里东站－知春里－科学院小区－中关村二桥南－中关村一街－中关村北－中关村－中关村北站－清华大学西门－圆明园南门－颐和园路东口－**颐和园**

827路 北京西站－北京世纪坛医院－皇亭子－军事博物馆－木樨地西－木樨地北口－甘家口北口－甘家口－中央民族大学－魏公村－中国农业科学院－四通桥东－红民村－蓟想桥北－青云路－白塔庵－海淀交通支队－保福寺桥南－北京城市学院－学院桥东－亚运村－安慧桥东－惠新东桥东－育慧桥－望和桥－望和桥东－望京桥西－南湖西里－南湖南路－南湖南路口北－南湖东路－侯庄路北口－望京花园西区－利泽中街西口－广顺桥南－米广营路口东－广营路口－善各庄

836路 宝隆公寓小区－韩庄子－西口－正阳大桥东－丰台火车站－大上街南口－前泥洼－西管头－丰益桥北口－丽泽桥北－西局－六里桥南－六里桥北－公主坟南－公主坟北－八一湖－航天桥北－白石桥南－紫竹桥东－万寿寺－大公桥－三义庙－四通桥东－红民村－大钟寺－蓟门桥西－蓟门桥－航天航空大学－成府路南口－北京科技大学门口－二里庄南口－二里庄－北沙滩桥东－南沟泥河－中科院地理所－注里南口－豹房－大屯东口－北苑路大屯北口－辛店村－北苑－大羊坊－立水桥－立水桥北站－城铁立水桥站－东小口－天通苑西门口－丽城苑－天通苑太平庄－一旗营－东三旗－平西府－北七家镇政府－望都家园－天美工业园区－欧赛彩印基地－北亚小区－**北亚花园**

839路 和平东桥－和平西桥－安贞桥东－安贞桥东－中国科技馆东口－安贞西里－中华民族园－西坝河北口－中科院地理所－南沟泥河－北沙滩桥东－双泉堡－花虎沟－清河－清河南镇－清河－三旗东－邮研究院－育新村路口－北京新科技园－黄土店－北郊面粉厂－地铁霍营站－北郊医院－霍营乡－王府街－平西王府东－宏福苑小区南－宏福苑小区东－宏福苑小区－**宏福苑小区西**

840路内环 黄土岗村－花乡桥东－花乡桥西－怡海花园南门－富丰桥南－看丹桥－正阳桥北－北大地－岔路口－丰台路口－丰台桥西－岳各庄桥北－岳各庄－郑常庄－青塔－南沙窝桥－五棵松桥南－五棵松桥北－金沟河口－定慧桥西－定慧桥－营慧寺－四季青桥南－四季青桥北－东冉村－南坞－四海桥西－火器营桥西－海淀桥西－中关村西－中关村桥西－学院桥西－志新桥西－健翔桥东－健翔桥西－北辰桥西－亚运村－安慧桥东－惠新东桥东－育慧里－望和桥－望和桥东－望京桥西－望京桥东－东风桥北－大山庄－朝阳公园桥南－红领巾桥北－红领巾桥南－慈云寺桥－四惠桥－大郊亭桥南－窑洼湖桥－工大桥－弘燕桥－小武基桥北口－武基桥南口－肖村桥－大红门桥北－大红门桥－公益东桥－公益桥南－恋日家园－黄土岗－**黄土岗村**

840路外环 十八里店－十八里店北桥－小武基桥北－弘燕桥－大郊亭桥南－窑洼湖桥－大郊亭桥－四惠桥－慈云寺桥－红领巾桥南－红领巾桥北－朝阳公园桥北－大山庄－东风桥－东风桥北－望京桥东－望京桥西－安慧桥东－亚运村－北辰桥西－健翔桥东－健翔桥西－志新桥西－中关村西－海淀桥西－六郎庄－火器营桥西－四海桥－南坞－东冉村－四季青桥北－四季青桥南－营慧寺－定慧桥－定慧桥西－金沟河口－五棵松桥北－五棵松桥南－南沙窝桥－郑常庄－青塔－岳各庄－岳各庄桥北－岔路口－丰台桥西－大地－正阳桥北－看丹桥－富丰桥南－怡海花园南门－花乡桥西－花乡桥东－大红门桥－大红门桥东－公益桥南－公益东桥－大红门桥－大红门桥东－十八里店

846路 翠园小区－龙岗加油站－西潞苑小区－通州检测场－富河园小区－结研所－北京物资学院南边－东军庄－八里桥北站－杨闸环岛－管庄－周家井－朝阳路三间房－第二外国语学院－管庄路口－十里堡－十里堡西站－东八里庄－慈云寺－英家坟－红庙南口－小庄路口－呼家楼西－关东店－东大桥路口西－神路街－朝阳门－朝阳门内－朝内小街－东四路口西－美术馆东－沙滩路口－故宫－北海－西安门－西四路口－白塔寺－阜成门－阜成门外－展览路－阜外西口－甘家口－东口堆子口北－马神庙－航天桥东－钓鱼台－恩济东街路口－恩济东街－恩济东街北口－五路桥东

849路 青塔小区－青塔蔚园－新园村－永定路南口－沙窝桥西－沙窝桥东－西翠路口北－沙路口北－定慧寺南口－西钓鱼台－航天桥东－航天桥北－紫竹桥南－万寿寺－魏公村路西口－魏公村路东口－中国农业科学院南门－皇帝庙－皇帝庙东－明光村西站－明光村－明光桥东－北京师范大学南门－铁狮子坟－北太平桥北－牡丹园－健德门－安慧桥北－炎黄艺术馆－秀园－北路大屯北站－城铁立水桥站－天通苑西门口(南)－天通苑街心花园－天通苑东大门－天通苑一区－天通苑塔楼－天通苑环岛－天通苑环岛北站－白坊－**天通北苑**

북경시 버스노선

850路 北七家村－八仙村－蓬莱苑－沟岭新村－东二旗村－北七家－北七家工业园区－望都家园－北七家镇政府－平西府－东三旗－东三旗南站－天通苑太平庄－天通苑北－天通苑南－小口－城铁立水桥站－立水桥北站－立水桥－大羊坊－北苑－辛店村－北苑路大屯北站－大屯南－炎黄艺术馆－安慧桥北－奥体东门－五路居－安贞里－安外甘水桥－蒋宅口－地坛西门－安定门内－方家胡同－交道口南－北兵马司－锣鼓巷－地安门东－北海公园－北官房－厂桥路口东－北京四中－北京三十九中学－西四路口东－白塔寺－阜成门内－阜成门－展览路－阜外西口－甘家口－天意市场－玉渊潭南门－木樨地－军事博物馆－甘家口南－航天桥西－航天桥东－西钓鱼台－定慧寺西－定慧桥东－阜永路口东－玉海园南口－玉海园三里－航天部医院－玉泉路北口－鲁谷路东口－鲁谷－鲁谷西路－焦家坟路口－吴庄西－吴庄－吴庄南站－张仪村北站－张仪村－张仪村南站

851路 张仪村南站－张仪村－张仪村北站－吴庄南站－吴家村口－吴庄－吴家村－吴家村路东口－小瓦窑－大成里－青塔桥园－新村村－北太平路口－永定路南－永定路口北(武警总医院)－铁家坟南－金沟河路－金沟河路东口－定慧桥南－定慧桥北－营慧寺口－四季青桥南－四季青桥北－东冉村－远大路西－中路－巴沟村－海淀南路西口－海淀南路－海淀黄庄西－知春里－新春园－塔院小区东门－牡丹园南－牡丹园北－花园北路西口－健翔桥西－健翔桥北－大屯西－北沙滩桥东－南沟泥河－中科院地理所－洼里南口－豹房－大屯东－北苑路大屯北站－辛店村－北苑－北京有色稀土研究所－大羊坊－立水桥－立水桥站－天通苑太平庄－东三旗南站－东三旗菊苑－燕丹－燕丹乡政府－燕丹村－南七家

852路 都市芳园－天通苑西三区北门－东三旗南站－天通苑太平庄－天通苑西南－天通苑南－东小口－城铁立水桥站－立水桥东－大羊坊北－天通家园西站－北苑家园－时代庄园－朝来家园西区－朝来家园北站(北京青年城)－北苑村－顾家庄－来广营西桥东－来广营路口西－广顺桥南－望京科技创业园－望京花园－宏昌路－望京东里－广顺南大街南口－万红西街－陈各庄－将台路口北－酒仙桥－酒仙桥中心小学－京不特厂－朝阳公园北门－安家楼－枣营南里－枣营北里南口－朝阳公园－甜水园北里－金台路口－红庙路口北－八王坟北－八王坟南－北京东站北－九龙山－珠江帝景－平乐园北－北京工业大学－北京工业大学南门－松榆里－首都图书馆－华威桥南－十里河桥东－十里河居然之家－弘善家园－十里店乡政府－十八里店－十八里店南站－老君堂西路－老君堂村南－老君堂

855路 刘庄北站－刘庄－刘庄北口－焦王庄南口－潞苑南大街－结研所－八里桥市场－解放军二六三医院－通州西路口东－杨闸环岛西－管庄－周家井－朝阳路三间房－第二外国语学院－定福庄－大黄庄桥东－朝阳路高井－大黄庄西－青年路南－十里堡－十里堡西站口－东八里庄－慈云寺－英家坟－红庙路口－小庄－怀柔内大街－呼家楼西－关东店－东大桥路口南－神路街

858路 康家沟－青年路南口－甘露园－青年路口－十里堡北街－八里庄南里－红领巾公园－延静里－金台路口东－水碓子－呼家楼北街－关东店北街东口－大桥路口西－神路街－朝阳门外－东四十条桥南－东直门北－雍和宫桥东－地坛西门－蒋宅口－安外甘水桥－安贞桥北－五路居－奥体东门－安慧桥北－炙黄艺术馆－慧忠路东口－北苑路大屯－北苑路大屯北站－辛店村－北苑－大羊坊－立水桥－立水桥站－城铁立水桥站－小口－天通苑西门(南)－天通苑街心花园－天通苑东门－天通苑西一区－天通苑塔楼－天通苑环岛－天通苑环岛北－东一区－白坊－天通北苑

909路 土井村西口－土井村南口－春晖园北－秋露园北－中海风涟山庄北门－西北旺新城－西北旺百望山森林公园－百望家园－农大路北口－上地环岛东－上地桥东－清河大楼－清河小营桥－清河小营桥南－清河－清河南镇－花虎沟－双泉堡－北沙滩桥南－南沙滩－健翔桥北－祁家豁子－马甸桥北－马甸桥南－德外关厢－德胜门外－德胜门－鼓楼桥西－安定门－雍和宫桥东－东直门外－春熙路－幸福三村－亮马桥－燕莎桥东－朝阳公园北门－东风桥东－酒仙桥中心小学－酒仙桥－将台路口东－陈各庄－王爷坟－大山子路口－彩虹路－望京公园－草场地－南皋－黑桥－望万众－蟹岛度假村－长店－东苇路－蟹岛度假村东门－前苇沟

913路 下辛堡－上辛堡村－黄港乡政府－沈家村－李县坟－奶西村口－奶子房信用社－奶子房－洼店北－北广营－广顺桥南－利泽中街东口－利泽西街东口－东湖－北湖渠－新家窑口－利泽西街西口－北苑大屯北站－大屯东－豹房－洼里南口－中科院地理所－南沟泥河－北沙滩桥东－二里庄北口－中国农业大学东校区－六道口－北京林业大学－清华东路西－东升园－保福寺桥西－中关村一街－中关村西－海淀桥西－六郎庄－火器营桥西－万泉庄－茶水坞－东冉村－四季青桥北－四季青桥南－营慧寺－定慧桥南－沙窝桥北－金沟河－五棵松桥北－五棵松桥南－沙窝桥南－青塔－郑常庄－岳各庄－岳各庄东北－丰台桥东－岔路－北大地－正阳桥北－看丹桥北－韩庄子南－科丰桥北－科丰桥东－六圈－田府庄－世界公园－槐各庄－小叶台－芦花路－公交驾校－长辛店－东方时尚驾校－芦永路口

914路 南口－南口农场－葛村－坦克博物馆－阳坊－西贯市－东贯市－后章村－东小营－皂甲屯－老牛湾－沙河西站－沙河－朱辛庄－西三旗桥西－清河－北沙滩桥北－马甸桥南－德胜门西

915路 东直门外－左家庄－三元桥－京顺路丽都饭店－大山桥东－望京西－北皋－东郊农场－孙河－北甸－马连店道口－加油站道口－花梨坎－嘹菜庄－赵各庄－铁匠营－火神营－枯柳树环岛－枯柳树－马家营－南法信－梅沟营－顺义二中－顺义西门－顺义党校－胜利小区－便民街东口－顺义区医院－东风小学－顺义老年公寓－滨河小区北口－顺义彩虹桥－顺义滨河小区－东大桥环岛－潮白陵园－佛伯口－河北村－顺义南彩汽车站

916路 东直门外－左家庄－三元桥－京顺路丽都饭店－大山桥东－孙河－火神营－桑昌科技园－杜兰芒－衡门口－马坡－荆卷－姚各庄－晏子村－牛栏山道口－牛栏山－牛栏山北－付各庄－龙王头－赵各庄－焦村－庙城东－南华市场－迎宾路－怀柔南大街东口－怀柔大街－明珠广场－兴华大街－湖光小区(西岭宾馆)－青春路北口－怀柔北大街－杨家园－滨湖南街－后横街－车站路－怀柔汽车站

917路 天桥长途汽车站-广安门内-六里桥东-阎村-小紫草坞路口-大董村-大石河-房山马各庄-饶乐府-房山东大桥-房山火车站-万宁村-房山城关镇政府-房山汽车站-房山成教中心-顾册-周口村路口-周口店路口-大韩继-龙宝峪-龙宝岭-韩继-瓦井-东周各庄-尤家坟-房山各庄-五侯道口-二龙岗-长沟检查站北-云居寺-三孔桥-东太地-玉皇庙-木城涧-沟镇政府-长沟-良各庄-北正-南正东-南正西-房山半壁店-纸坊路口-石窝-王庄道口-辛庄-西白岱-张坊中学-张坊-下寺路口-片上村-一渡-二渡-三渡-四渡-五渡-六渡-七渡-八渡-九渡-十渡-十渡卫生院-十渡铁路桥

918路 东直门外-左家庄-三元桥-京顺路丽都饭店-大山桥东-孙河-火神营-南法信-顺义老年公寓-滨河南口-东大桥环岛-潮白陵园-俸伯-俸伯小学-河北村-南辛-于辛庄-菜园东-杨镇-北庄岭-普庄-行宫-良善庄-张镇-双营-云峰寺-官庄-大兴庄-鲁各庄-平谷岳各庄-岳各庄东北小区-南小区-平谷东渠-园田队-北小区-南小区-平谷消防队-平谷汽车站

919路 德胜门-马甸桥南-祁家豁子-北沙滩桥南-清河-清河小营桥南-西三旗桥北-昌昌路回龙观-朱辛庄-定福黄庄-沙河-满井-百冢各口-水屯-皇庄腊像宫南门-陈庄-红泥沟-南口-臭瓜坑-居庸关长城-四桥子-三堡-石佛寺-林场-八达岭-西拨子-营城子-大浮坨-新堡庄-东桑园-二道营-延庆南菜园-延庆东关-延庆汽车站

920路 延庆汽车站-延庆中心市场-延庆电信局-恒生市场-延庆火车站-米家堡-卓家堡-石河营-小鲁庄-曼家堡-靳家堡-教练场-西羊坊-下板泉-八棵杨-山山营-松山路口-三营-下营

923路 东直门外-左家庄-三元桥-京顺路丽都饭店-大山桥东-孙河-火神营-南法信-东风小学-东大桥环岛-潮白陵园-俸伯口-河北村-南辛-宣庄户-魏辛庄-葛代子-沟北村口-李遂骨伤医院-李遂-顺义李各庄-间家渠-王各庄-北务-宣庄辛庄-郭家务-尹家府-大孙各庄-大孙各庄北-金蓝服装厂-西辛庄-故家庄口-小魏村-吴雄寺

924路 土桥村-北京制线厂-格瑞雅居小区-新华联家园-北探小区-云景里-通州杨庄-通州北苑路口西-六潞苑-北马庄-富豪-双埠头道口-徐辛庄-岗子路口-窑上-张辛-英各庄-沿河路口-李桥-李桥乡镇府-后杨村-口子坟-汇能集团-临河开发区-半壁-顺义城大厦-仓上-东风小学-拥军路南口-东大桥环岛-顺义南彩汽车站-顺义南彩万华路-俸伯口-河北村-顺义万彩汽车站

926路 后甫-邵各庄-南村-大兴车店村北东方开发区-蓝天花园-营各东街-采育中东小街-青云店北-庄-马凤岗-东店-青云店镇-花园新区-青云市场-堡上-曹村-南红门-南宫村-北普陀影视城-社庆堂-三楼堡-瀛海庄-中央庄-宫廷苑-上小街-东营东-六营门-东高地-西洼地-三营门-和义农场-久敬村-大红门东-南苑路果园-木樨园桥北(百荣世贸商城)-永定门内

927路 木樨园桥东-赵公口桥西-刘家窑桥东-方庄桥西-成寿寺路北口-成寿寺-方庄桥南-郭家村-城外诚-姚村-小红门路口北-亦庄桥北-亦庄桥南-富源里-贵园南里-亦庄体育中心-亦庄实验学校-华北庄园东口-博达国际交流中心-新康家园-万源街东口-旧各庄-兴盛街-运成街-锦绣街-隆盛工业园北京杂团-马驹桥新桥-马驹桥南-马驹桥路-马驹桥邮局-马区环岛-西店环岛-马驹桥商业街-东田阳-小周家村-东田阳-牛坊路口-东田阳-大杜社村-牛堡屯镇-小耕堡村-东马各庄桥-东马各庄-于家务西-于家务-果园环岛北-崔各庄-聚富园口-聚富园-刘庄

929路 地铁苹果园西-金顶南路-金安桥西-首钢小西门-广宁村-石景山火车站-麻峪-侯庄子-双峪环岛西-新桥大街-城子大街南口-城子-水闸-琉璃渠-龙泉务-野溪-陇驾庄-二六八医院-丁家滩-下苇店-石古岩-色树坟-王平村-王平村电厂-落坡岭-清水涧-北京人民轴承厂-菜台-桃园-大台-三孔桥-灰地-玉皇庙-木城涧

930路 郎家园-北京物资学院南站-结研所-燕郊燕潮酩酒厂-燕灵路口-行宫花园-燕郊迎宾路-燕郊火车站-燕郊北口-星光印刷城-冶金食品城-燕郊住宅小区-燕郊苑建材城-天子庄园-东柳-福喜公司-夏垫-燕北畜牧机械厂-温泉度假村-煤矿路口-京煤集团-李旗庄-西关环岛-鼎盛街-建兴市场-滨河院-南关环岛-东环路南口-东方小区-三河交通队-三河总站

931路 地铁苹果园西-金顶南路-金安桥西-首钢小西门-广宁村-石景山火车站-麻峪-侯庄子-龙泉花园-绿岛家园-河滩路口东-新桥大街-城子大街南口-月季园小区-葡萄嘴-一八五三部队-永定中学-冯村-石龙工业区-永定镇何各庄-石门营-石厂村-华侨陵园-苟厍坨-戒台寺-秋坡-门头沟南村-鲁家滩西口-鲁家滩西-南辛房-东辛房-平原村-潭柘寺

934路 东直门外-左家庄-三元桥-丽都饭店-大山桥东-望京村-东郊农场-孙河-北甸-顺义马连店-花梨坎-顺义铁匠营-大块-顺义桥-枯柳树-南法信店-东风小学-顺义汽车站-南口-潮白陵园-俸伯-唐家町-马各庄-北小营-上辇-魏家店-沿头-木林-王洋庄-丁甲店-史中坞-龙湾屯-焦庄户

935路 东直门外-左家庄-三元桥-京顺路丽都饭店-大山桥东-望京村-北皋-和平农场-和平农场东站-东苑路北口-苇沟-楼台路-岗山村-首安公司-樱花庄-顺义半壁店-半壁店车站-顺义魏善庄-桥-西大坨-北河道口-沿河-南河-富各庄-堡西口-高各庄东口-港北-南庄头东口-沮淯村

936路 东直门外-左家庄-三元桥-京顺路丽都饭店-大山桥东-孙河-火神营-桑普科技园-北务-牛栏山道口-牛栏山-牛栏山北-付各庄-北关-赵各庄-焦村-庙城东-南华市场-迎宾路-怀柔农大街-怀柔南大街-明珠宾馆-大街-湖光小区(西岭宾馆)-青春路北口-怀柔大街-杨家园-滨湖南街-后横街口-车站路-怀柔汽车站

937路 南礼士路-西便门-广安门北-广安门南-白纸坊桥南-菜户营桥南-高米店-玉泉营桥北-高米店口-康庄路东口-洪村-大兴小营-兴华园-滨河西里-清源西里北站-大兴中医院-仁和医院-兴丰北大街-帝国商城-大兴北口-降福商城-兴丰南大街-东口-大庄-韩园子-天宫院-天堂河-黄集园-天宫公墓西北小区-中堡-庞各庄-庞各庄卫材市场-瓜乡桥-庞各庄南站

938路 北京大北窑西-通州北苑路口西-通州城铁北苑站-中国农业科学院印刷厂-新华联家园-通州环岛东-九棵树-梨园村-通州小街桥-小街村南口-三棵树村-土桥村口-北京热交换器厂-许场村-张家湾开发区-张辛庄村-梁各庄村-里二泗村-京东地公司-姚辛庄村-通州冰厂-苏庄北-北京华冠铸炉厂-榆林庄-潞苑-潞县镇政府-通州凤凰基地-马堤村-通深散热器厂-马头村-鑫顺明达-通州石槽村-东寺庄村-后尖平村-见子庄路口-下第一城-安谷公路收费站-安平开发区-香河农业服务公司-钳屯村-香河一中-香河公安局-下第一城-雀林院-通州凤凰基地-商贸城-香河医院-香河家居城-安富寨村-香河印刷厂-香河总站

북경시 버스노선

939路	北京南站－右安门东－大观园－菜户营桥北－白纸坊桥北－椿树馆街－广安门南－广安门北－天宁寺桥东－西便门－复兴门南－北京儿童医院－阜成门南－阜成门北－西直门南－玉桃园－积水潭桥北－小西天－北京师范大学－铁狮子坟－北太平桥北－牡丹园－牡丹园东－健德门桥北－祁家豁子－健翔桥东－北辰桥西－亚运村－安慧桥东－惠新东桥东－育慧里－望和桥北－望和桥东－望京桥西－望京西路－南湖西里－南湖南路－南湖南路北口－南湖东园－东湖路口北－望京花园西区－利泽中街口－广顺桥南－来广营－刘各庄－刘各庄北－奶子房－奶子房信用社－望京花园西区－沈家村－黄港中街－崔各庄乡政府东站－黄港西站－上辛堡村－上辛堡信用社	947路	顺义南彩汽车站－河北村－俸伯小学－俸伯－潮白陵园－东大桥环岛－东风小学－顺义医院－便民街－双兴小区－龙源－乡村赛马场－向阳村－西丰乐－牛栏山东口－牛栏山－牛栏山道口－陈各庄环岛东口－赵全营东口－北郎中－电木厂－板桥－河庄－后营－下西市口－秦家屯－上苑（东营）－桃峪山庄－兴寿－象房－秦城口－香室－昌平崔村－大辛峰－绵山村－金家坟－四合庄（昌平）－南邵－昌平东关－中国政法大学（昌平）－昌平西关－明皇腊像宫南门
940路	大兴长途站－黄村－大兴桥东－刘村－孙村－西磁路口－磁各庄－侯村－福安－芦垡－魏善庄开发区－魏善庄镇－庞安下－王各庄－伊各庄－高庄口－沙子营－五村－青云店镇－青云店东站－下店－联宾公司－马凤岗－公和庄－永和庄－朱庄－西一村－采育－采育东口－沙窝营东－崔辛庄－杨堤－延寿营－凤河营	948路	地铁苹果园西－金顶南路－金安桥东－首钢小西门－龙泉花园－绿岛家园－河滩路－石景山－新桥大街－京煤集团－月季园小区－冯村－永定镇何各庄－石门营－苛罗坨－大屯东－大灰厂－戒台寺口－头沟南村－鲁家滩－东将村－三十亩地村－东庄户口－王家沟李各庄－河北庄邮局－河北庄－陈家台－班各庄－佛子庄政府－黑龙关－银狐洞路口－佛子庄西口－南窖路口－红煤厂－教军厂－水峪－中山－桥煤河口－大北河－大安山村－大安山村西口－莲花新村－赵审地村－大安山矿八二零
941路	北京西站南广场－太平桥东里（南行）－莲花池－六里桥东－六里桥西－小井桥东－白塔村－莲花路口南－莲宝路口北－金家村北－太平路东口－西翠路口－西翠路口南－沙窝桥西－沙窝桥东－玉泉路口南－玉泉路口西－八宝山－地铁八宝山站－老山－京源路口东－京原路口－京煮饭店－八角－石景山古城－老古城－金村门口－田顺庄－北辛安－金家桥北－首钢小区－模式口西里－高井路口西－石景山高井－黑石头－五里坨－石景山南宫－三家店－三家店西口－水闸－城子职高－城子－城子水街南口－新村大街－双裕环岛西－承泽苑－德路苑－琅山学校－永安小区－坝房子	949路	德胜门西－积水潭桥北－北京师范大学－铁狮子坟－北太平桥北－牡丹园－牡丹园东－祁家豁子－健翔桥北－南沙滩－北沙滩桥东－南沟泥河－中科院地理所－洼里乡－豹房－大屯东－北苑桥大交北北站－北苑－大羊坊－立水桥－立水桥北站－城铁立水桥站－北小口－天通苑西门－立水桥－天通苑东中庄－东三旗南站－东三旗－平西府－平坊－东沙各庄－北京太阳城－小汤山马坊－大柳树环西－龙脉温泉－小汤山－小汤山电信局－大汤山－后牛坊－牛房子－秦城－香堂－昌平崔村－大辛峰－九里山－金家坟－昌平水泥管厂－昌平东关－中国政法大学（昌平）－昌平中心公园－昌平西关
942路	东直门外－左家庄－三元桥－京顺路丽都饭店－大山桥东－望京村－东郊农场－孙河口－北甸－白辛庄－顺义古城－于庄－南王路－东王路－高丽营－高丽营北口－西水泉－河庄－后营－下西市－范各庄－良善－高丽各庄－北石槽－东石槽－牛栏山－李家史山－枯梓铁路道口－桥梓加油站－桥梓－茶坞火车站	950路	东直门外－大山桥东－孙河－大山桥东－杜兰庄－衙门村－马坡－荆屋－枕各庄－牛栏山－付各各庄－王头人－赵各庄－庙城－怀柔南场－王化村－怀柔北坊－骑马庄－统军庄－程各庄－口头庄－河壕－燕落－雾云西大桥－果园小区－密云城楼－沿潮小区－密云沙河－滨阳小区－光阳小区－密云汽车站－小峪沟－大石岭－穆家窝子－羊山－辛安庄－荆子峪－庄头峪－庄户－许庄子－白龙潭－东田各庄－卢头山屯－松树峪
943路	北京南站－永定门内－沙子口南－木樨园桥北（百荣世贸商城）－木樨园桥西－洋桥西－草桥－玉泉营桥南－马家楼桥北－新发地桥北－九龙山庄－西红门北站－西红门南站－郁花园公路－京开货东口站－黄村二中－清源路口－团河路口－大兴长途站－大兴桥西－大兴桥东－大兴桥西－庙宫堂－天宫河－兆丰桥－天堂公墓西－高教书亭中－中堡－庞各庄－庆生建材市场－瓜乡桥－庞各庄南站－薛营－黑垡－黄垡－大辛庄－辛立庄东－榆垡－东淀林－河沿－固安	952路	良乡伟业家园－良乡大学城－北京经营职业学院－良乡鸿顺园区－吴天家园－良乡南关环岛东－长虹大街－良乡西口－西路园－良乡北关－良乡北关－北路－送变电公司－黄辛庄－长阳路－长阳环岛西北－黄管屯－南岗洼－赵家店－北京十中－长辛店南口－长辛店北口－杜家坎南－杜家坎－卢沟新桥－抗战雕塑园－西道口－丰台路－岳各庄桥北－岳各庄东－郑营生－青塔－南沙窝桥北西－五棵松桥北－金顶寺苑－慧瑞街－北沙窝桥北－定慧桥北－营慧寺－四季青桥南－四季青桥北－车冉村－南坞－四海桥东－北京营市西－柳浪游泳场－六郎庄西口－颐和园新建宫门
944路	菜户营桥西－中国戏曲学院－三路居－丽泽桥东－西局－六里桥南－六里桥北－莲花桥－公主坟南－公主坟北－航天桥南－航天桥东－公主坟南－紫竹桥东－紫竹桥北－万寿寺－公桥卡－万泉庄－人民大学西门－海淀南路－海淀黄庄东－知春里－知春路东站－知春东－北京航空航天大学－北航中－志新桥西－健翔桥东－健翔桥西－北辰桥西－亚运村－安慧桥东－惠新东桥东－育慧里－望和桥－望和桥北里－望京桥西－望京西路－花家地南里－花家地北里－南湖南园－南湖南路－南湖南路北口－南湖东园－东湖路口北－望京花园西区－利泽中街西口－广顺桥南－来广营路口东－花井市场－善各庄西路东－崔各庄乡政府－马泉营－何各庄－奶东村－奶西村－奶子房	954路	黄村火车站北－黄村西大街－化纤俱乐部－黄村路口－清源西里－兴华西大街－小兴营－洪村－康庄路口东－高米店－秦中花园－广阳大街－中国公安大学（大兴）－中国公安大学东站（大兴）－金星乡－大白楼－寿宝庄－团河路北口－五爱西西街南口－五爱屯－红房子路口东－新华路南口－三营口－和义南苑路南口－和义农场－久敬庄－大红门西里－南苑北门－木樨园桥东－刘家窑桥西－方庄桥西－方庄桥北－亮马桥－三元桥－静安庄－西坝河－安贞桥东－安贞桥西－中国科技馆－马甸桥东－马甸桥西
945路	沙河－沙河北大桥－临近小区－临近小区－百善－百善政府－百善北口－航空博物馆－阿上下－大汤山－小汤山街口－小汤山镇政府－大柳树环岛－葫芦河－大赴任辛庄－赖马庄－高丽营－闫家营－张喜庄－文化营－杜兰庄－海洪大桥－北京顺义党校－便民街西口－顺义北兴商场－国泰商场－顺义医院－东风小学－拥军路南口－东大桥环岛－潮白陵园－俸伯－河北村－顺义南彩汽车站		

228

부록 1

955路	东方太阳城－河南村路口－河南村－临河村口－港馨家园－石园东区－石园南区－顺义区劳动局－五里仓－梅沟营－南法信－马家营－枯柳树－枯柳树环岛－火神营－顺义铁匠营－嘲苏营－花梨坎－加油站道口－马连店道口－天竺花园－天竺卫生院－天竺供销社－天竺－韦沟－东苇路北口－和平农场－北皋－南皋－彩虹路－大山子东路－王爷坟－陈各庄－将台路口北－酒仙桥－酒仙桥医院－酒仙桥商场－东风桥东－安家楼－燕莎桥东－新源南路西口－东直门外
957路	北京站东－广渠门－光明楼－北京体育馆－北京体育馆西－天坛体育场－东侧路－蒲黄榆－刘家窑桥北－刘家窑桥西－木樨园桥东－木樨园桥西－洋桥南－马家堡东口－大红门西－马家厂－公益车东－公益庄南北－同合庄－槐房农贸市场－槐房－槐房路南－五爱屯西街南口－团河路北口－寿宝庄－大白楼－金星乡－金海学校－团河行宫－团桂路口－团河农场－新居里－新安里－团河路北－大兴长途站－帝园商城－星城商厦－兴丰西南口－站前站岛车－兴政街东口－义和庄北口－佟家场东口－大兴宋庄东口－大注－大兴宋庄东口－大兴宋庄－大兴一职
958路	八大处－八大处中学－杏石口－西下庄－西黄村小区－西井路－海特花园－琅山－苹果园小区南口－杨庄路西口－古城剧场－古城大院－石景山井－八角－京原路口－雍家村－北方家村－八岗子－乐西小区－焦家坟路口（眼科医院）－鲁谷西站－鲁谷－鲁谷路东口－石槽－采石路西口－沙窝桥西－青塔－郑常庄－岳各庄－岳各庄桥北－丰台路西口－丰台体育中心－岔路口－七里庄－丰台北路东－丽泽桥西－岳各庄－三路居－菜户营桥西－右安门西－北京南站－陶然桥－永定门东－天坛南门－东侧路－天坛体育场－北京体育馆－光明楼－北京游乐园
959路	门头沟滨河小区－葡东小区－葡萄嘴－月季园东口－新桥南街－京煤集团－新桥大街－城子大街南口－城子－城子职高－水闸－三家店西－三家店东－石景山南宫－五里坨－吴家口－石景山井－高井路口－首钢小区－金安桥北口－金顶商路口西－地铁苹果园站－苹果园－永乐西小口－古城剧场－古城大院－石景山城－八角－京燕饭店－京原路口西－鲁谷路西口－永乐西小口－焦家坟路口－小黑山－吴庄－吴家村路东－吴家村路东口－小瓦窑－石槽－采石路口－永定路南口－沙窝桥西－南沙窝桥东－青塔－郑常庄－岳各庄－岳各庄桥北－丰台路口－岔路口－北大地－正阳路北口－看丹桥－富丰桥南－科丰桥南－世界公园
960路上行	栗园庄北站－京煤集团培训中心－上园路南口－上岸西口－石龙管委－石龙工业区－冯村－大定中学－八五三部队－葡东苑－德露苑－承泽园小－小黑山－龙口－矿建街－增产路－东辛房－平民市场－西辛房
960路下行	西辛房－平民市场－东辛房－增产路－矿建街－龙口－小黑山－河滩－新桥大街－双岭环岛西－石龙管委－上岸西口－上岸环岛－上园路南口－京煤集团培训中心－栗园庄北站
963路	北湖渠－新新家园－辛店村－北苑路大屯北站－大屯东－豹房－洼里南口－中科院地理所－南沟泥河－北沙滩东－北沙滩大街－地沙路口－中国农业大学校区－六道口－北京林业大学－王庄店－七道口－清华东路－王庄路东－大石桥口－八家岭－圆明园东门－北京体育大学－正白旗－上地南口－上地北站－上地环岛南口－上地五街－大屯东－上地七街－软件园－软件园广场－东北旺北－东北旺－西北旺北站
966路	东直门－东直门北－东直门外－香河园－柳芳南里－柳芳北里－国际展览中心－曙光里南门－曙光里－坝河－夏家园－太阳宫公园－望京桥南－望京桥北－南湖西里－南湖南路－南湖路北口－南湖东路－侯庄路口北－望京花园－利泽中街西口－广顺桥南－来广营西－来广营西桥东－来广营西－顾家庄－朝来农艺园－朝来农艺园西－朝来家园－勇士营－朝来家园东区－朝来家园－朝来家园西区－时代庄园－北苑家园－北苑家园西站－立水桥北－立水桥南－城铁立水桥站－北小口－天通东苑西门－丽水家园－天通苑太平庄－东三旗南站－东三旗－平府东口－王府花园－王府温馨公寓－中国经济时报－平西王府
967路	鸿益驾校－东方时尚驾校－长丰园－公交驾校－芦花桥－小葆台－葆台路－世界公园－田何庄－六圈－科丰桥南－科丰桥北－韩庄子南－看丹桥－正阳桥北－大井东－岔路口－丰台桥西－岳各庄桥东－岳各庄－郑常庄－青塔－沙窝桥南－五棵松桥南－金沟河－定慧桥北－定慧寺东－西钓鱼台－航天桥东－航天桥北－花园桥南－紫竹桥南－万寿寺－为公桥－三义庙－四通桥东－大钟寺－蓟门桥西－北太平桥东－马甸桥西－马甸桥东－中国科技馆－安贞桥西和平西桥－和平东桥－西坝河－静安里－三元桥－三元桥东－岳各庄－七零一厂－电子城文化广场－小陈各庄－大陈各庄－北方家村
968路	大兴长途站－黄村－大兴桥西－林校路－黄村火车站北－兴华园大街－化纤俱乐部－黄村二区－清源西里－兴华园－大兴小营－洪村－康庄路东口－米店－玉泉营桥西－夏家胡同－西局－六里桥南－六里桥北口－公主坟－公主坟南－航天桥西－航天桥南－紫竹桥南－万寿寺－为公桥－万泉庄－万泉河路－稻香园－万泉河桥南－海淀公园－五道口－西苑医院－西苑－骚子营－小清河－肖家河－中国农业大学西校区－梅园－农大路北口－百望家苑－百望山森林公园－西北旺－回民公墓
970路	东直门外－左家庄－三元桥－京顺路丽都饭店－大山路东－欢乐谷－汽车站－东大桥环岛－俸伯－郝家町－北小营上－羹－魏家店－沿头－木林－唐指山－罗山－密云河南寨－宁村－密云鱼寨园－密云利华－密云电信大楼－花园小区－东菜园－密云汽车站
971路	坨里－房山沙窝－原子能院－静安公墓－新镇－房山良庄－北京理工大学分校－阎村－良乡苏庄－月华小区－北潞园－西路园－良乡西门－长虹大街－良乡良东关－良乡陶瓷厂－良乡火车站－送变电公司－黄辛庄－长阳路口－长阳环岛南－黄管屯－南岗洼－赵家店东－北京十一－长辛店南口－长辛店北口－杜家坎南－抚战楼南西道口－丰台桥西－丰台桥东－七里庄－丰台北路－菜户营－玉泉营桥东－木樨园桥西－洋桥东－木樨园桥西－木樨园桥东－赵公口桥西
972路	东华路－东华路东口－增产路－黑山街南－黑山公园北口－河滩长途汽车站－河滩－新桥大街－双岭环岛西－城子大街南口－城子－城子职高－水闸－三家店西－三家店东－石景山南宫－模式口南里－赵山小区－金顶北路－金顶北路东口－苹果园地铁北门－苹果园－首钢果小区－琅山－海特花园－西井－西井路－西黄村小区－西下庄－杏石口－八大处中学－八大处
973路	大瓦窑－大瓦窑南站－五里店东－五里店－五里店东站－大井－丰台路西口－丰台路口－北大地－正阳路北口－看丹桥－丽泽桥南－丽泽桥西－草桥－洋桥－木樨园桥西－木樨园桥东－刘家窑－方庄桥西－方庄桥东－华威桥南－京松榆东里－松榆东里－东三环南口－北－珠江帝景－九龙山－北京东站北－八王坟北－红庙路口－金台路口西－甜水园北里－朝阳公园－朝阳公园北口－东风路南－南十里居－酒仙桥小学－酒仙桥－陈各庄－大山子路口－南－草场地－南皋乡政府－南皋－黑桥－黑桥市场－黑桥南站

229

북경시 버스노선

974 路 东直门外－三元桥西站－三元桥（三环主）－亮马桥（三环辅）－农业展览馆（三环辅）－白家庄（三环辅）－光华路－呼家楼北（三环辅）－大北窑南（三环辅）－双井桥（三环辅）－双井桥南（三环辅）－劲松东口－潘家园桥（三环辅）－首都图书馆－京体游泳馆－松榆东里南口－南新园－弘燕路桥小区－弘燕桥西－小武基桥北－十八里店桥－十八里店南桥西－横街子－小羊坊西口－小羊坊－小康小区－京南交易中心

975 路 东直门外－左家庄－三元桥－花家地南里－阜通东大街－望花路东里－广顺南大街北口－侯庄路南－侯庄路－南望京花园西区－利泽中街西口－广顺桥南－来广营－刘各庄北－奶子房－奶西市场－李县坟－沈家村－大西洋新城－大山庄－顺义公园门－顺义沙子营－沙子营加油站－顺义车管所－泗上村－鲁疃－鲁疃北口－北石家－土沟村－土沟－酸枣岭－大东流村－大东流－赴任寺庄－常兴庄西口－葛渣口－大柳树－昌平肖村－香屯－沙岭－兴寿－象房－秦城路口－香堂村口－香堂

976 路 北湖渠－利泽西街东口－师家坟－东湖－望京花园西区－侯庄路南－大西洋新城东门－广顺南大街北口－望花路东里－广顺南大街南口－万红西街－陈各庄－将台路口北－酒仙桥－酒仙桥中心小学－酒仙桥商场－东风桥东－大山庄－朝阳公园北－朝阳公园桥西－甜水园北里－金台路口南－红庙路口北－光华路东口－大北窑南－双井桥南－潘家园桥－华威桥南－十里河桥东－十里河居然之家－周家庄－周家庄南站－十八里店乡政府－十八里店－十八里店南站－十八里店南环岛－横街子－小羊坊西口－大兴大羊店－弘善粮油批发市场－万源街南口－万源路南－万源街东－降庆街－荣京东街－兴盛街－运城街口－锦绣街－马驹桥北京杂技团－马驹桥南站－马驹桥商业街东口－马驹桥南站－马驹桥商业街东口－金通超市

977 路 冯村西里－冯村园－永定中心小学－永定镇政府－冯村－定慧中学－葡东小区－承泽园－双峪环岛西－新彰大街－城子大街南口－城子－城子职高－水闸－工家店西口－石景山南宫－五里坨－黑石头－石景山高井－高井路口西－首钢小区－金安桥北－金顶南路－地铁苹果园－苹果园东－苹果园中学－苹果园南路东口－西黄村小区－廖公庄－什坊院西站－什坊院－田村东－田中街－田村半壁店－五孔桥－定慧桥东－定慧寺东－钓鱼台－航天桥西－航天桥南－八一湖－公主坟东－公主坟北－人民桥北里－六里桥东－泽桥南－丰益桥南－夏家胡同－玉泉营桥南－马家楼桥北－新发地桥北－新发地桥东－银地家园东－陈留村－陈留村南口－羊坊村－明春苑

980 路 东直门外－左家庄－三元桥－京顺路郦都饭店－大山东－孙河火神庙－下洋－兰兰－兰兰口北－荆桶－姚各庄－牛栏山－付各庄－龙王头－赵各庄－焦村－庙城－怀柔渔场－开放环岛－王化村－怀柔北坊－驹马店－统军庄－程各庄－河槽－燕落寨－兴云小区－密云西大桥－果园小区－密云鼓楼－沿湖小区－密云沙河－下贯城商业街口－滨阳小区－沁阳小区－长城饭店－密云汽车站

981 路 上岸种植园－上岸环岛－京体环岛－石花工业区－冯村－永定中学－八三二部队－葡桐桃－慧亨园－月季园小区－京煤集团－双峪环岛东－侯庄子－麻峪北口－麻峪－石景山火车站－广宁村－首钢小内门－金安桥西－金顶南路－地铁苹果园－苹果园东－杨庄东－晋元桥东－袭村西－龚村东口－沙石路口－阜石桥－阜石桥南北－沙沟路南－西翠路口－西翠路口东－太平路东口－金家庄北－莲宝路口－莲宝路东－马官营西－六里桥北里－六里桥东－莲花池－北京站南广场

982 路 土井村西口－中海冯湿山庄北门－中海冯湿山庄东门－西北旺镇政府－春晖园－后厂村－后厂村东－东北旺－东北旺北－软件园广场－软件园东北－上地七街－上地五街－上地环岛南－上地南站－上地南口－正白旗－北京体育大学－圆明园东口－清华大学西门－中关村北－中关村村北－中关村南－海淀桥西－六郎庄－火器营桥西－四海桥南－南坞－东中村－四季青桥北－四季青桥南－营慧寺－定慧桥北－定慧桥南－金沟河－五棵松桥北－五棵松桥南－沙窝桥北－南沙窝桥－青塔－郑常庄－岳各庄－岳各庄桥东－丰台桥西－小井路口－六里桥西－六里桥东－莲花池－北京西站南广场

983 路 王佐汽车站－王佐镇政府－南宫东站－南宫市场－云岗－云岗北区－佃起村－张家坟－朱家坟－赵辛店东－北京十中－长辛店南口－长辛店北口－杜家坎南－杜家坎－抗战雕塑园－西道口－岳各庄东－岳各庄桥北－岳各庄－郑常庄－青塔－南沙窝桥－沙窝桥北－五棵松桥南－五棵松桥北－金沟河－定慧桥南－定慧桥北－营慧寺－四季青桥南－四季青桥北－东坞村－南坞－四海桥南－火器营桥－六郎庄－海淀桥西－中关村南－中关村街－保福寺桥西－北京城市学院－学院路西－学院路北－志新桥西－健翔桥西－健翔桥东－北辰桥西－亚运村－安慧桥东－惠新东桥西－惠新东桥南－育慧里－望和桥－望京桥东－南湖西里－南湖南路－花家地北里－望京医院－丽都饭店－高家园－将台路口西－将台路口东－小陈各庄－大陈各庄－东八间房－雍家村－北石家村－南岗子－奥林匹克花园北门－东坝中街－铁十六局－东坝－三岔河－马厂－楼梓庄路西－楼梓庄乡政府－曹各庄－东窑村口－东窑村

984 路 高丽营－赖马庄－大东流－小赴任庄－小赴任庄－常兴庄－九华山庄－大柳树环岛南－小汤山马坊－北京太阳城－种禽公司－平西府－平西府－东三旗－三旗南站－天通苑北－天通西苑南－东小口－城铁立水桥站－立水桥北－大羊坊－北苑－辛店村－科荟路－科荟路－科苑路东－华汇商厦－慧忠北里－大屯南－炎黄艺术馆－安慧桥北－安慧桥东－惠新西街北口－惠新西街－樱花园西街－和平西桥－和平西街北口－太阳宫桥西－西坝河－静安庄－三元桥－亮马桥－燕莎桥南－农业展览馆－团结湖－朝阳公园南门－甜水园北里－金台路口南－红庙路口北－八王坟北－四惠站

985 路 双兴苑－小汤山－小汤山镇政府－大柳树环岛南－小汤山马坊－北京太阳城－种禽公司－平坊－平西府－东三旗－东三旗南站－天通苑太平庄－天通西苑北－天通西苑南－东小口－城铁立水桥站－立水桥北－立水桥东－大羊坊－北苑－辛店村－科荟路馆－安慧桥北－奥体东门－安贞桥北－安贞桥东－和平西桥－和平西街－西坝河－静安门－三元桥－燕莎桥东－安家楼－枣营北里－朝阳公园西门－景园－朝阳公园－甜水园北里－金台路口南－红庙路口北－八王坟北－北京东站北－九龙山－珠江帝景－平乐园北－北京工业大学－松榆东里南门－松榆－方庄桥东－成寿寺路北口－成寿寺路东口－成寿寺路－郭家村－肖村桥－大红门东桥－大红门口桥－大红门集美家居

986 路 大地站－臨子－庞庄－水管站－次渠中学－怡芳园北区－次渠－通马路口－马庄－北神树东口－北神树西－大兴西直门－晓康小区－小羊房－小羊坊－横街子－十八里店－十八里店五路乡政府－周家庄南站－周家庄－十里河居然之家－十里河桥东－方庄桥东－八里河－芳城园－方庄环岛西－安乐林路东－安乐林－沙子口东－永定门口内－永定门西－北京南站

부록 1

987路	东直门外－左家庄－三元桥－京顺路丽都饭店－大山桥东－孙河－火神营－杜兰司－衙门村－马坡－荆卷－姚各庄－牛栏山－付各庄－龙王头－赵各庄－庙城－怀柔渔场－王化村－怀柔北坊－驸马庄－统军庄－大辛庄－苍头－卸甲山路口－董各庄－西田各庄－韩各庄－季庄西站－季庄村－鼓楼西站－中街－花园小区－东方大厦－滨阳西里－滨阳北里－密云沙河－密云沙河火车站－双龙水泥厂－云佛山度假村－云智北－白河风景区－金匚萝－云峰宾馆－溪翁庄－机床研究所－京溪小区－密云水库
988路	马泉营－马泉营商场－香江北路西口－崔各庄乡政府－马南里－京顺路口－北皋－东辛店－望京村－大山桥东－大山子路口南－王爷坟－将台路口－酒仙桥－酒仙桥口小学－酒仙桥商场－东风桥东－东风南路－大山庄－朝阳公园东门－朝阳公园桥北－朝阳公园－甜水园北里－金台路口南－红庙路口北－八王坟北－北京站北－九龙山－珠江帝景－平乐园北－北京工业大学－松榆东里东口－松榆东里南口－松榆里－首都图书馆－十里河桥－方庄桥东－方庄桥西－刘家窑桥西－木樨园桥东－木樨园桥西－洋桥－草桥－玉泉营桥西－夏家胡同－丰益桥－丽泽桥东－三路居－中国戏曲学院－菜户营桥西
989路	马坡－乡村赛马场－大营－双星小区－便民街－顺义区医院－东风小学－五里仓－城乡－石门－陶家坟－山子坟－窑坡－后桥－李桥－顺义半壁店－牡丹花园－小葛梁－葛渠－寨里－尹各庄西口－尹各庄口－皮村－皮村西口－曹各庄－楼梓庄乡政府－楼梓庄路口西－东岗子－东坝－东坝南－东坝家园－南桃园－平房东口－常青营－豆各庄路口西－朝阳公园桥东－慈云寺桥－四惠站
991路	京东运乔建材城－运乔嘉园－乔庄－玉桥小区－通州交通队－通州国税局－葛布店－果园环岛北－潞河医院－通州佟麟阁大街－岳庄－皇木厂－北关桥－富河园北口－北京物资学院－九棵树东口－常营－常营民族小区－常营路口西－黄渠村－黄渠西站－白家楼桥东－朱马厂－黄杉木店－青年路口－十里堡北里－农民日报社－朝阳公园桥北－朝阳公园东口－东风桥东－朝阳公园桥东－朝阳公园桥北－朝阳公园东口－东风桥东－朝阳公园桥东－商场－酒仙桥中心小学－酒仙桥－将台路口北－陈各庄－王爷坟－大山子路口南－西八间房－望京街西口－宏昌路－望京花园－望京科技创业园－广顺桥南－来广营路口－花卉市场－北皋－崔各庄－崔各庄东口－崔各庄乡政府－马南里
992路	铜牛路东口－西苑医院－海淀公园－颐和园新建宫门－六郎庄西口－柳浪游泳场－万柳东南口－万柳中路南口－远大路东口－远大路西口－四季青桥西－佟家坟－海淀区残联－南平庄－西平庄－巨山农场－南辛庄－巨山－北坞－金家坟－西黄村小区－苹果园南路东口－苹果园中学－苹果园东－地铁苹果园站－金顶南路－金安桥北－首钢小区－模式口西－高井路口东－电厂－麻峪北口－侯庄子－双峪环岛西－新桥大街－河滩－小黑山－龙门－矿建街－增路路－东辛房－平民市场－西辛房
993路	窦店汽车站－窦店服装厂－窦店－窦店镇政府－田国十八口－六街－金鑫园－七里店－小十八口－大十三里－良乡前庄－房山轧花厂－良乡南关－良乡东关－良乡陶家坟－良乡粮食支公司－黄辛庄－长阳路口－长阳环岛南－军留庄－西官村－马厂口－立垡村－狼垡－星火站－云岗北－陈留村－新发地桥北－马家楼桥北－玉泉营桥西－夏家胡同－丰益桥北－丽泽桥南－西局－六里桥南－六里桥东－莲池－太平桥东里－北京西站南广场

996路	平西王府－王府街－霍营北口－马连店－流星花园－回龙观小区西站－回龙观小区－风雅园北－广场西门－龙华园－北郊农场桥东－京昌路回龙观北站－京昌路回龙观－西三旗桥西－安宁里－安宁里南站－安宁庄前街东口－安宁庄前街西口－安宁庄西路北站－上地桥东－马连洼北路东口－菊园东站－菊园－马连洼－马连洼站东－农大路北口－梅园－中国农业大学西校区－肖家河－小清河－骚子营－西苑－西苑医院－海淀公园－万泉河桥南－巴沟村－万柳中路－巴沟南路－万柳中路南口－远大路东口－远大路西口－南坞－东冉村－四季青桥北－四季青桥南－营慧寺－久玻路东－慧－定慧桥南－金沟河－五棵松桥北－五棵松桥南－沙窝桥东－青塔－郑常庄－五里店－岳各庄桥北－丰台路口－丰台体育中心－岔路口－北大地－正阳桥北－看丹桥北－看丹桥－富丰桥南－怡海花园南门－花乡桥西－花乡桥－恋日家园－公益桥－公益东桥－大红门桥北－大红门西路西口－红寺村－肖村桥西
快1路	前门－天坛－永定门内－沙子口－木樨园桥－南苑站－三营门－西洼地－东高地－六营门－东营房－德茂庄
特2路上行	炎黄艺术馆－安慧桥东－奥体东门－安贞里－安外甘水桥－蒋宅口－地坛西门－雍和宫桥东－小街－豁口－东直门北－东四十条桥南－朝阳门南－雅宝路－建国门南－东便门－崇文门西－台基厂路口西－前门东－长椿街路口西－北京西站－六里桥北－六里桥南－丽泽桥东
特2路下行	丽泽桥北－西局－六里桥南－六里桥北里－北京西站－长椿街路口西－宣武门东－和平门东－前门－台基厂路口－崇文门西－北京站前街－北京站路口东－雅宝路－朝阳门南－东四十条桥南－雍和宫桥东－安贞门东－钟楼北桥北－鼓楼外大街南站－鼓楼外大街北站－安华桥南－黄寺－安贞西里东口－安贞桥西－奥体东门－安慧桥北－炎黄艺术馆
特3路	七彩大世界－安家楼－燕莎桥东－亮马桥－农业展览馆－白家庄－呼家楼东－光华桥东－大北窑南－双井桥北－双井桥南－劲松桥北－劲松中街－光明桥东－肿瘤医院－左安门外－芳城园东－芳古园－蒲黄榆－天坛南门－永定门东－陶然桥东－北京南站－右安门东－右安门桥－玉泉营桥北－玉泉营桥北－新发地桥北－新发地桥西－银地家园东－天伦锦城南口－新发地市场经营者乐园
特4路	国防大学－黑山扈（三零九医院）－百望山森林公园－百望家苑－北大西门－梅园－中国农业大学西校区－东北旺－厢黄旗－树村－树村东口－正白旗－北京体育大学－圆明园东口－清华附中－圆明园东南门－清华大学西门－中关村西口－中关村－海淀黄庄北－海淀黄庄南－人民大学－中国农业科学院－魏公村－中央民族大学－国家图书馆－白石桥东－动物园－二里沟东口－三塔寺－车公庄西－阜成门北－北京儿童医院－复兴门内－长椿街路口西－宣武门东－和平门东－前门
特5路	北京南站－陶然桥北－虎坊桥路口西－果子巷－菜市口西－菜市口东－广安门内－天宁寺桥东－白云观－公安大学－木樨地北－钓鱼台－甘家口北－甘家口大厦－百万庄－二里沟－白石桥西－紫竹桥南－南门－万寿寺－公桥－万泉庄－万泉河路－稻香园－中关村西区－海淀公园东门－西苑医院－紫竹院北－上村－颐和园北宫门－青龙桥－军事科学院－厢红旗－林业科学研究院－娘娘府－丰户营－丰户营西站－正蓝旗－香泉环岛

북경시 버스노선

特6路	北京西站－白云观－公安大学－木樨地北－甘家口北－甘家口大厦－四道口东－白石桥南－国家图书馆－中央民族大学－魏公村－中国农业科学院－人民大学－海淀黄庄南－海淀黄庄北－中关村南－中关村－中关园北站－清华大学西门－圆明园南门－颐和园东口－西苑－骚子营－小清河－肖家河－中国农业大学西校区－梅园－农大南口－百望家苑－百望山森林公园－西北旺－回民公墓－韩家川北站－韩家川－韩家川南站
特7路	前门－前门西－和平门东－宣武门东－长椿街路口西－达官营－湾子－莲花池－六里桥东－六里桥南－西局－丽泽桥西－丰台北路－七里庄－岔路口－北大地－正阳桥北－看丹桥－韩庄子南－科丰桥北－科丰桥南－六圈－田何庄－世界公园－世界公园公交总站
特8路 内环	大钟寺－城铁大钟寺站－蓟门桥西－北太平桥西－马甸桥东－中国科技馆－安贞桥西－安贞桥东－和平桥西－和平东桥－西坝河－静安门－三元桥－亮马桥－呼家楼东－呼家楼南－双井桥南－双井桥南－潘家园北路－十里河桥西－十里河桥东－方庄桥东－方庄桥西－刘家窑桥西－木樨园桥东－木樨园桥西－洋桥西－草桥－玉泉营桥东－夏家胡同－西局－六里桥南－六里桥北里－公主坟南－八一湖－航天桥南－花园桥东－万寿寺－公柴－三义庙－四通桥东－大钟寺
特8路 外环	世界花卉大观园－欣园小区－欣园小区北－草桥－洋桥西－木樨园桥西－木樨园桥东－刘家窑桥西－方庄桥西－方庄桥东－十里河桥南－十里河桥北－潘家园西路－劲松桥西－双井桥东－大北窑北－呼家楼北－白家庄－亮马桥－三元桥－静安门－西坝河－和平东桥－和平西桥－安贞桥西－安贞桥东－中国科技馆－马甸桥东－北太平桥西－蓟门桥西－三义庙－四通桥西－三义庙－六合之桥－万寿寺－紫竹桥南－花园桥南－航天桥南－八一湖－公主坟南－六里桥北里－六里桥南－西局－夏家胡同－玉泉营桥东－欣园小区－世界花卉大观园
运通101路 上行	广顺南大街北口－望花园－花家地北里－望京医院－京顺路丽都饭店－法制日报社－阜通东大街南口－望京桥东－望京桥北－望京桥－育慧里－惠新东桥南－对外经贸大学－中日医院－樱花园西街－和平西桥－安贞桥西－中国科技馆－马甸桥东－北太平桥西－蓟门桥东－蓟门桥西－城铁大钟寺站－大钟寺－红社村－四通桥东－四通桥西－三义庙－长春桥路－海淀区政府－远大路西口－远大路西口－远大路高－南坞－东冉村－四季青桥北－四季青桥东－佟家坟－海淀区残联－南平庄－西平庄－巨山北口－南辛庄－巨山－巨山北口－巨山射击场－下庄－西黄村小区－苹果园南路北口－黄南苑小区－杨庄东－杨庄－城铁苹果园站－古城－钢小西门－广宁村－石景山火车站－麻峪－麻峪北口－侯庄子－双峪路西口－新桥大街－石桥大街南口－城子－城子城职高－门头沟兰龙家园
运通101路 下行	门头沟兰龙家园－城子职高－城子－城子大街南－麻峪－石景山火车站－广宁村－首钢小西门－金顶南路－城铁苹果园站－杨庄－城铁苹果园站－杨庄－西黄村小区－北京射击场－巨山－巨山北辛庄－巨山－西平庄－南平庄－东冉村－远大路西－远大路东－海淀区政府－长春桥路－三义庙－四通桥西－四通桥东－城铁大钟寺站－蓟门桥西－蓟门桥东－北太平桥西－马甸桥东－中国科技馆－安贞桥西－和平西桥－樱花园西街－中日医院－对外经贸大学－惠新东桥南－育慧里－望京桥－望京桥北－望京桥东－京顺路丽都饭店－望京医院－花家地北里－广顺南大街北口
运通102路 上行	锦绣大地绿色市场－锦绣大地绿色市场西门－锦绣大地绿色市场北门－什坊院－田村西－田村中－田村－田村半壁店－祥龙公交公司－五孔桥－定慧桥北－定慧桥南－定慧桥东－西钓鱼台－航天桥西－航天桥南－八一湖－公主坟北－公主坟－航天桥东西站－小马厂－天宁寺桥西－广安门北－广安门南－椿树馆街－白纸坊桥南－菜户营桥东－大观园－右安门西－北京南站韩旗营桥－李村－定安路－赵公口长途站
运通102路 下行	赵公口长途站－定安路－李村－天坛南门－永定门东－北京南站－右安门东－大观园－菜户营桥北－白纸坊桥北－椿树馆街－广安门－广安门北－天宁寺桥西－小马厂－北京西站－公主坟东－公主坟北－八一湖－航天桥东－航天桥东－西钓鱼台－定慧桥东－定慧桥南－五孔桥－祥龙公交公司－田村半壁店－田村－田村中－田村西－锦绣大地绿色市场
运通103路 上行	西三旗桥南－四拨子－清河小营桥南－清河－学清路清河南镇－马家沟－学知园－石板房－静淑苑－学院路北口－成府路－北京航空航天大学－学知桥－蓟门桥北－蓟门桥南－明光桥北－明光村－明光村西站－交大东路北口－北京交通大学－交大路南口－高粱桥－北下关－北京交通大学－大柳树南站－北下关－中国农业科学院南门－魏公村路东口－魏公村路西口－公柴－万寿寺－紫竹桥南－花园桥南－航天桥南－八一湖－公主坟北－公主坟－六里桥南－六里桥南－西局－丽泽桥南－夏家胡同－玉泉营桥西－草桥－北京戏曲艺术职业学院－洋桥东－木樨园桥西－木樨园桥南－大红门服装城
运通103路 下行	大红门服装城－大红门西里－大红门北站－南顶村－海慧寺－海户屯－木樨园桥西－洋桥西－草桥－玉泉营桥东－夏家胡同－丽泽桥北－西局－六里桥南－六里桥北里－公主坟－八一湖－玉渊潭西门－航天桥南－花园桥南－紫竹桥南－万寿寺－公柴－魏公村路西口－中国农业科学院南门－大柳树北站－大柳树南站－北京交通大学－北下关－高粱桥－北下关－北京交通大学－交大路北口－明光村西站－明光村－明光桥北－蓟门桥－蓟门桥南北口－北京航空航天大学－成府路口－学院路北口－静淑苑－石板房－学知园－马家沟－清河南镇－清河－清河小营桥南－四拨子－西三旗桥南
运通104路	广顺南大街北口－大西洋新城南门－花家地北里西站－花家地北里－丽都饭店－芳园里西站－肖君庙－五里沟－麦子店西街－三元庵－三元桥东站－三元桥西站－西坝河－太阳宫桥－和平东－和平西桥－安贞桥东－安贞桥东－中国科技馆－马甸桥西－北太平桥南－铁狮子口－北京师范大学－小西天－新街口豁口－车城国大街－玉桥西－紫竹院南门－八里注路－车道沟桥东－板井－曙光花园－金庄
运通105路	中苑宾馆－北京交通大学－北下关－城铁西直门站－西直门外－动物园－白石桥东－国家图书馆－中央民族大学－魏公村－中国农业科学院南门－人民大学－海淀黄庄北－中关村南－中关村北站－中关村北－中关园－中关村西北站－圆明园东路－圆明园东口－北京体育大学－正白旗－上地南口－上地环岛南－上地环岛东－安宁庄小区－当代城市家园－金泰世纪大厦－安宁庄东路－安宁里－西三旗桥西－西三旗桥东－邮政研究院－育新小区西－北新科技园－新都－新都环岛西－北京金融学院
运通106路	田村－田村半壁店－祥龙公交公司－五孔桥－定慧寺北－定慧寺东－西钓鱼台－航天桥西－航天桥东－马神庙－白堆子口东－甘家口东－阜外西口－展览路－阜成门外－阜成门东－车公庄北－城铁西直门－西直门外－动物园－白石桥东－国家图书馆－中央民族大学－魏公村－人民大学－中国农业科学院－人民大学－海淀黄庄北－中关村南－中关村西－海淀黄庄北－北京大学西口－颐和园路口－西苑－西苑北站－坡上村－颐和园北宫门

운통107路 马家堡路北口－角门北路东口－西马厂北口－西马厂－大李窑－大红门－大红门西里－南苑路果园－木樨园桥南－木樨园桥东－赵公口桥西－刘家窑东－刘家窑桥东－方庄桥东－方庄桥西－十里河桥南－十里河桥北－潘家园桥北－劲松桥东－双井桥南－双井桥北－大北窑南－大北窑北－光华桥南－呼家楼北－白家庄－农业展览馆－亮马桥－燕莎桥东－安家楼－朝阳公园北门－大山桥－酒仙桥中心小学－酒仙桥－将台路口西－高家园－丽都饭店－花家地北里－花家地西里西站－大西洋新城南门－广顺南大街北口

运通108路 马家堡路北口－角门北路沧－角门－西马厂－大李窑－大红门－大红门西里－南苑路果园－木樨园桥南－木樨园桥西－洋桥西－北京戏曲艺术职业学院－洋桥东－玉泉营桥东－夏家胡同－菜户营东－西局－六里桥南－六里桥北里－公主坟南－公主坟北－八一湖－玉渊潭西口－航天桥南－航天桥北－花园桥南－紫竹桥南－万寿寺－为公桥－万泉庄－万泉河路－稻香园－万泉河桥南－海淀公园－西苑医院－西苑－西苑北站－骚营－小清河－肖家河－中国农业大学西校区－梅园－马连洼西站－药店北口－上地环岛东

运通109路 锦绣大地绿色市场－锦绣大地绿色市场西门－锦绣大地绿色市场北门－什坊院－田村西口－田村中街－田村－田村半壁店－祥龙公交公司－五孔桥－定慧桥北－五路桥－营慧寺－四季青桥南－四季青桥北－东甲村－南坞－四海桥南－四海桥北－火器营桥西－海淀桥东－巴沟村－中关村南口－北京市地震局－海淀桥东－中关村西－中关村一街－保福寺桥西－北京城市学院－学院桥西－志新桥南－二里庄南口－二里庄－北沙滩桥西－双泉堡南－双泉桥北－花虎沟－清河南镇－清河－清河小营－二拨子－五旗桥东－邮政研究院－育新小区北口－北新科技园－北郊农副产品厂－城铁蜀营口北－华龙苑南里－北郊民防－霍营乡

运通110路 上行 祥龙公交公司－五孔桥－定慧桥北－五路桥－营慧寺－四季青桥南－四季青桥东－车道沟桥西－车道沟桥东－北洼路－紫竹桥北－万寿寺－为公桥－万泉庄－人民大学西门－北京市地震局－中关村北－中关村－蓝旗营－清华园－清华东路校区－北京林业大学－六道口－中国农业大学东校区－二里庄北口－北沙滩桥东－南沟泥河－中科院地理所－洼里南口－豹房－炎黄艺术中心－安慧桥北－安慧桥东－惠新东桥南－育慧里－望和桥－望和桥西－望京桥西－望京桥东－阜通东大街西口－花家地西里－南湖南路－南湖东路－湖光北街－侯庄路口北－望京花园西区－利泽中街西口－广顺南大街－来广营－来广营北

运通110路 下行 来广营北－来广营－广顺桥南－利泽中街西口－望京花园西区－湖光北街东口－南湖东路－南湖南路北口－南湖南路－花家地西里－阜通西大街西口－望京桥东－望京桥西－望和桥－望和桥－育慧里－惠新东桥南－安慧桥东－安慧桥北－豹房－洼里南口－中科院地理所－南沟泥河－北沙滩桥东－北京林业大学－清华园－蓝旗营－中关村－中关村北－北京市地震局－人民大学西门－万泉庄－为公桥－万寿寺－紫竹桥北－北洼路－车道沟桥东－板井－四季青桥东－四季青桥南－营慧寺－五路桥－定慧桥北－五孔桥－祥龙公交公司

运通111路 来广营北－来广营－广顺桥南－利泽中街西口－望京花园西区－侯庄路口南－大西洋新城东口－广顺南大街北口－望花路东里－广顺南大街北口－万红西街－芳园里－芳园里西站－霄云路－东风桥－大山西路口－朝阳公园桥北－朝阳公园东－朝阳公园桥东－豆各庄路口西－姚家园西口－姚家园西－万杰医院－姚家园村－青年路口北－甘露园－青年路南口－太平庄－民航医院－朝阳路南口－大黄庄桥西－大黄庄桥东－定福庄－第二外国语学院－朝阳路三间房－城铁双桥站－双桥南－双桥－咸宁侯－何家坟口－豆各庄乡水电站－绿丰家－青青家园－豆各庄桥－白鹿河－王四营桥东－五方桥西－豆各庄乡

运通112路 门头沟兰亭家园－绿岛家园－城子大街南口－城子－城子职高－水闸－三家店西口－三家店－三家店东口－石景山南宫－五里坨－黑石头－石景山高井－高井路口西－模式口西里－首钢小区－石景山－地铁苹果园站－苹果园东－苹果园中学－苹果园南路东－古城南路东口－下下沣－北京明书城－苹果园北－双新园－北辛庄－河滩－南河滩北站－红旗村－北京植物园－卧佛寺－香泉环岛－正蓝旗－丰户营西站－丰户营－娘娘府－林业科学研究院－厢红旗－军事科学院－青龙桥－国防大学－红山口－黑山扈－百望山森林公园－马连洼西站－药店口－上地五街－上地七街－软件园东站－软件园广场－东北旺北－唐家岭－唐家岭北站－邓庄子－航天城－航天城北站－生命科学园－史各庄

运通113路 吴庄－吴家村路西口－吴家村－吴家村路东口－小瓦窑－大成里－青塔蔚园－新开村－北太平路口－永定路－永定路北口－阜玉路口南－阜玉路口－金沟河路口－金沟河路东口－定慧桥南－定慧桥北－五路桥－营慧寺－四季青桥南－四季青桥北－东甲村－南坞－四海桥南－六郎庄－海淀桥东－中关村西－中关村一街－保福寺桥西－北京城市学院－学院桥东－志新桥南－志新桥北－健翔桥－健翔桥东－北辰桥西－亚运村－安慧桥北－惠新东桥西－育慧里－望和桥－望和桥东－望京桥西－南湖西里－花家地北里西站－南湖南路北口－南湖东园－侯庄路口北－望京花园西区－利泽中街西口－广顺桥南－来广营－来广营北

运通114路 上行 吴庄－吴家村路西口－吴家村－吴家村路东口－小瓦窑－石榴－玉泉路口北－正大路西口－航天部院－玉渊园三里－玉渊园南口－阜玉路口－田村半壁店－祥龙公交公司－五孔桥－定慧桥北－营慧寺－四季青桥南－四季青桥东－东甲村－火器营桥东－远大路口－万柳中路南口－巴沟南路－万柳园－巴沟村－海淀桥东－北京市地震局－中关村南口－西苑－骚营－小清河－肖家河－中国农业大学西校区－梅园－马连洼西站－马连洼－竹园－菊园北站－马连洼北路口－上地五街－上地七街－上地七街北口－安宁庄东路北口－西三旗桥北－京昌路回龙观－京昌路回龙观北口－二拨子－朱辛庄－史各庄

运通114路 下行 史各庄－朱辛庄－二拨子－京昌路回龙观北站－京昌路回龙观－西三旗桥北－安宁里－安宁庄东路北口－安宁庄口－上地东路北－上地七街口－上地五街－马连洼北路口－菊园东站－竹园－马连洼－马连洼西站－梅园－中国农业大学西校区－肖家河－小清河－骚营－西苑－颐和园路东口－北京大学西门－海淀桥北－中关村南口－北京市地震局－巴沟村－万柳园南－万柳园－巴沟南路－万柳中路南口－远大路东口－远大路西口－远大职高－南坞－东甲村－四季青桥东－营慧寺－定慧桥北－五孔桥－祥龙公交公司－田村半壁店－阜玉路口－玉渊园三里－海渊园南口－航天部院－正大路西口－玉泉路口北－石榴－小瓦窑－吴家村路东口－吴家村－吴家村路西口－吴庄

233

북경시 버스노선

运通115路 金庄-正福寺-四季青桥北-四季青桥南-营慧寺-定慧桥北-定慧桥南-金沟河-五棵松桥南-沙窝桥北-南沙窝桥-青塔-郑常庄-岳各庄-岳各庄桥北-丰台路口-岔路口-北大地-正阳桥北-看丹桥南-富丰桥南-花乡桥西-花乡桥-花乡桥南-马家楼桥西-黄土岗-新发地桥北-新宫村-南苑西路-五爱电-红房子路口东-新华华路南口-三营门东-西洼地-东高地-万源路-清和园-吉庆庄-庑殿路南口-清逸园-旧宫-旧宫东-旧宫二村-亦庄桥北-亦庄桥南-富源里-贵园北里-贵园小区-亦庄体育中心-亦庄实验学校-天宝中街-天宝西路-上海沙龙-中芯国际-京东方-同仁医院亦庄分院-青年公寓-中芯花园-鹿海苑小区

运通116路 门头沟兰龙家园-绿岛家园-城子大街南口-城子-城子职高-水闸-三家店东-三家店-三家店东-石景山南宫-五里坨-黑石头-石景山高井-高井路口西-模式口西里-首钢小区-石景山-金顶南路-地铁苹果园站-苹果园西-苹果园中学-苹果园南路东口-西黄村小区-廖公庄-什坊西站-什坊院-田村西口-田村中街-田村口-村半壁店-祥龙公交公司-五孔桥-定慧北桥-五路桥-营慧寺-四季青桥南-四季青桥北-东冉村-远大职高-远大路西口-远大路东口-海淀区政府-长春桥路-万泉庄-人民大学西门-北京市地震局-海淀桥北-北京大学西门-颐和园路东口-西苑-骚子营-小清河-肖家河-农大南路西口-厢黄旗-树村-树村东口-上地南口-上地环岛-上地环岛北-清河大楼-清河中营桥西-清河小营桥北-四拨子-西三旗桥南

运通117路 史各庄-朱辛庄-二拨子-京昌路回龙观北站-京昌路回龙观-西三旗桥北-西三旗桥东-邮政研究院-育新小区北口-北新科技园-新都-新都环岛西-新都环岛东-硅谷小区-建材城东里-森林大第-贺村-中滩-东小口-城铁立水桥站-立水桥北站-立水桥-大羊坊-北苑-辛立村-利泽西路西口-新家园-黄草湾-北湖渠-东湖-利泽西街东口-广顺桥南-来广营-来广营北

运通201路 上行 六里桥长途站-六里桥北里-公主坟南-公主坟北-八一湖-航天桥东-花园桥南-紫竹桥南-万寿寺-为公桥-三义庙-四通桥东-大钟寺-蓟门桥西-蓟门桥东-北太平桥西-马甸桥南-马甸桥东-中国科技馆-安贞桥东-和平西街-樱花园东街-中日医院-对外经贸大学-惠新东桥东-望和桥-望和桥东-阜成东大街南口-京顺路朋都饭店-望京医院-花家地北里-花家地北里西站-南湖南路北口-南湖东园-侯庄路口北-南湖西园-大西洋新城南门

运通201路 下行 大西洋新城南门-南湖西园-湖光北街东口-南湖南湖西园-花家地北里西站-花家地北里-望京医院-丽都饭店-阜通东大街南口-望和桥东-望和桥-惠新东桥南-对外经贸大学-中日医院-樱花园西街-和平西街-安贞桥东-中国科技馆-马甸桥东-马甸桥西-北太平桥西-蓟门桥东-蓟门桥西-大钟寺-四通桥东-三义庙-为公桥-万寿寺-紫竹桥南-花园桥南-航天桥东-八一湖-公主坟北-公主坟南-六里桥北里-六里桥长途站

运通202路 上行 马家堡路北口-马家堡东口-洋桥东-木樨园桥西-木樨园桥东-赵公口桥西-刘家窑桥西-刘家窑桥东-方庄桥西-成寿寺路北口-成寿寺路中山-成寿寺路-郭家村-城外诚-姚村-小红门路口南-亦庄桥北-亦庄桥南-亦庄镇政府-新康家园-天华北街口-博达国际交流中心-万源街西口-宏达工业园口-经开创业园-宏达达北路南口-宏达中路-同仁医院亦庄分院-青年公寓-中芯花园-鹿海苑小区-泰河一街西口-北京奔驰北-北京奔驰

입체교차교 약도

부록 1

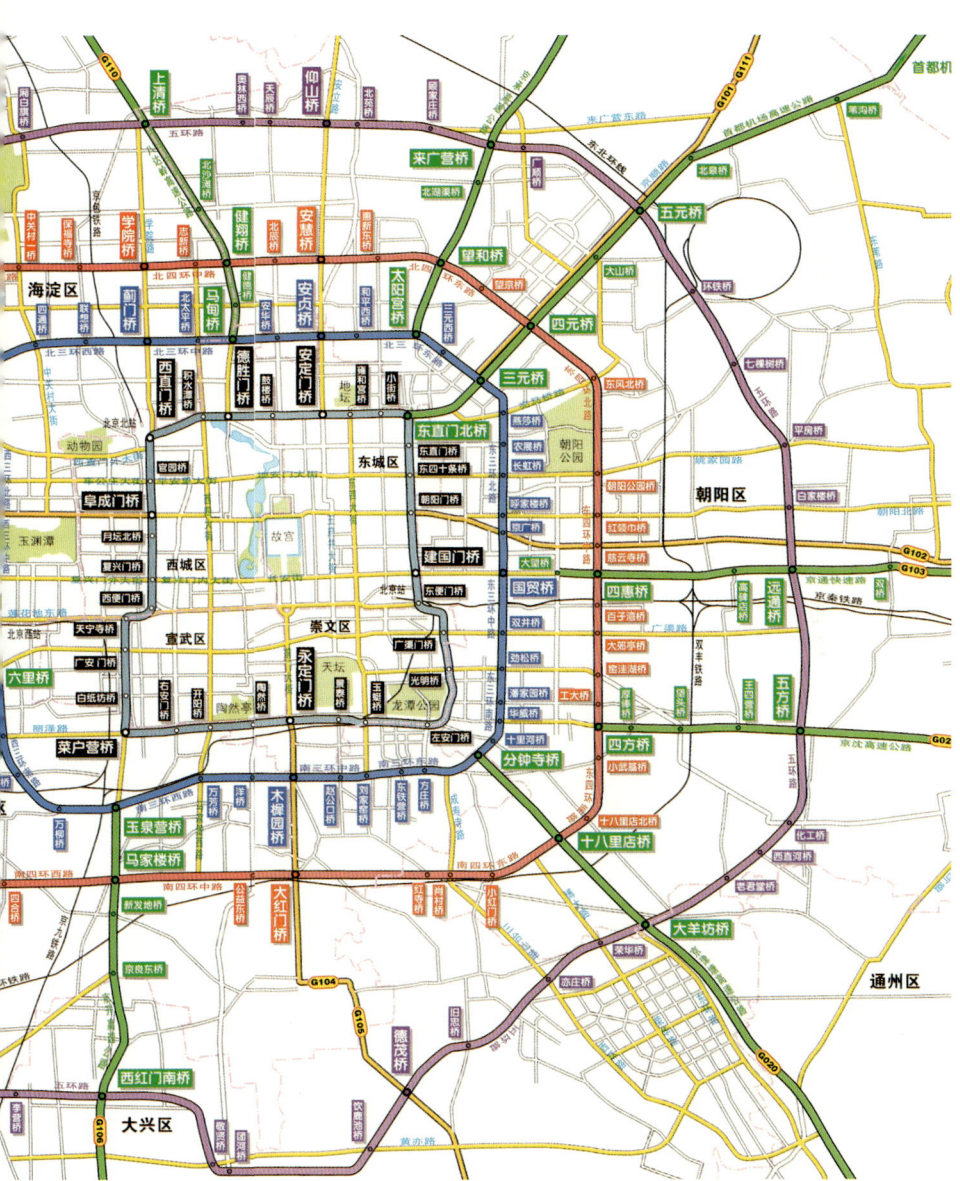

235

북경시 지하철노선

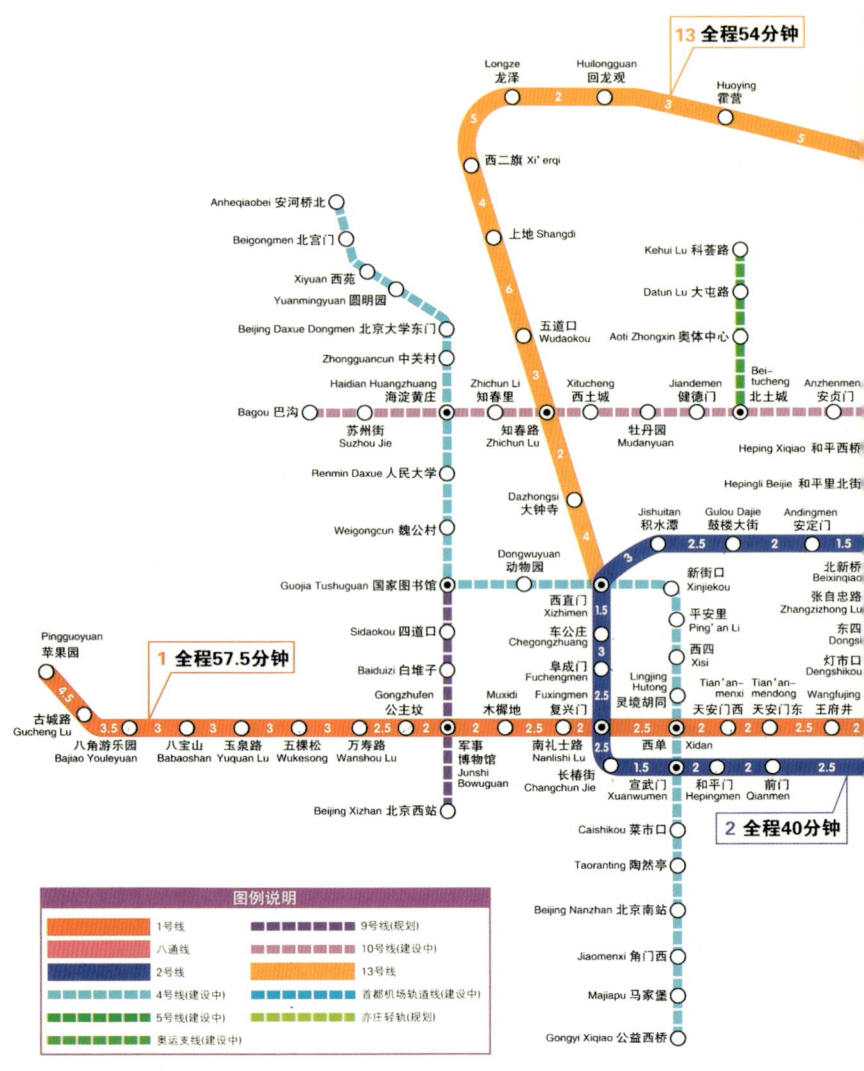

북경시 권역도
_북경시남부

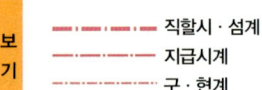
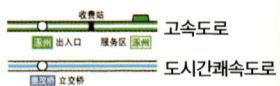

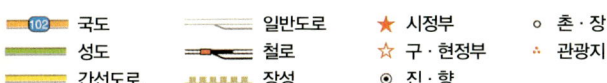

북경시 권역도
_북경시북서부

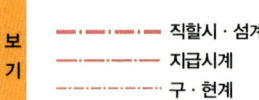

북경시 권역도
_북경시북동부

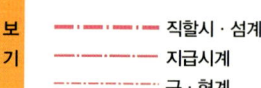
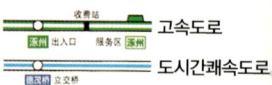

경점의 위치와 개요

❶ 북경시내 경점

경 점	개 요	비 고
각생사(覺生寺)	북경시 해정구에 있음. 청나라 옹정11년(1733)에 세운 사찰임. 1985년에 대종사고종(古鐘)박물관을 부설하고, 400여 개의 옛종을 전시함. 무게 46.5톤의 영락대종을 종왕(鐘王)으로 삼음.	★★
가원(可園)	북경시 동성구에 있음. 청나라의 대학사 문욱의 집에 딸린 정원임.	
경산공원(景山公園)	고궁의 북문(신무문) 맞은 편에 있음. 북경성의 중추선 상에서 가장 높은 45m높이의 봉우리가 있으며, 명나라의 17대 황제가 이곳에서 목매달아 죽었음.	★
경태릉(景泰陵)	북경시 해정구의 옥천산 북쪽기슭에 있음. 명나라의 7대 황제였던 경태의 능묘임.	
고궁(故宮)	북경시의 최중심에 있으며, 옛 이름은 자금성임. 명나라 영락4년(1406)에 착공하여 영락 20년에 완공함. 대지 22만평에 건물이 9999칸(4만5,000평)임. 명나라와 청나라의 24명 황제가 500년간에 걸쳐 이곳에서 중국을 통치함. 1925년 10월에 국가박물원으로 지정됨.	★★ ★★
공묘(孔廟)	원나라 대덕6년(1302)에 짓고 명나라 영락 9년(1411)에 중건함. 원(元).명(明).청(淸) 등 세 나라에 걸쳐 공자를 제사지내던 곳임.	
공왕부(恭王府)	북경시 서성구에 있음. 청나라 건륭황제 때 공왕의 부저(府邸)였음. 1만 7,000여 평의 대지에 부저와 화원이 있음.	★★
공체부국해저세계(工體富國海底世界)	북경공업인체육회와 뉴질랜드의 부국해저세계회사가 공동투자하여 세운 해수 수족관임.	
곽매야고거(郭沫若故居)	북경시 서성구 전해(前海)에 있음. 곽매야가 1963년부터 1978년까지 살다가 타계했음. 곽매야는 중국의 무산계급 문화전사(戰士)로 칭송되는 인물로 역사, 고고학, 고문학, 문학예술 등에 조예가 깊었음.	★
국자감(國子監)	원(元).명(明).청(淸) 등 세나라의 국가 최고학부 였으며, 건물모양이 특이함.	★
남당(南堂)	북경시 서성구의 전문(前門) 옆에 있는 천주교당임. 청나라 순치 7년(1650)에 세워졌으며, 지금의 건물은 광서30년(1904)에 중건된 것임.	
노구교(蘆溝橋)	북경시 풍태구에 있음. 금나라 대정29년(1189)에 놓았으며, 청나라 강희37년(1698)에 중건함. 267m길이의 다리로 일본의 중국침략 계기가 되는 노구교 사변이 일어난 곳임.	★
노사(老舍) 기념관	북경시 동성구에 있음. 구식의 소원(小院)임. 노사가 1950년부터 1966년까지 이곳에서 지냄.	
노신고거(魯迅故居)	북경시 서성구의 부성문 안에 있음. 1924년부터 3년에 걸쳐 노신이 살았음. 노신박물관이 부설돼 있음.	
단성(團城)	북해공원 남문(정문) 서쪽에 있음. 금나라 때의 황실정원의 일부였음. 원래는 북해공원의 호수에 있었던 작은 섬임. 승광전과 옥옹정이 있음.	★

경 점	개 요	비 고
대각사(大覺寺)	북경시 해정구에 있음. 요나라 함옹4년(1068)에 세운 사찰로 사리탑이 있음.	
대관원 (大觀園)	북경시 선무구에 있음. 중국의 고전인 소설 홍루몽을 현실에 구현한 것으로 1988년에 개원함.	
대보대서한묘 (大寶臺西漢墓)	북경시 풍태구에 있음. 서한시대의 연나라 왕이었던 유건(劉建)의 능묘임. 1983년에 박물관을 부설함.	★★
대책란(大柵欄)	북경시 선무구 전문 서쪽에 있음. 명나라와 청나라 시대의 상가거리임.	★
대혜사 (大慧寺)	북경시 해정구에 있음. 명나라 정덕8년(1513년)에 지은 사찰로 대비보전(大悲寶殿)이 남아있음. 대전에는 명나라 때의 석상과 벽화가 남아있음.	
도연정(陶然亭) 공원	북경시 선무구에 있음. 청나라 강희34년(1695)에 만듬. 근대사에서 정치 집회가 잦았던 곳임.	
동악묘 (東岳廟)	북경시 조양구에 있음. 원나라 지치2년(1322년)에 지었으며, 청나라 때 중건함. 도교 성지이며, 북경민속박물관이 부설돼 있음.	
만송노인탑 (萬松老人塔)	북경시 서성구에 있음. 원나라 때의 유명한 불교대사였던 만송행수(萬松行秀)의 묘탑임. 유(儒)로서 나라를 다스리고, 불(佛)로서 마음을 다스려야 한다고 주장함. 북경이 일찍부터 문화의 고장이었음을 상징하는 표지로 삼고있음.	
만수사(萬壽寺)	북경시 해정구에 있음. 명나라 만력5년(1577)에 세운 절로 명·청 두 나라의 황실 사원임. 1985년에 북경예술박물관을 부설하고, 불교예술, 옥그릇예술, 명·청의 공예품 등을 전시함.	
모순고거(茅盾故居)	북경시 동성구에 있음. 소형의 4합원으로 모순이 1972년 무렵에 살았음.	
모주석기념탑	천안문광장 남쪽에 있음. 1976년 11월 24일에 초석을 놓았고, 1977년 9월 9일에 낙성함. 모택동의 모습을 보고 추도하는 장소임.	
묘응사 백탑 (妙應寺 白塔)	북경시 서성구의 부성문 안에 있음. 원나라의 지원8년(1271)에 세운 탑으로 원나라 때의 라마탑 중에서는 제일 큰 것임.	
문천상사 (文天祥祠)	북경시 동성구에 있음. 명나라 홍무9년(1376)에 지음. 남송 때의 민족영웅 문천상의 사당임.	
백운관 (白雲觀)	북경시 서성구의 부흥문 밖에 있음. 당나라의 개원 27년(739)에 지었고, 청나라 때 중건함. 북경 최대의 도교 건축물임.	
백조원 (百鳥園)	북경시 조양구에 있음. 2만 평의 대지위에 그물을 쳐 놓고, 새를 수용함. 사람들이 그물 안으로 들어가 함께 어울려 새들을 관찰할 수 있음.	
법원사 (法源寺)	북경시 선무구에 있음. 당나라 때(696년)의 사찰임. 중국불교대학과 중국불교도서문물관이 있음.	★

경점의 위치와 개요

경점	개요	비고
법해사 (法海寺)	북경시 석경산구 취미산기슭에 있음. 명나라 정통4년(1439)에 지은 사찰로 대웅전에는 명나라 초기의 진귀한 벽화가 있음.	★
벽운사 (碧云寺)	북경시 해정구의 향산 동쪽기슭에 있음. 원나라의 지원26년(1289)에 지은 사찰로 금강보리탑과 나한당이 있으며, 손중산(孫中山) 기념당이 부설돼 있음.	★★
봉황령(鳳凰嶺) 풍경구	북경시 해정구의 이화원 서북쪽 30km되는 곳에 있음. 300만 평의 청정한 산야에 기이하게 생긴 산봉우리들과 더불어 용천사, 상방사, 묘봉암, 봉황령마애석각 등이 있음. 미로에 길을 잃지 않도록 조심해야 하며, 혼자 나설 길은 아님.	
부왕부 (孚王府)	북경시 동성구에 있음. 청나라 옹정황제 때의 이친왕(怡親王)의 부저(府邸)임. 왕부의 전형적인 건축형식을 갖춤.	
북경고관상대 (古觀象臺)	천안문 동쪽으로 약 2km되는 곳에 있음. 명나라 정통7년(1442)에 세워졌으며, 명나라와 청나라의 천문관측센터였음.	★
북경고완성(古玩城)	북경시 조양구에 있음. 중국 최대의 골동품 및 민간예술품 교역센터임.	★
북경공예미술박물관	천안문 동쪽의 왕부정거리 남쪽입구에 있음.	
북경동물원	북경시 서성구에 있음. 명나라의 황실 장원이었음. 273만 평으로 중국에서는 역사가 가장 길고, 보유동물도 가장 많은 최대규모의 동물원임.	★★
북경석각(石刻) 예술박물관	북경시 해정구 백석교 근처에 있음. 명나라 성화9년(1473)에 지은 오탑사(五塔寺)에 고대석각불상을 모아 1987년에 박물관으로 문을 엶.	★★
북경세계공원	북경시 풍태구에 있음. 14만 평의 대지위에 세계 50개 국가의 유명한 인문·자연경관 100여 자리를 꾸며 놓고 1992년에 개원함.	★★
북경식물원	북경시 해정구의 향산공원과 옥천산 사이에 있으며, 18만 평의 터에 3,000여 종의 식물이 관리되고 있음. 1956년에 개원함.	★
북경유락원	북경시 숭문구의 용담호반에 있음. 1987년에 건설된 대형 오락장소임.	
북해공원	고궁의 서북쪽 500m되는 곳에 있음. 금나라의 대정19년(1179)에 건설한 중국고대의 왕궁정원이었음. 전체넓이가 220만 평으로 경화도와 태액지로 구분됨. 1925년에 공원이 됨.	★★
서산팔대처 (西山八大處)	북경시 석경산구 동북쪽의 서산(西山) 갈래인 취미산, 평파산, 노사산 가운데에 있음. 사리탑이 있는 절이 여덟 곳에 있다하여 붙여진 이름임.	★★
선농단 (先農壇)	북경시 선무구에 있음. 명나라 영락18년(1420)에 만들어졌으며, 명·청 두 나라의 황제들이 농사신에게 제사를 지냄. 중국봉건사회의 전장제도(典章制度)의 물증이 되고 있음.	
송경령고거 (宋慶齡故居)	북경시 서성구의 후해(後海)에 있음. 중국의 옛 원림식 정원이 딸림. 송경령이 1963년부터 1981년 타계할 때까지 살았음. 송경령은 중화인민공화국의 명예 주석임.	★★
숭례(崇禮) 주택	북경시 동성구에 있음. 청나라 광서황제 때의 대학사 숭례가 살던 집임. 전형적인 사합원(四合院)식 귀족주택임.	

경 점	개 요	비고
십찰해(十刹海) 공원	북경시 서성구에 있음. 북경의 옛 풍모를 접할 수 있는 곳으로 명나라 초기에 형성됨. 전해, 후해, 서해(일명 積水潭), 은정교, 광화사, 송경령고거, 곽매야고거 등이 모여있음.	★
아운촌 (亞運村)	북경시 조양구에 있음. 제11회 아시아올림픽 때 건설됨. 대형국제회의장, 전람회장, 주거시설, 사무실, 쇼핑몰, 오락장, 식당들이 모여있음.	
어생당중 의약박물관	북경시 풍태구에 있음. 산서성의 유차(榆次) 백씨(白氏) 가문에서 명나라 만력황제 때인 1608년에 창건한 어생당노약포가 발전한 것으로 그 유물과 관련 소장품들이 전시되고 있음.	★
옥연담(玉淵潭) 공원	북경시 해정구의 군사박물관 뒤편에 있음. 수면 18만 평을 포함한 42만 평의 터에 3,000여 그루의 벚나무가 꽃을 피우는 봄철에는 수많은 사람들이 찾아 옴. 서호의 변두리에 높이 40m의 중국중앙텔레비전 방송탑이 있음.	
옹화궁 (擁和宮)	천안문 동북쪽으로 5km되는 곳에 있음. 청나라 강희33년(1694)에 지었고, 건륭9년(1744)에 라마교의 사원이 됨.	★★
와불사(臥佛寺)	북경시 해정구의 수안산(壽安山) 남쪽기슭(북경식물원 위쪽)에 있으며, 일명 시방보각사라고도 함. 당나라 때 세웠으며, 청나라 옹정12년(1734)에 중건함. 원나라 때 구리로 만든, 누어있는 불상이 있음. 신장 5.3m, 높이 1.6m임.	★★
왕부정(王府井) 보행거리	천안문 동쪽 약 1km 되는 곳에 있는 800여 m의 상가거리임. 북경정부가 1992년부터 8년간에 걸쳐 옛 거리를 대대적으로 개조함.	★★★
요금성원(遼金城垣) 박물관	북경시 풍태구에 있음. 800여 년 전의 금나라 때 중도(中都)의 성벽 밑으로 판 수문의 유적을 바탕으로 고고학 전문 박물관을 부설한 것임.	
원명원(圓明園)	북경시 해정구에 있음. 원래는 106만여 평의 대지 위에 건설된 황실궁원이었음. 1860년, 영불연합군에 의해 폐허가 됨. 신중국 성립 이후 옛 터를 정리하여 유적공원으로 개방함.	★★
유리창(琉璃廠) 문화가	북경시 선무구의 화평문 밖에 있음. 원나라 때 오지를 굽는 가마가 있었으며, 청나라 때는 골동품, 고서적, 비석탁본, 문방사보 등의 집산지였음.	★
이화원 (頤和園)	북경시 해정구에 있음. 청나라 건륭15년(1750)에 건설한 행궁화원으로 원래의 이름은 청의원이었음. 1860년에 영불연합군에 의해 훼손된 것을 광서14년(1888)에 중건함. 만수산과 곤명호로 나뉘는 88만 평의 대지에 3,000여 칸의 건물이 있으며, 집무·거주·유람의 3개 활동구역으로 나뉨.	★★ ★★
인민대회당	천안문광장 서쪽에 있음. 1959년에 지었으며, 5만 5,000평 크기임. 전국인민대표가 모여서 회의를 하는 곳이며, 중국의 정치·문화 활동의 중심지임.	★★★
인민영웅기념비	천안문광장 중심에 있음. 1952년 8월에 시공하고, 1958년 4월에 준공됨. 비의 높이는 37.9m이며, 중국 최대의 기념비임.	
일단 (日壇)	북경시 조양구에 있음. 명나라와 청나라의 황제들이 춘분을 맞아 태양신에게 제사를 지내던 곳임.	

경점의 위치와 개요

경 점	개 요	비고
장춘사 (長椿寺)	북경시 선무구에 있음. 명나라 만력20년(1592)에 만력황제의 모친인 이태후의 무병장수를 축원하기 위해 세운 절임.	
전루(箭樓)	천안문광장 남단에 있음. 명나라 6대 정통황제 때인 1438년에 지었으며, 동.서.남의 3면에 활을 쏘는 구멍이 나 있음. 정양문과 전루는 옹성으로 둘러 있었으나 1916년에 철거됨.	
정양문(正陽門)	천안문광장 남쪽에 있음. 명나라 영락19년(1421)에 황궁과 함께 지었으며, 옛 북경내성의 정문임. 높이는 42m로 북경성에서는 가장 높았으며, 오직 황제만이 이 문을 지나다닐 수가 있었음. 속칭 전문(前門)이라고도 함.	
조설근(曹雪芹) 기념관	북경시 해정구의 북경식물원 구내에 있음. 청나라 때의 현실주의 작가이자 소설 홍루몽을 쓴 조설근이 만년에 살던 곳임. 1983년에 기념관이 문을 열었음.	
조양(朝陽)공원	북경시 조양구에 있음. 북경 최대의 도시공원으로 96만 평이며, 그 중 20%가 수면임.	
종루(鐘樓)와 고루(鼓樓)	천안문 북쪽으로 4km되는 곳에 있음. 종루에는 중국에서 가장 큰 종이 걸려 있으며, 그 남쪽 100m되는 곳에 고루가 있음.	★
중국과학예술관	북경시 조양구에 있음. 중국의 종합과학기술관임. 2만 평의 건물 안에 중국의 고대발명품관, 수리화관, 지구환경관, 생명관 등 10개 전시관이 있음.	★★
중국국가박물관	천안문광장 동쪽에 있음. 1959년에 지었으며, 2만평 크기임. 2003년에 중국역사박물관과 중국혁명박물관을 통합하여 지금의 이름으로 함. 중국의 역사문물을 가장 많이 수장하고 있음.	★★★
중국농업박물관	북경시 조양구에 있음. 대지 15만여 평에 건축면적 1만평의 전시관에는 중국농업발전사와 농업기술을 전시하고 있음.	
중국미술관	북경시 동성구에 있음. 1개의 대형전시관과 5개의 소장품 상설전시관이 있으며, 국화(國畵), 유화, 판화, 조각 등 다양한 장르의 미술작품들이 소개됨.	
중국인민혁명 군사박물관	북경시 해정구에 있음. 신중국 성립 10주년을 기념하기 위해 1959년에 세운 10대 건축물 중의 하나임. 1927년부터 1949년까지의 인민혁명전쟁 역사를 토지혁명전쟁, 항일전쟁, 전국해방전쟁의 세 부분으로 나누어 전시하고 있음.	★★
국가자단(紫檀) 박물관	북경시 조양구에 있음. 세계 최대규모의 자단조각예술관으로 1998년에 개관됨. 자단은 목질이 단단한 나무로 고급가구의 재료로 쓰임.	★★★
중국지질박물관	1916년에 문을 열고 1958년에 신관을 지음. 각종 지질표본 12만 건을 소장한, 아시아 최대의 지질 박물관임. 광산자원실, 지구역사실, 고생물지층실, 광물암석실, 중국매장광물실, 보석실 등 6개 전시실이 있음.	★★★
중국항천(航天) 박물관	북경시 풍태구에 있음. 중국로켓탑재기술연구원 부설 박물관으로 중국의 우주비행 실물체를 전시하고 있음.	★

경 점	개 요	비고
중산공원 (中山公園)	고궁의 서쪽에 있음. 황제들이 지신과 오곡신에게 풍년들기를 기원하던 곳임. 1914년에 중산공원으로 바뀜.	
중화민족원 (中華民族園)	북경시 조양구에 있음. 13만5,000 평의 대지위에 민족마을, 민족거리, 민속전시관, 민족음식관, 민족공연관 등이 모여 있음. 중국 최대의 인물박물관이자 민족문화센터임.	★★★
중화세기단(世紀壇)	북경시 해정구에 있음. 21세기를 맞는 대형 기념건축물로 1999년에 세움.	
지단공원 (地壇公園)	북경시 동성구의 안정문 밖에 있음. 명나라 가정9년(1530)에 지음. 명나라와 청나라의 황제들이 지신에게 풍년들기를 기원하던 곳임. 1990년, 이곳에 중국의 역사에 등장하는 영웅호걸의 밀납인형을 만들어 진열해 놓음.	
지화사(智化寺)	북경시 동성구에 있음. 명나라 정통8년(1443)에 지은 것으로 명나라 초기의 건축예술이 갖는 특징을 잘 보여주고 있음. 오늘날에는 북경시 문박(文博)교류관으로 역할하고 있음.	★
향산(香山)	북경시 해정구에 있음. 금(金), 원(元), 명(明), 청(淸)의 황실 사람들이 등산하던 곳으로 주봉인 향로봉의 높이는 557m임. 향산의 단풍놀이는 북경사람에게 있어 연례 나들이처럼 되어 있음.	★★
황사성 (皇史宬)	북경시 동성구에 있음. 명나라 가정13년(1534)에 지은 것으로 봉건왕조의 문서보관소임. 건축형식이 특이함.	
태묘 (太廟)	고궁의 동쪽에 있음. 명나라 영락18년(1420)에 세움. 명나라와 청나라의 황제들이 조상에게 제사를 지내던 곳임. 1950년 5월 1일을 기해 북경시노동인민문화궁이 됨.	★★
태평양해저세계박람관	북경시 해정구의 옥연담공원 서호 호반에 있음.	
천녕사탑 (天寧寺塔)	북경시 선무구 광안문 밖에 있음. 수나라의 문제 때 지었으며, 지금의 절은 요나라 때 다시 지은 것임. 58m의 높이에 8각 13층 벽돌탑으로 요나라 시대 조각예술의 정품임.	
천단 (天壇)	북경시 숭문구에 있음. 명나라 영락18년(1420)에 짓고, 후대에 여러 차례 중수됨. 명나라와 청나라의 황제들이 하늘에 제사를 지내던 곳으로 기년전, 황궁우, 원구단 등이 있음.	★★ ★★
천안문광장	북경시 중심에 있음. 44만m²로 100만 군중을 수용할 수 있는, 세계적인 크기의 도시광장임. 아침저녁으로 장엄하게 거행되는 국기계양 및 하강식은 많은 관광객들에게 볼거리를 제공함.	★★★
천안문성루	천안문광장의 북단에 있는 천안문의 성루임. 명나라 영락 15년(1417)에 황성의 정문으로 지은 것임. 청나라 순치 8년(1651)에 중건하고 천안문이라고 함. 명나라와 청나라의 황제들이 중대사를 이곳에서 발표하였으며, 1949년 10월 1일에는 모택동이 성루에 올라 중화인민공화국의 성립을 선포하고, 중국의 국기인 오성기(五星旗)를 처음으로 계양함.	★★
청정화성탑 (淸淨化成塔)	북경시 조양구에 있음. 청나라 순치9년(1652)에 티베트의 달라이라마 5세를 위해 지었으며, 서황사(西黃寺)라고도 함.	★

경점의 위치와 개요

❷ 북경시외 경점

관 광 지	개 요	비 고
경동(京東) 동굴	북경시 평곡구 동북쪽으로 있는, 3km 길이의 경동협곡에 인접해 있으며, 천하제일의 옛 동굴로 호칭됨.	
경서(京西) 지하대협곡	북경시 방산구에 있음. 지하에 흐르는 물이 만든 협곡으로 길이가 700m, 최대폭 25m, 높이 30~50m임.	
계태사(戒台寺)	북경시 문두구구의 마안산(馬鞍山)에 있음. 당나라 무덕5년(622)에 세워진 사찰이나 현존 건물의 대부분은 청나라 때 중건된 것임. 절에 남아있는 계대(戒台)와 기송(奇松)이 유명함.	★
고북구(古北口)장성	북경시 밀운현 북쪽에 있음. 예로부터 북으로 나가는 교통 요충지였음.	★★
고산채 (孤山寨)	북경시 방산구에 있음. 일선천(一線天), 천고하상(千古河床), 옥주순(玉柱筍) 등이 유명함.	
구룡(九龍) 유락원	북경시 창평구의 명13릉 저수지 동쪽에 있음. 중국에서 가장 큰 디즈니랜드 풍의 예술 관상형 유락원임.	
균록원 (麇鹿苑)	북경시 대흥구에 있음. 균록은 중국 특유의 희귀동물로 속칭 "4불상(四不象)"이라고 함. 뿔은 사슴과 같고, 꼬리는 나귀와 같으며, 발굽은 소를 닮고, 목은 낙타를 닮았다고 함.	
금산령(金山嶺)장성	북경시 밀운현 북쪽, 하북성과의 경계에 있음.	★★
김해호(金海湖)	북경시 평곡구에 있는 호수로 수상오락시설이 잘돼있고 숙식도 편함.	
나팔구문(喇叭溝門) 원시삼림	북경시 회유구의 북쪽에 있음. 고산두견, 흰색과 자주색의 자작나무, 낙엽송 등 동·식물 자원이 풍부한, 신비로운 대협곡임.	
담자사(潭자寺)	북경시 문두구구의 담자산 허리에 있음. 4세기 경 진나라 때의 사찰이나 현재의 유물은 명·청 두 나라 때의 것임. 하늘을 찌르듯 서 있는 고목들과 수많은 불탑이 옛 정취를 간직하고 있음.	
대막기석관 (大漠奇石館)	북경시 창평구의 백양구풍경구 옆에 자리 잡고 있음. 중국 서북부 고비사막의 마노석·수정석·집골석·옥수 등 수많은 기석을 수집.전시하고 있음.	
만불당(萬佛堂)	북경시 방산구에 있음. 당나라 때의 절이며, 명나라 때 중건한 무량전이 남아 있음. 벽면에 당나라 때의 걸작품인 만보살법회기도 그림이 남아있으며, 요금시대의 영공화상 사리탑이 있음.	
망산(蟒山) 국가삼림공원	북경시 창평구 명13릉 저수지 동쪽에 있으며, 망산은 이무기 형상을 하고 있다하여 붙여진 산의 이름임.	
명13릉 (明十三陵)	북경시 창평구의 천수산(天壽山) 자락에 있음. 명나라의 16황제중 13황제의 능이 있는 곳임.	★★ ★★

경 점	개 요	비고
명황랍상관 (明皇蠟像館)	북경시 창평구에 있음. 9천 평의 터에 명나라 시대의 인물 374명을 밀랍으로 만들어 전시하고 있음.	
모전욕(慕田峪) 장성	북경시 회유구 북쪽에 있음. 명나라 때 수도인 북경의 북쪽 요새를 수비하던 방어선임.	★★
밀운저수지 (密云水庫)	북경시 밀운현에 있음. 3년간의 공사 끝에 1960년에 물을 담기 시작했으며, 188km²의 넓이에 저수량은 44억m³임.	
백양구(白洋溝) 풍경구	북경시 창평구 서북쪽에 있음. 풍경구 내의 12km 길을 따라 기봉괴석과 기화요초가 널려있으며, 이르는 곳마다 사람을 감동시키는 전설이 깃들어 있음. 풍경구 내의 숙박시설이 잘되어 있음.	
백화산 (百花山)	북경시 문두구구의 서북쪽에 있는, 해발 2050m의 산임. 북경에서 세 번째로 높은 산으로 화북 백초원(華北 百草原)이라고도 함.	
법제공원 (法制公園)	북경시 밀운현에 있음. 1,200만 평의 대지위에 2008 마리의 거룡(巨龍) 조각들이 널려있으며, 그 중심 3만 평의 자리에 중국의 고대법전광장을 차려 놓았음.	
사마대(司馬臺) 장성	북경시 밀운현 북쪽에 있음. 명나라 때 축조됨. 사마대 좌우의 5.4km 성벽에는 35곳의 적대(敵臺, 적의 동정을 살피는 곳)가 있음. 지형이 험준하여 적대와 누대의 모양도 다양함.	★★ ★★
상방산(上方山) 국가삼림공원	북경시 방산구에 있음. 산 위에 9동굴과 12봉우리 및 72채의 암자 등 고적이 있음. 운수동(云水洞)에는 아시아에서 제일 크다는 석순(石筍)이 있음.	★
서주연도유지박물관 (西周燕都遺趾博物館)	북경시 방산구에 있음. 유리하(琉璃河)에서 서주유적지를 발굴함으로써 북경시의 건도(建都)역사가 3,000여 년 전으로 거슬러 올라감. 북경지원(北之之源)이라고도 함.	
석화동 (石花洞)	북경시 방산구에 있음. 6층으로 된 동굴로 상하 높이 130m, 길이 2,300m 임. 국가지질공원임.	★★★
선서동 (仙棲洞)	북경시 방산구에 있는 동굴임. 동유석의 생김새가 다양하며 석림(石林), 폭포, 불당, 보탑 등이 있음.	
생존도 (生存島)	북경시 회유구에 있는 천연식물원임. 생존체험구, 공예제작구, 농예과학기술구, 군대오락구, 숙박구 등으로 조성됨.	
소룡문(小龍門) 국가삼림공원	북경시 문두구구의 영산자락에 있음. 전형적인 난온대 낙엽삼림 생태지역임. 동물 700여 종, 식물 800여 종이 서식하고 있는 천연동식물원으로 알려짐.	
소탕산(小湯山) 온천	북경시 창평구 소탕산의 남쪽기슭에 있음. 청나라의 강희 54년(1715)에 개발되었으며, 지금은 요양원으로 되어 있음.	

경점의 위치와 개요

경 점	개 요	비고
송산(松山) 자연보호구	북경시 연경현의 서북쪽에 있는, 해발 2241m 높이의 자연보호구역임. 북경에서 두 번째의 높은 산으로 보호면적은 2,100만 평이며, 소나무 숲이 유명함.	
십도(十渡) 풍경구	북경시 방산구에 있으며, 시 중심으로부터는 100여 km 거리임. 암석이 녹아내리면서 만들어진 산봉우리와 깊이 끊어져 내린 골짜기가 특색을 이루는 자연풍경구로 북경소계림(北京小桂林)이라고도 함.	★
연경규화목(硅化木) 공원	북경시 연경현에 있음. 전국 유일의 규화목을 주제로 한 국가지질공원임.	
연등불사리탑	북경시 통주구에 있음. 북주(北周, 557~581) 시대에 연등불의 사리를 보관하기 위해 세움. 1679년의 대지진으로 훼손된 것을 강희 37년(1698)에 복구함. 높이 56m의 8각 13층 탑임. 경항(京杭)대운하의 북쪽 끝 항표(航標)임. "물에 비친 탑 그림자를 보니 여기가 통주구나!" 라는 시귀가 있음.	★
영녕진 (永寧鎭)	연경현 서북쪽에 있는 명·청 두 나라의 요새였음. 명나라 영락12년(1414)에 건축됨. 당나라 정관18년(644)에 세워진 옥황각은 이곳이 옛 성임을 나타내는 상징적인 건물임. 최근에 보수하여 웅장한 모습이 한층 더 아름다움.	★
영산 (靈山)	북경시 문두구구에 있는, 높이 2,303m의 산으로 북경의 최고봉임. 산위의 초원은 북경소서장(北京小西藏)이라고 불림.	
용경협 (龍慶峽)	북경시 연경현의 동북쪽에 있는 협곡임. 산수의 아름다움이 빼어나 명·청 때부터 야유명승지(野遊名勝地)로 이름 나 있음.	★
운거사 (云居寺)	북경시 방산구의 석경산에 있음. 7세기 초의 수나라 때 지은 절이며, 당나라 시대의 고탑 6기가 남아있음. 석각불교대장경이 보관돼 있으며, 그래서 북경의 돈황이라고도 함. 이곳에 보관돼 있는 석경(石經), 지경(紙經), 목판경(木版經)은 세계에서도 보기드문 3대절품(三大絶品)임.	★★★
운몽산(云蒙山) 국가삼림공원	북경시 밀운현 서쪽에 있는 660만 평의 삼림공원임. 경치가 아름다워 북방의 소황산(小黃山)이라 일컬음.	
유곡신담 (幽谷神潭)	북경시 회유구에 있는 6km² 크기의 산정호수로 수심은 8~9m이며, 50m의 폭포도 있음.	
은산탑림 (銀山塔林)	북경시 창평구의 은산 남쪽기슭에 있음. 옛날의 연수사(延壽寺) 자리에 7개의 탑이 있는데, 모두 금나라와 원나라 시대 고승의 묘탑임.	★★
은호동 (銀狐洞)	북경시 방산구에 있음. 동굴 안에 여우의 흰털 같이 생긴 결정체가 있다하여 붙여진 이름임. 굴 속의 흐르는 강물에 놀이배가 뜸.	★

경 점	개 요	비 고
장방촌 (張坊村)	북경시 방산구에 있음. 이곳에는 요나라의 천경6년(1116)에 쌓은 8각 5층 석탑이 있고, 400m 길이의 지하 군사 방어선이 있음.	
전구(箭口) 장성	북경시 회유구의 서북쪽에 있음. 동쪽으로는 모전욕장성으로, 서쪽으로는 황화성장성으로 이어짐. 20여 km의 길이이며, 아직은 정식으로 개방되지 않음.	★★★
주구점유적 (북경원인유지박물관)	북경시 방산구에 있음. 원시인류인 북경원인의 유적이 있는 곳임. 1953년에 박물관이 부설됨.	★★ ★★
중국항공박물관	북경시 창평구에 있음. 1989년에 개관됐으며, 100여 종 200여 대의 비행기와 유도탄, 레이더, 고폭탄 등이 전시되고 있음.	★
천저하촌 (川底下村)	북경시 문두구구의 심산협곡에 들어있음. 명나라와 청나라 시대의 촌락으로 사합원 70여 채 500칸이 남아있음. 옛날의 한 부락이 거의 그 모습 그대로 남아있는 곳임.	★★
철와사 (鐵瓦寺)	북경시 방산구의 석화동굴과 은호동굴 중간에 있음. 명나라 때 세워진 절로 추정됨. 지붕이 철로 만든 기와로 이어짐.	★
청룡협 (靑龍峽)	북경시 회유구 북쪽에 있음. 수자원이 풍부하고, 명장성(明長城)이 주위의 기봉준령을 타고 넘음. 휴가를 즐기기에 아주 좋은 곳으로 소문이 나 있음.	
팔달령(八達嶺) 장성	북경시 연경현 팔달령특구에 있음. 명나라의 홍치18년(1505)에 축조되었으며, 북경지역의 장성 중에서 가장 먼저 개방됨. 중국장성박물관이 부설되어 있음.	★★ ★★
팔달령잔(殘) 장성	팔달령장성 방어체계의 서대문(西大門)임. 성벽은 많이 쇠락했지만, 장성의 웅장했던 옛모습은 그대로 남아있음.	
포와(蒲窪) 수렵장	북경시 방산구에 있음. 27만 평의 수렵 면적에 토끼, 산양, 야생닭, 노루, 매화사슴 등 10여 종의 야생동물들이 서식하고 있음.	★
황화성(黃花城)장성	북경시 회유구에 있음. 물과 맞닿아 있는 등 경치가 아름다움. 미개방 장성임.	★★

옛황성권역 교통도

옛북경성권역 교통도_ 玉淵潭 - 阜城门

옥연담 - 부성문

부록 6

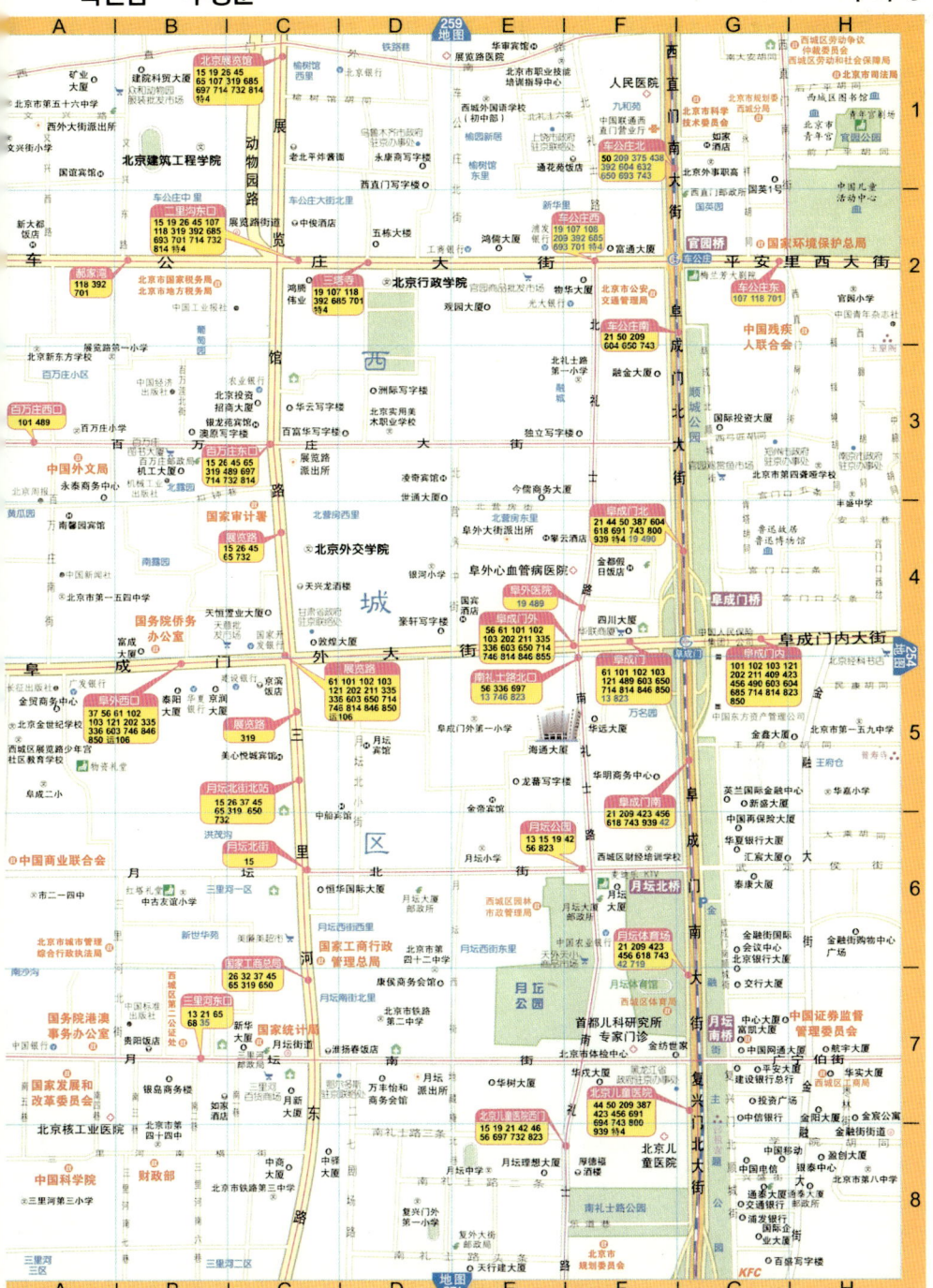

옛북경성권역 교통도 中關村 - 西直門

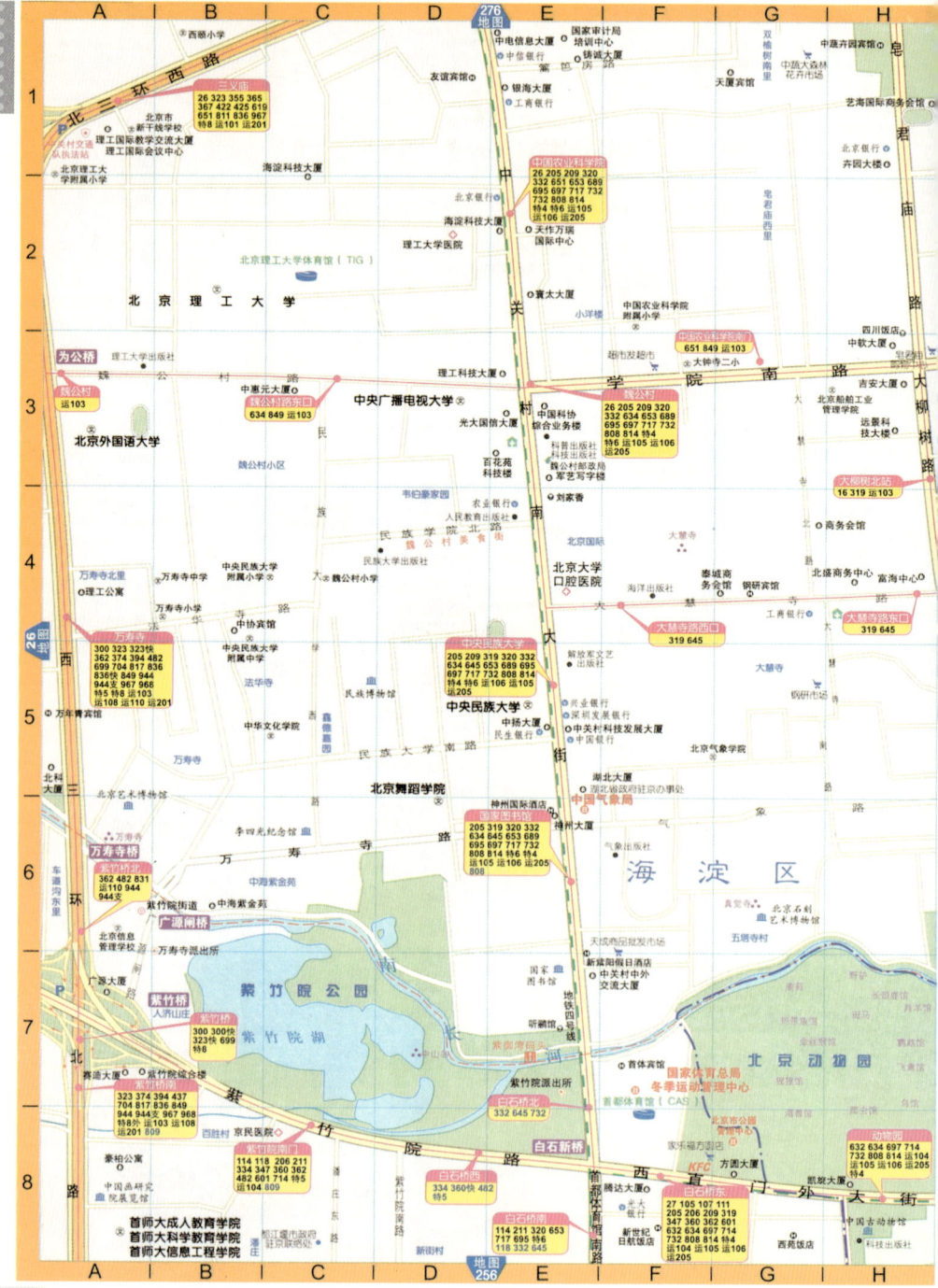

중관촌 - 서직문 부록 6

옛북경성권역 교통도_ 德胜门 - 鼓楼

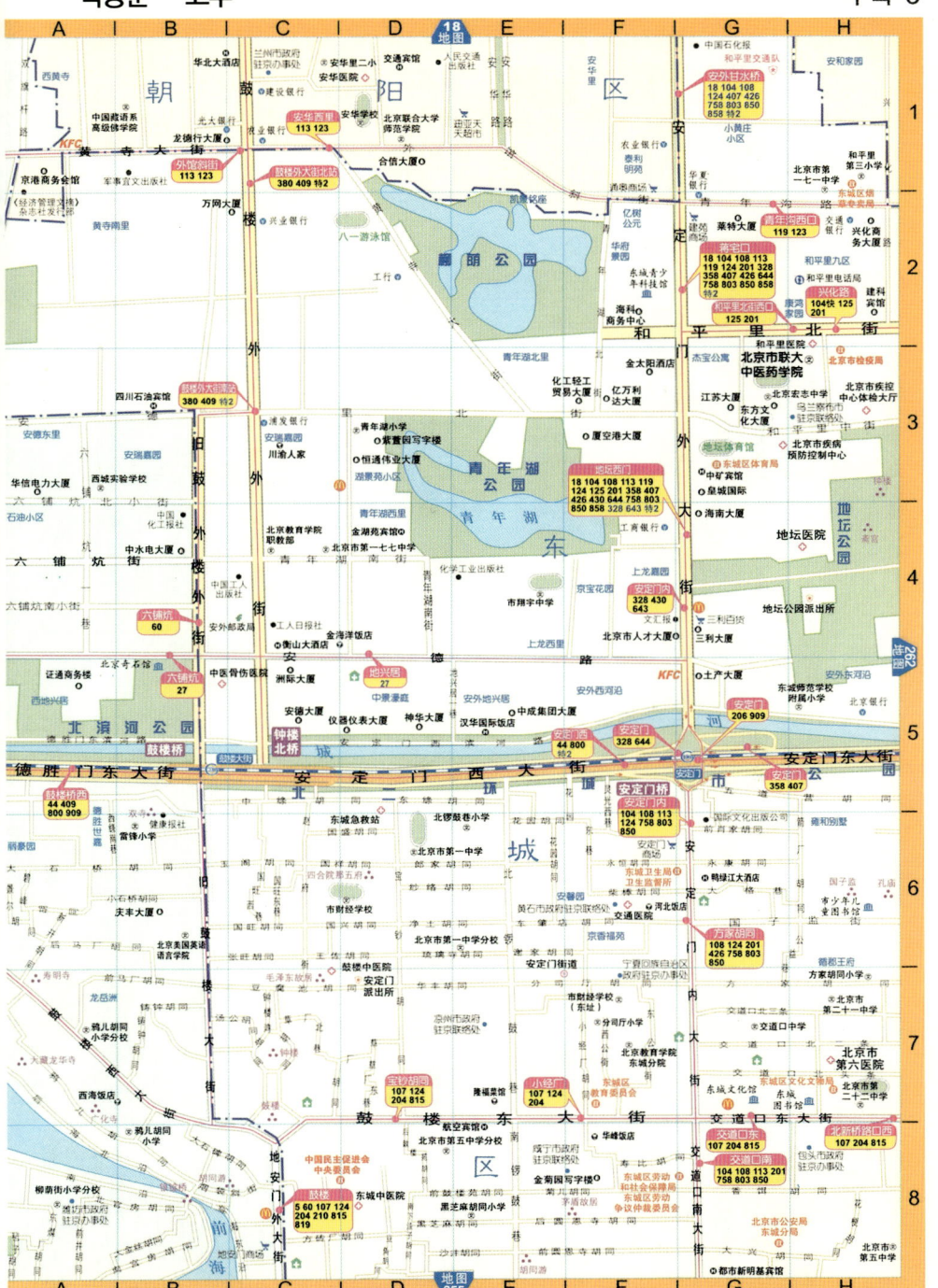

옛북경성권역 교통도_ 东直门·三元桥

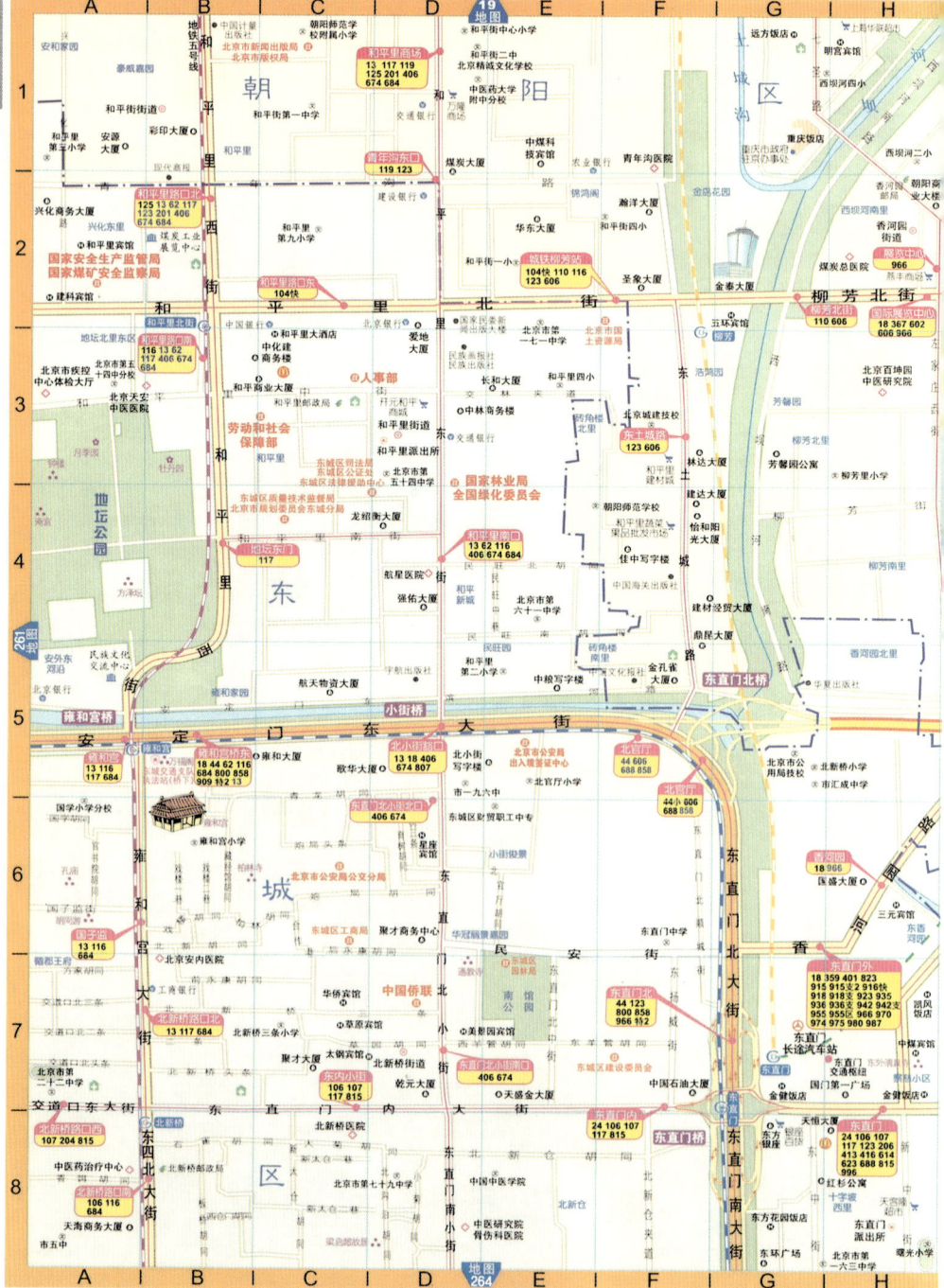

동직문 - 삼원교

부록 6

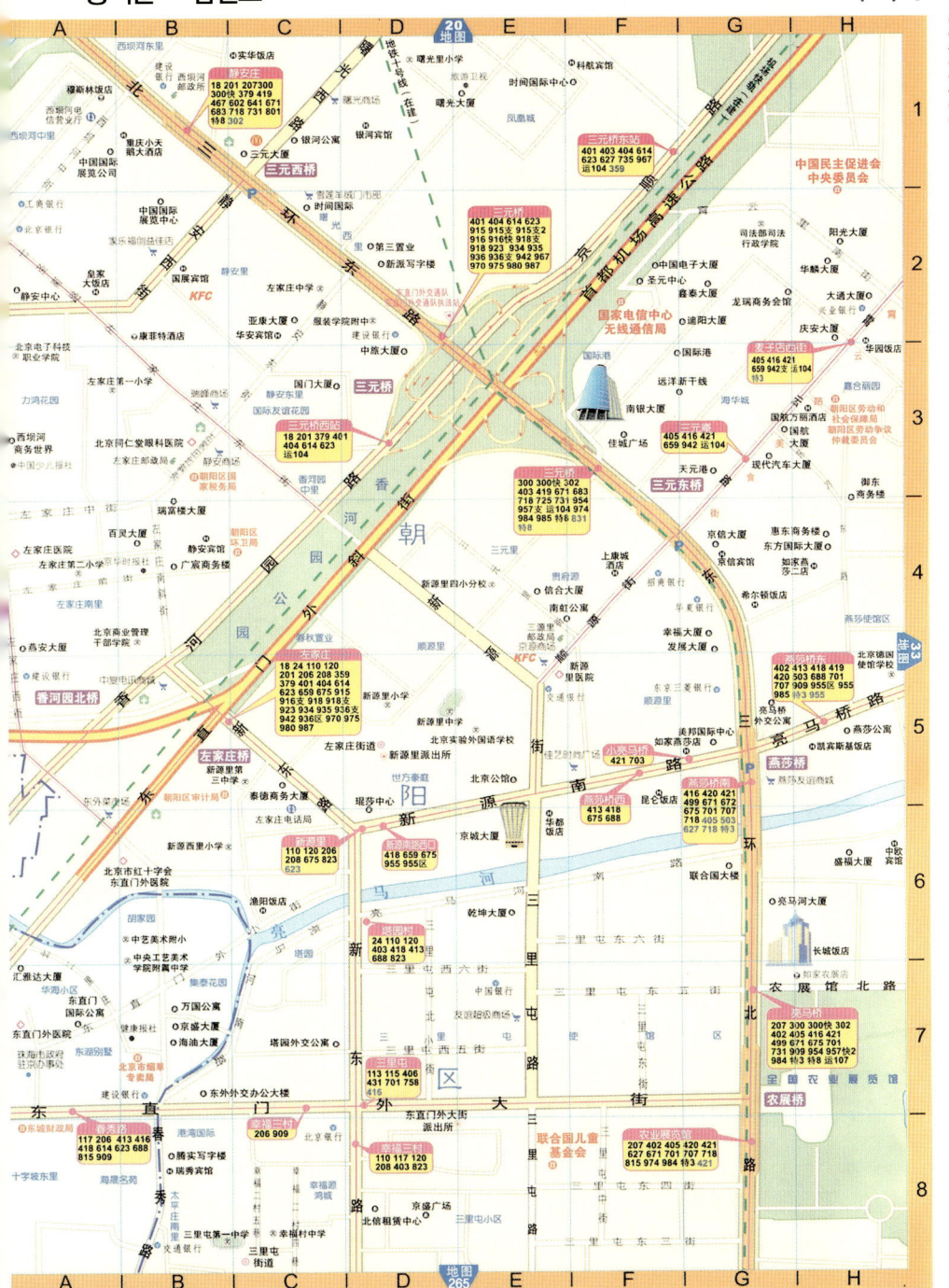

옛북경성권역 교통도_ 朝阳门 - 工人体育场

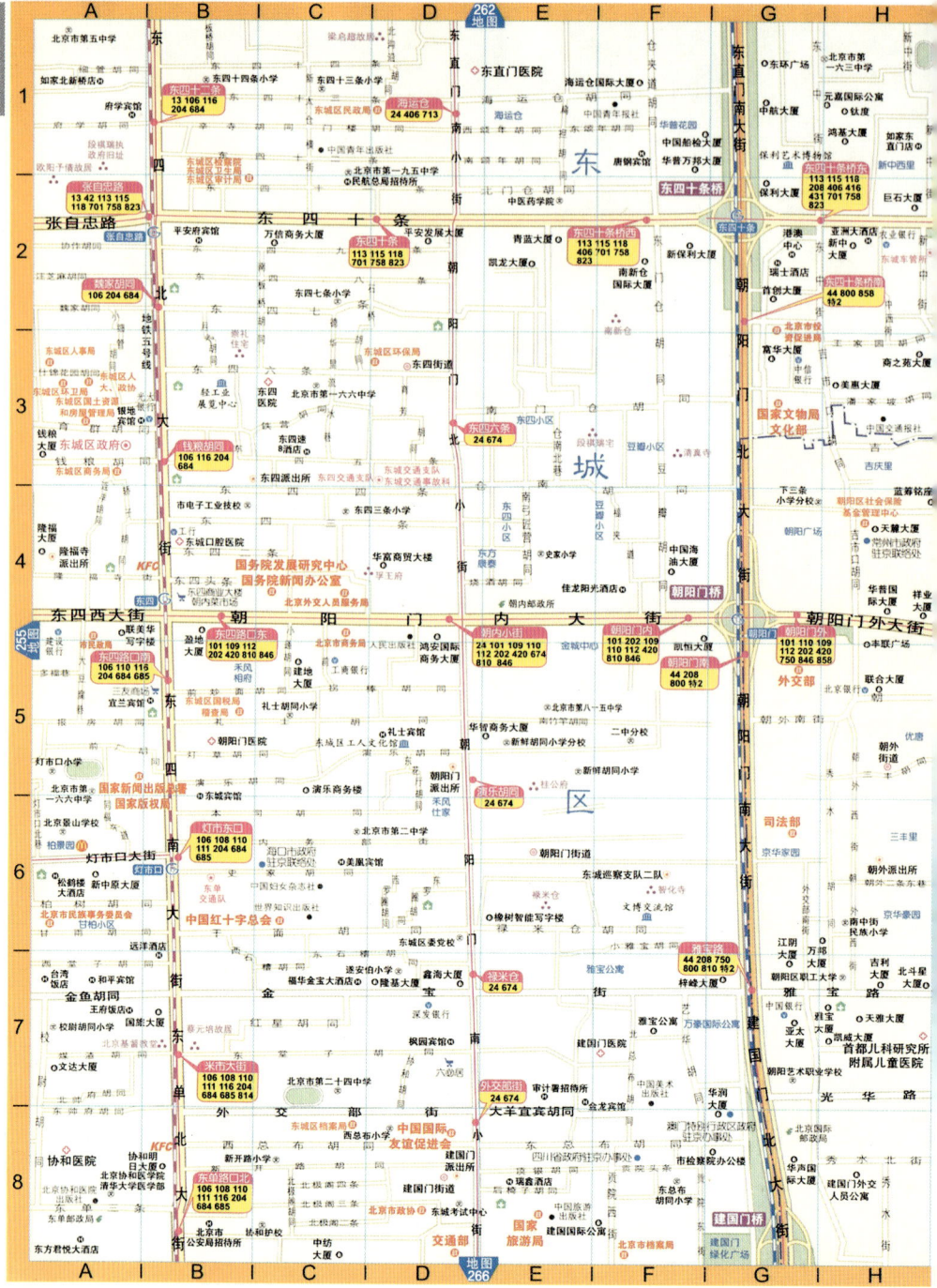

조양문 - 공인체육관 부록 6

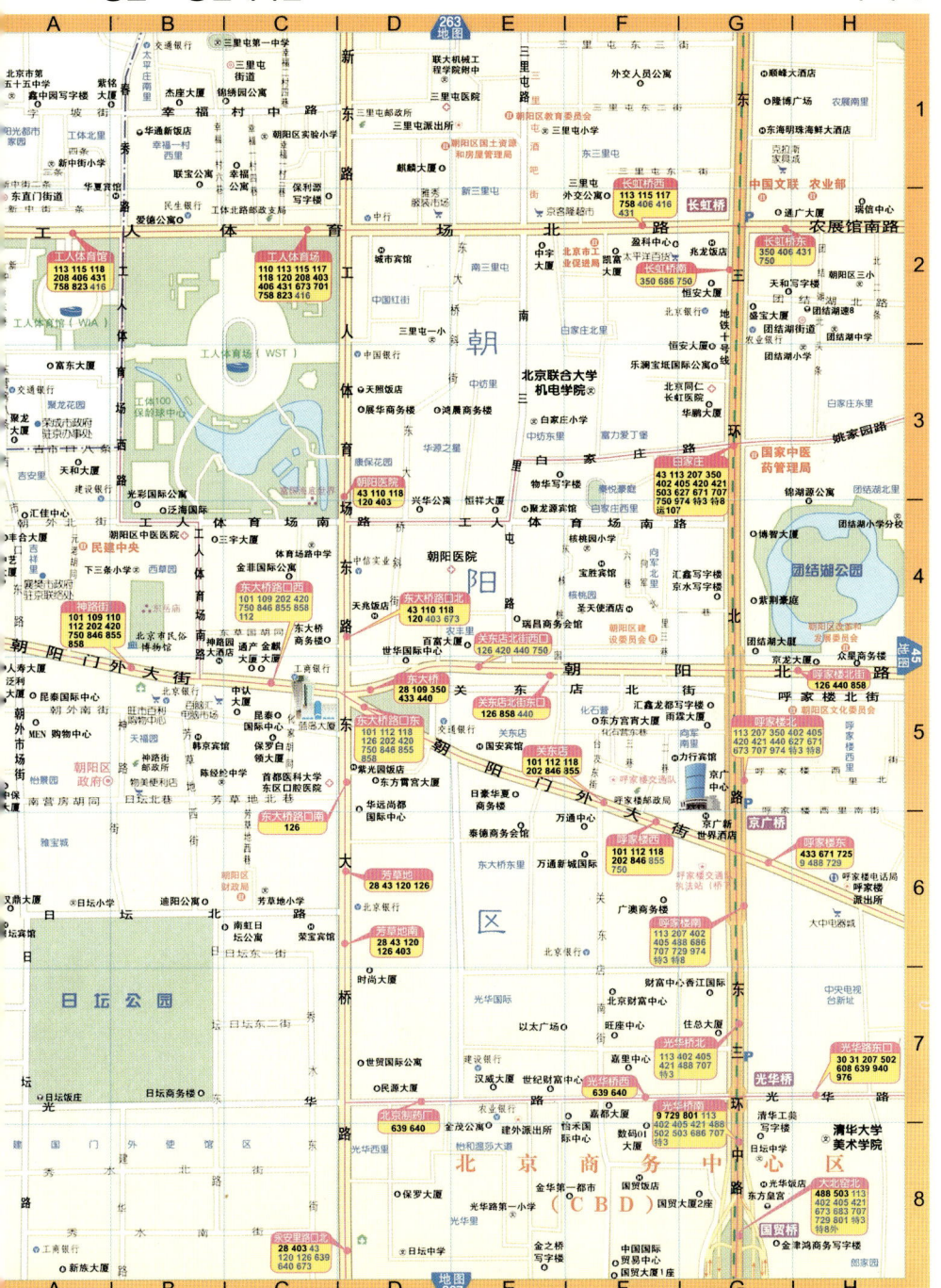

옛북경성권역 교통도_ 崇文门 - 双井桥

숭문문 – 쌍정교   부록 6

옛북경성권역 교통도_ 宣武门 · 前门

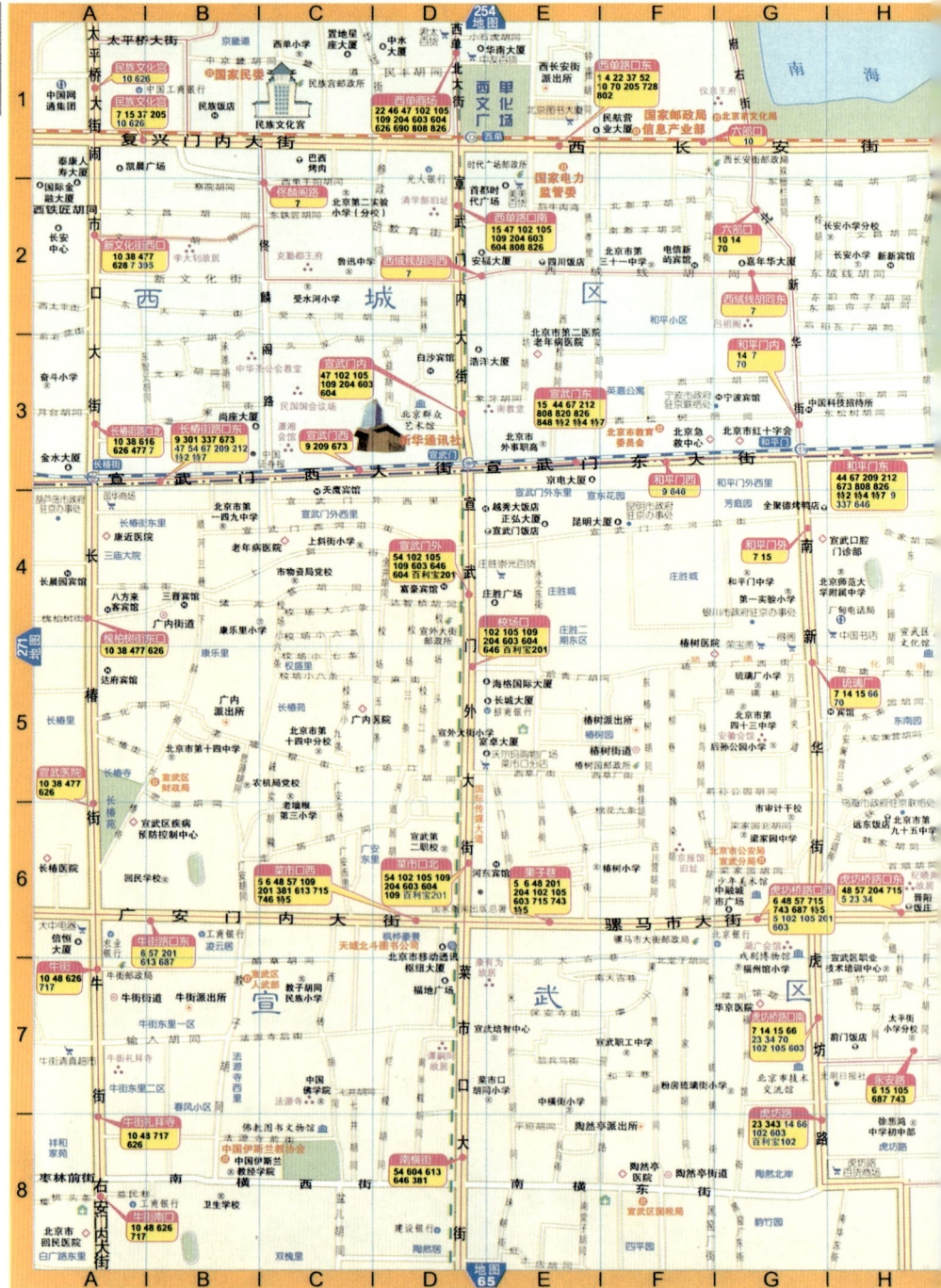

선무문 - 전문 부록 6

옛북경성권역 교통도_ 莲花也 · 天宁寺

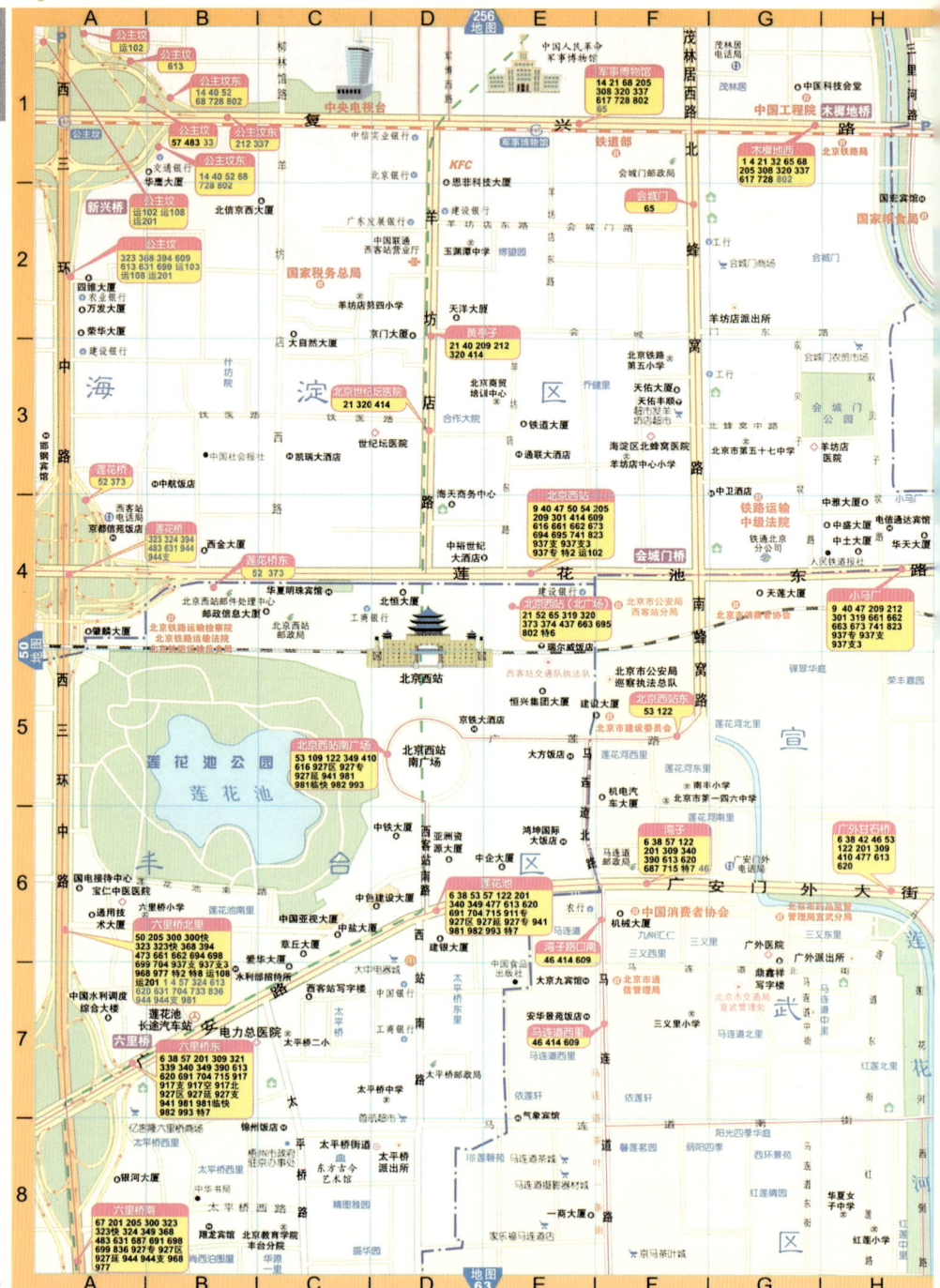

연화지 - 천녕사

부록 6

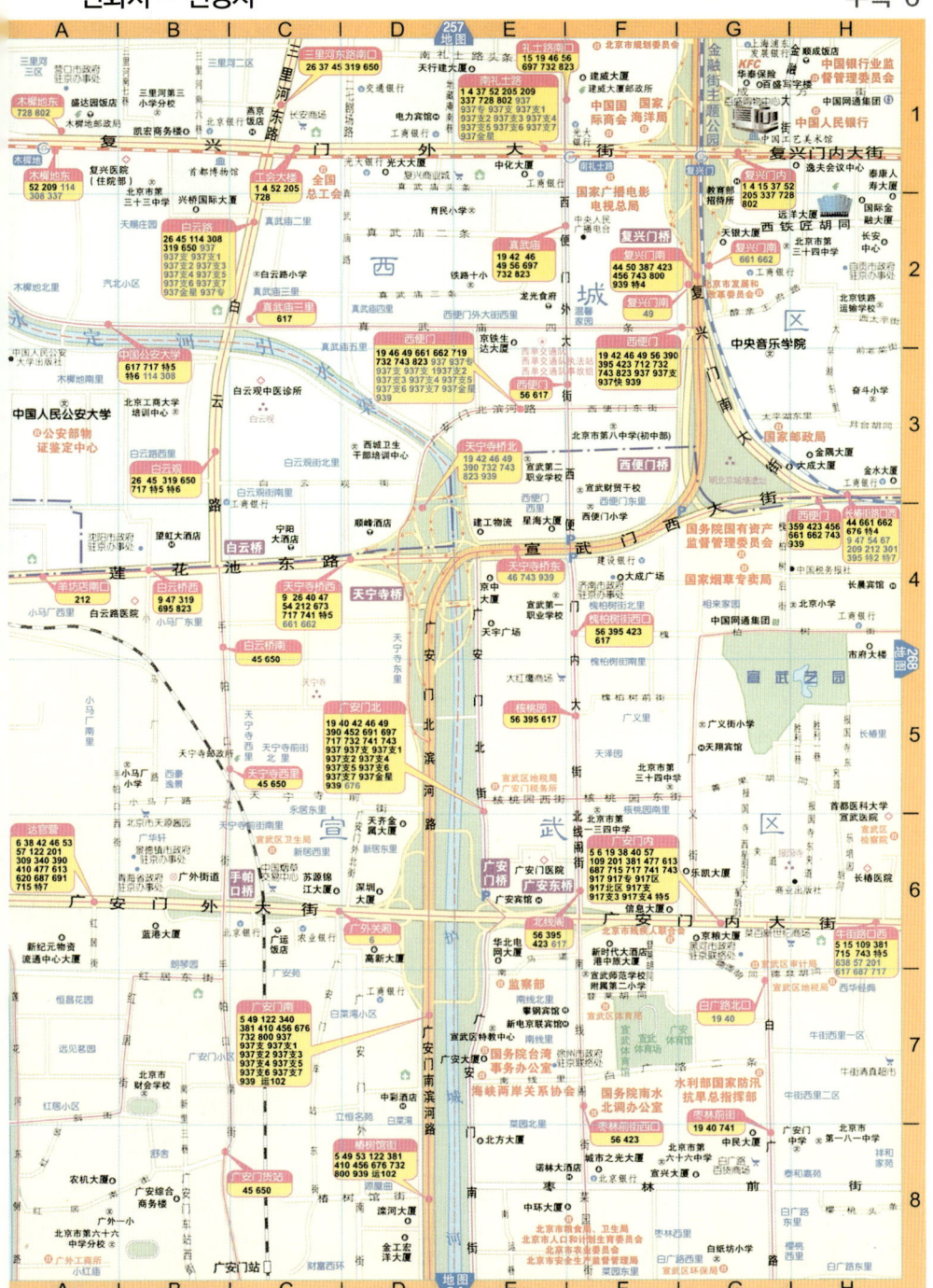

북경시 서북근교 교통도_ 清华大学 - 学清路

청화대학 – 학청로   부록 7

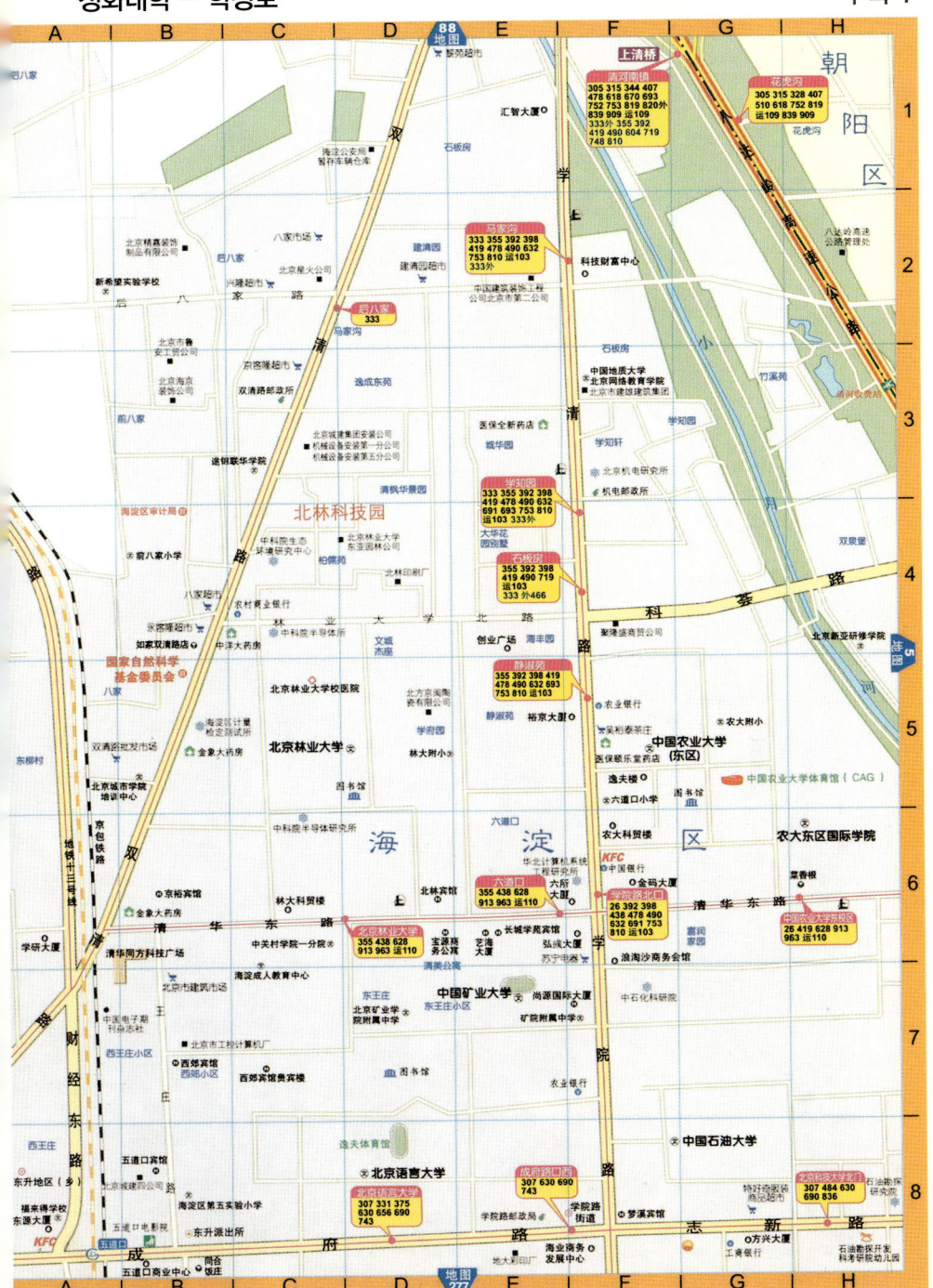

북경시 서북근교 교통도 _ 颐和园 - 万泉河

이화원 - 만천하 부록 7

북경시 서북근교 교통도 _中關村 - 学院路_

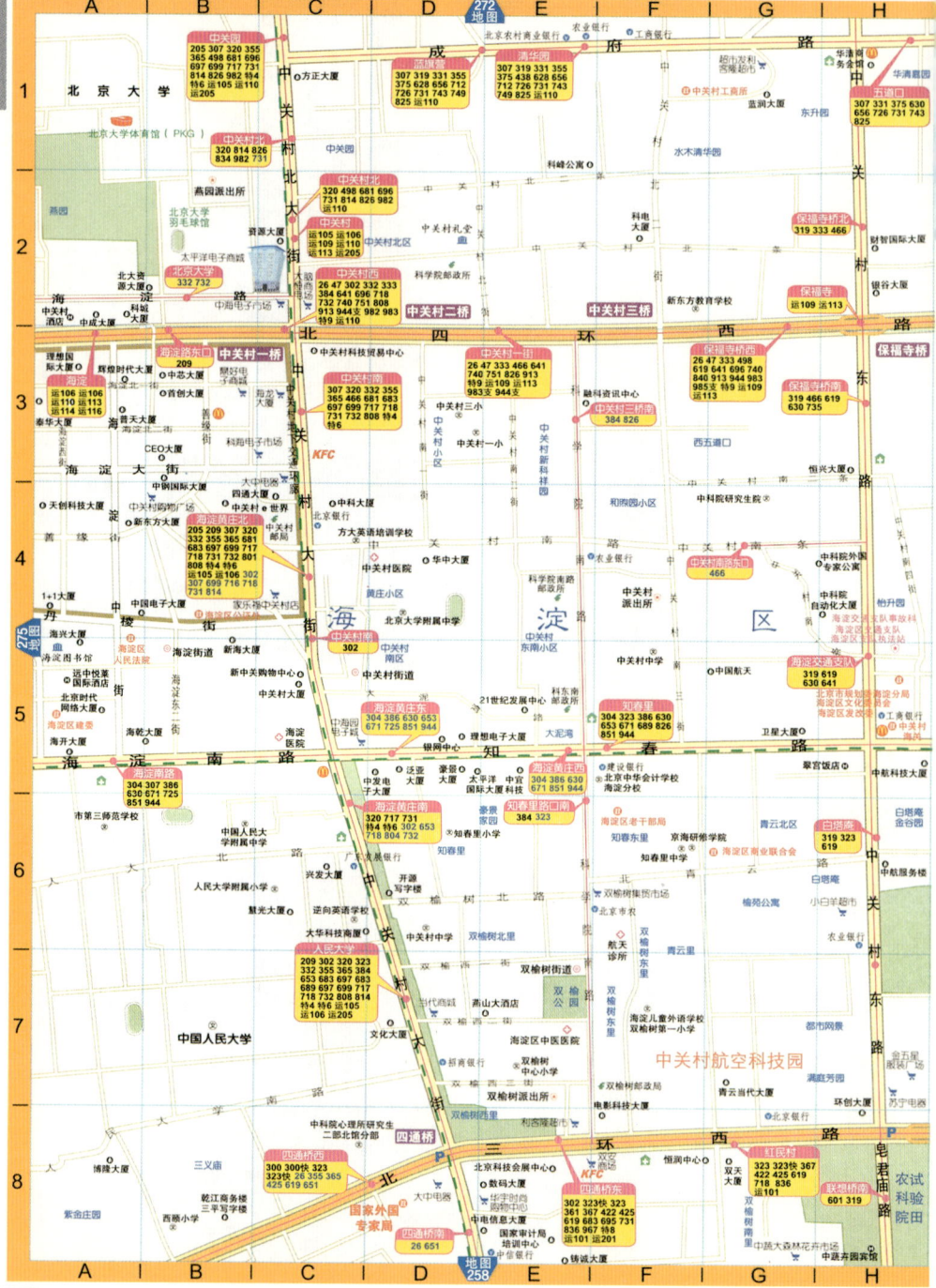

중관촌 – 학원로 부록 7

북경시 서북근교 교통도 _ 香山公园 · 香泉桥

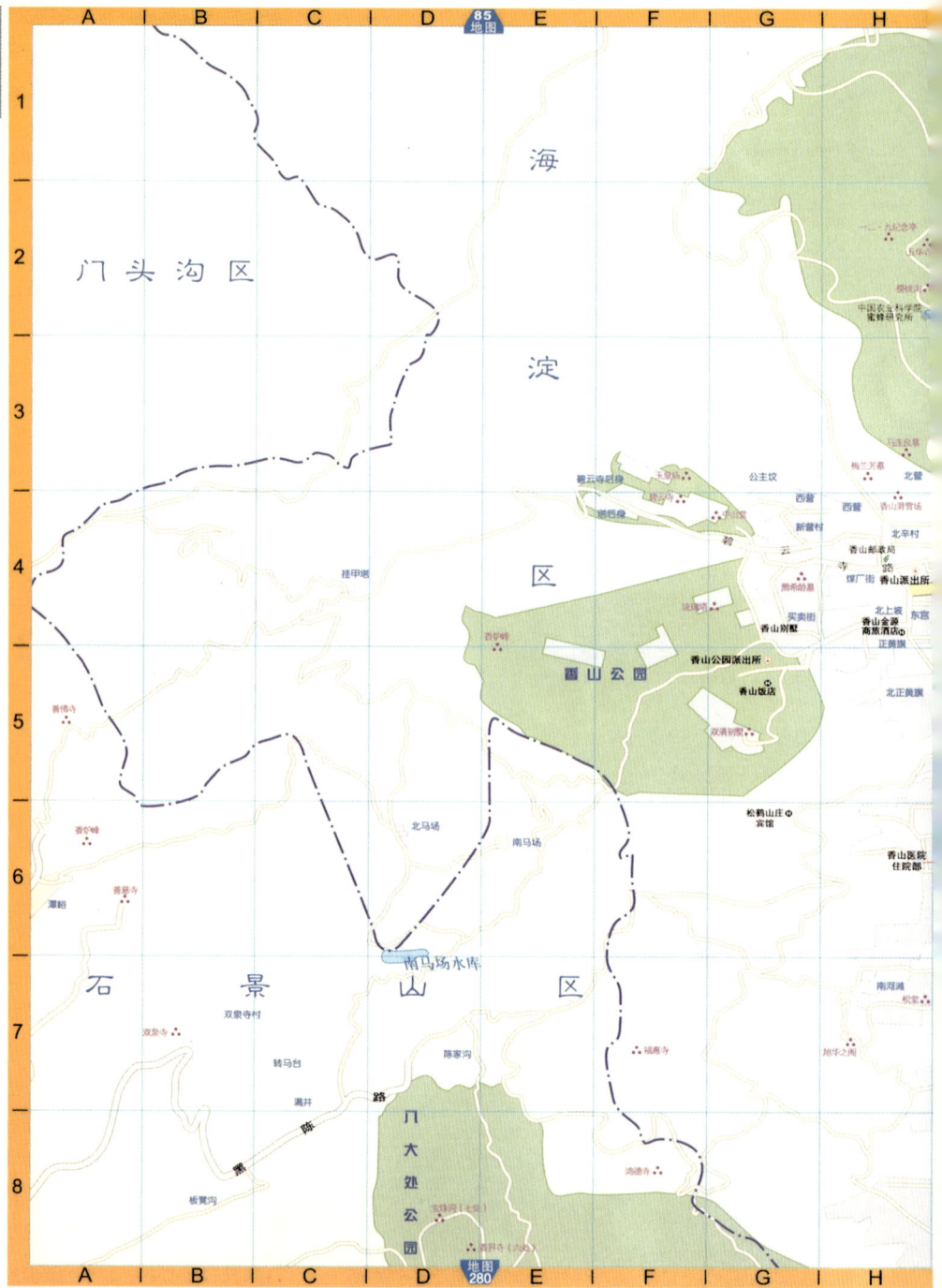

향산공원 – 향천교   부록 7

북경시 서북근교 교통도_ 金顶街 - 晋元桥

금정가 - 진원교

부록 7

북경의 숙박업소

명 칭	주 소	전화번호	비고
건국문풍원빈관(建国门枫园宾馆)	建华南路	6568-4003	
경도공항빈관(京都空港宾馆)	顺义区 小天竺街36号	6456-6655	★★
경륜반점(京伦饭店)	朝阳区 建国门外大街3号	6500-2266	★★★★
곤륜반점(昆仑饭店)	朝阳区 新源南路2号	6590-3388	★★★★★
공청단중앙초대소(共青团中央招待所)	崇文区 前门东大街12号楼地下	8521-2355	
공체빈관(供体宾馆)	朝阳区 工人体育馆内	6501-6655	★★
광화반점(光华饭店)	朝阳区 东三环北路38号	6581-9966	★★
국무원2초(国务院2招)	西直门南大街6号	6618-6688	
국제반점(国际饭店)	建国门内大街9号	6512-6688	★★★★
귀빈루반점(贵宾楼饭店)	东长安街35号	6513-7788	
김해별서(金海別墅)	平谷区 金海湖	6098-0360	★★
녕파빈관(宁波宾馆)	西城区 西中胡同25号	6605-2226	★★
노상봉빈관(老象峰宾馆)	平谷区 大华山镇	6194-9188	★
단중앙초대소(团中央招待所)	前门 东大街12号楼	8512-2222	
덕승반점(德胜饭店)	西城区 北三中路14号	6202-4477	★
만년청빈관(万年青宾馆)	海淀区 西三环北路25号	6842-1144	★
문헌빈관(文轩宾馆)	南新华街 甲1号	6302-2731	★★
민족반점(民族饭店)	復兴门内大街51号	6601-4466	★★★
밀운운호도가촌(密云云胡度假村)	密云水库内湖	6102-1995	★★★
백천산장(百泉山庄)	怀柔区 怀北镇椴树岭	6162-2962	★
보리대하(保利大厦)	东直门南大街14号	6500-1188	★★★★
보험초대소(保险招待所)	昌平区 政府街18号	6924-6346	★
봉황채도가촌(凤凰寨度假村)	怀柔区 喇叭沟	6062-7640	★
북경국전빈관(北京国展宾馆)	朝阳区 静安西街10号	6463-9922	★★
북경도서관초대소(北京图书馆招待所)	白石桥路39号	6842-1812	
북경반점(北京饭店)	东长安街33号	6513-7766	★★★★★
북경백령반점(北京百灵饭店)	朝阳区 东直门内前街1号	6466-7744	★
북경전문광전빈관(北京前门广电宾馆)	和平门外东大街甲5号	6315-9675	
북원빈관(北苑宾馆)	安外北苑路5号院	6423-2266	★
북해빈관(北海宾馆)	地安门 西街141号	6616-2299	★
사마반점(司马饭店)	密云县古北口镇	6903-5159	★
서원반점(西苑饭店)	三里河路1号	6831-3388	★★★★★
서하연영안여관(西河沿永安旅馆)	前门西河沿	6303-0798	
서직문반점(西直门饭店)	西直门外高梁桥斜街42号	6225-7766	★

명 칭	주 소	전화번호	비 고
송학대주점(松鶴大酒店)	东城区 火市口88号	6513-8822	★★★
신세기반점(新世纪饭店)	海淀区 首都体育馆南路6号	6849-2001	
신흥빈관(新兴宾馆)	海淀区 西三环路17号	6816-6688	★★★
십도용산빈관(十渡龙山宾馆)	房山区 十渡镇十渡村	6134-9398	★★
양마하대하(亮马河大厦)	朝阳区 东三环路8号	6590-6688	★★★★
어원빈관(御园宾馆)	东城区 沙滩北街31号	6409-9955	★★
여송원빈관(吕松园宾馆)	东城区 板厂胡同22号	6404-0436	★★
연경반점(燕京饭店)	西城区 復兴门外大街19号	6853-6688	★★★
연경빈관(燕京宾馆)	延庆县 东外大街50号	6910-2611	★
영안빈관(永安宾馆)	朝阳区 农展馆北路甲5号	6501-1188	★★★
오주대주점(五洲大酒店)	安定门外北四环路北辰东路8号	6491-5588	★★★★
옥도산장빈관(玉都山庄宾馆)	延庆县龙庆峡院内	6919-1057	★
용천백화반점(龙泉百花饭店)	门头沟区新桥大街35号	6984-2010	★
왕부반점(王府饭店)	东城区 金鱼胡同8号	6512-8899	
우의반점(友谊饭店)	中關村南大街1号	6849-8888	★★★★★
운불산여유도가촌(云佛山旅游度假村)	密云县溪翁庄镇	8903-2600	★★★
운수산장(云岫山庄)	怀柔县 雁栖潮岸	6966-2338	★★★
월수대반전(越秀大饭店)	宣武门东大街24号	6301-4499	★★★
장성반점(长城饭店)	东三环北路10号	6590-5566	
제로반점(齐鲁饭店)	地安门西大街	6618-0966	★★
죽원빈관(竹园宾馆)	旧鼓楼大街小石桥胡同24号	6403-2229	★★★
준령산장(峻岭山庄)	平谷区幺湖洞水风景区	6098-9788	★
중건대하(中建大厦)	海淀区 北洼西里12号	6845-3311	★★
천교빈관(天桥宾馆)	宣武区 西经路11号	6301-2266	★★★
천단반점(天坛饭店)	崇文区 体育馆路1号	6711-2277	★★★
천단초대소(天坛招待所)	东晓市后池西街34号	6702-3900	
천아반점(天鹅饭店)	怀柔区 迎宾中路17号	6962-3321	★★
합덕문반점(哈德门饭店)	崇文门外大街甲2号	6711-2244	★★
해특반점(海特饭店)	石景山区 实兴东街1号	6886-1188	★★★
향격리라대반점(香格里拉大饭店)	海淀区紫竹院29号	6841-2211	★★★★★
홍라산도가촌(红螺山度假村)		6068-1595	
화공경공무역대하(化工轻工贸易大厦)	东城区 安外青年湖北里	6421-4466	★
화교반점(华侨饭店)	东城区 北新街三条5号	6401-6688	★★★
화북대주점(华北大酒店)	东城区 鼓楼外大街19号	6202-8888	★★★
화연당반점(华宴堂饭店)	房山区 燕化工体街56号	6934-3170	★

중국의 음식메뉴 뜯어보기

중국의 음식 이름은 요리법, 재료, 재료의 모양, 조미료에 따라 지어지는 경우가 많다. 따라서 이들을 표현하는 한자를 알고 있으면 메뉴에 나와 있는 이름으로 그것이 어떤 음식인지를 어느 정도 추측할 수가 있다.

❶ 요리법에 관한 글자

炖(돈, 둔) : 약한 불에 장시간 푹 삼다.
冻(동, 동) : 묵처럼 응고시키다.
溜(류, 류) : 달콤한 녹말소스를 뿌리다.
焖(민, 먼) : 뚜껑을 닫고 약한 불에 고다.
涮(산, 샨) : 샤브샤브를 하다.
炸(작, 쨔) : 기름에 튀기다.
蒸(증, 쩡) : 증기로 찌다.
汤(탕, 탕) : 물에 끓이다.
烹(팽, 펑) : 삶다.
薰(훈, 쉰) : 훈연하다.
烤(고, 카오) : 양념을 발라 불에 굽다.
烧(소, 샤오) : 기름에 튀기거나 볶은 다음 삶다.
煨(외, 웨이) : 약한 불에 서서히 고다.
煎(전, 지앤) : 기름에 지지다. 전을 부치다.
煮(저, 쭈이) : 끓이다, 삶다.
炒(초, 챠오) : 중간불로 기름에 볶다.
脆(취, 추이) : 얇은 옷을 입혀 바삭바삭하게 튀기다.
爆(폭, 바오) : 끓는 기름에 살짝 튀기다.
烩(회, 후이) : 볶은 후에 소량의 물과 전분가루를 넣다.
干烹(건팽, 깐펑) : 마른 상태로 볶다.
糖醋(당초, 탕추) : 설탕과 식초로 맛을 내다.
辣椒(랄초, 라쟈오) : 고추를 넣어서 맵게 하다.

❷ 재료에 관한 글자

肉(육, 로우) : 고기, 일반적으로 돼지고기를 지칭함.
猪肉(저육, 쭈로우) : 돼지고기
牛肉(우육, 뉴로우) : 쇠고기
羊肉(양육, 양로우) : 양고기
凤(봉, 펑) : 닭
鸡(계, 지) : 닭
鸭(압, 야) : 오리

鸡蛋(계단, 지단) : 계란
龙(용, 롱) : 뱀
田鸡(전계, 티앤지) : 개구리
墨鱼(묵어, 무어위) : 오징어
虾(하, 시아) : 새우
虾仁(하인, 시아른) : 머리 떼고 껍질 벗긴 새우
海滲(해삼, 하이션) : 해삼
鱼翅(어시, 위치) : 상어지느러미
土豆(토두, 투도우) : 감자
白菜(백채, 빠이차이) : 배추
罗卜(루어부어) : 무우
青菜(청채, 칭차이) : 푸성귀
青椒(청초, 칭쟈오) : 피망

❸ 재료의 모양에 관한 글자
片(편, 피앤) : 얇게 썰어 만든 것
丁(정, 딩) : 깍두기모양으로 만든 것
末(말, 무오) : 아주 잘게 부순 것
丝(사, 쓰) : 결을 따라 가늘게 찢어놓은 것
块(괴, 콰이) : 큼직큼직하게 썰어놓은 것
段(단, 두안) : 깍두기모양으로 썰어 놓은 것
丸(환, 완) : 동그랗게 빚어 놓은 것
卷(권, 주안) : 둥글게 말아놓은 것
包(포, 바오) : 얇은 껍질로 싸놓은 것
泥(니, 니) : 강판에 간 것
酿(양, 냥) : 발효시킨 것

❹ 조미료에 관한 글자
豆酱(두장, 도우쟝) : 된장
鱼酱(어장, 위쟝) : 젓갈
醋(초, 추) : 초
辣椒(랄초, 라쟈오) : 고추
酱油(장유, 쟝요우) : 간장
芝麻酱(지마장, 쯔마쟝) : 깨 양념장
糖(당, 탕) : 설탕

중국화폐

중화인민공화국의 법정화폐는 인민폐(人民幣 : Renminbi)이다. 중국인민은행이 화폐의 관리와 더불어 설계·인쇄·발행에 책임을 지고 있다.

화폐는 元(위안)을 기본으로 하고, 角(쟈오)와 分(펀)을 보조단위로 한다. 1위안은 10쟈오이고 1쟈오는 10펀이다.

중화인민공화국이 인민폐를 발행한 이래 50여년의 지나는 동안, 국민경제의 발전과 국민생활 수준의 점진적인 향상에 발맞춰 다섯 차례의 변경이 있었다.

인민폐는 지폐와 금속폐의 두 가지로 되어 있는데, 1펀짜리·2펀짜리·5펀짜리의 동전 이외에는 첫 번째·두 번째·세 번째로 변경 발행됐던 인민폐는 모두 퇴출되었고, 현재 유통되고 있는 것은 중국인민은행이 1987년부터 발행한 네 번째 변경 발행한 인민폐와 1995년부터 발행한 다섯 번째 변경 발행한 인민폐이다.

❶ 네 번째 변경 발행된 화폐의 견본

1角
(동전)  앞면 : 국장, 국명, 한어병음, 연호
뒷면 : 국화

1角  앞면 : 고산족, 만주족 인물
뒷면 : 국장, 민족 도안

2角  앞면 : 부이족, 조선족 인물
뒷면 : 국장, 민족 도안

5角  앞면 : 먀오족, 좡족 인물
뒷면 : 국장, 민족 도안

5角
(동전)

1元  앞면 : 둥족, 야오족 인물
뒷면 : 만리장성

부록 10

2元   앞면 : 위구르족, 이족 인물
뒷면 : 남해, 남천일주(南天一柱)

5元   앞면 : 티벳족, 후이족 인물
뒷면 : 장강삼협(長江三峽) 중 무협(巫峽)

10元   앞면 : 한족, 몽고족 인물
뒷면 : 히말라야산 초모룽봉

50元   앞면 : 노동자, 농민, 지식인
뒷면 : 황하

100元   앞면 : 모택동, 주은래, 유소기, 주덕의 부조상
뒷면 : 정강산(井岡山) 주봉

❷ 다섯 번째 변경 발행된 화폐의 견본

1元
(동전)  앞면 : 국장, 국명, 한어병음, 연호
뒷면 : 모란

10元   앞면 : 모택동
뒷면 :

20元   앞면 : 모택동
뒷면 : 계림(桂林) 산수

50元   앞면 : 모택동

100元   앞면 : 모택동
뒷면 : 인민대표대회당

짱워 북경관광명소

인쇄 | 2008년 7월 1일
발행 | 2008년 7월 7일

지은이 | 이수헌
발행인 | 이수헌
아트디렉터 | 전진완
본문디자인 | 김창현
진행에디터 | 서동수
펴낸곳 | 도서출판 중우
주소 | 경기도 안양시 만안구 안양6동 427-7번지
전화 | 031-449-7127, 011-453-0051
팩스 | 031-442-7127
E-mail | shlixx@hanmail.net
찍은곳 | 부광아트(02-2264-4111)
등록 | 2006년 4월 28일 제384-2006-000026호

ISBN 978-89-958156-2-5